FRITS H. JULIUS

GRUNDLAGEN EINER PHÄNOMENOLOGISCHEN CHEMIE

Teil II: Zum Chemieunterricht der Oberstufe

VERLAG FREIES GEISTESLEBEN

CIP-Titelaufnahme der Deutschen Bibliothek

Julius Frits H.:
Grundlagen einer phänomenologischen Chemie: Zum
Chemieunterricht der Oberstufe / Frits H. Julius. – 2., unveränderte Aufl. –
Stuttgart: Verl. Freies Geistesleben 1988

ISBN 3-7725-0220-2

2., unveränderte Auflage 1988

Druck: Pfälzische Verlagsanstalt, Landau

INHALT

Vorwort zur ersten und zweiten Auflage 7

I. Grundlagen einer neuen Naturbetrachtung 11

Einseitigkeiten im gegenwärtigen Chemieunterricht und ein Weg zu ihrer Überwindung 11 Über die Methode der echten Alchimisten. Die Tria Principia und ihre Bedeutung für unsere Zeit 15 Mensch und Natur zwischen Licht und Schwere 18 Die vier Elemente 20

II. Experimentieren als Kunst 22

Das Wesen eines Demonstrationsversuches 22 Richtlinien für das Experimentieren 23 Apparatur 25 Beispiele von Versuchen 26

III. Salze, Säuren und Basen
Übersicht über den Chemieunterricht in der 10. Klasse . . . 29

Kristallisation bei den Salzen 29 Erscheinungen beim Lösen von Salzen 31 Salzspaltung durch das Feuer. Base und Säure 33 Salzbildung aus Säure und Base 36 Übergang zu den chemischen Reaktionsgleichungen 37 Gewichtsverhältnisse 39 Sauerstoff, Oxydation, Verbrennen und Rosten 39 Die Bedeutung des eingeschlagenen Weges. Der Kampf um das Bild in der Chemie 42 Reduktion 45 Auflösen von Metallen in starken Säuren 46 Elektrolyse 47 Abrunden der Epoche. Basenverdrängung, Säureverdrängung, Doppelte Umsetzung 48

IV. Richtlinien zur Didaktik der chemischen Formelsprache . . . 52

Formeln im Chemieunterricht als Problem 52 Über das Wesen der chemischen Verbindung und das Prinzip der Undurchdringlichkeit 54 Die Grundlagen der Formelschrift 56

V. Die Gewichtsverhältnisse in der Chemie 63

Waage und Materialismus 63 Die Waage und die geistige Ordnung in der Natur 66 Die geistigen Hintergründe des Materialismus 69 Die Äquivalenzzahl als reiner Ausdruck der Gewichtsverhältnisse 71 Gasvolumina und Gewichtsverhältnisse 74 Der Atomismus als Ausgangspunkt für die Erklärung von Naturerscheinungen und die Atome als Phänomen. Zentralkräfte und Universalkräfte 82

VI. Der Lösungsvorgang – Erscheinungen – Begriffe – Gesetze . . 85

Die wichtigsten Phänomene 85 Der Begriff der Löslichkeit 86 Der Einfluß der Wärme auf die Löslichkeit 88 Osmotische Erscheinungen 89 Erklärung der Osmose 90 Der Begriff der Konzentration 92 Der Begriff der Dissoziation 95

VII. Die großen Stoffzirkulationen

Einleitung zum Unterricht in der 11. Klasse 98

Über die Brauchbarkeit des Elementbegriffes 98 Das periodische System der Elemente im Schulunterricht 99 Der menschliche Organismus als Schlüssel zu einem neuen System 100 Die zwölf Stoffe als Vertreter aller Naturgebiete 103 Hinweise zur Didaktik 106

Sauerstoff 106

Der Sauerstoff als von der Sonne erweckter Stoff 106 Sauerstoff als Luftgas 107 Sauerstoff als Abgesandter der Sonne 107 Der Sauerstoff und die Erdrinde 109 Der Sauerstoff und die Wassersphäre 109 Der Sauerstoff und die Tria Principia der Alchimisten. Zusammenfassung des Vorhergehenden 110 Eingehendere Charakteristik der Sauerstoffwirkung in der Chemie 111 Das Feuer als Sonnenbild 113

Wasserstoff 113

Der Wasserstoff in der Atmosphäre 113 Wasserstoff als Gas 114 Wasserstoff und Wärme 115 Der Wasserstoff und das Auseinanderfallen der lebendigen Substanzen 116 Wasserstoff und Wasser 116

Der Kohlenstoff 119

Diamant und Graphit 119 Wie das Element Kohlenstoff sich dem Leben und der Chemie entzieht 121 Erscheinungen beim Verbrennen von Kohlenstoff. Die «richtige Vorstellung» in Wissenschaft und Technik 123 Über das Kohlensäuregas 125 Die Bedeutung des Kohlensäuregases und des Kohlenstoffs für den Lebensprozeß der Pflanze 127 Kohlenstoff zwischen Sonne und Erde 130 Noch einmal Graphit und Diamant 134

Kohlenstoff – Wasserstoff – Sauerstoff 135

Verwandtes und Entgegengesetztes bei Kohlenstoff und Wasserstoff 135 Verbindungen von Kohlenstoff und Wasserstoff 137 Der Zucker als ausgewogener Stoff. – Harmonisierung durch Sauerstoff 138 Noch etwas über die Aufgabe von Kohlenstoff, Wasserstoff und Sauerstoff 139

Natrium und Schwefel 140

Einfache Versuche und deren Folgerungen 140 Der natürliche Kreislauf des Natriums 142 Eigenschaften der Natriumverbindungen im Zusammenhang mit der Stellung des Natriums in der Natur und in unserem Körper 143 Die Naturgeschichte des Schwefels 144 Der Schwefel im Eiweiß 145 Ein Vergleich der Natrium- und Schwefelprozesse 147 Beispiel für eine Besprechung des Natriums im Unterricht 148 Beispiel für eine Besprechung des Schwefels 150

Kalium 156

Ein Vergleich mit Natrium 156 Ein Vergleich mit Kohlenstoff 157

Silicium und Kieselsäure 159

Das Auftreten von Kieselsäure in der Erdrinde 159 Die Eigenschaften des Quarzkristalls im Zusammenhang mit den verschiedenen Bereichen der Natur 161 Der Kiesel in den Lebewesen 162 Kieselsäure und Wasser 166 Kieselsäure und Feuer 167 Kieselsäure als Oxyd 168 Silicium und Fluor 169 Kieseltechnik 170 Der Quarz und die Sonne 172

Der Kalk 173

Aufbau und Abbau beim Kalkgebirge 173 Der Kreislauf des Kalks im Wasser 175 Das tierische Dasein als Kampf mit dem Kalk 176 Das Formenspiel von Kalkpanzern, Muscheln und Skeletten 179 Der Kalk im Menschen 180 Kalkchemie. Kalk als basischer Stoff 184 Calcium als Element 185 Kalkbrennen und Kalklöschen 186 Kalkwasser und Kohlensäuregas 186 Einige anschauliche Versuche 187 Etwas über die technische Verwendung kalkhaltiger Stoffe 188 Der Kalk und das Licht. Gegensatz zum Kiesel 190 Kalk gegenüber Wasserstoff 191

Phosphor und Magnesium 191

Über Vorhandensein und Zirkulieren des Phosphors in der Natur 191 Phosphor als Element. Feuer und Lichterscheinungen 192 Bilder des Nachthimmels bei Phosphorversuchen 195 Eigenschaften des Magnesiums als Element. Erscheinungen und Versuche 197 Das Auftreten von Magnesiumverbindungen in der Erde und in den Lebewesen. Gegensatz zum Kalk 198 Der Phosphor als Hersteller eines Gleichgewichts zwischen Himmel und Erde und als Wegbahner für den bewußten Geist 200 Die Magnesiumflamme im Hinblick auf die Kohlensäureassimilation. Magnesium als Repräsentant der Sonne 203 Der Phosphor als Repräsentant der Sterne auf der Erde. Ergebnisse aus einem Vergleich mit dem Magnesium 204 Magnesiumchemie 206 Der Phosphor in Mythologie und Technik 207

Stickstoff 208

Der Stickstoff als Bestandteil der Luft. Die Atmosphäre als Umgebung für die Lebewesen und den Menschen 208 Der Stickstoff im Boden 212 Der Stickstoff im Eiweiß und in der Atmosphäre 213 Der Stickstoff in der Natur zwischen Sauerstoff und Wasserstoff 214 Stickstoffchemie 215

Aluminium 221

Das Aluminium als Element 221 Chemische Eigenschaften 221 Das Aluminium in der Erdrinde. Der Ton 224 Alchimistische und mythologische Gesichtspunkte bei der Töpferei und bei der Porzellanherstellung 225

Stickstoff und Aluminium 227

Gegensätzlichkeit und Übereinstimmung auf vielerlei Gebieten 227 Etwas aus der Geschichte der Gewinnung von Stickstoffverbindungen. Die Aluminiumgewinnung im Vergleich dazu 229

VIII. Die Struktur des Elementenkreises als Abbild der Naturordnung 232
Der Elementenkreis und die Schaubühne unseres Lebens 232 Ausbalancierte Gegensätze innerhalb des Elementenkreises 232 Säure und Base im Elementenkreis 234 Merkwürdige Zahlenverhältnisse. Luft und Eiweiß 234 Metamorphosen im Elementenkreis im Zusammenhang mit der Sonnenbewegung im Jahreslauf. Jahreslauf und menschlicher Organismus 235

IX. Die Halogene 238
Fluor, Chlor, Brom, Jod – eine Charakteristik 238 Das Chlor 240 Das Fluor 246 Das Jod 249 Das Brom 252 Strukturverhältnisse in der Gruppe der Halogene 254

X. Die wichtigsten Schwermetalle 256
Einleitung. Vergleich mit den Stoffen des Elementenkreises 256 Charakteristik des Metallzustandes des Stoffes. Kristall und Metall 258 Das Rosten als Ausdruck der Natur der Metalle 261 Die Metalle und die Planeten. Tradition und moderne Forschung 262 Die Verwendung der Metalle in drei Gebieten 263 Blei und Silber im Metallzustand 265 Etwas über die Silber- und Bleichemie 271 Blei und Silber als Träger bestimmter Weltprinzipien 276 Die Bedeutung von Blei und Silber für die Kultur 279 Das Gold im Metallzustand 281 Vergleich des Silbers mit dem Gold 282 Die Chemie des Goldes 283 Das Prinzip, dessen Träger das Gold ist 284 Das erste Auftreten von Kupfer und Eisen als Werkzeugmetall 285 Das Eisen als Metall. Das wahre Verhältnis zwischen dem menschlichen Organismus und der Technik 286 Das Kupfer als Metall. Kupfer und Eisen 289 Das Eisen im menschlichen Körper und im Naturganzen. Chemische Eigenschaften 291 Chemische Eigenschaften des Kupfers. Kupfer und Eisen 295 Über die Prinzipien, deren Träger Kupfer und Eisen sind 299 Quecksilber und Zinn im Metallzustand 301 Etwas über die Quecksilberchemie 306 Die Prinzipien, deren Träger das Quecksilber und das Zinn sind 307 Gipfel im Stoffesbereich – Quarz und Gold 308

XI. Abrundung des Ganzen
Der Unterricht in der 12. Klasse 310
Die Chemie und die menschliche Organisation 310 Die Chemie als Zwischenform zwischen einer organischen und anorganischen Wissenschaft 311 Stoff und Leben 313 Stoff und Bewußtsein 314 Chemie auf vier Ebenen 315 Die wirkliche Überwindung des Materialismus. Die Aufgabe des Chemieunterrichts in der 12. Klasse 316

VORWORT ZUR ERSTEN AUFLAGE

Im Jahre 1952 bekam ich von der Pädagogischen Forschungsstelle beim Bund der Freien Waldorfschulen den Auftrag, ein Buch zu schreiben für Chemie-Lehrer, die versuchen, ihre Arbeit nach den pädagogischen Richtlinien von Rudolf Steiner zu gestalten. Sie haben zur Aufgabe, die Schüler auf solche Art in das Gebiet der Chemie einzuführen, daß sie erziehend und bildend im eigentlichen Sinne wirken. (Ausführliches darüber steht in der Einleitung zum ersten Band.) Es mußte daher nicht nur eine Methodik für das Unterrichten der gebräuchlichen Inhalte und Gedankengänge ausgearbeitet werden, sondern es mußte an den Fundamenten einer neuen Wissenschaft gearbeitet werden. In der Methodik der heute üblichen Naturwissenschaft hat man so viel wie möglich das Wesen des Menschen außer Betracht gelassen. Jetzt mußte eine Neugruppierung vorgenommen werden, so daß die Wissenschaft eine Form bekommt, bei der der Mensch in jeder Hinsicht in der Mitte steht.

Insoweit diese Aufgabe gelungen ist, kann die vorliegende Arbeit auch von Bedeutung sein für Ärzte, Landwirte und im allgemeinen für diejenigen Menschen, die auf Gebieten arbeiten, wo die Wechselwirkung zwischen Stoffen und Lebenskräften von zentraler Bedeutung ist. Man kann diese Arbeit also als eine allgemeine Einführung in die Fundamente der Chemie betrachten.

Es würde mich außerordentlich freuen, wenn recht viele Laien, vor allem auch Künstler, sich mit frischem Mut an dieses für sie oft so abschreckende Gebiet heranwagen würden. Sie könnten dann erfahren, daß gerade hier erstaunliche Schätze an Weisheit und Schönheit verborgen liegen. Eigentlich sollte jedermann heutzutage über ein Minimum an Kenntnis und an Urteilsfähigkeit auf dem Gebiet der Chemie verfügen, weil sein Wohlergehen davon abhängt. Eine Wissenschaft, die nicht mit dem Menschen rechnet, hat unausweichlich eine Technik zur Folge, die gefährdend für den Menschen sein muß. Die sorgfältig durchgeführte Einteilung dieses Buches nach den Gegenständen wird jedem leicht ermöglichen, gerade das zu finden, was er braucht.

Die fundamentale Entdeckung, auf der das Buch größtenteils aufgebaut ist, wurde in einem vor etwa 30 Jahren veröffentlichten holländisch geschriebenen Buch skizzenhaft ausgearbeitet. («Goetheanistische Chemie», ein Teil davon ist im Blatte der Kasseler Freien Waldorfschule in den dreißiger Jahren erschienen.) Das jetzt vorliegende Buch hat im wesentlichen denselben Aufbau wie jenes erste Buch. Der Inhalt ist jedoch stark erweitert und vertieft.

Als ich die Arbeit fast abgeschlossen hatte, erreichte mich die Nachricht vom Tode Ehrenfried Pfeiffers. Er hat mir vor allem andern in Kursen, Vorträgen und persönlichen Gesprächen neue Wege zur Natur gewiesen und mir also den Schlüssel zu dieser Arbeit verschafft.

Zum Schluß möchte ich Herrn Wolfgang Rudolph, der mir unermüdlich mit Rat und sonstiger Hilfe geholfen hat, meinen tiefgefühlten Dank aussprechen. Ohne seine Hilfe hätte ich eine Arbeit, die so große Anforderungen stellt, kaum bewältigen können. Ebenso danke ich der Pädagogischen Forschungsstelle beim Bund der Freien Waldorfschulen für die großzügige Unterstützung meiner Arbeit.

Den Haag, September 1964 *Frits H. Julius*

VORWORT ZUR ZWEITEN AUFLAGE

Die „Grundlagen einer phänomenologischen Chemie“ erscheinen 23 Jahre nach der ersten Auflage wieder [1]. Frits Hendrik Julius hatte dieses Werk in der ersten Hälfte der sechziger Jahre geschrieben. Es war die reife Frucht eines jahrzehntelangen Bemühens um ein tieferes Verstehen der Stoffe, als es die übliche Chemie vermitteln konnte. Wenn es in unveränderter Gestalt wieder aufgelegt wird, so hat das mehrere Gründe.

Die Betrachtungsweise, zu der dieses Buch anregt, ist heute von größerer Aktualität als bei seinem ersten Erscheinen. Seit der Mitte der sechziger Jahre ist der Glaube an die Tragfähigkeit einer mechanistischen Naturinterpretation erschüttert worden. Man bemerkt, daß man die Natur erklärt hat, diese Erklärung jedoch nicht zum Verstehen, wohl aber zu schweren Belastungen und Zerstörungen der Natur führt. Etwa vierhundert Jahre naturwissenschaftlicher Forschung münden in eine kritische Besinnung und in Unsicherheit gegenüber der Zukunft ein.

Zu dieser Situation hat die Chemie wesentlich beigetragen. Hier war die Verengung auf das Quantitative besonders folgenreich. Indem man die Qualitäten wie Farbe, Klang, Geruch, Geschmack zu Nebensächlichkeiten degradierte, aber auch andere Eigenschaften der Stoffe wie den Aggregatzustand, die Beziehung zur Wärme u.a.m. nur als Merkmale behandelte, verlor die Chemie den Bezug zur vollen Wirklichkeit der Stoffe; in dieser sind Quantitatives und Qualitatives untrennbar miteinander verbunden. Anstelle von Stofferkenntnis sucht man

[1] Der erste Teil des Werkes, mit dem Titel „Stoffeswelt und Menschenbildung“, erschien 1978 in zweiter Auflage.

Stukturaufklärung und dann Synthese der Stoffe aufgrund jener Bilder, die man sich von der Molekülstruktur macht. Chemie führt auf diesem Weg zu technischer Handhabung. Mit Formeln kann man die Stoffe aber nicht begreifen. Welcher Schüler kann durch $CaCO_3$ den Kalk und seine Bedeutung in der Natur, durch H_2SO_4 die Schwefelsäure und ihre Eigenschaften oder durch $C_6H_{12}O_6$ den Traubenzucker verstehen? Chemie-Unterricht führt in ein intellektuelles Ghetto verkümmerter Begriffe, aus dem es keinen Weg zu den Erscheinungen der Natur gibt. Wo die Wirklichkeit sich zur Abstraktheit von Gleichungen und Formeln verdünnt, schwindet die innere Anteilnahme. Man weiß seit einigen Jahren, daß das Interesse der Schüler an dieser Form von Chemie von Schuljahr zu Schuljahr abnimmt.

Besonders folgenreich ist die Reduktion auf das Quantitative im Bereich der Lebenserscheinungen, d.h. in der organischen und physiologischen Chemie. Hier kam man zu der Auffassung, die stofflichen Prozesse in den Pflanzen, den Tieren und im Menschen seien durch die miteinander reagierenden Stoffe und die jeweiligen Reaktionsbedingungen streng determiniert; es handle sich um in sich abgeschlossene mechanistische Vorgänge. Diese Interpretation verstellt den Blick auf das Lebendige und auf das Seelische, das sich bei Tier und Mensch vielfältig in den Lebensvorgängen manifestiert.

Die Gegenwart sucht nach einem Verhältnis des Menschen zur Natur, das der Natur gerecht wird. Will man dieser Forderung nachkommen, so muß man in der Chemie die Verengung auf das Quantitative aufgeben. Chemie muß phänomenologisch werden und das Qualitative ebenso exakt erfassen wie das Quantitative. Das stellt aber besondere Anforderungen. Qualitäten teilen sich nicht der registrierenden Betrachtung mit wie das Zähl-, Meß- und Wägbare. Sie verlangen Hingabe an die Erscheinungen und die Fähigkeit, im persönlichen Erleben das Sachliche unverfälscht auszusprechen. Und man muß lernen, in Qualitäten zu denken. Die Notwendigkeit einer solchen phänomenologischen Chemie wird heute von Forschern und Pädagogen gesehen.

Das Werk von Julius führt in das weite Gebiet der phänomenologischen Chemie in einer besonderen Weise ein. Julius charakterisiert die einzelnen Elemente und verfolgt ihr Wirken in die verschiedenen Gebiete der Natur. Dadurch wird die Bedeutung der Stoffe im Ganzen der Natur sichtbar. Chemie wird zu einem Weg in große Naturzusammenhänge. Was der Chemiker im Laboratorium bei seinen Experimenten erforscht, ist nicht das Ende, sondern der Ausgangspunkt eines Weges. Die Ausweitung der phänomenologischen Betrachtung auf das Ganze der Natur führt zu einer Chemie, die die bisherige Enge überwindet. Chemie wurde bisher meist so betrieben, daß die Natur den im Laboratorium gewonnenen Gesichtspunkten unterworfen wurde statt diese zu ergänzen und auszuweiten. Dadurch wurde die Natur zu einer Art von großem chemischen Laboratorium. In der Betrachtung von Julius wird Chemie nach vielen Seiten hin zur Naturerkenntnis.

Julis war Naturforscher und Lehrer. Er hat sein Buch in pädagogischer Absicht geschrieben. Es möchte den Lehrer, der Chemie unterrichtet, anregen, die Stoffeswelt als Glied der Natur zu sehen. Dieser Aufgabe hat es seit fast einem Vierteljahrhundert an den Waldorfschulen gedient. Heute tritt uns diese Aufgabe als Zeitforderung entgegen. So wäre zu wünschen, daß das Werk von Julius eine breite Leserschaft auch außerhalb der Waldorfpädagogik findet.

Stuttgart, Januar 1988 *Ernst-Michael Kranich*

Zu den Literaturangaben

FRITS H. JULIUS Stoffeswelt und Menschenbildung. Chemie an einfachen Phänomenen dargestellt.

Teil I. 1960, Menschenkunde und Erziehung Band 12, *zit. Stoffeswelt I.*
Inhalt: Einleitung, Grundlegendes zur Methodik des Chemieunterrichts
Der Unterricht in der 7. Klasse (Feuer, Salz, Wasser, Metalle)
Der Unterricht in der 8. Klasse (Zucker, Stärke, Eiweiß, Fette und Öle)
Der Unterricht in der 9. Klasse (Kohlensäure-Assimilation, Alkohol, Stärke, Pflanzensäure, Zellulose, Fette und Fettsäuren)

Schriften und Vorträge von RUDOLF STEINER sind zitiert nach «Rudolf Steiner. Das literarische und künstlerische Werk. Eine bibliographische Übersicht» 1961 und Nachtrag 1962. – Die bereits in der Rudolf Steiner Gesamtausgabe erschienenen Bände sind mit GA bezeichnet.

Einleitungen und Anmerkungen von Rudolf Steiner zu GOETHES NATURWISSENSCHAFTLICHEN SCHRIFTEN zitiert nach «Kürschners Deutsche National-Litteratur 114–117, 1. 2: Goethes Werke XXXIII – XXXVI, 1. 2», Berlin und Stuttgart (1883). Sonderausgabe der Einleitungen unter dem Titel «Rudolf Steiner, Goethes Naturwissenschaftliche Schriften», Taschenbuchausgabe, Stuttgart 1962.

Grundlagen einer neuen Naturbetrachtung

Die gegenwärtige Form der Chemie ist nicht die einzig denkbare. Im Gegenteil, es hat andere Formen gegeben, die ebenfalls zu bedeutenden Entdeckungen und Einsichten führten, und ohne Zweifel werden wieder ganz neue Formen kommen. Man kann sogar sagen, daß die Art und Weise, wie Chemie heutzutage betrieben wird, so großartig ihre Ergebnisse auch sein mögen, doch einseitig und dadurch begrenzt ist.

Wenn man das eingesehen hat, kann man auch einen neuen Weg suchen, der zü anderem Betrachten und Begreifen der Welt des Stofflichen führt und der auch einen anderen Aufbau des Unterrichts verlangt.

Einseitigkeiten im gegenwärtigen Chemieunterricht und ein Weg zu ihrer Überwindung

Wenn man um des Lehrens willen ein richtiges Bild der Stoffe und ihrer Zusammenhänge untereinander entwerfen will, steht man vor verschiedenen Schwierigkeiten. Es kommt nur allzuoft vor, daß die Schreiber von Lehrbüchern sich zu sehr von den Methoden beeinflussen lassen, die im Laboratorium oder in der Technik angewendet werden. Auf diesem Gebiet ist so viel erreicht worden, und man hat sich dabei so viel Mühe gegeben, daß man dem Erreichten, das ja doch nur aus der eigenen Arbeit gewonnen ist, unwillkürlich einen zu großen Platz einräumt und es betrachtet, als habe es objektiven Wert.

Eine zweite Schwierigkeit ist die, daß man sich beim Behandeln der Erscheinungen oft so übermäßig für die Erklärung interessiert, die man selbst für sie gefunden hat, daß man ihren eigentlich wahrnehmbaren Ablauf zu wenig oder gar nicht zur Geltung bringt. Vergleicht man z. B. ältere Schulbücher mit solchen von heute, so sieht man, wie mehr und mehr die theoretischen Betrachtungen in den Vordergrund treten auf Kosten des Beschreibens.

Was muß geschehen, damit das Bild der Natur selbst stärker zu seinem Recht kommt? Wir müssen uns zu diesem Zweck erst einmal das Relative unserer Einsichten vor Augen führen. Vor der Größe und Tiefe der Natur schwinden sie doch beinahe ganz dahin.

Weiterhin sollte man mit viel Sorgfalt das Gefühl hegen, Schüler zu sein und erst am Anfang des Weges, der zum Wesen der Natur führt, zu stehen. Sobald man sich anmaßt, irgendwie ein Endziel erreicht zu haben, zieht sich aber ihr Wesen zurück.

Wenn man mit der genannten Haltung ernst macht, wird man immer in erster Linie die Erscheinungen so rein wie möglich und wohlgeordnet hervortreten lassen. Eine Erscheinung umfaßt stets mehr, als man im Augenblick erklären kann. Man muß also immer der Möglichkeit Raum geben, daß später noch anderes an ihr durchschaubar wird. Eigentlich sollte man beim Nachdenken über eine Erscheinung immer das Gefühl haben, die Erscheinungen wollen in meinen Gedanken etwas aussprechen, was sie den Sinnen verbergen. Nicht ich bin es, der die Erscheinungen erklärt, sondern ich verleihe einem Wesen Gehör, das sich in den Erscheinungen ankündigt und das sich durch meine Gedanken ausdrücken will.

Weiterhin darf man nie aus dem Auge verlieren, daß jede Erscheinung ein Teil eines gewaltigen Ganzen ist: des Kosmos. Sie tritt in einem bestimmten Raum auf und muß sich dessen Struktur und dessen Verhältnissen fügen. Dieser Ordnung im Kosmos werden wir später noch unsere Aufmerksamkeit zuwenden.

So wie die ganze Natur um den Menschen als um ihren Mittelpunkt gruppiert ist, muß auch die Chemie in engen Zusammenhang zum Menschen gebracht werden. Die Chemie beschäftigt sich nur mit einem bestimmten Teil der Natur, daher braucht man sie auch im wesentlichen nur mit einer bestimmten Schicht des Menschenwesens in Zusammenhang zu bringen. Es ist nicht schwer herauszufinden, welche Schicht das ist. Wir können in unserem Körper nur solche Stoffe aufnehmen und verarbeiten, die sich mit dem Lebensprozeß verbinden. Jeder Stoff, der verarbeitet wird, bietet dem Lebensprozeß ganz bestimmte, für ihn charakteristische Anknüpfungspunkte.

Auf diesem Gebiet herrschen die größten Mißverständnisse. Vor allem in der Kohlenstoffchemie, die man gewöhnlich organische Chemie nennt, strebt man ja danach, das Leben überflüssig zu machen, wie z. B. bei der Herstellung technisch brauchbarer Kunststoffe und Nahrungsmittel. Man geht nicht davon aus, sich zu fragen, wie man verstehend in das Reich der Lebenskräfte eindringen könnte, sondern probiert mit anderen Mitteln als denen, über die das Leben verfügt, so schnell wie möglich die gleichen Dinge herzustellen oder sogar solche, die besser brauchbar sind.

Man verhält sich dem Leben gegenüber so, als wäre es selbstverständlich nur ein Zusammenwirken anorganischer Stoffe und Kräfte.

Dabei ist man zwar auf einem Weg, der zu Erfolgen führt, auf dem man aber immer mehr in Konflikt mit dem gesunden Leben kommt. Man hat eine Richtung eingeschlagen, die von der Wahrheit wegführt. Man kann nicht den Lebensprozeß aus einem Zusammenwirken von Stoffen erklären, aber man kann sehr wohl die Eigenschaften der Stoffe von ihrem Zusammenhang mit dem Leben ableiten. Das Leben ist primär, unsere Naturbetrachtung muß biozentrisch sein.

Sehr treffend ist das in dem Werk von Henderson "The fitness of the environment[1]" schon zum Ausdruck gekommen. Er hat mit umfangreichem Material

[1] Lawrence J. Henderson: The fitness of the environment. New York 1913. Deutsche Ausgabe: Die Umwelt des Lebens. Wiesbaden 1914.

nachgewiesen, daß wichtige Elemente wie Sauerstoff, Kohlenstoff, Wasserstoff in ihren Haupteigenschaften und denen ihrer wichtigsten Verbindungen nur verstanden werden können im Hinblick auf die Rolle, die ihnen in den Lebewesen zukommt.

Man könnte dasselbe ohne besondere Mühe auch für eine große Zahl anderer Stoffe nachweisen, am leichtesten für die am meisten vorkommenden Stoffe, nämlich solche, die auch die wichtigsten Zerfallsprodukte der Lebewesen sind.

Aus dieser Tatsache geht hervor, daß der Erdenkörper zum großen Teil aus Stoffen aufgebaut ist, deren Eigenschaften auf auffallende Weise mit dem Leben in Zusammenhang stehen. Das bedeutet nichts anderes, als daß das Leben der ganzen stofflichen Natur einen sehr deutlichen Stempel aufgedrückt hat.

Es ist also nicht berechtigt, sich das Leben als etwas zu denken, das einmal inmitten dieses Stoffesganzen aufgetreten ist und jetzt fortwährend die brauchbarsten Stoffe auswählt. Im Gegenteil, die Stoffe sind nicht denkbar ohne das Leben, und sie müssen daher in ihren wesentlichsten Eigenschaften davon abgeleitet werden. Ursprünglich muß eine Einheit von Leben und Stoff geherrscht haben.

Man weiß auch schon seit vielen Jahren, daß die Lebewesen einen überraschend großen Anteil an den großen Kreisläufen der Stoffe in der Natur haben. Auf eindrucksvolle Weise hat Vernadsky dies in seinem Werk «Geochemie[1]» herausgearbeitet. Er liefert darin viel Material, das zu einer großen Überschau über die Welt des Stoffes beitragen kann. Man möchte nur wünschen, daß er mehr das große Ganze als Ausgangspunkt, um daraus die Eigenschaften der Stoffe abzuleiten, gewählt und nicht mehr oder weniger den umgekehrten Weg eingeschlagen hätte.

Henderson entwickelt in seinem Buch folgenden merkwürdigen Gedankengang: «In der Welt, wie sie die Wissenschaft der Gegenwart beschreibt, leben Organismen, die sich der ihnen aufgezwungenen Umwelt, deren größter und wichtigster Bestandteil das Wasser ist, in ganz bestimmter Weise angepaßt haben», und: «Das Wasser selbst, wie es durch die kosmische Evolution geschaffen worden ist, ist in nicht geringem Maße angepaßt an alle Erscheinungen des Lebens, und diese Erscheinung ist nicht minder wunderbar und vielseitig wie die im Verlauf der gesamten organischen Evolution erzielte Anpassung der Organismen[2].»

Merkwürdigerweise übersieht Henderson hierbei eine Unstimmigkeit in seinem Gedankengang, weil er seinen Blick so stark auf die Tatsache richtet, daß die Lebewesen aufeinander und auf die nicht lebendige Umgebung abgestimmt sind und daß auch die tote Umwelt nicht minder auf das Leben abgestimmt ist. Diese Unstimmigkeit entsteht durch die Art und Weise, wie er das Wort «An-

[1] Wladimir J. Vernadsky, Geochemie in ausgewählten Kapiteln. Aus dem Russischen. Leipzig 1930.

[2] Henderson 1914, S. 68.

passung» gebraucht. Man kann ja allenfalls annehmen, das Sich-Einfügen der Lebewesen in ihre Umgebung geschehe durch Anpassung; es ist jedoch schwer denkbar, daß das Wasser sich dem Leben angepaßt habe.

Auf jeden Fall weist Henderson hin auf eine für die Natur besonders bezeichnende Tatsache: Alle ihre Teile sind aufeinander abgestimmt, handle es sich nun um tote Stoffe oder Lebewesen. Wie kann man das erklären, wenn das Anpassungsprinzip nur eine begrenzte Gültigkeit hat? Vielleicht finden wir am ehesten eine Lösung, wenn wir von der Entwicklung der Lebewesen ausgehen, z. B. der eines höheren Tieres. Beim ausgewachsenen Tier sind auch die Organe aufeinander abgestimmt. Hier wird es jedoch niemand einfallen, von einer allmählichen Anpassung zu sprechen, weil man weiß, daß alles, was später zu Organen differenziert wird, im Keim undifferenzierte Einheit war. Die Organe eines Organismus haben sich auseinander entwickelt und sind dabei stets aufeinander abgestimmt geblieben, wie das zu einem wirklichen Ganzen gehört. Könnte es nicht sein, daß beim Ganzen der Natur ähnliches stattgefunden hat? Erzählt nicht die wunderbare Weisheit, die sich am deutlichsten in diesem Abgestimmtsein von allem auf alles offenbart, von einer ursprünglich wenig differenzierten Einheit, woraus alle Wesen und Dinge sich nach und nach entwickelt haben? Was man Anpassung nennt, wäre dann in vielen Fällen die Folge eines Sich-auseinander-Entwickelns.

Diese Annahme stimmt tatsächlich überein mit den Resultaten, die Rudolf Steiner uns aus seinen geisteswissenschaftlichen Untersuchungen mitteilt. Im Rahmen unserer Arbeit ist es von besonderer Bedeutung, daß er über eine Zeit spricht, in der es noch keine Trennung zwischen der anorganischen Natur und den Lebewesen gab. Die Lebewesen waren weniger umgrenzt, oder anders ausgedrückt, die Lebensprozesse breiteten sich über die ganze Natur aus. Die Stoffeswelt selbst war noch viel weniger gegliedert. Es wäre nicht möglich gewesen, in demselben Sinn wie heute von chemischen Elementen zu sprechen. Die Natur befand sich in dieser Zeit noch im Zustand eines Zwischenstadiums zwischen einer mehr geistigen und einer mehr materiellen Daseinsform. Aus diesem Zustand hätten sich also nicht nur die Lebewesen, sondern sogar die chemischen Elemente herausdifferenziert. Auch die chemischen Elemente hätten sich also aus einem undifferenzierten Ganzen entwickelt wie die Organe eines Tieres aus dem Keim. Die Erscheinung, die Henderson Anpassung nennt, wäre auf diese Weise erklärt[1].

Wir haben in der Einleitung zum ersten Band dieses Werkes schon besprochen, daß R. Steiner auf Grund seiner geisteswissenschaftlichen Untersuchungen den Menschen in jeder Hinsicht in den Mittelpunkt der Natur stellt. Er steht nicht nur im Mittelpunkt, sondern er ist so etwas wie ein Spiegelbild des

[1] Rudolf Steiner, Vorträge in Dornach, 23. 11.–23. 12. 1923, «Mysteriengestaltungen» GA 1958, 5. u. 6. Vortrag.

großen Weltganzen. Bei der Differenzierung zwischen Lebewesen und toter Natur hat er gleichsam einen Extrakt der ganzen Natur in seine Organisation hineingenommen. Infolge dieser Entwickelung macht die Natur gegenwärtig den Eindruck, als sei ein großes Ganzes auseinandergefallen und zersplittert, während die menschliche Organisation noch immer den Eindruck des ausgewogenen umfassenden Ganzen erweckt. Man kann von der Natur sprechen als von einem auseinandergefallenen Menschen und vom Menschen als einer Zusammenfassung der ganzen Natur.

Im Laufe unserer Arbeit werden wir zeigen, daß diese Gesichtspunkte besonders fruchtbar werden beim Aufbau einer übersichtlichen Didaktik der Chemie. Und gerade der hier zu behandelnde Stoff aus der 11. Klasse der Waldorfschulen liefert viel Material, durch das die Wahrheit dieser Betrachtungsweise bekräftigt wird.

Über die Methode der echten Alchimisten
Die Tria Principia und ihre Bedeutung für unsere Zeit

Nun müssen wir die Frage stellen: Treten die hier vorgebrachten Gesichtspunkte in unserer Zeit als etwas ganz Neues auf, oder gibt es doch andere Menschen oder andere Strömungen, an die angeknüpft werden kann? Daß wir Anknüpfungspunkte zur gebräuchlichen Naturwissenschaft haben, ist selbstverständlich. Aber finden wir solche auch da, wo wir andere Wege suchen? Dies ist tatsächlich der Fall.

Eine der merkwürdigsten Erscheinungen in der Geschichte der Naturwissenschaft ist die Wirksamkeit der Alchimisten. Zu einer Zeit, als man auf dem Gebiet der Physik und der Sternkunde schon daran arbeitete, die kristallklaren, übersichtlichen Begriffe zu entwickeln, die für die moderne Wissenschaft so kennzeichnend sind, gab es gleichzeitig eine Strömung, die im ersten Hinblick einen verworrenen Eindruck macht. Ein Gemisch von Naturbetrachtung und Mystik stellt sich dar, das wenig zu ernsthaftem Studium anlockt.

Ganz anders gestaltet sich jedoch der Eindruck dieser Strömung, wenn man gewisse Schlüssel auf sie anwendet, die R. Steiner uns verschafft hat. Dann entdeckt man die wertvollsten Überlieferungen. Man muß zuerst eine kleine Gruppe ernsthafter Forscher unterscheiden lernen von einer großen Zahl von Leuten, die mehr oder weniger zu den Dilettanten oder gar zu den Quacksalbern gerechnet werden müssen. Die ernsthafte Gruppe gehört in der Hauptsache zu der Strömung der Rosenkreuzer. Für sie war die Chemie nicht ein Mittel, wodurch sie zu Gold und Reichtum kommen konnten, sondern die Grundlage einer geistigen Schulung. Wenn sie Gold zu machen versuchten, bedeutete das in erster Linie ein Streben nach hohen moralischen Qualitäten. Ihrem eigenen Wesen wollten sie die Qualität des Goldes geben.

Ihre Arbeit knüpfte sich an uralte Mysterientraditionen an. Sie beriefen sich dabei besonders auf Aristoteles. Das ist darum so wichtig, weil zu Beginn der neuzeitlichen Naturwissenschaft eine deutliche Neigung entstand, die Fäden zur Vergangenheit abzuschneiden. Aristoteles wurde z. B. von Galilei heftig angegriffen.

Für die echten Alchimisten war der Laboratoriumstisch ein Altar. Wenn sie experimentierten, war dies ein Opferdienst für die göttlichen Mächte. Uns modernen Menschen erscheint das seltsam. Aber ist es nicht eigentlich die größte Selbstverständlichkeit? Wenn man mit Stoffen und Kräften umgeht, die aus der göttlichen Schöpfung stammen, und man ist wahrhaft Mensch, wie anders als mit einer gottesdienstlichen Haltung könnte man sich ihnen gegenüberstellen? Sie bereiteten sich also durch Gebet auf ihre Arbeit vor. Der Verlauf der Prozesse wurde für sie zur Meditation. Das bedeutet: Sie vertieften sich in sie mit solcher Hingabe, daß sie nicht nur gewisse Einsichten erwarben, sondern daß auch eine starke bildende Wirkung auf ihre Seelen davon ausging[1].

Bei jedem wichtigen Prozeß, den sie betrachteten, stellten sie sich vor allem zwei Fragen: Wo und wie spielt sich dies in der ganzen Natur ab, und wo und wie spielt es sich im Menschen ab? Das stimmte überein mit einer alten Überlieferung, nach der die Welt als Makrokosmos bezeichnet wurde und der Mensch als Mikrokosmos. Man sah den Menschen als eine kleine Zusammenfassung der Welt an und die Welt als einen vielfältig vergrößerten und ausgebreiteten Menschen[2].

Wir werden sehen, daß wir daraus vor allem beim Experimentieren während des Unterrichts wichtige methodische Richtlinien entnehmen können. Außerdem muß aber in der heutigen Zeit immer noch die dritte Frage gestellt werden: Wie wird ein Prozeß in der Technik verwendet?

Die Alchimisten sprechen wiederholt über die Tria Principia: Sal, Merkur, Sulfur – Salz, Quecksilber, Schwefel. Sie weisen hiermit nicht nur auf bestimmte Stoffe, sondern auf Prinzipien hin, deren auffälligste Vertreter diese Stoffe sind.

Sal steht in erster Linie für Kristallisationsprozesse, aber außerdem für alles, was Verdichtung und Verhärtung des Stoffes ist, und speziell für den Übergang aus dem flüssigen zum festen Zustand.

Merkur steht für alles, was bewegliche Wechselwirkung ist, und speziell für die vielseitigen Kreisläufe, wobei sich Verdichtungen und Verdünnungen abspielen, deren Träger das Wasser ist.

Sulfur steht für die Verbrennung, also für Prozesse, bei denen Wärme entsteht und Stoffe verzehrt werden.

Wenn man sich ernsthaft in solche Gedankengänge vertieft, wird man erfahren, daß sie viel beitragen können zur Gestaltung eines großartigen Vorstellungsbildes von dem Naturganzen.

[1] Rudolf Steiner, Vortrag in Neuchâtel, 28. 9. 1911, in «Das esoterische Christentum und die geistige Führung der Menschheit». Dreiundzwanzig Vorträge 1911–1912. GA 1962.

[2] Rudolf Steiner, Vortrag 22. 12. 1923, in «Mysteriengestaltungen». GA 1958.

Die Alchimisten blieben nicht stehen bei flüchtigen Bildern, sie vertieften sich mit ihrem ganzen Wesen in die Betrachtung der Welt.

Wollten sie sich in das Salzprinzip vertiefen, so ließen sie z. B. eine Salzlösung auskristallisieren. Das erweckt immer den Eindruck von Reinheit und kühler Schönheit. In der innigen Hingabe an diesen Eindruck lernten sie, zu der edlen Hoheit und Strenge des göttlichen Denkens aufzuschauen, das sich in einem so wunderbaren Zusammenklang von Schönheit und exakter Form vor ihnen offenbarte. Was im Naturprozeß zur Erscheinung kam, wurde so zum Vorbild des eigenen Denkens. Sie strebten danach, das menschliche Denken nach dem Vorbild des Göttlichen zu schulen, indem sie die Salzkristallisation meditierten.

Um sich in das Merkurprinzip zu vertiefen, ließen sie z. B. einen schönen Kristall sich lösen. Was zuerst in sich selbst beschlossen und erstarrt war, sahen sie beweglich werden und sich in etwas anderes hineinergießen. Sie sahen so vor ihren Augen sich etwas abspielen wie die Hingabe eines Wesens an ein anderes Wesen, aber mit einer Vollkommenheit, die nur in der Natur möglich ist. An diesem göttlichen Vorbild schulten sie ihr Fühlen.

Sie vertieften sich in den Sulfurprozeß, indem sie ein Feuer entbrannten. Was zuerst fest umrissen vor ihnen lag, wurde verzehrt, wurde, indem es Wärme und Licht ausstrahlte, emporgetragen und in den Raum hinausverströmt. Das meditierten sie als großes Vorbild ihres Willens. Für sie bestand das echte Wollen in der Bereitschaft, das Persönliche ganz aufzuopfern dadurch, daß man es uneingeschränkt in den Dienst des Göttlichen stellte.

Die besten Alchimisten übten zugleich auch die Heilkunde aus. Mit ihren Tria Principia hatten sie sogar Zugang zur Physiologie des menschlichen Organismus. Sie wußten, daß beim Denken sich Verdichtungen des Stoffes im Kopf vollziehen; daß das Wollen auf der Verzehrung des Stoffes beruht, z. B. in den Gliedmaßen, und daß das Fühlen von rhythmischen, vermittelnden Prozessen getragen wird, die in der Brust konzentriert sind.

Die Tria Principia können auch für uns außerordentlich wichtig sein, weil sie in vieler Hinsicht richtunggebend sind. – Zunächst kann man sich selbst noch immer an Hand der Tria Principia schulen. R. Steiner hat zwar meist ganz andere Methoden angegeben, und ich denke, daß es für die meisten Menschen nicht empfehlenswert ist, ausschließlich oder hauptsächlich alchimistischen Methoden zu folgen. Dennoch kann man ganz bestimmte Resultate damit erzielen.

Ferner hat man in den Tria Principia einen Schlüssel zur Architektur der Welt, der seinem Stile nach an frühere Zeiten erinnert, aber dennoch nicht veraltet ist. Man kann in einer tief begründeten Weltanschauung die Tria Principia nicht missen, weil sie der Ausdruck eines tatsächlich wirksamen ordnenden Prinzips sind. Besonders wird das Finden eines Zusammenhanges zwischen Mensch und Natur sehr schwierig, wenn man die wirksame Ordnung, deren Ausdruck die Tria Principia sind, nicht kennt.

Für den Lehrer auf naturwissenschaftlichem Gebiet ist es doppelt wichtig, daß er sich mit den Tria Principia beschäftigt, weil sie ihm nicht nur helfen, ein abgerundetes Weltbild aufzubauen, sondern weil er durch sie veranlaßt wird, sich bewußt zu machen, wie das Anschauen von Naturerscheinungen bildend auf die menschliche Seele wirken kann.

Mensch und Natur zwischen Licht und Schwere

In den Tria Principia haben wir bereits einen Hauptaspekt der Naturordnung hingestellt. Es gibt noch andere Aspekte, die untereinander in innigem Zusammenhang stehen.

Wenn man eine Naturbetrachtung entwickeln will, für die alles, was man sieht, zur Gebärde, zum Ausdruck wird, muß man als Grundlage ein fühlendes Verständnis für die Bedeutung von unten und oben mitbringen. Früher hatte man das selbstverständlich. Man sprach von Himmel und Erde und betrachtete sie als Hintergrund des ganzen Daseins.

Durch die Schaffung des Kopernikanischen Weltsystems wurden die Verhältnisse relativiert. Man fühlte sich nicht mehr berechtigt, sich selbst, seinen eigenen Standort, als Ausgangspunkt zu nehmen und verlor so gleichermaßen den Grund unter den Füßen und den Himmel über dem Kopf. Und das ist es nun gerade, was wir uns zurückerobern müssen: die Fähigkeit, von dem Bild der Welt auszugehen, wie es uns durch unsere Sinne entgegenkommt.

Die erste Erfahrung des Unten – Oben erwirbt sich der Mensch, wenn er sich aufrichten und gehen lernt. Wer die Betrachtungsweise unserer Zeit übernommen hat, vor allem aber der geschulte Naturforscher, hat gelernt, diese erste Erfahrung zu verleugnen. Er muß also gleichermaßen von neuem laufen lernen oder jedenfalls so laufen und sich bewegen lernen, daß er dadurch wieder Erfahrungen mit den Raumesverhältnissen machen kann. Um dies wirklich zu bewerkstelligen, sollte er sich in der Eurythmie üben, der von Rudolf Steiner begründeten Bewegungskunst, die in hohem Maße auf die feineren Raumesverhältnisse zwischen Mensch und Welt abgestimmt ist. Man befindet sich hier in einem der Gebiete, in dem man sich nur mit Sicherheit orientieren kann, wenn man sich in seine Gegebenheiten nicht allein denkend, sondern auch fühlend einlebt und sogar den Willen zur Quelle von Einsichten und Erfahrungen entwickelt.

Will man ein Verhältnis zur Welt bekommen, das frei von Abstraktionen ist, so muß man ruhig eine geozentrische oder sogar eine anthropozentrische Betrachtungsweise pflegen. Im andern Falle vergißt man, sich in die Prozesse so zu vertiefen, wie sie sich einem wirklich darstellen. Man entwickelt dann Vorstellungen, die zuwenig Zusammenhang mit der Wahrnehmung haben, sondern die aus bestimmten Begriffen konstruiert sind.

Geht man in der Betrachtung von sich selbst aus, so entwickeln sich Vorstellungsbilder, die sich eng an die Wirklichkeit anschließen. Außerdem wird man sehr bald bemerken, wieviel man dadurch gewinnt, daß man die Raumesverhältnisse und die Prozesse wieder mit Hilfe des eigenen Körpergefühls beurteilen lernt.

In der Eurythmie lernen wir uns so zu bewegen, daß unser Körper dauernd wechselnde, charakteristische Verhältnisse zur Umgebung und selbst zum Ganzen der Welt durchläuft. Nebenbei entwickelt man durch sie die Fähigkeit, alles, was sich außerhalb des Körpers abspielt, mit dem eigenen Körpergefühl zu verfolgen und es so auf reale Weise nicht nur durch abstrakte Begriffe zu beurteilen. Nach dem Vorbild der eigenen körperlichen Erfahrungen lernt man sogar das Verhältnis der Stoffe, die an bestimmten Prozessen beteiligt sind, zur Umgebung beurteilen.

Wenn man vom Unten und Oben in der Natur spricht, betrachtet man sie von dem Standpunkt aus, den man selbst gewöhnlich einnimmt. Man dringt noch einen weiteren Schritt zur Wirklichkeit vor, wenn man bedenkt, wie das vornehmlich über uns liegende Gebiet ganz von Lichtwirkungen durchzogen ist und das unter uns liegende von der Schwere beherrscht wird. Über uns und um uns herum befindet sich der Raum, in dem die Stoffe leicht und durchsichtig sind, und wo das Bild der Himmelskörper aufleuchtet. Alles ist da so beschaffen, daß wir uns veranlaßt fühlen, durch das Auge eine Verbindung mit den Weiten und Fernen des Himmels zu suchen. Das Gebiet unter uns ist dicht und dunkel. Es stützt und trägt unseren Körper, stößt ihn aber auch zurück.

Das Licht in der Welt über uns lockt unser Bewußtsein mit in die Weite und Höhe; die Schwere zieht unseren Körper mit hinunter in die untere Welt.

Wenn man die Worte Licht und Schwere ausspricht, deutet man auf die wichtigste Polarität, die in der Naturordnung vorhanden ist. Die Haltung und der Körperbau des Menschen werden durch sie in hohem Maße bestimmt[1]. Bei den keimenden Pflanzen sehen wir die Wurzeln sogleich den Weg nach unten einschlagen, die Stengel nach oben streben. Die Tiere suchen meistens einseitig Verbindung mit dem einen oder anderen Gebiet.

Es besteht auch ein sehr enger Zusammenhang zwischen den Tria Principia und der Licht-Schwere-Polarität. So werden wir denn auch immer wieder sehen, daß die Stoffe und Prozesse auf eine für sie charakteristische Art und Weise in die beiden Gebiete eingeordnet sind.

[1] Vgl. hierzu auch Seite 180, Der Kalk im Menschen.

Die vier Elemente

Zu einem zentralen Aspekt der Naturordnung dringt man vor, wenn man von der alten Lehre der vier Elemente ausgeht. In früheren Zeiten hatte man auf Grund dieser Lehre ein außerordentlich lebendiges Bild von dem Ineinanderspielen der Naturkräfte und Stoffe. Langsam jedoch ist dies Bild verblichen, und es blieb nichts davon übrig als der Begriff der drei Aggregatzustände. Das Erdenelement wurde zu dem toten Begriff des festen Stoffes, das Wasserelement zur Flüssigkeit, das Luftelement zum Gas, während das Wärmeelement vollständig wesenlos zu einem Zustand des Stoffes degenerierte. R. Steiner hat verschiedene Wege gewiesen, wie man die Lehre der vier Elemente wieder zum Leben erwecken und sogar weitgehend vertiefen kann. Selbstverständlich sind das moderne Wege, auf denen unsere heutigen Forderungen nach Exaktheit erfüllt werden.

In erster Linie hat er ein neues Verständnis für das Wärmeelement ermöglicht, indem er hinwies auf die fortschreitende Metamorphose von Element zu Element und auf andere streng gesetzmäßige Verhältnisse der Elemente zueinander[1].

Alle festen Stoffe fügen sich der Schwerkraft und sind an die Erde gefesselt. Das gilt auch noch in hohem Grade für die Flüssigkeiten, obwohl hier bereits die Neigung besteht, sich von der Erde zu befreien. In der Sphäre des Luftelements ist die Schwere weitgehend überwunden. Das Kräftespiel in der Sphäre des Wärmeelements ist seinem Wesen nach der Schwere vollkommen entgegengesetzt. Es entrückt die Stoffe dem Einfluß der Erde.

Das Kräftespiel der Wärme ist ebenso dem Licht verwandt, das zum Weltenumkreis hin orientiert ist, wie das Erdenelement der Schwere verwandt und daher zum Erdenmittelpunkt hin gerichtet ist.

Der Begriff der Wärme als Element ging verloren, als man die Welt immer ausschließlicher vom Gesichtspunkt der Schwere betrachtete[2].

Wenn man die Blütenpflanze in ihrer Entwicklung verfolgen will, in der Absicht, einen tieferen Einblick in das Wirken des Lebensprozesses zu bekommen, so ist eine Kenntnis der vier Elemente schon darum notwendig, weil die Pflanze sich in sie einfügt. Gelingt es, die Wirkung der vier Elemente in der Pflanze zu erkennen, so kann das helfen, sich den etwas schematischen Begriff, den man vielleicht von ihnen hat, lebendig zu machen[3].

Im Samen ist die Pflanze Erde, erfüllt von wartendem Leben; beim Keimen

[1] Siehe besonders Rudolf Steiner, Zweiter naturwissenschaftlicher Kurs («Wärmekurs») Stuttgart, März 1920.

[2] Vgl. Seite 42, Der Kampf um das Bild in der Chemie.

[3] Rudolf Steiner, Vorträge in Dornach, 19. 10.–11. 11. 1923, «Der Mensch als Zusammenklang des schaffenden, bildenden und gestaltenden Weltenwortes» GA 1958. Siehe den 7. Vortrag.

und beim Entfalten der Knospen wirkt in erster Linie das Wasser; sobald die Blätter ganz entfaltet sind, beginnt die Kohlensäureassimilation und damit die intensive Wechselwirkung mit Luft und Licht; bei den Prozessen in der Blüte, vor allem bei der Bildung des Pollenstaubs und Samens, und beim Reifen der Frucht wirkt das austrocknende, verdorrende Wärmeelement.

Folgt man nun der Entwicklung der Pflanze durch die Generationen, so kommt man zu der Einsicht, daß man die Ordnung der Elemente untereinander auch noch auf andere Weise wiedergeben kann. Während die Pflanze sich entwickelt, vollzieht sie den oben besprochenen stufenweisen Aufstieg durch die Elemente. Mit dem fallenden Samen kehrt das Pflanzenleben jedoch zur Erde zurück, etwas wie eine kreisförmige Bewegung beschreibend.

Es besteht also nicht nur ein geradliniger Zusammenhang zwischen den vier Elementen, sondern auch ein kreisförmiger.

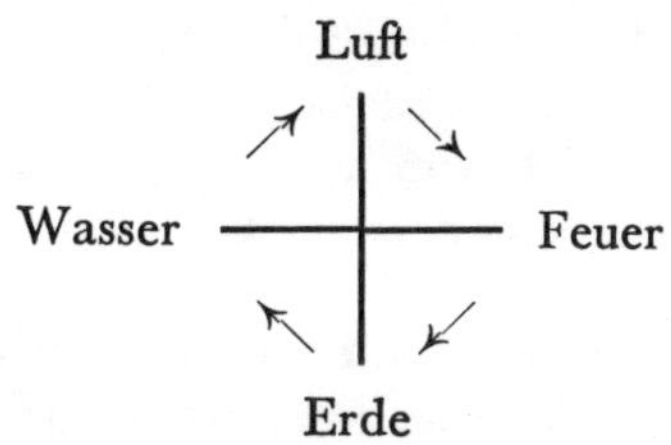

Dieses Schema kann man oft wiederfinden in dem Verhältnis der Naturwesen zueinander oder in dem Gang der Naturprozesse. Wir werden es besonders nötig haben, wenn wir den Zusammenhang der Stoffe untereinander ergründen wollen, die in der Epoche der 11. Klasse zur Sprache kommen sollen.

Experimentieren als Kunst

Das Wesen eines Demonstrationsversuches

Bei einer Erneuerung der Unterrichtsmethoden auf dem Gebiet der Chemie darf natürlich die Art und Weise des Experimentierens nicht unbeachtet und unverändert bleiben.

Die übliche Wissenschaft beruht zum großen Teil auf experimenteller Untersuchung. Man kann nur die größte Bewunderung für die Methoden, die hierbei angewandt werden, entwickeln. Wenn man jedoch den Schulunterricht zu sehr nach diesen Methoden, die bei der Forschung am Platze sind, gestaltet, wird man den Schülern nicht gerecht. In die Schule gehört an erster Stelle der voll entfaltete Demonstrationsversuch, und das ist etwas für sich, etwas, was sich nach eigenen Gesichtspunkten vollziehen muß.

Beim wissenschaftlichen Experiment versucht man z. B. das Vorhandensein dieses oder jenes Stoffes nachzuweisen; oder man wird eine Theorie beweisen oder umstoßen; oder man bemüht sich um die Erklärung dieser oder jener Erscheinung. Man arbeitet also besonders auf Gebieten, die neu sind oder weiter ausgebaut werden müssen.

Im Schulunterricht hat man es vor allem mit Gebieten zu tun, die man kennt und überschaut. Was schon bis zu einem gewissen Grade geistiger Besitz geworden ist, muß so gut und so eindrucksvoll wie möglich dargeboten werden. Aber vor allem sollte man alles daransetzen, die Natur so ausdrucksvoll wie möglich selbst sprechen zu lassen.

Bei manchen gebräuchlichen Demonstrationsversuchen wird den Theorien zu viel Gewicht beigemessen, also den menschlichen Gedanken oder der Technik, die wir entwickelt haben. Man arbeitet z. B. gern mit Erscheinungen, die durch kräftige Farbentfaltung auffallen. Dabei achtet man jedoch weniger auf die Farbe als solche und was sie zu sagen hat, sondern nimmt sie nur als Signal: Die Farbe tritt auf, also ist der oder jener Stoff entstanden, oder es hat sich der oder jener Prozeß vollzogen.

Will man denselben Versuch als Demonstrationsversuch zeigen, so sollte man aber nicht nur auf die Farbe selbst achten, sondern man sollte sogar durch allerlei Kunstgriffe die Farbe sich zu glänzender Erscheinung entwickeln lassen. Es gibt eine Art des Experimentierens, bei der man sich gewissermaßen ganz von der Natur leiten läßt und alle seine Fähigkeiten zur Verfügung stellt, um sie sich so ungehindert wie möglich zeigen zu lassen. Hierzu muß man sehen lernen, wie in den Erscheinungen etwas liegt, was man feine Absichten nennen könnte. Nimmt man solche Eindrücke ernst und versucht die Absichten zu verwirklichen, dann ergeben sich oft die größten Überraschungen. Man sollte immer von der Überzeugung ausgehen, daß in der Natur etwas verborgen ist, was sich offenbaren könnte und in gewissem Sinne sogar offenbaren möchte. Man sollte bei der Vorbereitung eines Versuchs nicht eher ruhen, als bis man ihm gegenüber dasselbe Gefühl hat wie gegenüber einer Pflanze, aus deren Blättergewirr sich die Pracht der Blüte entfaltet. Bei dieser Art des Experimentierens müßte immer etwas mitspielen wie der Wille zur Erlösung der Natur. Man wird dann bemerken, daß die Prozesse so entwickelt und gesteigert werden, daß sich eine ganze Bilderwelt entfaltet. In vielen Fällen spiegeln die Bilder bestimmte Teile des Makrokosmos. In anderen Fällen sieht es so aus, als ob ein Stück Urgeschichte der Erde auflebe. Wahrscheinlich ist es sogar möglich, auch Bilder künftiger Stadien der Weltentwicklung sichtbar zu machen. Aber hiermit kommen wir in einen Bereich, der schon über die Grenze des in der Schule zu Behandelnden hinausreicht.

Zusammenfassend könnte man vielleicht folgendes sagen: Gegenwärtig geht man beim Experimentieren gewöhnlich von intellektuell-wissenschaftlichen oder von technischen Gesichtspunkten aus. Das alchimistische Experiment früherer Zeiten hatte einen stark religiösen Hintergrund. Was noch entwickelt werden muß, ist das Experiment als eine Art ausübender Kunst. Aber hierbei handelt es sich natürlich um Kunst im Sinne Goethes, Kunst, die zugleich Wissenschaft und Religion ist.

Richtlinien für das Experimentieren

Wir gehen jetzt zu einer Besprechung der konkreten Methodik über. Es können da einige Richtlinien gegeben werden, die, wenn man sie befolgt, das Niveau der Versuche sogleich um ein Ansehnliches heben.

Die erste dieser Richtlinien bezieht sich auf die Größe des Raumes, des Luftraumes oder Wasserraumes, in dem man die Versuche stattfinden läßt. Zu jedem Versuch gehört in gewissem Sinn ein bestimmtes Format, durch das er am besten zur Geltung kommt. In den meisten Fällen läßt man die Versuche in viel zu kleinen Gefäßen vor sich gehen. Man erzielt jedoch beinahe immer überraschende Wirkungen, wenn man den Maßstab vergrößert. Man sollte Bechergläser und Erlenmeyerkolben von 3–5 Litern zur Verfügung haben, und in besonderen Fällen sogar noch größere Rauminhalte. Besonders nützlich sind hohe Zylindergläser, z. B. solche von 50 cm. Natürlich braucht man auch Gefäße von normaler Größe. In bestimmten Fällen empfehlen sich sogar sehr kleine Zylinder und Bechergläser, z. B. 12 cm^3. So tut man auch gut daran, Reagenzgläser von vielen verschiedenen Formaten vorrätig zu haben.

Ferner sollte man über eine Apparatur verfügen, in der man beträchtliche Feuer entzünden kann und worin sich auch schädliche Dämpfe entwickeln können. Besonders angebracht ist ein Glaskasten mit guter Ventilation auf dem Demonstrationstisch. (Hiervon wird noch genauer die Rede sein.) Ohne Zweifel kann auch ein guter Rauchfang über den Flammen oder der dampfenden Flüssigkeit den gewünschten Effekt haben.

Die zweite der Richtlinien hat es zu tun mit dem zeitlichen Verlauf des Versuchs. Zum Teil handelt es sich um das Tempo der eigenen Handgriffe, zum Teil um die Abrundung und Reifung, die bei vielen Versuchen eintritt, wenn man sie ruhig stehen läßt.

Allgemein kann gesagt werden, daß man nicht zu schnell arbeiten und auch nicht den Versuch willkürlich abbrechen sollte. Wenn z. B. durch Gießen einer Flüssigkeit in eine andere ein Niederschlag entstehen soll, beginnt man meistens am besten mit kleinen Mengen, die man nach und nach zufügt. So gibt man dem Niederschlag die Gelegenheit, sich aufs eindrucksvollste zu entwickeln. Meistens tritt so ein charakteristisches Spiel von Form und Farbe auf. Läßt man das Ganze dann über Nacht stehen, so vollzieht sich manchmal etwas höchst Überraschendes, als ob die Natur jede sich bietende Gelegenheit ergriffe, um ein herrliches Spiel von Farben und Formen zu entfalten.

Die dritte der Richtlinien hängt mit der Beleuchtung zu sammen. Auch bei den kräftigsten Erscheinungen geht allzuleicht etwas von der Wirkung verloren durch schwache oder schlecht gerichtete Beleuchtung oder auch durch das Fehlen einer Verdunkelung. Also muß man über starke Lichtquellen und über eine Verdunkelungseinrichtung verfügen. Für die Beleuchtung des Raumes nehme man am besten Glühbirnen (mindestens 150 Watt). Durch TL-Röhren entsteht zu leicht eine Verfälschung der Farben.

Das deutlichste Versuchsbild erreicht man, wenn man den Raum verdunkelt und nur den Versuch selbst beleuchtet oder ihn sogar zur Lichtquelle werden läßt. Dabei hat man den Vorteil, daß die Aufmerksamkeit der Schüler konzentriert wird und sie auch noch von ziemlicher Entfernung starke Eindrücke bekommen. Auf diese Weise kann man sogar vor 150 und mehr Menschen demonstrieren.

Es ist vorteilhaft, wenn man spezielle Apparate hat, um einen Versuch zu beleuchten. Dabei müssen Versuche unterschieden werden, die einen dunklen Hintergrund brauchen und dazu seitliche Beleuchtung oder Beleuchtung von unten oder oben, von solchen, die nicht beleuchtet werden, aber einen hellen Hintergrund brauchen. Bei dunklen oder wenig durchsichtigen Niederschlägen (Berliner Blau) arbeitet man meistens am besten mit hellem Hintergrund. Bei durchsichtigen, kristallartigen Niederschlägen ruft man die schönste Wirkung hervor durch wohlgerichtete, seitliche Beleuchtung. Halb durchsichtige Hydrogele kommen am besten zur Geltung vor einem dunklen Hintergrund, wobei man von unten stark beleuchtet. So erzielt man eine brillante Dunkelfeldbeleuchtung. Eine Schwierigkeit hierbei ist allerdings, daß der Niederschlag leicht die Lichtquelle verdeckt. Man kann auch probieren, von oben her zu beleuchten, was aber meistens schwieriger und weniger befriedigend ist.

Beleuchtung von seitwärts verursacht oft störende Spiegelungen bei runden Gläsern. Da kann man sich in bestimmten Fällen mit viereckigen Gläsern helfen.

Apparatur

Ein Demonstrationskasten mit Ventilation:

Es ist besonders nützlich, einen Demonstrationstisch mit einer Öffnung zu besitzen, durch die ein kräftiger Luftstrom weggesogen werden kann. Auf vielerlei Weise kann man sich dessen bedienen. Will man in einigermaßen großem Stil Versuche machen, bei denen unangenehme oder gefährliche Dämpfe entwickelt werden, so kann man z. B. einen rechteckigen Glaskasten benutzen mit einem Zinkdach und ohne Boden. (Ausmaße z. B. 75 cm breit, 60 cm tief, 70 cm hoch.) Eine der Wände reicht nur bis zur halben Höhe herab, so daß von unten eine Öffnung bleibt. Diese kann verschlossen werden durch eine Glasplatte mit hölzernem Griff, die nach oben und unten geschoben und auch oben festgemacht werden kann, so daß die Öffnung nach Belieben offen oder verschlossen ist. Da in den meisten Fällen der Dampf aufsteigt und die warme Luft sich außerdem oben in dem Kasten ansammelt, ist es wichtig, einen zylinderförmigen Rauchfang auf der Ventilationsöffnung im Innern des Kastens anzubringen (Durchschnitt ca. 12 cm), die bis zu 5–10 cm unter das Dach reicht.

Ein wichtiger Punkt ist das Sauberhalten des Kastens. Man kann hierfür alte Zeitungen verwenden, erst naß, dann trocken. Will man die Glaswände besonders gründlich reinigen, so nehme man Brennspiritus. Hat man es mit schweren, zu Boden sinkenden Dämpfen zu tun, kann man den Kasten mehr oder weniger schließen. Dann werden auch diese in die Höhe gewirbelt und weggesogen. Am besten wäre es natürlich, wenn man in einem solchen Fall die Luft von unten her wegsaugen und von oben zuführen könnte. Eine hohe Öffnung mit Schiebetür ist darum ungeeignet, weil dabei die aufsteigenden Dämpfe zu leicht entweichen können.

Für den Hintergrund, dunkel oder beleuchtet, kann man Platten aus Sperrholz verwenden. Man bedeckt sie an der einen Seite mit schwarzem, an der anderen Seite mit weißem Papier. Man kann sie aufrechtstellen, indem man sie quer in die Kerbe eines länglichen Holzstückes schiebt. Man könnte auch mit durchsichtigem Papier beklebte Rahmen oder Mattglas verwenden, die man von hinten beleuchtet. Für die weißen Schirme hat man natürlich entsprechende Lampen nötig.

Beleuchtung von unten:

Hierfür empfiehlt sich eine gewöhnliche Glühbirne, die aber ziemlich stark sein muß, etwa 100–150 Watt. Das Licht darf kein Bündel bilden, sondern muß möglichst gleichmäßig verteilt sein. Man kann z. B. ein Becherglas, einen Kolben oder ein Zylinderglas auf einen Dreifuß ohne Drahtgitter stellen und eine Lampe daruntersetzen. Um die Birne herum stellt man einen nicht zu engen

Papierzylinder auf, der mindestens bis zum Boden des Gefäßes reicht. Man kann schwarzes Papier verwenden, das bis knapp über die Lampe von innen mit weißem Papier beklebt ist. Darüber läßt man am besten einen schwarzen Streifen ohne weiße Innenseite, weil dann das Licht nicht so stark nach der Seite reflektiert wird. Das weiße Papier verhindert vor allem zu starke Erhitzung, außerdem wird das Licht dadurch besser gerichtet. Man muß einerseits dafür sorgen, daß starke Ventilation zur Kühlung stattfindet, aber zugleich aufpassen, daß das Licht nicht nach der Seite entweicht.

Die mit Wasser gefüllten Gläser sehen bei dieser Beleuchtung, wenn die Umgebung abgedunkelt ist, recht eindrucksvoll aus. Sie sind beinahe dunkel für das Auge, ausgenommen der Rand der Wasseroberfläche und der obere Rand des Glases, die stark glänzen. Die geringsten Unregelmäßigkeiten am Glas wie Luftblasen oder Fingerabdrücke springen sofort ins Auge. Die Gläser sollen also recht sauber sein. Weitaus das meiste Licht wird unter diesen Umständen durch die totale Reflektion im Innern des Gefäßes gefangengehalten und durch die Wasseroberfläche hindurch nach oben geschickt. Es ist schon nötig, daß man die Birne durch eine Glasplatte vor den Wassertropfen schützt. Es ist jedoch schwierig zu bewerkstelligen, daß diese Platte nicht springt.

Natürlich kann man auch leicht einen besseren Beleuchtungsapparat machen. Man nimmt z. B. ein Stück Sperrholz und bringt darauf eine Fassung an. Darauf setzt man einen Kartonzylinder, der von innen bis zu einer gewissen Höhe mit Stanniol bekleidet ist. Der oberste Teil ist schwarz gefärbt. Obendrauf bringt man wieder ein Stück Sperrholz an, das eine der Kartonhülse entsprechende Öffnung hat. Diese bedeckt man mit einer Glasscheibe z. B. sechseckig, deren Rand mit starkem Klebstreifen beklebt ist. In dem Kartonzylinder müssen unten und oben Ventilationsöffnungen sein, die jedoch kein Licht herauslassen. Die Glasgefäße stehen auf einem hölzernen Ring, wovon man mehrere aufeinanderlegen kann, um die Öffnung größer oder kleiner zu machen.

Beispiele von Versuchen

1. Stelle ein leeres Zylinderglas auf den Beleuchtungsapparat. Gieße mit dünnem Strahl Wasser hinein. Die mitgerissenen Luftblasen zeigen einen herrlichen Silberglanz.

2. Becherglas von 3 Liter voll Leitungswasser auf den Beleuchtungsapparat. Langsam schußweise gesättigte Kupfersulfatlösung hinzufügen. Das Wasser färbt sich zuerst leicht blau, aber allmählich sieht man eine blaßblaue, stark leuchtende Trübung entstehen (Hydrolyse). Jetzt gießt man einen Schuß Salzsäure dazu. Die Trübung wird aufgezehrt und macht einer klaren Lösung Platz. Man kann etwas nachhelfen und mit dem Rührstab leichte Wirbelungen verursachen, dann sieht man in der Trübung merkwürdige Formen entstehen, die

an Zirruswolken erinnern. Jetzt fügt man etwas Natronlauge bei. Es erscheinen herrlich leuchtende zartblaue Flocken von Kupferhydroxyd. Mit etwas Salzsäure kann man diese wieder auflösen. Dann tropft man vorsichtig etwas Ammoniak in die Lösung. Es bilden sich tiefblaue Wirbel, von blaßblauem Niederschlag umringt, die wieder aufsteigen und oben im Becherglas eine dunkle, aber durchsichtige Schicht bilden. Hier kann man erneut Natronlauge hindurchgießen, es ergibt sich wieder Kupferhydroxyd, noch schöner als zuvor. Jetzt kann man vorsichtig etwas konzentrierte Schwefelsäure beifügen. Die sinkt sogleich zu Boden, verursacht da eine schaukelnd-wallende Bewegung und löst dabei einen Teil des Niederschlags auf, während der Rest darüber schweben bleibt. So kann man ein zauberisches Bild aufbauen, das aus verschiedenen Schichten besteht. Läßt man dies nun stehen, so ergeben sich eine Zeitlang noch Veränderungen, wobei manchmal außergewöhnlich schöne Stadien durchlaufen werden.

Man sieht wohl an diesem Versuch, daß man sehr stark den verschiedenen spezifischen Gewichten der Stoffe Rechnung tragen muß, daß man diese aber auch benutzen kann, um gewisse Resultate zu erzielen.

3. Erlenmeyerkolben von 3 Liter mit leicht saurer Kupfersulfatlösung auf den Beleuchtungsapparat. Oben im Kolben ein gelber Blutlaugensalzkristall ($K_4 Fe (CN)_6$). Es entsteht ein rotbrauner Niederschlag, der in leuchtenden Flokken nach unten sinkt.

Benutzt man bei demselben Versuch Eisensulfat an Stelle von Kupfersulfat, so entsteht in der rotbraunen Lösung ein dunkelblau flockiger Niederschlag. Diese Erscheinung tritt am deutlichsten hervor gegen einen beleuchteten Hintergrund, während der entsprechende Versuch mit Kupfersulfat viel besser auf dem Beleuchtungsapparat herauskommt.

Im allgemeinen erzielt man oft überraschende Versuchsbilder, wenn man zwei Stoffe, die miteinander reagieren, nicht in Form zweier Lösungen mischt, sondern wenn man den einen Stoff in festem Zustand in den aufgelösten anderen hineinhängt.

Andere Beispiele:

Ein Kupfersulfatkristall in einer Lösung von Natronlauge.

Ein Stab Natronlauge in einer Salzsäurelösung.

4. Mit dem Beleuchtungsapparat kann man auch Rauch oder Nebel stark sichtbar machen. Als ein schönes Beispiel kann man Salmiakbildung aus Ammoniak- und Salzsäuregas wählen. Man stellt einen großen Erlenmeyerkolben oder ein weites Zylinderglas auf den Beleuchtungsapparat. Auf den Grund gießt man etwas Ammoniaklösung und legt Filtrierpapier über die Öffnung des Glases. Darauf gießt man einige Tropfen Salzsäure. Es entsteht ein leuchtender weißer Rauch, der wie wirbelnde Fäden nach unten sinkt. Ordnet man den Versuch umgekehrt an, unten im Glas Salzsäure, oben Ammoniaklösung, dann verläuft alles etwas langsamer.

Wie jedes andere Kapitel dieses Buches geht auch dieses von der Voraussetzung aus, daß man die gebräuchliche Wissenschaft und die gebräuchliche Methodik bis zu einem gewissen Grade beherrscht, bevor man sich in das Gebiet des Unterrichtens begibt. So wird denn auch hier in keiner Weise nach Vollständigkeit gestrebt.

Natürlich wird man im Unterricht auch die gebräuchlicheren Arten des Experimentierens heranziehen. Es gibt auf diesem Gebiet ausgezeichnete Bücher. Es handelte sich mir in erster Linie um eine Bereicherung der Demonstrationsmöglichkeiten und weiterhin darum, einen neuen Weg zu suchen, auf dem bestimmte Inhalte der Materie, die meist verborgen bleiben, im Versuchsbild auftreten. Wenn man sich darauf geschult hat, dringt das Auge gewissermaßen tiefer in die Erscheinungen ein, es kommt den Erscheinungen entgegen; indem man die Versuchstechnik entsprechend entwickelt, wird das Verborgene herausgelockt, die Erscheinungen kommen dem Auge entgegen.

Salze, Säuren und Basen

Übersicht über den Chemie-Unterricht in der 10. Klasse

Kristallisation bei den Salzen

In dieser Klasse geht man aus von den Salzen, d. h. von den Stoffen, die in ihrem kristallisierten Zustand ganz und gar Erde sind, aber stark und regelmäßig geformte und ganz durchsichtige Erde.

Damit haben wir auch gleich das Thema, das für die Kinder dieses Alters besonders wichtig ist. Die Kinder sind durch die Pubertät hindurchgegangen, die feinen Verbindungen, die sie noch mit dem Kosmos hatten, sind größtenteils abgerissen. Jetzt sind sie ganz Erdenbürger geworden, und sie müssen lernen, sich mit klaren Gedanken in diesem für sie noch neuen Bereich zu orientieren. Ihr Leben, das sich jetzt für ihr Bewußtsein in erster Linie auf der Erde abspielt, muß vom Denken durchgestaltet werden. Ihr Denken muß so stark werden, daß es das Chaos der Einzelerscheinungen ordnen kann, aber es muß auch so feinfühlig sein, so «folgsam», daß es den edlen Aufbau des Weltganzen wirklich erfassen kann.

Die ganze Epoche sollte folgenden Stil haben: Eine stark hervortretende, übersichtliche Gedankenstruktur, die den Reichtum der Erscheinungen ordnet, wodurch man ihn begrifflich aufhellen und sogar handhaben kann. Ein edel gebildeter, schön gefärbter Salzkristall kann wirklich als Ideal vor uns stehen, wenn wir den Stil dieser Epoche überdenken.

Wir beginnen damit, eine Anzahl Salze vorzuführen. Es ist gut, gleich zu Anfang bestimmte Kunstgriffe anzuwenden, wodurch der Eindruck so sprechend und so charakteristisch wie möglich wird. Solch ein durchsichtiger Stoff mit seinen glänzenden Flächen kommt weniger zur Geltung auf weißem Papier. Auf schwarzem Papier und mit seitlicher Beleuchtung zeigt er eine ergreifende Schönheit.

Vielleicht lassen wir auch noch vorher einige Salze auskristallisieren: Kochsalz, Kupfersulfat, Kaliumnitrat und andere. Herrlich frischer Glanz und Schönheit treten uns bei ihnen entgegen, wenn wir die Beleuchtung richtig anwenden.

Wenn wir jetzt auf das Wesen des Salzes eingehen, müssen wir die wunderbar strenge Form, die Durchsichtigkeit und Klarheit hervorheben. Das eigentliche Wunder zeigt sich jedoch erst deutlich, wenn wir das Salz betrachten im Zusammenhang mit dem Ganzen der Natur. Das Salz ist Erde, ist schwere, starre Materie, und doch öffnet es sich weitgehend dem Spiel des Lichtes. Eigentlich ist das Irdische, der Bereich unter uns, dumpf, dunkel und drückend, während das Licht darüber in einer sehr dünnen, klaren Welt webt. Es besteht der allergrößte Gegensatz zwischen dem Lichtbereich da droben und dem Schwerebereich da drunten. Der Salzkristall, der eigentlich dem Bereich der Schwere zugehört, ist dennoch weitgehend offen für die Strahlungen aus dem Lichtbereich.

Für uns selbst dürfen wir folgendes bedenken: Die Materie wurde in längst vergangenen Zeiten aus dem Lichtbereich abgesondert und verdichtet. Das Licht ist dünn geworden, die Materie hat ihre Fähigkeit, von innen heraus zu leuchten, verloren und ist der Schwere ausgeliefert. Solch ein Kristall zeigt dieses Verlassensein vom Lichte im höchsten Maße. Er trägt in seinem Wesen die Erinnerung an das Licht; aber gerade deshalb kann er einen hohlen, leeren Eindruck auf uns machen. Wenn man ihn nun so beleuchtet, daß er aussieht, als strahle er von innen heraus auf, so erzielt man große Wirkungen. Man hebt ihn sozusagen aus seinem Fall herauf und führt ihn zurück auf seinen Ursprung. Das läßt sich auf verschiedene Weise erreichen. Man kann z. B. einen Streifen schwarzen Papieres nehmen und kleine Öffnungen hineinschneiden. Vor jeder Öffnung wird ein schöner Kristall befestigt. Wenn man jetzt den Raum abdunkelt und die Öffnungen nacheinander beleuchtet, strahlen die Kristalle wunderbar auf. Man kann auch eine Kristallisation erzeugen vor einem dunklen Hintergrund mit starker seitlicher Beleuchtung. Man nimmt z. B. eine gesättigte Kochsalzlösung und gibt konzentrierte Salzsäure zu. Das kann ein herrliches Gefunkel geben, obwohl die Kristalle oft so klein sind, daß man sie nicht deutlich zu unterscheiden vermag. Wenn die Kristalle etwas größer sind, sieht man sie sich bilden wie ein feines Wölkchen und langsam nach unten sinken, blank und rein wie frisch gefallener Schnee.

Will man im Großen experimentieren, so kann man einen Erlenmeyerkolben von 3 Liter Inhalt nehmen und eine heiße, mehr oder weniger gesättigte Kaliumnitratlösung hineinschütten. Wenn man diese jetzt ganz langsam abkühlen läßt im sorgfältig eingepackten Kolben, nehmen die Kristalle die Form zauberhafter Bauwerke an. Eindrucksvolle Formen mit zartem Farbenspiel und großer Durchsichtigkeit.

Bei der Kristallisation im allgemeinen, aber besonders bei der von Kochsalz, hat man ein Bild des ersten Entstehens der Materie vor Augen, der ursprünglichen Verdichtung von Geist zu Materie. Es findet eine Art Fall statt, ein Ausgestoßenwerden aus einer Urwelt, aber in der zauberhaften Reinheit bleibt die Erinnerung an den Ursprung bewahrt.

Es ist gut, die Schüler ganz und gar mitfühlen zu lassen, wie im flüssigen Zustand alles in gleitender, wirbelnder Bewegung ist und wie die Kristallisation etwas wie ein immer sich wiederholender Protest gegen das Flüssigsein ist. Immer wieder schießt etwas Salz aus der Flüssigkeit heraus und wird starr und scharf geformt, wird umgrenzt durch ebene Flächen; immer wieder wird also die fließende Bewegung durchkreuzt. Besonders bei den würfelförmigen Kristallen wie sie das Kochsalz hat, ist das sehr deutlich. Solch eine Kristallisation besteht aus vielen Sprüngen von einem Zustand in den anderen, die besonders dramatisch sind. Immer wieder gibt es einen Übergang, der eigentlich unmöglich scheint, und der doch geschieht.

Jetzt ist es Zeit, das Salz in unserem Körper aufzusuchen. Wir finden es vor allem im Skelett. Auch dieses entsteht durch fortwährende Ablagerung und Festlegung salziger Materie aus dem fließenden Blut. Das Merkwürdige ist jedoch, daß das Salz hier nicht seine eigene Form annimmt, sondern sich ganz einfügt in die Erfordernisse des Körpers.

Wenn man glaubt es verantworten zu können, dann kann man speziell bei der Kochsalzkristallisation darauf aufmerksam machen, daß wir hier etwas vor uns haben, was sich in sehr feiner Art in unserem Organismus abspielt, wenn wir einen Gedanken bilden. Wie draußen sich die Erde im Salzkristall dem Licht öffnet, so muß in uns die Materie Kristallform annehmen, wenn unsere körperlichen Organe sozusagen durchsichtig werden wollen für die geistige Realität, deren Ausdruck die Gedanken sind.

Erscheinungen beim Lösen von Salzen

Wenn man sich mit solchen Dingen einige Tage intensiv beschäftigt hat, geht man über zum Lösen der Salze. Man legt z. B. einen orangefarbenen Kaliumbichromatkristall in ein Becherglas mit Wasser und läßt beobachten, was geschieht. Der Kristall wird allmählich kleiner und nimmt abgerundete Formen an. Rund um ihn her färbt sich das Wasser in seiner Farbe. Ist man mutig genug zu kosten, so kann man den Geschmack des Salzes im Wasser feststellen. Das Salz, das sich erst in seinen Wänden eingeschlossen hielt, läßt sich jetzt gehen und verfließt in der Umgebung. Es ist wie ein Drang nach dem Unendlichen, nach unaufhörlicher Ausbreitung und Verdünnung.

Das Kristallisieren ist ein fortwährendes Auseinanderfallen in die Vielheit, eine Art Zersplitterung, aber auch ein sich Zurückziehen in die Umgrenzung der eigenen spezifischen Formen. Hat man verschiedene Salze in der Lösung, so wird man beim Kristallisieren jedes getrennt seine eigene Form annehmen sehen. Beim Auflösen findet das Umgekehrte statt. Die vielen Kristalle eines Salzes verschmelzen mit dem Wasser zu einer Einheit. Und es gehen sogar sehr verschiedene Salze miteinander in Lösung, ohne sich gegenseitig zu stören.

Ein besonders schöner Lösungsprozeß zeigt sich, wenn man in ein Zylinderglas voll Wasser einige Kaliumpermangat-Kristalle von oben hineinhängt. Man kann sie z. B. mit etwas Vaseline an einem schwimmenden Korken festkleben oder allenfalls in ein Stück Filtrierpapier hängen. Die stark violette Lösung wird nach unten sinken und dabei eine Menge zierlicher Wirbel erzeugen. Am besten geht es vor einem stark beleuchteten weißen Hintergrund. Dann kann man auch aus größerem Abstand alles gut sehen.

Jetzt ist es Zeit, allerlei Begriffe in einer vorläufigen Form zu besprechen, die man später genauer entwickeln muß, um zu gegebener Zeit auch Berechnungen anstellen zu können. Löslichkeit, Konzentration, gesättigte, ungesättigte, übersättigte Lösung, Kristallwasser, Diffusion, Osmose, Lösungs- und Kristallisationswärme, Siedepunkterhöhung, Gefrierpunktserniedrigung. Wir wollen diesen Dingen ein besonderes Kapitel widmen[1]. Hier muß nur darauf hingewiesen werden, daß man alle diese Begriffe anknüpfen kann an das Mitfühlen mit der inneren Dynamik der Erscheinungen, und daß man erst später daraus die mathematische Bezeichnung entwickeln sollte. Wenn man hier nicht sehr sorgfältig vorgeht, liefert man nur einen Beitrag zu etwas, was schon in zu hohem Maße gezüchtet wird: Man bildet Begriffe aus, die sehr exakt sind und die die Möglichkeit bieten, die Erscheinungen praktisch zu handhaben, aber die sich wenig eignen, ein lebendiges Bild der Wirklichkeit hervorzurufen. Mit dieser Art Begriffe hat man sich in den letzten Jahrhunderten immer mehr von der Natur entfernt, man ist immer mehr ein Gefangener seines eigenen Gedankenlebens geworden. Für uns handelt es sich darum, dem Kind etwas von dem Verbundensein mit der Welt um es herum, das ihm eigen ist, zu bewahren. Wir müssen die Schüler lehren, solche Gedanken zu entwickeln, die die Verbindung mit der Welt nicht abbrechen, sondern sie erheben aus der Sphäre bloßer instinktiver Empfindungen zu einer Sphäre, wo bewußte Exaktheit herrscht.

Es ist natürlich gut und notwendig, bei alledem die Lebenserscheinungen im Auge zu behalten, vor allem die des Menschen. Einige Andeutungen können zeigen, in welcher Richtung dies gesucht werden kann.

Wir haben bereits den Zusammenhang zwischen dem Denken und der Kristallisation besprochen, ebenso die Skelettbildung. Man kann auch ausführen, wie das Altwerden von einer dauernden Salzablagerung im Skelett und schließlich auch in den Aderwänden begleitet ist.

Während des Schlafes wird manches aufgelöst, was während des Wachens sich abgesetzt hat. Beim Wachsen des Skeletts findet eine fortwährende Auflösung bestimmter Teile statt, während an anderen Stellen wieder neue Substanz abgelagert wird.

Man kann von dem Blut als von einer Salzlösung sprechen, von den Nieren als von strengen Reglern des Salzgehaltes. Dieser feste Salzgehalt hängt wieder aufs engste zusammen mit der Tatsache, daß die Gewebe und besonders die roten Blutkörperchen abhängig sind von einem ganz bestimmten osmotischen Druck. Das muß berücksichtigt werden bei der Blutübertragung nach starkem Blutverlust. Man kann die Osmoseprobleme besprechen, vor denen ein Lachs steht beim Übergang vom Süß- in das Salzwasser und umgekehrt. Man kann erzählen, daß ein Frosch nicht trinkt, aber daß man nur den Finger eines halbausgetrockneten Frosches ins Wasser zu tauchen braucht, um ihn völlig wiederherzustellen.

[1] Vgl. Seite 85, Der Lösungsvorgang.

So gibt es viele Dinge, wovon ein Teil wichtig ist und auf jeden Fall behandelt werden sollte, während andere mehr nach Wunsch gewählt werden können.

Salzspaltung durch das Feuer. Base und Säure

Wenn man nun die Erscheinungen, die mit den Salzen zusammenhängen, besonders diejenigen, die in Wechselwirkung mit dem Wasser auftreten, auf diese Weise ausführlich behandelt hat, kann man untersuchen, wie das Feuer auf Salze einwirkt. Man hält z. B. ein Stückchen blaues Kupfersulfat in die Gasflamme. Es zeigt sich, daß es nach und nach seine Durchsichtigkeit verliert. Erst wird es mattweiß, dann braun oder sogar schwarz. Es wird zu einer trägen, irdischen, unlöslichen Masse. Erhitzt man den Kristall in einem feuerfesten Reagenzglas, dann bemerkt man, wie zuerst das Kristallwasser in Dampfform austritt. Dadurch entsteht die trübweiße Masse. Danach entflieht ein sauer prikkelndes Gas. Dieses Gas färbt blaues Lackmuspapier rot.

Erhitzt man ein Salz wie den weißen Mauersalpeter, Calciumnitrat, dann entfliehen braune, saure Dämpfe und es bleibt eine chemisch wirksame, ziemlich gut lösliche, mattweiße Masse zurück. Diese Masse färbt rotes Lackmuspapier blau. Wir haben hier Stoffspaltungen vor uns. Aus einem einzigen Stoff, der für unsere Wahrnehmung eine vollständige Einheit bildete, sind sehr verschiedene andere Stoffe entstanden. Der ursprüngliche Stoff ist verschwunden in dem Maße, als neue Stoffe sich bildeten. Dies sind typische Beispiele für die Salzspaltung. Nun müssen wir unsere Aufmerksamkeit lenken auf den Übergang, auf das «Intervall» zwischen dem ersten Stoffzustand und dem darauffolgenden, wie wir es auch bei der Kristallisation schon taten. Wir beschränken uns jedoch hier auf das Hauptsächliche, insofern als wir das Kristallwasser hier nicht berücksichtigen. Wir sehen also einen wohlgeformten, durchsichtigen Stoff übergehen in eine formlose Masse. Die «Erinnerung an das Licht», von der wir sprachen, verschwindet und an ihre Stelle tritt etwas, was auf uns einen erdigen Eindruck macht.

Wenn wir unser Augenmerk nun speziell auf das «Intervall» bei der Dampfbildung richten, dann sehen wir, wie aus einem sehr konturierten, starren, schweren Stoff ein fein sich verbreitender, luftförmiger Stoff frei wird. Das ruhende Salz geht zum Teil über in ein bewegliches, aktives, hier sogar aggressives Gas.

Erst hatte man ein Stück Erde, das sich dem Licht öffnete. Jetzt hat man einerseits Erde, die sich dem Licht verschließt, und andererseits einen Stoff, der den Lichtraum aufsucht und sich mit ihm identifiziert. Der Stoff, welcher liegen bleibt, hat die Festigkeit des Salzes behalten. Man nennt ihn darum die Basis oder die Base. Der Stoff, welcher entflieht, hat die Durchsichtigkeit mitgenommen.

Wir haben bereits früher davon gesprochen, daß es ökonomisch ist, einen Unterschied zu machen zwischen Punkten, auf die man genauer eingeht und anderen, wo man es mehr oder weniger bei einer Aufzählung von Tatsachen bewenden läßt. Dieses Prinzip können wir jetzt anwenden.

Wenn man mit großer Sorgfalt das Entstehen des sauren und basischen Stoffzustandes aus der Spaltung der Salze besprochen hat, kann man gleich die Namen der wichtigsten Säuren und Basen aufzählen:

Einige der wichtigsten Basen	Einige der wichtigsten Säuren
Ätznatron	Schwefelsäure
Ätzkali	schwefelige Säure
Gelöschter Kalk	Salpetersäure
Magnesia	salpeterige Säure
Ammoniak	Salzsäure
Eisenrost	Phosphorsäure
Kupferrost[1]	phosphorige Säure
usw.	Kohlensäure
	Kieselsäure usw.

Man kann gleichzeitig diese Stoffe vorführen und, wenn man genug Zeit hat, sie einigermaßen charakterisieren an Hand von typischen Erscheinungen.

Jetzt geht man ausführlicher auf den sauren und basischen Zustand ein. Man stellt z. B. drei Bechergläser voll Wasser auf, welches mit Lackmuslösung gefärbt ist. In das linke Glas schüttet man etwas Natronlauge, so daß die Flüssigkeit sich blau färbt, in das rechte Salzsäure, so daß die Flüssigkeit rot wird. Dann fügt man links Salzsäure, rechts Natronlauge zu, wodurch die Farben wechseln.

Man kann den Schülern begreiflich machen, daß das Rot eine charakteristische Äußerung der aktiven, aggressiven Säure ist, das Blau die der mehr passiven Base. Daß es noch andere Indikatoren gibt, die durch die Farbe den Säuregrad anzeigen und an denen ganz andere Farben entstehen, ist hier weniger wichtig; es sind Kunstprodukte, die wenig Zusammenhang haben mit dem Leben in der Natur. Der Lackmus dagegen zeigt uns die ursprüngliche und typische Erscheinung, die wir aus der lebendigen Natur herausgelöst haben und die wir jetzt auf dem Laboratoriumstisch vorführen.

Obwohl der Lackmus aus einer Flechte gewonnen wird, hat er doch den Charakter eines Blütenfarbstoffes. Jetzt weist man hin auf den häufig vorkom-

[1] Das Wort «Rost» oder «rosten» wird im Deutschen meist speziell für das Eisen gebraucht. Im Holländischen wird das Wort ganz allgemein für die entsprechenden Prozesse aller Metalle gebraucht. Es sei erlaubt, daß wir das hier und im weiteren auch tun.

menden Farbumschlag bei Blumen, z. B. beim Vergißmeinnicht von rot nach blau. Vielleicht zeigt man, daß auch Rotkohlsaft an Stelle von Lackmus verwendet werden kann.

Jetzt können wir drei Gefäße bereitstellen: verdünnte Natronlauge, verdünnte Salzsäure und Leitungswasser. Wenn man will, kann man in alle drei auch noch etwas Lackmuslösung geben. Man kann dann die ganze Klasse vorbeigehen und anfühlen lassen, daß der erste Stoff die Finger schlüpfrig macht, der zweite rauh. Das dritte Gefäß dient zum Abspülen der Finger. Man erinnert die Schüler an das gleiche schlüpfrige Gefühl, das man beim Eintauchen in eine Seifen- oder Sodalösung hat.

Wir suchen jetzt, wo Säure und Base in unserem eigenen Leibe zu finden sind. Unsere gesamte Haut ist leicht säuerlich durch das Schwitzen. Unser Blut dagegen muß leicht basisch sein. Unser Speichel ist etwas basisch, unser Magen ziemlich sauer, der Darm wieder basisch. Im allgemeinen können wir sagen, daß alles nach außen Gerichtete mehr oder weniger sauer, alles nach innen Gerichtete basisch ist. Der Magen hat ja auch, neben seiner Sammelfunktion, in erster Linie eine Aufgabe beim Abwehren schädlicher Einflüsse, die von der aufgenommenen Nahrung ausgehen. Es gehen praktisch keine Nahrungsstoffe durch die Magenwand in das Blut hinein. Ein Muskel, der sich spannt, tendiert mehr nach der sauren Richtung; beim Entspannen tritt wieder das Basische hervor.

Im Jahre 1929 erschien ein Büchlein «Zehn Jahre Freie Waldorf-Schule»[1]. Man findet darin einen sehr anregenden Artikel von Eugen Kolisko «Vom Werden und Gestalten des Naturkundeunterrichts an der Waldorfschule». Er zitiert darin eine Äußerung Rudolf Steiners in einer Klasse, wo gerade das Entstehen von Säuren und Basen behandelt wurde: «Also, nun habt ihr all das hier vorführen gesehen. Nun denkt aber auch, was davon in eurem Körper vor sich geht. Wenn ihr eure Glieder regt, da bildet sich immer etwas Säure; wenn ihr aber ganz ruhig seid und euch nur mit dem Kopfe anstrengt, dann entsteht etwas Laugenartiges im Gehirn.» Eine solche Bemerkung ist mindestens ebenso wertvoll für den Lehrer wie für den Schüler. Man sieht daraus, in welcher Richtung man suchen muß.

Man kann jetzt auch Säuren und Basen bei den Tieren aufsuchen. Verschiedene Tiere kämpfen mit Hilfe von Säure. Die Ameisen spritzen sie sogar aus erheblichem Abstand dem Feind entgegen.

Bei den Lehrplanangaben weist Rudolf Steiner mit besonderem Nachdruck auf die Verhältnisse bei den Bienen, auf den Gegensatz zwischen dem sauren Futtersaft und dem alkalischen Blut[2].

[1] Sonderheft der Zeitschrift «Zur Pädagogik Rudolf Steiners», III. Jg. 1929, Heft 3/4.
[2] Konferenzen Rudolf Steiners mit den Lehrern der Freien Waldorfschule in Stuttgart 1919–1924. Manuskriptdruck. Heft 3, Januar-November 1921. Stuttgart 1962. Siehe 17. 6., Seite 41.

In diesem Zusammenhang ist der Gegensatz von sauren und basischen Bodenarten auch besonders interessant.

Salzbildung aus Säure und Base

Nun gehen wir über zu der Einwirkung von Säure und Base aufeinander. Wir nehmen z. B. ein Becherglas voll Wasser, schütten Kupferoxyd hinein, wodurch das klare Wasser dunkel und trübe wird. (Man kann das Kupferoxyd zuvor aus heißer Kupfersulfatlösung und heißer Natronlauge herstellen. Das so gewonnene Kupferoxyd reagiert schneller.) Nun gibt man verdünnte Schwefelsäure dazu. Man wird bemerken, wie die dunkle Masse aufgehellt wird und in eine kristallklare blaue Flüssigkeit übergeht. Man kann auch das Wasser vorher erhitzen, dann geht alles noch schneller. Wenn man das nicht zu kleine Becherglas von unten beleuchtet, dann ist der Prozeß auch in größerem Abstand sichtbar, und viele spannende Einzelheiten sind deutlicher wahrnehmbar.

Wir sehen aus diesem Versuch wieder eine bestimmte Eigentümlichkeit der Säure. Sie hat die spezielle Fähigkeit, das allzu Irdische zu verzehren und dem Licht einen Weg zu bahnen. Gerade durch die Beleuchtung kommt diese Wirkung der Säure deutlich zum Vorschein. Würde man die blaue Lösung eindampfen, so erhielte man die edelgeformten, tiefblau durchsichtigen Plättchen der Kupfersulfatkristalle. Es hat ein ähnlich dramatischer Prozeß stattgefunden wie bei der Salzspaltung. Hier geht eine glanz- und formlose Masse in klare Kristalle über. Auch geht eine bewegliche, aggressive Säure über in ein inaktives, starres Salz.

Jetzt können wir konzentrierte Salzsäure in ein Reagenzglas gießen und sie an der Oberfläche mit einem Stückchen Ätznatron in Berührung bringen. Ein scharfes Zischen ist hörbar, während eine Menge blanker Salzkristalle auseinanderstäubt und wie Schnee nach unten sinkt. Man kann den Versuch auch so einrichten, daß er ein bißchen ins Sensationelle hinüberspielt. Man stellt dann das Reagenzglas mit Salzsäure in den Ständer und läßt das Stück Ätznatron hineinfallen. Die Flüssigkeit beginnt heftig zu kochen und das Reagenzglas tanzt auf und nieder.

Wenn in dieser Art verschiedene Fälle von Salzbildung ausführlich behandelt sind, kann man wieder viel Wissensstoff in knapper Form bringen.

Man bespricht die Regel, nach der man im Prinzip jede Säure mit jeder Base kombinieren kann und immer ein Salz erhält. Das läßt sich auf folgende Weise schematisch darstellen:

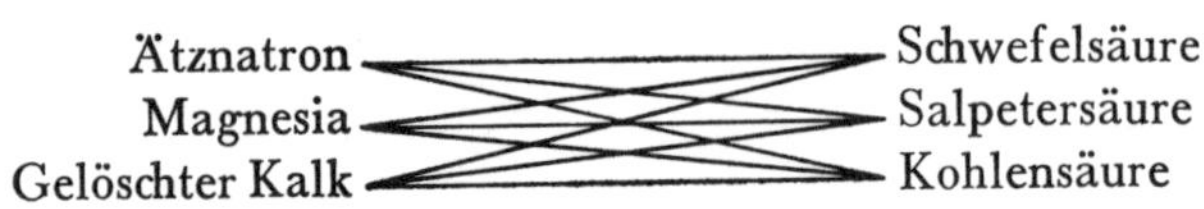

Man bespricht sodann die Namengebung der Salze und stellt eine Liste der Säuren und dazugehörigen Salze auf. Dann noch eine Liste mit den Namen, wie sie im täglichen Leben gebräuchlich sind, und daneben die wissenschaftlichen Namen.

Übergang zu den Chemischen Reaktionsgleichungen

Nun zeigt man, wie sich die allgemeinen Regeln für die Salzspaltung und Salzbildung in einfache Schemata bringen lassen:

Salzspaltung: Salz ⟨ → Säure, → Base

oder noch abstrakter: Salz → Base + Säure

Salzbildung: Base + Säure → Salz + Wasser

Aus diesen allgemeinen Schemata kann man dann spezielle Reaktionen dadurch ableiten, daß man die jeweiligen Namen einsetzt. So z. B.

Ätznatron + Schwefelsäure → Natriumsulfat + Wasser
Kalk + Kohlensäure → Calciumkarbonat + Wasser

oder eine Salzspaltung:

Calciumkarbonat → Kalk + Kohlensäure

So legt man Schritt für Schritt den Grund für das spätere Arbeiten mit Reaktionsgleichungen und Formeln.

Es ist eigentlich nicht gut möglich, auf Grund des Pensums der 10. Klasse schon Formeln einzuführen. Wenn man konsequent den Weg geht vom Ganzen zu den Teilen, wenn man das Ganze als das Primäre und die daraus entstandenen Teile als das Sekundäre betrachtet, kommt man eben einfach nicht so weit. Außerdem ist es noch nicht möglich, die chemischen Elemente schon so ausführlich und lebendig zu behandeln, daß man dem eine so weitgehende Abstraktion gegenüberstellen dürfte. Tut man es doch, so kommt allzuleicht eine Trennung unter den Schülern zustande. Die intellektuelleren werden vielleicht in die Illusion verfallen, daß sie es jetzt erst ganz begriffen hätten, während sie eigentlich die Verbindung zur Wirklichkeit verlieren und außerdem die Problematik der Formeln doch nicht durchschauen. Das Formelwesen wird zu einem intellektuellen Spiel. Für die weniger Intellektuellen werden die Formeln eine mehr oder weniger undurchsichtige und unüberwindliche Schranke, die ihnen den Mut nimmt, sich wirklich in die Welt der Stoffe zu vertiefen.

Noch etwas Wichtiges kommt hinzu. Wir haben ja zu Anfang der Besprechungen für die 10. Klasse gesehen, daß wir besonders sorgfältig auf eine deutliche, durchsichtige Gedankenführung achten müssen. Dem entsprechen solche allgemeinen Gleichungen wie die für Salzspaltung und Salzbildung vollkommen, während in die ganzen Formeln so viele Gegebenheiten hineingearbeitet sind, daß die Übersichtlichkeit sehr abnimmt.

Wir werden sehen, daß die Formeln, wenn wir ihre Behandlung bis zur 11. Klasse aufschieben, besser von einer anderen Seite her anzupacken sind und dann eine unerwartete Schulungsmöglichkeit mit sich bringen[1].

Die Formeln haben außerdem den Nachteil, daß sie unwillkürlich die Aufmerksamkeit ablenken von der Tatsache, daß jeder Stoff, sei er nun ein Element oder eine Verbindung, sich als vollkommene Einheit darstellt. Spricht man die Bezeichnung «Schwefelsäure» aus, so ist sie im Einklang mit dieser Einheit. Schreibt man die Formel H_2SO_4, so wird man besonders darauf aufmerksam gemacht, daß dieser Stoff aus anderen Stoffen zusammengestellt werden kann.

Nun ist es aber doch möglich, unsere allgemeinen Gleichungen etwas mehr abzukürzen und sie dadurch übersichtlicher zu machen. Wir tun das folgendermaßen:

$$\begin{array}{lcl} \text{Base} + \text{Säure} & \rightarrow & \text{Salz} + \text{Wasser} \\ \text{B} + \text{S} & \rightarrow & \text{BS} + \text{Wasser} \end{array}$$

$$\begin{array}{lcl} \text{Salz} & \rightarrow & \text{Base} + \text{Säure} \\ \text{BS} & \rightarrow & \text{B} + \text{S} \end{array}$$

Die Formel BS für ein Salz ist eigentlich auch schon zu analytisch, aber schließlich führt jede Abstraktion, selbst die vorsichtigste, aus dem Bereich der Wirklichkeit hinaus. Aber das muß wohl in Kauf genommen werden.

Sind wir in der Behandlung des Unterrichtsstoffes so weit gekommen, dann haben wir einen besonders wichtigen Punkt erreicht. Den Schülern steht jetzt das Gedankenmaterial zur Verfügung, mit dem sie nicht nur in gewisser Weise die Prozesse klar durchschauen können, sondern auch im voraus wissen, wie ein chemischer Prozeß verlaufen wird. Sie können sogar zielbewußt Prozesse stattfinden lassen. Will man z. B. Kupfernitrat herstellen, so muß man Kupferbase und Salpetersäure zusammenwirken lassen. Sie können auf diesem Gebiet Voraussagen machen und durch den Versuch nachprüfen, ob sie richtig gedacht haben.

[1] Vgl. Seite 52, Formeln im Chemieunterricht als Problem.

Gewichtsverhältnisse

Wenn man beabsichtigt, später die Begriffe Atomgewicht und Molekulargewicht einzuführen, erscheint es mir gar nicht ungünstig, an dieser Stelle darauf hinzuweisen, daß alle diese Prozesse nach festen Gewichtsverhältnissen verlaufen. Man kann diese Tatsache, so lange man noch nicht schnell damit rechnen muß, leichter als Ausdruck einer strengen Naturharmonie behandeln, als das später möglich wäre. Man kann dabei gut von den Äquivalentgewichten ausgehen, z. B.:

Ätznatron	40
Schwefelsäure	49
Natriumsulfat	71
Wasser	9

Ätznatron +	Schwefelsäure	Natriumsulfat +	Wasser
40	49	71	2×9

Es scheint mir unbedingt notwendig, streng im Bereich der unbenannten Zahlen zu bleiben, denn nur dann wird es deutlich, daß es sich um Gewichtsverhältnisse handelt und nicht um absolute Gewichte. Aber selbst wenn man sich hieran hält, kann man einfache Berechnungen anstellen. Man will z. B. wissen, wieviel Natriumsulfat man erhält, wenn man 80 Gramm oder wenn man 2 Gramm Ätznatron nimmt.

Ätznatron +		Schwefelsäure	→	Natriumsulfat +		Wasser
40	:	49	:	71	:	18
80	:	2×49	:	2×71	:	2×18
2	:	$\frac{49}{20}$	:	$\frac{71}{20}$	:	$\frac{18}{20}$

Wenn man den Schülern eine Liste der Äquivalentgewichte angibt, können alle möglichen Berechnungen angestellt werden.

Sauerstoff – Oxydation – Verbrennen und Rosten

Jetzt zeigen wir, daß Säuren sich dadurch bilden, daß man bestimmte Stoffe verbrennt, und Basen dadurch, daß man Metalle rosten läßt. Wir müssen also die Rolle, die der Sauerstoff bei der Säure- und Basenbildung spielt, eingehender betrachten.

Man kann hier sehr gut historisch zu Werke gehen und besprechen, wie der Sauerstoff durch Priestley entdeckt wurde. Dann hat man nicht nur den großen Vorteil, den historischen Entwicklungen folgen zu können, die meistens Hand in Hand mit einem lehrreichen Kampf um Aufhellung der Begriffe gehen, sondern außerdem bekommt man die Gelegenheit, Biographien einzuflechten. Das ist besonders für die Mädchen, die ja mehr als die Jungen das Bedürfnis haben, alles mit dem Gemüt aufzunehmen und auf den Menschen zu beziehen, von Wichtigkeit.

Priestley erzeugte ein unbekanntes Gas beim Erhitzen von Quecksilberrost und stellte fest, daß es den Atmungsprozeß fördert und die Verbrennung in Gang hält. Es war also ein Gas mit verstärkten Lufteigenschaften.

Wir verbrennen nun z. B. Schwefel oder Phosphor und führen vor, daß der aufsteigende Dampf und Rauch ein feuchtes blaues Lackmuspapier rot färben. Vollständigkeitshalber können wir noch zeigen, daß diese Stoffe nur brennen, wenn genügend Sauerstoff in der Umgebung vorhanden ist. Eventuell können wir die Verbrennung noch verstärken durch Zuführen von reinem Sauerstoff.

Dann legen wir ein Stück Eisen in eine feuchte Umgebung, um es rosten zu lassen. Das blanke zähe Metall wird langsam trüb werden, anschwellen und schließlich in eine spröde, braunrote, krustige Masse übergehen. Besonders interessant an diesem Prozeß ist, daß er so träge und langsam verläuft. Aber gerade das wird die Schüler wenig reizen. Man zeigt also am besten gleich auch ein Stück ordentlich verrostetes Eisen.

Weiterhin kann man ein blankes Stück Eisen und ein blankes Stück Kupfer erhitzen. Man wird sehen, wie die glänzende Oberfläche sich schnell trübt. Wir können dann besprechen und eventuell vorführen, daß das entstandene Kupferoxyd dieselbe Substanz ist wie die Base, die wir erhielten durch Spaltung (Erhitzen) von Kupfersulfat.

Jetzt vergleichen wir die beiden Prozesse, das Verbrennen und das Rosten. Beide beruhen im Prinzip auf einer Einwirkung von Sauerstoff. Wenn man sie in chemischen Gleichungen ausdrückt, sehen sie auch beide genau gleich aus:

Schwefel + Sauerstoff → Schwefeloxyd
Kupfer + Sauerstoff → Kupferoxyd

Der Dynamik ihres Verlaufs und dem Bild nach, das sie uns zeigen, sind die beiden Prozesse jedoch völlig entgegengesetzter Art.

Das Verbrennen verläuft schnell. Es ist einer der besonders auffallenden und strahlenden Prozesse durch seine Licht- und Wärmeentwicklung und durch die prickelnden Gerüche, die gewöhnlich dabei auftreten. Der Stoff, der erst als ein fester Gegenstand vor uns liegt, wird ganz und gar aufgezehrt und in ein bewegliches, raumerfüllendes Gas verwandelt. Der ganze Prozeß ist in erster Linie nach oben gerichtet.

Das Rosten verläuft langsam. Das glatte spiegelnde Metall wendet sich sozusagen vom Licht ab und wird trübe und erdenähnlich. Von einer Wärmeentwicklung ist wenig zu bemerken. Während der brennende Stoff mit dem Sauerstoff in dessen Sphäre eingeht, zieht der rostende Stoff den Sauerstoff zu sich hin.

Etwas Rätselhaftes ist es, daß das Verbrennen erst einsetzt, wenn eine bestimmte Verbrennungstemperatur erreicht ist, während das Rosten auch bei Kälte stattfindet. Dieses Rätsel kann jedoch der Schlüssel werden zum Verständnis der Ordnung, die alledem zugrunde liegt. Das Verbrennen wird durch die Wärme erregt, das Rosten durch die Feuchtigkeit. Beim Verbrennen entwickeln sich meistens Gase oder andere flüchtige Stoffe. Beim Rosten entstehen erdige Stoffe.

Verbrennen	erregt durch Wärme	Feuer
	Ergebnis: Gas-Dampf	Luft
Rosten	erregt durch Feuchtigkeit ...	Wasser
	Ergebnis: Erdiger Stoff ...	Erde.

Wir sehen, daß die beiden Prozesse in ihrem gegenseitigen Zusammenhang durchsichtig werden, sobald man die vier Elemente als Hintergrund ins Auge faßt. Besonders interessant wird dadurch auch die Tatsache, daß man gegen das Rosten mit Fetten und Ölen vorgehen kann, also mit brennbaren «feurigen» Stoffen, während man einen Brand mit Wasser bekämpft.

Wir können jetzt zeigen, wie die Verbrennungsprodukte von Stoffen wie Kohlenstoff, Phosphor und Schwefel mit Wasser zu Säuren werden, während die Metalloxyde als Basen erscheinen. Wir danken allem diesem zugleich wieder einen Beitrag zur Verdeutlichung der charakteristischen Eigenschaften von Säure und Base. Die Säure ist sozusagen der chemische Vorposten der beiden höheren Elemente Wärme und Luft. Dies erklärt viel von ihrer aggressiven Beweglichkeit und von ihrem Vermögen, dem Licht einen Weg zu bahnen.

Die Base ist der chemische Vorposten der beiden unteren Elemente. Das erklärt ihre Eigenschaft, saure Dämpfe gierig anzuziehen und zu fixieren. Starke Basen wie Ätznatron haben mehr Verbindung mit dem Wasserelement; die unlöslichen Basen, die Roste der Schwermetalle, haben mehr Verbindung mit dem Erdenelement.

Wir werden später sehen, wie die Eigenschaften der Kieselsäure weitgehend im Widerspruch hierzu stehen; denn sie trägt viel bei zur Festigkeit der Erdrinde; wie sie aber doch einen besonderen Zusammenhang mit der kosmischen Seite der Natur hat. Ammoniak bildet wieder eine Ausnahme unter den Basen: er ist sehr flüchtig.

Die Bedeutung des eingeschlagenen Weges
Der Kampf um das Bild in der Chemie

Man könnte sich jetzt noch einmal fragen, warum alles dies so kompliziert behandelt werden muß, warum man nicht gleich zu Anfang der Epoche aus Verbrennen und Rosten die Säuren und die Laugen ableiten kann und daraus wieder die Salze aufbauen. Man kann an dem Werdegang, so wie wir ihn beschrieben haben, verschiedene Antworten ablesen. Wenn man mit dem brennenden und dem rostenden Stoff beginnt, ist das eine analytische Methode, obwohl man, scheinbar aufbauend, synthetisierend vorgeht. Aber es läuft ja darauf hinaus, daß man fortwährend die Stoffe, aus denen die höheren Einheiten wie Säuren, Basen und Salze aufgebaut sind, im Auge hat und sie behandelt, als wären sie Teile einer Konstruktion. Man verliert unwillkürlich das Ganze aus dem Auge. Schlägt man den umgekehrten Weg ein, so wie wir es getan haben, dann hält man dauernd am Ganzen fest, auch wenn man weit in die Zergliederung hinabsteigt.

Daraus ergibt sich, daß diese Methode im Einklang steht mit den Entwicklungsgesetzen eines Lebewesens. Dies beginnt nämlich immer als ein relativ wenig differenziertes Ganzes und geht von da aus in immer feinere Differenzierung. Mit unserer Methode arbeitet man daher im Sinn der Entwicklung des Kindes, die ja auch den allgemeinen Lebensgesetzen folgt.

Durch die analytischen Methoden, wie sie sonst allgemein in der Naturwissenschaft benutzt werden, kommt man immer in die Gefahr, das Bild der Welt auseinanderzureißen in unübersichtliche Einzelheiten. Man bildet sich zwar sehr scharfe Begriffe im Zusammenhang mit den Erscheinungen, aber man achtet wenig darauf, ob sie ein Ausdruck sind des wirklichen Zusammenhangs, in dem die Erscheinungen stehen[1].

Ja, man schneidet eigentlich mit der Schärfe der Begriffe, mit den unfehlbaren Definitionen, dauernd Teile aus dem Ganzen der Welt heraus. Man läßt sich dabei oft so sehr imponieren von der Klarheit dieser Begriffe, daß man die Einzelheiten als selbständiges Ganzes anzusehen beginnt. Die Urheber mechanischer Theorien leiden z. B. an diesem Übel. Sie wollen die Wirklichkeit aus solchen Bestandteilen erklären, an denen man die klarsten Gedanken entwickeln kann. Geht man dagegen vom Ganzen aus, so wie wir es zu tun trachten, dann bleiben die Begriffe der Einzelheiten, die man daraus entwickelt, immer in einem wohlausgewogenen Zusammenhang untereinander und mit der Welt. Sie erhalten dann einen Aspekt, der uns erinnert an die Organe eines lebenden Wesens. Man bildet auf diese Weise in den Schülern eine ganz andere Orientierung im Leben heran. Sie entwickeln die Gewohnheit, den Blick auf das

[1] Vgl. Seite 92, über den Begriff der Konzentration.

Ganze der Welt gerichtet zu halten und ihr eigenes Urteil und ihren Platz von da aus zu bestimmen.

Es kann besonders fruchtbar sein, im Zusammenhang mit der Bildung von Säuren und Basen den großen französischen Forscher des 18. Jahrhunderts, Lavoisier, zu behandeln. Er ist ja der eigentliche Entdecker der Rolle des Sauerstoffs bei der Bildung von Säuren und Basen. Um die Tendenz seines Werkes verständlich zu machen, muß man eigentlich etwas über die Alchimisten erzählen. Man kann ausführen, wie die ernsthafteren unter ihnen im Grunde nicht auf materiellen Gewinn ausgingen, sondern wie ihr Streben auf innere Entwicklung mit Hilfe des chemischen Experiments gerichtet war. Damit hängt auch die eigenartige Namengebung zusammen, die eine Art Bildersprache ist. Man hat es hierbei mit Andeutungen über Stoffe und Stoffzustände zu tun, wie auch mit Umschreibungen von inneren Entwicklungsprozessen des Menschen. Bei den Versuchen war ihr Blick vor allem auf das Bildhafte der Prozesse gerichtet, womit ja auch wir uns beschäftigt haben. Für sie sprach aus den Bildern und aus der Veränderung der Bilder das Göttliche in der Natur.

Zu Lavoisiers Zeit war die alchimistische Strömung längst über ihre Blütezeit hinaus; sie war in Verwirrung und Dekadenz geraten. Da hat er dann viel dazu beigetragen, die Reste alchimistischer Betrachtungsweisen gründlich auszurotten.

Für ihn war die Waage das wichtigste Instrument, d. h. er versuchte, an alle Erscheinungen von der Seite des Gewichtes heranzukommen. Dadurch wurde das Bild vollständig ausgeschaltet. Höchst merkwürdig ist es, daß er Sauerstoff wiegen konnte, bevor er wußte, daß es ihn gibt. Er ließ Zinn in einem abgeschlossenen Gefäß oxydieren und konnte zeigen, daß etwas aus der Luft in das rostende Metall überging. Das Gewicht des Ganzen blieb gleich, während das Metall schwerer wurde. Als er dann von Priestley über dessen Sauerstoffverbrennung hörte, konnte er nach kurzer Zeit seine Verbrennungstheorie entwickeln.

Er hat auch viel beigetragen zu der modernen bildlosen Namengebung. Die Bezeichnung Oxygenium – Säurebildner, Sauerstoff, ist von ihm, ebenso Oxyd für Sauerstoffverbindung.

Mit ihm wird auch das Gesetz von der Erhaltung der Materie in Zusammenhang gebracht. Es wird ihm als Praktiker in erster Linie auf eine Arbeitsmethode angekommen sein. Er gründete seine Experimente auf die Überzeugung, daß das Gesamtgewicht der Stoffe, die an einer Reaktion beteiligt sind, stets unverändert bleibt. Das ist eigentlich nur eine Arbeitshypothese. Er würde wahrscheinlich nie den Schluß daraus gezogen haben wie später die Materialisten, daß das ewige Sein nicht einem göttlichen Wesen und noch weniger der Menschenseele eigen ist, sondern der Materie. Wenn diese weder entstehen noch vergehen kann, so ist keine Schöpfung möglich. Die Gottheit wurde also durch solche Erwägungen ihrer Macht entkleidet und die Materie auf Gottes Thron gesetzt.

Lavoisier wird der Begründer der modernen Chemie genannt. Und tatsächlich betrachtet diese die Stoffeswelt in erster Linie von den Gesichtspunkten der Materie und Energie aus. Es ist vielleicht gut, solche Dinge mit den Schülern zu besprechen, vor allem, da man ja inzwischen darauf gekommen ist, daß tatsächlich Materie vernichtet werden und auch entstehen kann, der Materialismus also auf dieser Ebene widerlegt ist. Außerdem können wir gerade am Verbrennen und Rosten die Einseitigkeit solcher Betrachtungen deutlich machen. Wenn man nur auf das Gewicht achtet, verschwinden die Unterschiede zwischen beiden Prozessen. Achtet man auf das Bild und auf die Dynamik, so entdeckt man die größten Gegensätze. Bis zu einem gewissen Grade ist es sinnvoll, das Rosten nur vom Gesichtspunkt der Schwere zu betrachten. Das Feuer dagegen ist in dauerndem Widerspruch mit der Schwere. Es ist genauso auf die imponderabile, strahlende Lichtseite der Welt abgestimmt wie der Rostprozeß auf die Schwere. Man kann mit solchen Gedanken dem jungen Menschen nicht nur ein harmonisches Weltbild übermitteln, es muß sogar möglich sein, ihm dadurch eine Hilfe zu bieten für sein Suchen nach einer eigenen Stellung gegenüber der Welt. Vor kurzem erst hat er das Auseinanderfallen des Menschenwesens in das männliche und weibliche Geschlecht als tiefe Erfahrung durchgemacht. Gleichzeitig ist er in ein Kräftespiel geraten, das ihn wohl erheben und ihn mit Idealismus erfüllen kann, das ihn aber zum Teil auch hinunterzieht. Er fühlt sich zerrissen.

Eine Art Bild dieses Dramas steht in der Salzspaltung in Säure und Base, in den Prozessen des Brennens und Rostens und dem, was sich daran anknüpfen läßt, objektiviert vor ihm. Während er sich mehr oder weniger ausgestoßen fühlt aus dem Schutz der göttlichen Welteinheit, kann dieses Bild beitragen zu dem Gefühl: Auch was er jetzt durchmachen muß, ist gegründet auf tiefe Weltgesetze. Sein Drama wird zu einem Teil des Weltendramas. Er steht vor der Aufgabe, durch inneren Kampf eine neue, menschenwürdige Haltung zu finden mitten in dem Kräftespiel, das sich ihm jetzt erst enthüllt. Einst mußte er sich körperlich die aufrechte Haltung zwischen der Lichtwelt über ihm und der Schwerewelt unter ihm erobern. In diesem Alter wird er innerlich gewahr, daß es etwas gibt, was ihn in illusionäre Welten hinaufziehen will und etwas, das ihn herunterholen und an dumpfe Kräfte binden will. Er muß sich auf diesem inneren Feld geistig aufrichten lernen, wie er es früher körperlich getan hat. Er muß bewußt eine neue geistige Gleichgewichtslage finden. Der besprochene Unterrichtsstoff kann ihm dabei eine Stütze sein.

Reduktion

Wir sind jetzt so weit, daß die Erscheinungen der Reduktion näher betrachtet werden können.

Man schüttet braunes, pulverisiertes Eisenoxyd in eine feuerfeste Glasröhre. Nun leitet man Leuchtgas oder Wasserstoff hindurch und erhitzt die Glasröhre an der Stelle, wo das Oxyd liegt. Man sieht das Pulver schwarzgrau werden, während ein Niederschlag von Wasser an den Wänden erscheint. Dies kann man unmittelbar in eine Reaktionsgleichung kleiden. Erst hatte man Wasserstoff und Eisenoxyd, jetzt Eisen und Wasser.

$$\text{Eisenoxyd} + \text{Wasserstoff} \rightarrow \text{Eisen} + \text{Wasser}$$

Man könnte dasselbe auch so ausdrücken:

$$\text{Eisenoxyd} - \text{Sauerstoff} \rightarrow \text{Eisen}$$
$$\text{Wasserstoff} + \text{Sauerstoff} \rightarrow \text{Wasser (Wasserstoffoxyd)}$$

Nachdem es abgekühlt ist, kann man das Pulver in der Röhre mit einem Magneten nach oben bewegen, ein klarer Beweis, daß metallisches Eisen entstanden ist. Man kann auch, während die Röhre noch heiß ist, Luft hindurchstreichen lassen, dann zeigt sich, daß das Pulver sofort wieder die Farbe verändert. Es wird in Eisenoxyd zurückverwandelt.

Auf besonders eindrucksvolle Art kann man einen Wechsel von Oxydation und Reduktion vorführen, indem man eine Kupferplatte ziemlich stark erhitzt und dann die Gasflamme darüber hinspielen läßt. Innerhalb des Flammenbereichs wird das Metall blank; wo die Flamme sich entfernt, setzt eine schnelle Oxydation ein, die sich zuerst in einem prächtigen Farbenspiel äußert und schließlich in einer schwarzen Schicht endet. Je länger man die Flamme hin und her bewegt, desto herrlicher glühen die Farben auf.

Die Schüler haben bereits einen Begriff davon, was sich bei der Reduktion abspielt, da in der 9. Klasse die Kohlensäureassimilation ausführlich behandelt worden ist. Darin muß man ja das Urbild eines Reduktionsvorganges erkennen.

Bei der Entdeckung des Sauerstoffs haben wir die Spaltung von Quecksilberoxyd durch Erhitzen schon behandelt.

Häufig wird die Reduktion zustande gebracht mit Hilfe von recht brennbaren Stoffen wie Wasserstoff, Kohlenstoff und Kohlenoxyd. Hieran erkennt man, worauf alles ankommt. Die brennbaren Stoffe befinden sich in einem Spannungszustand gegenüber der Umgebung. Sie sind sozusagen geladen mit Energie, die sie beim Verbrennen vor allem in Form von Licht und Wärme ausstrahlen. Die Oxyde dagegen sind in einen völlig entspannten Zustand geraten. Will man den

Ausgangsstoff aus einem Verbrennungsprodukt wieder hervorzaubern, so muß man diese Spannung wieder erzeugen durch Zufuhr von Wärme und Licht.

Bei der Kohlensäureassimilation wird durch das Sonnenlicht Kohlendioxyd in Kohlenstoff umgewandelt. Bei der Analyse von Quecksilberoxyd wird die Wärme der Gasflamme verwendet oder, wie bei Priestley, die Sonnenwärme.

Bei der Reduktion von Eisenoxyd reißt das Wasserstoffgas den Sauerstoff an sich und gibt dem Eisen etwas von seiner Energie.

Es ist gut, darauf hinzuweisen, daß nicht nur das Verbrennen, sondern auch das Oxydieren der Metalle von Wärmeausstrahlung begleitet ist. Man bemerkt diese jedoch meistens nicht, weil es langsam geht. Beschleunigt man den Prozeß wie beim Eisenpulver, das man in die Gasflamme streut, so sieht man das Metall auch in Funken aufglühen.

Auf diese Weise kann man besprechen, daß bei jedem chemischen Prozeß eine Wechselwirkung stattfindet zwischen dem Ponderabelen und dem Imponderabelen. Immer wird Licht oder Wärme aufgenommen oder ausgestrahlt.

Man kann diesen Punkt bei der Behandlung der Reduktion so besprechen, daß man ihn noch ganz außer der Sphäre des Quantitativen hält und ihn dafür an die Lebensprozesse anknüpft und in Gedanken kleidet, die mehr in Bildform verlaufen.

Auflösung von Metallen in starken Säuren

Außer der gewöhnlichen Salzbildung aus Säure und Base gibt es noch die Möglichkeit, dadurch Salze zu bilden, daß ein Metall in einer Säure aufgelöst wird. Dabei vollziehen sich vielsagende Veränderungen.

Man gießt z. B. schwach verdünnte Schwefelsäure in ein Reagenzglas und wirft einige Stückchen Zink hinein. Sofort wird das Zink unter heftigem Zischen verzehrt. Ein leicht brennbares Gas entweicht. Schließlich sammelt sich unten im Glas eine klare Kristallmasse.

Man kann wiederum mühelos die Reaktionsgleichung des sich abspielenden Prozesses aufstellen:

$$\text{Zink} + \text{Schwefelsäure} \rightarrow \text{Zinksulfat} + \text{Wasserstoff}$$

Durch die Säure wird das Metall in Salzkristalle umgewandelt.

Wir stehen hier vor einer der merkwürdigsten Umwandlungen. Wir haben schon früher die Materie gekennzeichnet als den Teil der Welt, der vom Licht verlassen ist[1]. Bei den Metallen ist sogar eine Art Gegensatz zum Licht aufgetreten. Hält man ein Stück Metall gegen das Licht, so erscheint es als dunkle Masse.

[1] Vgl. Seite 29, Kristallisation bei den Salzen.

Und wirklich ist es besonders undurchsichtig. Dazu kommt, daß die Metalle die am stärksten spiegelnden Stoffe sind. Sie stoßen also das Licht in hohem Maße zurück. Zugleich weist das Spiegeln darauf hin, daß die Metalle doch wieder auf das Licht abgestimmt sind. Das gilt um so mehr, je stärker sie spiegeln, für Silber also am meisten.

Löst man ein Metall in einer Säure, so werden die lichtabweisenden Eigenschaften völlig überwunden. Wieder bahnt die Säure den Weg für das Licht.

Läßt man aus dem Metall gleich Salzkristalle entstehen, so wie im oben beschriebenen Versuch, dann geht die Plastizität des Metalls, die zähe Fügsamkeit über in spröde Geformtheit.

In diesem Zusammenhang ist es besonders interessant, daß durchsichtige feste Stoffe nie gute elektrische Leiter sind, während die besten Leiter, die Metalle, am stärksten das Licht abweisen. An dieser Stelle tritt der Gegensatz von Licht und Elektrizität sehr deutlich hervor. Wo das eine Zugang findet, wird das andere ausgeschlossen[1].

Man sieht aus allen diesen Erscheinungen, daß es auch polare Stoffzustände gibt. Der Metallzustand und der durchsichtige Kristallzustand bilden solch einen Gegensatz[2].

Elektrolyse

Wenn man so weit gekommen ist, kann man ganz gut die ersten Erscheinungen der Elektrolyse einbeziehen. Man wird es jedoch wieder auf besondere «10.-Klasse-Weise» tun müssen und nicht etwa dem Pensum der Elektrizitätslehre aus der 11. Klasse vorgreifen.

Man kann dabei ausgehen von einer verdünnten Salzlösung (nicht Kochsalz oder andere Halogensalze) und sie mit Lackmus färben. Als Elektroden kann man erst Kohlenstäbe, später auch gewisse Metallstäbe verwenden. Man erhält das Folgende:

—	+
Kathode:	*Anode:*
Neigung zu Laugenbildung	Neigung zu Säurebildung
Wasserstoffabsonderung	Sauerstoffabsonderung
Reduktionserscheinungen	Oxydationserscheinungen
Absonderung von Metallen	Lösen von Metallen.

[1] Rudolf Steiner, Erster naturwissenschaftlicher Kurs («Lichtkurs»), Stuttgart, 23. 12. 1919 bis 3. 1. 1920. «Geisteswissenschaftliche Impulse zur Entwicklung der Physik». GA 1964. Siehe 9. und 10. Vortrag.

[2] Vgl. Seite 258, Kristall und Metall.

Man erhält auf diese Art eine Phänomenologie der Elektroden. Man sieht, wie die Elektrizität in ihrer Polarität zusammenhängt mit den Gegensätzen, die wir bereits besprochen haben.

Alle Theorie wird man weglassen müssen. Vom Gesichtspunkt der Praxis und Anwendung aus gesehen, ist in diesem Zeitpunkt eine Charakteristik der Erscheinungen viel wichtiger als abstrakte Erklärungen.

Auf diese Weise legt man sogar schon einen gewissen Grund für die Physikepoche (Elektrizitätslehre) in der 11. Klasse.

Abrunden der Epoche
Basenverdrängung – Säureverdrängung – Doppelte Umsetzung

Es folgt ein Teil der Epochen, in dem noch eine Menge neuer Erscheinungen auftritt, die sogar oft zu den eindrucksvollsten gehören, wobei wir aber in der Hauptsache mit den Begriffen arbeiten können, die wir uns schon erworben haben. Das gibt Anlaß zu dauerndem Wiederholen und Üben. Die Schüler lernen sozusagen mit den Begriffen zu spielen. Sie müssen dazu gebracht werden, in vielen Fällen selbst die Erklärungen zu finden und müssen sich Vorgänge ausdenken, die dann am Versuch geprüft werden können.

Weiterhin handelt es sich um alle Möglichkeiten, die es beim Kombinieren von Salzen mit Säuren und Basen gibt. Drei solcher Kombinationen sind es in der Hauptsache: Basen und Salze, Salze und Säuren, Salze und Salze, die werden dann zusammengegeben, und die Ergebnisse können beobachtet werden.

Wir beginnen z. B. damit, eine Base einer Salzlösung zuzufügen. Nimmt man hierzu Kochsalz und Kupferoxyd, dann wird nichts geschehen, ebensowenig wie mit Kochsalz und Natronlauge. Eine eindrucksvolle Erscheinung dagegen tritt auf, wenn Natronlauge in eine nicht sehr verdünnte hellblaue Kupfersulfatlösung gebracht wird. Man bekommt einen herrlichen, schleierartig durchsichtigen blauen Niederschlag. Verfolgt man den Prozeß genau, dann sieht man eine Menge Bläschen entstehen. In diesen Bläschen ist Natronlauge; die Wände bestehen aus einer zarten geleeartigen Substanz, rundherum befindet sich die Kupfersulfatlösung. Solche Bläschen, die auch bei anderen Salzen auftreten können, gleichen manchmal niederen Tieren. Zerstört man eines davon, so fließt wohl der Inhalt heraus, jedoch umgibt er sich sogleich wieder mit einer neuen Haut. Es geschieht etwas wie eine Wundheilung. Trotz ihrer Zartheit sind diese Bläschen daher ziemlich stabil.

Natürlich wird der Lehrer den Versuch für sich selbst auf alle mögliche Weise variiert probieren, damit er die Erscheinung so eindrucksvoll wie möglich vorführen kann. Man kann z. B. verschiedene Gläser benutzen und mit verschiedenen Konzentrationen arbeiten. Wenn man mit großen Gläsern arbeitet und außerdem von unten her beleuchtet, erhält man ganz zauberhafte Erscheinungen.

In gewissem Sinn wird das Bild noch deutlicher, wenn man eine Kupfersulfatlösung in etwas Natronlauge gießt. Die blauen Flocken entstehen dann in einer farblosen Flüssigkeit. Etwas sehr Überraschendes tritt auf, wenn man einen Kupfersulfatkristall in Natronlauge hineinhängt. Man kann dann Niederschlagssäulen bekommen.

Ähnliche Versuche dieser Art kann man machen, indem man die Salze anderer Schwermetalle mit starken Basen zusammenbringt.

Stellen wir nun den Schülern die Frage, was sich abgespielt haben mag, dann gibt es sicher einzelne, die es herauszufinden wissen. Wir schreiben auf:

Kupfersulfat + Ätznatron → ?
BS + B' → ?

Es ist kaum anders denkbar, als daß eine neue Kombination zustande gekommen ist, und zwar

Natriumsulfat + Kupferbase
B'S + B

Der ganze Prozeß sieht dann so aus:

BS + B' B'S + B
Kupfersulfat + Ätznatron → Natriumsulfat + Kupferbase

Die starke, leicht lösliche Base hat die schwache, schwer lösliche verdrängt. Ist das richtig, so müssen wir mit einer starken Säure den blauen Niederschlag wieder auflösen können. Das geht tatsächlich. Man darf dabei natürlich nicht vergessen, das eindrucksvolle Versuchsbild des Auflösens zu seinem Recht kommen zu lassen.

Wenn unser Gedankengang richtig war, so muß sich in der Lösung Natriumsulfat befinden, und der blaue Niederschlag muß eine Art Kupferbase sein. Das erste zu beweisen, ist schwierig, jedoch werden es sich die Schüler von uns sagen lassen, daß wirklich Natriumsulfat entstanden ist. Das zweite kann leicht nachgewiesen werden, indem man den blauen geleeartigen Niederschlag erhitzt. Dann entsteht eine braunschwarze Masse von Kupferoxyd. Es ist dann nicht mehr schwer einzusehen, daß der blaue Niederschlag wasserhaltiges Kupferoxyd, Kupferhydroxyd, ist. Man kann solch ein Hydroxyd betrachten als eine Base, die auf dem halben Wege vom gelösten zum festen Zustand stehengeblieben ist. Bringt man eine Säure mit einem Salz zusammen, so können die Erscheinungen wiederum recht verschieden sein.

Wird Salzsäure in eine Natriumsulfatlösung gegossen, so ist keine Veränderung zu sehen. Gießt man aber Salzsäure auf Soda, so fängt es an zu zischen und zu brausen, die flüchtige Kohlensäure entweicht. Es ist wiederum nicht schwer zu durchschauen, was hier geschehen ist:

Natriumkarbonat + Salzsäure → ? + Kohlensäure
BS + S' → ? + S

An der Gleichung kann man ablesen, daß auch BS', das Natriumchlorid, entstehen muß.

Natriumkarbonat + Salzsäure → Natriumchlorid + Kohlensäure.

Es ergibt sich hier wieder eine allgemeine Regel: Gibt man eine starke Säure zu dem Salz einer schwachen Säure, so wird die schwache Säure verdrängt, und es bildet sich ein Salz der starken Säure. Man kann allenfalls darauf hinweisen, daß auch die Flüchtigkeit der Säure eine Rolle spielt.

Die Säureverdrängung ist für die Praxis von großer Bedeutung. Es ist vielleicht sinnvoll, die Gewinnung von Salpetersäure, Salzsäure, Kohlensäuregas und anderen Säuren aus ihren Salzen zu besprechen.

Bei solchen Versuchen ist es wichtig zu zeigen, wie bei einer typischen Basenverdrängung ein Stoff hinunter in die Schwere gestoßen wird, während bei der Säureverdrängung ein Stoff in die Lichtsphäre hinaufgehoben wird.

Als letzte Möglichkeit einer Wechselwirkung zwischen Säuren, Basen und Salzen haben wir jetzt noch das Zusammenwirken zweier Salze. Geben wir Kochsalzlösung zu Kaliumsulfatlösung, so geschieht nichts. Nimmt man dagegen Calciumchlorid und Soda, so entsteht ein weißer Niederschlag. Es ist merkwürdig anzusehen, wie zwei glasklare Flüssigkeiten beim Zusammengießen wie durch Zaubermacht eine undurchsichtige, feste Masse hervorbringen. Dieser Niederschlag ist nicht geleeartig, eher körnig. Was ist geschehen?

Calciumchlorid + Natriumkarbonat → Calciumkarbonat + Natriumchlorid
BS + B'S' → BS' + B'S

Der Niederschlag könnte also Calciumkarbonat oder Natriumchlorid sein. Da letzteres löslich ist, kommt nur das Calciumkarbonat in Frage. Durch die andere Kombination der Säuren und Basen sind zwei neue Salze entstanden. Daraus kann die Regel abgeleitet werden: Gießt man die Lösungen zweier Salze zusammen, so tritt die doppelte Umsetzung mit Niederschlagsbildung ein, wenn eine der möglichen Säure-Base-Kombinationen ein unlösliches Salz ergibt.

Jetzt sollte man eine gewisse Übersicht haben, welche Salze löslich sind und welche nicht. Falls die Schüler sie nicht schon haben, kann man ihnen jetzt eine Reihe der wichtigsten unlöslichen Salze angeben; dann auch noch die Säuren und Basen, deren Salze stets löslich sind. Dann können die Schüler die Erscheinungen selbst erklären und sogar vorhersagen.

Es kann nun hingewiesen werden auf die Anwendung der doppelten Umsetzung beim Nachweis bestimmter Salze in einer Lösung. Mit Meerwasser kann man da recht schöne Versuche machen.

Auch die Probleme des harten Wassers können hier besprochen werden; warum Seife flockig wird, und warum Soda das Wasser enthärtet.

Schließlich kann man durch die doppelte Umsetzung auch noch allerlei Salze herstellen; z. B. Bleichromat (Chromgelb), Bleikarbonat (Bleiweiß), Quecksilberchlorid (Sublimat) oder Kaliumnitrat.

Richtlinien zur Didaktik der chemischen Formelsprache

Formeln im Chemieunterricht als Problem

Sobald man sich darüber Rechenschaft ablegt, daß alles, was man mit den Schülern tut, bildend oder auch mißbildend auf ihre Seelen wirkt, dann werden gewisse Methoden und Gedankenformen, die meist als etwas Selbstverständliches angesehen werden, zum ernsten Problem.

Das Umgehenlernen mit chemischen Formeln z. B. hat einen tiefgehenden Einfluß auf die Vorstellung, die man von der Natur der Stoffe und von den stofflichen Prozessen entwickelt. Indirekt wirkt das auch auf das Wahrnehmungsleben und damit ganz allgemein auf das innere Leben. Ein sehr weitgehender Abstraktionsprozeß muß vollzogen sein, bis man eine chemische Umsetzung als Formel und Gleichung wiedergeben kann. Das führt dann leicht dazu, daß die lebendige Verbindung, die der Mensch zu den Prozessen haben sollte, zerstört wird. Ein reichhaltiges und vielfältiges Geschehen wird wiedergegeben durch ein starres und allzusehr vereinfachtes Vorstellungsschema.

Wenn man den Lehrplan Rudolf Steiners studiert, tritt deutlich hervor, daß er großen Wert auf das Entwickeln eines möglichst lebendigen Begriffes von der Materie und von allem, was sich in deren Sphäre abspielt, legte. Seine Äußerungen in den «Konferenzen»[1] zeigen, daß er es wohl am liebsten gesehen hätte, wenn im Schulunterricht überhaupt keine Formeln gebraucht würden. In den meisten Fällen wird es jedoch unvermeidlich sein, weil die Formeln sonst überall im Unterricht gebraucht werden. Es liegt hier also schon ein Kompromiß vor.

Um dem etwas entgegenzusetzen, sollte man sich von wohlerwogenen Gesichtspunkten leiten lassen. Es ist dann nicht einmal so schwer, sogar am Einführen der Formeln gute Seiten zu finden. Wir können z. B. die Fähigkeit des Abstrahierens daran üben, die im gegenwärtigen Leben eine solche Rolle spielt, und die manches Kind sich nur mit vieler Mühe aneignen kann. Man muß natürlich achtgeben, daß das Abstrahieren wirklich Schritt für Schritt vor sich geht und daß jeder Schritt möglichst bewußt und mit vollem Verständnis vollzogen wird. Jeder Schritt sollte so geübt werden, daß die Schüler ihn wirklich sicher erfassen.

Es erscheint mir unmöglich, wenn man dem Lehrplan wirklich folgen will, die Formeln in ihrer endgültigen Form, also mit den dazugehörigen Zahlen, früher als in der 11. Klasse zu behandeln. Diese Überzeugung hat verschiedene Gründe. Erstens ergibt der Lehrstoff der 9. und 10. Klasse keine Möglichkeit, eine Basis dafür zu schaffen. Zweitens sind die Schüler vor dem Alter, das sie in der

[1] Konferenzen 1962. Heft 7, Ende März–Dezember 1923. Siehe 24. 4., Seite 87–88.

11. Klasse erreichen, im allgemeinen noch weniger imstande, sich einen ganz klaren Begriff von den Grundlagen des Formelsystems zu bilden. Drittens wird die bestimmte Gedankenform, die wir als wichtig speziell für die 10. Klasse kennengelernt haben und die auch in einer bestimmten Formelsprache ausgedrückt werden kann, dadurch ausgeschaltet oder zumindest weniger wirksam gemacht.

Der Lehrplan der 10. Klasse stellt uns zum erstenmal die Aufgabe, eine systematischere Fundierung der Chemie als wissenschaftliches Bauwerk zu schaffen. Vom Salz haben wir auszugehen und daraus durch Spaltung Base und Säure zu entwickeln. Wir bringen die Kinder also zuerst mit einem besonders charakteristischen Analysierungsprozeß in Berührung und sorgen dafür, daß sie einen lebendigen Begriff davon bekommen. Erst wenn wir danach Säure und Base zusammenbringen, so daß wiederum Salz entsteht, dann kann der Begriff der Verbindung entwickelt werden. Wir folgen also einer Methode, die von der Aufgliederung eines Ganzen ausgeht, eines Ganzen, wie wir es in der Natur finden. Die Teile wieder zusammenzufügen, das ist erst der nächste Schritt. Bei der Zergliederung bleibt auch weiterhin das Ganze die Grundlage für unsere Begriffe und Erklärungen. Die Zergliederung verursacht keine Vernichtung des Ganzen in unserer Vorstellung, sondern sie findet sozusagen innerhalb des Ganzen statt. Das Ganze wird sogar voller und lebendiger durch die Zergliederung; es breitet sich als ordnendes Prinzip über alle dabei entstandenen Stoffe aus.

Wollte man jetzt in diesem Augenblick schon mit dem Einführen der Formeln beginnen, so würde man alles nur vom Gesichtspunkte der letzten Zergliederungsprodukte aus betrachten. Das Ganze mit allem, was man daran beobachten kann, wäre aufgegeben.

Man hat hier ein besonders deutliches Beispiel eines Problems, das in der Einleitung angedeutet wurde. Man würde in diesem Fall seine eigenen Fähigkeiten und selbstkonstruierte Gedankenmethodik in den Vordergrund stellen und die Natur zu wenig zu Worte kommen lassen.

Wenn wir z. B. $CuSO_4$ sagen und Kupfersulfat meinen, so kommt dadurch zum Ausdruck, daß wir nicht auf dasjenige achten, was da in wohlgeformten blauen und durchsichtigen Kristallen vor uns liegt, sondern daß unsere Aufmerksamkeit nur darauf gerichtet ist, daß wir diesen Stoff aus drei chemischen Elementen in bestimmten Mengenverhältnissen aufbauen können.

Nun haben wir bei der Behandlung des Unterrichtsstoffes der 10. Klasse nicht nur einfache Gleichungen benützt, wobei die Stoffe mit Namen genannt werden, sondern wir haben sogar eine bestimmte Art von Formeln eingeführt. Wenn wir dabei ein Salz durch BS ausdrückten, kann man auch dagegen vorbringen, daß durch diese Schreibweise das Ganze eben kein Ganzes mehr ist. Die Vorteile der Übersichtlichkeit sind jedoch so groß, daß sie doch wohl überwiegen. Schreibt man eine Gleichung in dieser Form und eine Gleichung mit gebräuchlichen Formeln nebeneinander, so sieht man gleich, daß die erste viel übersichtlicher ist.

Wenn man z. B. ausgeht von einer Basenverdrängung:

Kupfersulfat + Natronlauge → Natriumsulfat + Kupferbase

dann kann folgende Schreibweise durch ihre Einfachheit verdeutlichend wirken:

$$BS + B' \rightarrow B'S + B$$

In die gebräuchlichen Formelgleichungen sind dagegen so viele Gegebenheiten und Gedanken mit hineingenommen, daß sie anfangs nicht viel zur Klärung der Begriffe beitragen können

$$CuSO_4 + 2\,NaOH \rightarrow Na_2SO_4 + Cu(OH)_2$$

Eine Formel wie BS ist außerdem kein Hinweis auf einen bestimmten Stoff, wie es bei $CuSO_4$ der Fall ist, sondern vielmehr die kurze Andeutung eines Naturgesetzes.

Über das Wesen der chemischen Verbindung und das Prinzip der Undurchdringlichkeit

In den Lehrbüchern geht man oft aus von der Bildung von Schwefeleisen aus Schwefel und Eisen. Erst hat man ein gelbes und ein metallisch glänzendes Pulver. Diese beiden mischt man in einem bestimmten Gewichtsverhältnis. Dann bringt man an einer bestimmten Stelle die Masse zum Glühen. Die Glut breitet sich aus und frißt sich sozusagen durch die ganze Masse hindurch. Solange man eine Mischung hatte, konnte man die beiden Pulver ohne viel Mühe wieder voneinander trennen. Jedes hatte noch seine charakteristischen Eigenschaften, das Eisen war magnetisch, der Schwefel leicht schmelzbar und sogar flüchtig. Nachdem sie sich verbunden haben, hat man nur eine untrennbare Masse mit ganz neuen Eigenschaften. Alle Eigenschaften von Eisen und Schwefel sind verschwunden, außer dem Gewicht. Gießt man nun über das Schwefeleisen verdünnte Salzsäure, so wird das Schwefelwasserstoffgas frei, das sich durch seinen schrecklichen Gestank bemerkbar macht. Das ist eine neue Eigenschaft. Die Schmelzbarkeit und die magnetischen Eigenschaften dagegen sind nicht mehr vorhanden.

Man weiß dieses Geschehen erst ganz zu schätzen, wenn man bedenkt, daß bei einem solchen Prozeß das Prinzip der Undurchdringlichkeit der Materie durchbrochen wird. Erst waren die beiden Stoffe räumlich gesehen ganz nebeneinander und nicht ineinander. Wenn sie sich verbinden, treten beide in den gleichen Raum ein.

Das Prinzip der Undurchdringlichkeit wird meiner Meinung nach in der gebräuchlichen Physik und Chemie viel zu wenig gewürdigt, deutet es doch auf eines der wichtigsten Kennzeichen der Materie. Man definiert die Materie auch als «das Raumerfüllende». Wir finden folgende Definition der Materie: «Nun wird man, wenn man ohne Vorurteil zu Werke geht, dennoch finden müssen, daß das Hervorstechendste alles Materiellen die Raumerfüllung ist, die Ausgedehntheit im Raume[1].» «Unsere sinnlichen Wahrnehmungen beziehen sich auf ein Ausgedehntes im Raume, das wir Materie nennen[2].» «Das raumerfüllende Etwas, welches auf unsere Sinne wirkt, nennen wir Materie oder Stoff. Körper heißt jeder von Stoff erfüllte begrenzte Raum[3].»

Eine gebräuchliche Formulierung des Prinzips von der Undurchdringlichkeit, die mit dem Vorigen in engem Zusammenhang steht, ist diese: «An der Stelle im Raume, wo ein Körper steht, kann zu gleicher Zeit kein anderer sein[4].»

Für unsere Arbeit ist eine Korrektur, die Rudolf Steiner an dieser Formulierung vornimmt, von besonderer Bedeutung. «Man sollte sagen: diejenigen Körperlichkeiten oder Wesenheiten, welche so sind, daß an der Stelle des Raumes, wo sie sind, zu gleicher Zeit kein anderes Wesen gleicher Natur sein kann, die sind undurchdringlich.»

Auf solche Weise deutet Rudolf Steiner immer wieder an, wie man schon in grundlegenden Formulierungen und Definitionen der Naturwissenschaft eine Richtung einschlagen kann, die unwiderruflich zum Materialismus führt, oder eine solche, die die Möglichkeit offen läßt, daß es noch andere höhere Gebiete gibt, wo andere Gesetze herrschen.

Man kann allgemein sagen: Die Undurchdringlichkeit gilt für die Materie; die Durchdringlichkeit für alles, was von geistiger Art ist. Kennzeichnend für die auf geistiger Ebene stattfindenden Geschehnisse ist die Möglichkeit, daß zwei verschiedene Wesen vollkommen eins werden.

Was bei einer chemischen Verbindung auftritt, ist also ein Geschehen in der physischen Welt, das nach geistigen Gesetzen zu verlaufen scheint. Es spielt sich etwas zwischen zwei stofflichen Körpern ab, das sich sonst im allgemeinen zwischen Geist- oder Seelenwesen abspielt. Wir werden sehen, daß diese Erkenntnis weitgehende Konsequenzen hat. Wir haben hier eine Spur gefunden, die uns zu tiefen Geheimnissen der Schöpfung führen soll.

Auf jeden Fall besteht ein großer Unterschied im Niveau zwischen den Geschehnissen auf mechanischem Gebiet, bei denen die Undurchdringlichkeit eine so große Rolle spielt, und denen auf chemischem Gebiet, wo gerade das Eindringen der Stoffe in ihr gegenseitiges Sein und Wesen am Anfang steht.

[1] Rudolf Steiner, Vorträge in Hannover, 27. 12. 1911–1. 1. 1912, «Die Welt der Sinne und die Welt des Geistes» GA 1959. Siehe 4. Vortrag, S. 64.

[2] Goethes Naturwissenschaftliche Schriften Band IV, 2, Seite 209, Anm. von Rudolf Steiner.

[3] Eugen von Lommel, Lehrbuch der Experimentalphysik, Neubearb. Ausg. Leipzig 1913 (und später), Einleitung.

[4] Rudolf Steiner, Vorträge in Stuttgart 21. 8.–5. 9. 1919, «Allgemeine Menschenkunde als Grundlage der Pädagogik» GA 1960. Siehe 3. Vortrag, Seite 58.

Bevor wir weiter auf das Wesen der Verbindung eingehen, wollen wir zeigen, daß das bisher gelegte Fundament schon hinreichend ist, um eine klare Einsicht in die Prinzipien der Formelschrift zu entwickeln. Man kann die jetzt folgende Methode ohne weiteres im Unterricht der 11. Klasse verwenden.

Die Grundlagen der Formelschrift

Wenn uns nicht gleich zu Anfang bestimmte Verwirrungen, die sehr gebräuchlich sind, irreführen sollen, müssen wir uns zuerst fragen: Ist die Formelschrift, wie wir sie kennen, von Naturerscheinungen abgeleitet und nimmt sie also in erster Linie ihren Ausgangspunkt bei der Erfahrung, oder beruht sie auf einer Gedankenkonstruktion, die man so gut wie möglich an die Natur angepaßt hat? Vermutlich werden die meisten Forscher sagen, die Formelschrift beruhe hauptsächlich auf Erfahrungen; ich bin jedoch der Ansicht, daß sie im wesentlichen von bestimmten gedanklichen Prinzipien abgeleitet ist. Jedenfalls kann man sie mit großer Klarheit darstellen, wenn man sie behandelt, als wäre das der Fall.

Wir gehen also von rein theoretischen Stoffen aus, den Stoffen A, B, C, usw. Dabei haben wir auch den Vorteil, daß wir nicht allerlei besondere Eigenschaften berücksichtigen müssen, die den allgemeinen Aufbau nur stören würden. Wie wird der denkbar einfachste und übersichtlichste chemische Prozeß verlaufen? Ein Gas A verbindet sich mit Gas B in gleichen Volumenverhältnissen, und es entsteht ein drittes Gas C. Da hierbei das Voneinander-Durchdrungenwerden auch in seiner einfachsten Form auftreten muß, wird das gebildete Gas C ein ebensogroßes Volumen einnehmen wie jedes der beteiligten Gase. Nur in diesem Fall dringt A ganz in den Raum ein, den B einnimmt, B in den Raum, den A einnimmt.

Das kann wie folgt gezeichnet werden:

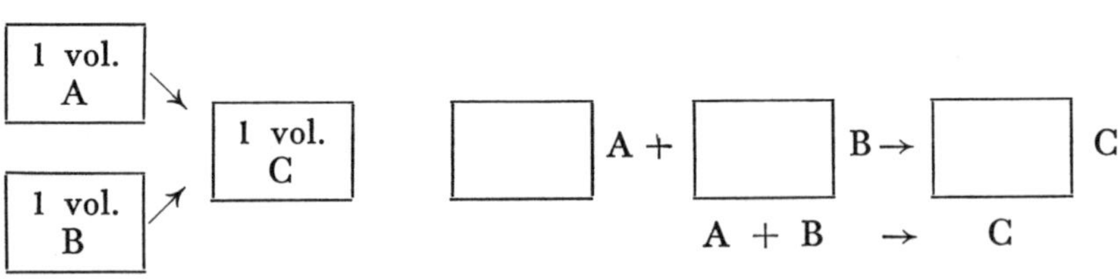

In der Praxis ist es bequemer, den dritten Stoff nicht C, sondern AB zu nennen. Man sieht dann gleich, aus welchen Stoffen er gebildet werden kann und in welche Stoffe man ihn analysieren kann.

Unsere Gleichung heißt dann:

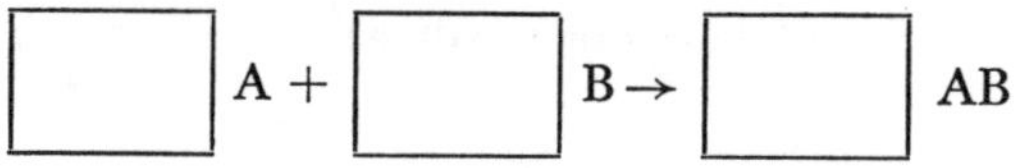

$$A + B \rightarrow AB$$

Ein etwas komplizierterer Fall ist noch denkbar: Ein Stoff A verbindet sich mit dem doppelten Volumen von B. Oder, anders gesagt: Ein Stoff A verbindet sich zweimal mit einem Stoff B. Wenn keine weiteren Komplikationen eintreten, wird das Produkt der Verbindung dasselbe Volumen einnehmen wie der beteiligte Stoff mit dem kleineren Volumen, denn mit diesem vollzieht sich die wiederholte Verbindung.

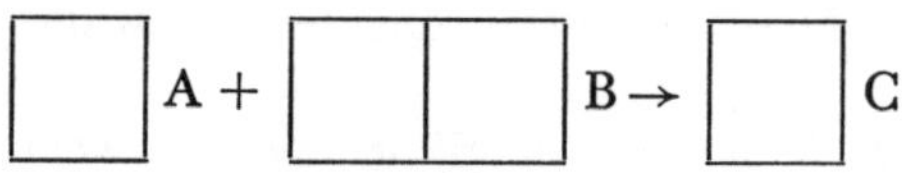

$$A + 2B \rightarrow C$$

Jetzt kann man statt C nicht mehr AB schreiben. Es muß zum Ausdruck kommen, daß die doppelte Quantität B an dem Prozeß beteiligt war. Man könnte zwischen den Schreibweisen A2B, AB^2 oder AB_2 wählen. Man hat zuerst AB^2, später AB_2 gewählt.

$$A + 2B \rightarrow AB_2$$

Nun sind noch solche Fälle denkbar, wobei A sich nicht ein- oder zweimal, sondern drei oder mehrere Male mit B verbindet. Die Erfahrung hat gezeigt, daß es nicht öfter als siebenmal geschieht.

$$A + 3B \rightarrow AB_3$$
$$A + 7B \rightarrow AB_7$$

Nun sind Stoffe denkbar, die sich in gasförmigem Zustand niemals mit mehr als mit dem gleichen Volumen eines anderen Gases verbinden können. Solche Stoffe nennt man einwertig.

Wenn A einwertig ist, so ist $A + 2B \rightarrow C$ nicht möglich, wohl aber

$$2A + B \rightarrow C$$

Einen Stoff, der sich im gasförmigen Zustand höchstens mit dem doppelten Volumen eines anderen Gases verbinden kann, nennt man zweiwertig usw. In der Praxis findet man keine höhere Wertigkeit als sieben.

Noch komplizierter wird es, wenn beide Stoffe, die sich miteinander verbinden, mehr als einwertig sind. Sind die Wertigkeiten gleich, so wird man in der Regel wieder die einfachste Gleichung erhalten:

$$A + B \rightarrow AB$$

Aus dieser Gleichung kann man also die Wertigkeit nicht ablesen.

Interessanter wird das Bild, wenn die Wertigkeiten verschieden sind; z. B. A dreiwertig und B zweiwertig. A hat also die Fähigkeit, sich dreimal mit einem anderen Stoff zu verbinden und B zweimal. Als Gleichung:

$$2A + 3B \rightarrow A_2B_3$$

Hier tritt das Überraschende auf, daß die Verbindung ein kleineres Volumen hat als die beteiligten Gase. Die Erfahrung zeigt, daß dies mit den Tatsachen übereinstimmt.

Wir können uns das noch etwas deutlicher machen, wenn wir bedenken, daß für das Sich-Verbinden von zwei Gasen die Volumenverkleinerung ein wesentliches Kennzeichen ist:

$$A + B \rightarrow AB$$
$$2 \text{ Volumina} \rightarrow 1 \text{ Volumen}$$
$$A + 7B \rightarrow AB_7$$
$$8 \text{ Volumina} \rightarrow 1 \text{ Volumen}$$

Je höher die Wertigkeit eines Gases ist, um so mehr von einem anderen Gas kann es in seinen Raum mit hineinnehmen. Die Fähigkeit zusammenzuziehen, nimmt also zu mit steigender Wertigkeit.

$$2A + 3B \rightarrow A_2B_3$$
$$5 \text{ Volumina} \rightarrow 1 \text{ Volumen}$$

In diesen Fällen verhält sich das Anfangsvolumen zum Endvolumen wie die Summe der Wertigkeiten der sich verbindenden Stoffe zu eins. Im letzten Falle waren die Wertigkeiten nicht untereinander teilbar. Wie verändert sich die Lage, wenn sie das sind? Z. B. A ist vierwertig und B zweiwertig. Auf jeden Fall dürfen wir erwarten, daß folgendes eintreten kann:

$$2A + 4B \rightarrow A_2B_4$$

Es gibt Beispiele dieser Art von Verbindung. Man findet jedoch mindestens ebensoviele, die folgendermaßen verlaufen:

$$A + 2B \rightarrow AB_2$$

Wir können jetzt folgende Reihe von Reaktionsgleichungen aufstellen:

Wertigkeit A : 1	$2\,A + B \rightarrow A_2B$		Wertigkeit B : 2
Wertigkeit A : 2	$2\,A + 2\,B \rightarrow A_2B_2$;	$A + B \rightarrow AB$	Wertigkeit B : 2
Wertigkeit A : 3	$2\,A + 3\,B \rightarrow A_2B_3$		Wertigkeit B : 2
Wertigkeit A : 4	$2\,A + 4\,B \rightarrow A_2B_4$;	$A + 2\,B \rightarrow AB_2$	Wertigkeit B : 2
Wertigkeit A : 5	$2\,A + 5\,B \rightarrow A_2B_5$		Wertigkeit B : 2
Wertigkeit A : 6	$2\,A + 6\,B \rightarrow A_2B_6$;	$A + 3\,B \rightarrow AB$	Wertigkeit B : 2
Wertigkeit A : 7	$2\,A + 7\,B \rightarrow A_2B_7$		Wertigkeit B : 2

Eine besonders nützliche Seite dieser Methode ist es, daß man die Schüler das weitere, also die Reihen, die sich aus anderen Kombinationen von Wertigkeiten ergeben, selbst aufstellen lassen kann. Außerdem hatte man bisher schon genügend Gelegenheit, sie – zumindest scheinbar – mithelfen zu lassen, das System und die Schreibweise aufzubauen. Wenn man die Reihe von Gleichungen gut aufschreibt, zeigen sie einen sehr übersichtlichen und sogar rhythmischen Aufbau. Man kann sie dann auch leicht als Übungsmaterial benutzen. Die Schüler können sozusagen damit «spielen».

Weiterhin hat diese Methode den Vorteil, daß bisher alles rein rational und daher ganz durchschaubar ist. Es gibt keine unerwarteten Ausnahmen, die aus den Eigenschaften der Stoffe entstehen und die man nur durch die Erfahrung kennenlernt.

Einer der Gründe, warum an dem Ausgeführten, das doch wirklich das Fundament für den Gebrauch der Formeln hergibt, meistens vorbeigegangen wird, ist, daß die Reaktionen zwischen den Gasen meist komplizierter verlaufen. Es ist sicher schwer, Beispiele zu finden, die den genannten Reaktionsgleichungen entsprechen.

Man kann z. B. Jod in einen stark erhitzten Raum mit Quecksilber bringen, dann verläuft die Reaktion:

$$Hg + J \rightarrow HgJ$$

Ein bekanntes Beispiel für einen anderen Verlauf ist die Reaktion zwischen Wasserstoffgas und Chlorgas. Ein Volumen Wasserstoffgas verbindet sich mit einem ebenso großen Volumen Chlorgas zu zwei Volumina Salzsäuregas. Die Reaktion verläuft also nach dem Schema:

$$A + B \rightarrow 2\,C$$

Dieser Verlauf steht scheinbar im Widerspruch zu dem von uns entwickelten Gedankengang. Es gibt jedoch noch eine andere Möglichkeit. Wir brauchen unseren bisher entwickelten Gedankengang nicht fallen zu lassen, wenn wir annehmen dürfen, daß A und B in diesem Fall keine einfachen Stoffe sind, sondern solche, die schon vorher eine Verdichtung erfahren hatten. A müßte dann als A_2 und B als B_2 geschrieben werden.

$$2\,A \rightarrow A_2$$
$$2\,B \rightarrow B_2$$

Bei der Verbindung würde jeder der Stoffe sich erst zum doppelten Volumen ausdehnen und sich danach mit dem anderen verbinden. Die Verbindung verliefe dann nur zum Schein wie folgt:

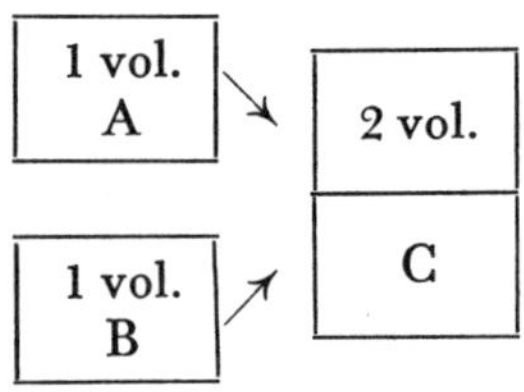

$$A + B \rightarrow 2\,C$$

In Wirklichkeit verliefe sie:

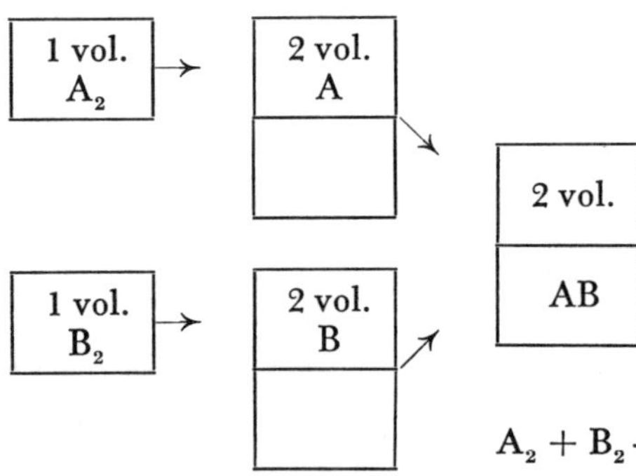

$$A_2 + B_2 \rightarrow 2\,A + 2\,B \rightarrow 2\,AB$$

Man hat diesen Gedankengang an der Praxis geprüft und er scheint mit den Tatsachen übereinzustimmen und diese also zu erklären. Wir brauchen den Ausgangspunkt unserer Methode also nicht fallen zu lassen.

Die Verbindung von Wasserstoff mit Chlor verläuft ganz nach dem Schema:

$$A_2 + B_2 \rightarrow 2\,AB$$
$$H_2 + Cl_2 \rightarrow 2\,HCl$$

Wir haben also nicht nur unseren bisher angewandten Gedankengang gerettet, sondern in dieser überraschenden Erklärungsmöglichkeit hat er sogar noch eine Stütze gefunden.

Bei dem erwähnten Beispiel haben wir eine Reaktion zwischen zwei einwertigen Stoffen. Im Falle der Bildung von Wasser aus Wasserstoff und Sauerstoff haben wir es mit einem einwertigen und einem zweiwertigen Stoff zu tun. Wir bekommen so das folgende Schema:

$$2A_2 + B_2 \rightarrow 4A + 2B \rightarrow 2A_2B$$
$$2H_2 + O_2 \rightarrow 2H_2O$$

In der Praxis müssen wir dafür sorgen, daß das Wasser gasförmig bleibt, indem wir den Prozeß bei einer Temperatur von über 100° C verlaufen lassen.

Bei allen diesen Gedankengängen handelt es sich nicht nur um ein Stück Schuldidaktik. Ich wage zu behaupten, daß dies die Gedanken sind, die den Formeln in Wirklichkeit zugrunde liegen. Man hat sie fortwährend angewandt, ohne sich dieses klar vor Augen zu führen. Man meinte, die Atome und die Moleküle nötig zu haben, um die quantitativen Erscheinungen exakt beschreiben und erklären zu können. In Wirklichkeit hat man beinahe während des ganzen 19. Jahrhunderts keine Erscheinung entdeckt, die auf Atome gewiesen hätte, oder die man ohne Atome nicht hätte beschreiben können. In vielen Fällen arbeitet man in Wahrheit mit Gasvolumina, während man den Atombegriff anzuwenden meint. Auch die Formeln von Flüssigkeiten und festen Stoffen beruhen auf denselben Gedanken.

Man kann diese schematische Vorbereitung des Formelgebrauches gegebenenfalls noch weiter durchführen. Man kann z. B. eine Übersicht geben über die Formeln der wichtigsten Säuren, Basen und Salze. Gerade weil die Schüler hier die wichtigsten Beispiele schon kennen, kann man das ruhig tun.

Wenn Natrium an der Luft liegenbleibt, ergibt sich das folgende:

$4\,Na + O_2 \rightarrow 2\,Na_2O$	Natriumoxyd
$Na_2O + H_2O \rightarrow 2\,NaOH\ (Na_2O.H_2O)$	Natriumhydroxyd

Wenn Calcium offen liegenbleibt:

$2\,Ca + O_2 \rightarrow 2\,CaO$	Calciumoxyd
$CaO + H_2O \rightarrow Ca(OH)_2\ (CaO.H_2O)$	Calciumhydroxyd

Im allgemeinen bilden die Metalle nur Basen, insofern sie ein-, zwei- oder dreiwertig sind. Die wichtigsten basischen Hydroxyde haben also diese Form:

Me 1wertig $MeOH$	$(Me_2O \cdot H_2O)$
Me 2wertig $Me(OH)_2$	$(MeO \cdot H_2O)$
Me 3wertig $Me(OH)_3$	$(Me_2O_3 \cdot 3H_2O)$

Im allgemeinen bilden die Stoffe erst Säuren bei Wertigkeiten, die zwischen drei und sieben liegen.

Wenn wir einen säurebildenden Stoff durch das Symbol Su ausdrücken, erhalten wir das Folgende:

Su — 3wertig

$$4\,Su + 3O_2 \rightarrow 2\,Su_2O_3$$

$$Su_2O_3 + H_2O \rightarrow 2\,HSuO_2 \; (H_2O \cdot Su_2O_3)$$

Su — 4wertig

$$Su + O_2 \rightarrow SuO_2$$

$$SuO_2 + H_2O \rightarrow H_2SuO_3 \; (H_2O \cdot SuO_2)$$

Su — 5wertig	$HSuO_3$	$(H_2O \cdot Su_2O_5)$
Su — 6wertig	H_2SuO_4	$(H_2O \cdot SuO_3)$
Su — 7wertig	$HSuO_4$	$(H_2O \cdot Su_2O_7)$

Salzformeln:

Me — 1wertig	$MeSuO_2$	Su — 3wertig
	Me_2SuO_3	Su — 4wertig
	$MeSuO_3$	Su — 5wertig
		usw.
Me — 2wertig	$Me(SuO_2)_2$	Su — 3wertig
	$MeSuO_3$	Su — 4wertig
	$Me(SuO_3)_2$	Su — 5wertig
usw.		usw.

Die Gewichtsverhältnisse in der Chemie

Waage und Materialismus

Man sagt oft, die moderne Chemie beginne mit Lavoisier. Lavoisier war derjenige, der mehr als seine Vorgänger von der Waage exakten Gebrauch machte. Er hat z. B. auf diesem Wege entdeckt, welche Rolle der Sauerstoff beim Verbrennen und Rosten spielt, insofern dies quantitativ feststellbar ist. Damit schuf er eine Grundlage für die sehr exakten chemischen Begriffe, mit denen wir heute arbeiten. Meist wird aber zu wenig beachtet, daß er einen Zeitabschnitt, der seinen eigenen Charakter und sein eigenes Verdienst auf chemischem Gebiet hat, endgültig abgeschlossen hat. Daß er die Phlogistenlehre überwunden hat, wird niemand bedauern. Bedenklicher ist jedoch, daß sein Werk immer mehr zu einer einseitigen Betrachtungsweise geführt hat. Man fing an, alles nur vom Gesichtspunkt des Gewichtes, der Schwere her zu beurteilen. Darüber vergaß man das Licht als die entgegengesetzte Kraft. Dadurch, daß Lavoisier wie auch andere mit ihm, an einer neuen, übersichtlichen Namengebung arbeitete, hat er viel zu einer Aufhellung beigetragen, aber auch zum Verwischen der letzten Reste einer uralten Mysterientradition, wie sie noch in den alchimistischen Namen fortlebte. Wer etwas von diesen in Verwirrung geratenen Resten kennt, weiß, daß diese Tat wirklich nötig war, aber doch bedeutete es das Ende einer mehr bildhaft-geistigen Betrachtungsweise. Gerade auf dem Gebiet der Chemie wurde von dieser Zeit an dem immer mehr Einfluß gewinnenden Materialismus ein starkes Fundament gebaut.

Lavoisier baute seine Arbeitsmethode auf einem Satz auf, den man gegenwärtig das Lavoisiersche Gesetz nennt, obwohl andere ihn schon vor ihm ausgesprochen haben:

«Bei einer chemischen Reaktion bleibt das Gesamtgewicht der teilnehmenden Stoffe vor und nach der Reaktion gleich.»

Als eine Arbeitsmethode, die fortwährend unter Vorbehalt gebraucht wird, ist gegen diesen Satz nichts einzuwenden, weil durch ihn ein fester und exakter Grund gelegt wird. Bedenklich wird es erst, wenn aus einem solchen Satz ein umfassendes Gesetz gemacht wird, wie es die Materialisten taten. Ernst Haeckel, der größte Vorkämpfer des Materialismus, schrieb z. B. in seinem Buch «Die Welträtsel» (1899): «Die Summe des Stoffes, welcher den unendlichen Weltenraum erfüllt, ist unveränderlich.» Auch dies schreibt er Lavoisier zu, obwohl es etwas anderes ist, als was Lavoisiers Gesetz ausdrückt. Was nur eine Arbeitsmethode war, wuchs zu einer ungeheuren Behauptung heran, zu einem die ganze Welt und alle Zeiten umfassenden Grundsatz. Die Materialisten erklärten die Materie zu einem ewigen Prinzip und verwarfen damit die Idee eines fortwirkenden göttlichen Schöpfungsprozesses.

Als ein zweites Fundament der Chemie gilt das Gesetz von Proust, das etwa so formuliert wurde: «Die Stoffe verbinden sich miteinander nur nach ganz bestimmten Gewichtsverhältnissen.»

Man könnte diese und andere Geschehnisse, die sich um das Jahr 1800 herum auf dem Gebiet der Entwicklung der Chemie abspielten, als Symptome dafür ansehen, daß eine Geistesströmung, die schon seit Jahrhunderten auf den Gebieten der Astronomie, der Mathematik, der Mechanik und der Physik vorherrschend war, nun auch anfing, die Chemie vollkommen zu beherrschen.

Die Forscher, die zu dieser Strömung gehören, fanden ihre innere Sicherheit in mathematischen Vorstellungen und trachteten, mit deren Hilfe die Natur zu ergründen und zu beherrschen. Die Beurteilung der Naturprozesse nach Maß, Zahl und Gewicht begann durch sie eine immer größere Rolle zu spielen. Man kann sogar von einer immer mehr zunehmenden Überschätzung des Quantitativen sprechen. Dem stand gegenüber, daß sie zu wenig oder gar kein Interesse für das Qualitative besaßen. Sie wollten das Qualitative nicht als etwas anerkennen, was wissenschaftliche Bedeutung haben könnte. Im Gegenteil, sie betrachteten (und betrachten noch heute) diese Seite der Welt als etwas Subjektives, was höchstens als Signal dienen kann, daß dahinter nach etwas Objektivem gesucht werden muß. Klang sollte seinem Wesen nach nichts anderes sein als Luftschwingungen, Licht ein Strom feiner Teilchen oder Wellen im hypothetischen Äther. Auf jedem Gebiet wurde die Neigung gepflegt, die Qualitäten, die für uns wahrnehmbar sind, auf mechanische Ursachen zurückzuführen.

Die Atomtheorie ist ein Versuch, auf diese Art alle chemischen Erscheinungen für die Sinne als unwichtig zu beseitigen und sie durch eine Mechanik von Atomen zu ersetzen. Dalton sah sich z. B. vor die Tatsache gestellt, daß zwei Stoffe sich bei ihrer Verbindung ganz und gar durchdringen, ja, sogar schon mehr oder weniger beim Mischen zweier Gase und beim Lösen eines Gases in einer Flüssigkeit. Seine Theorie ist u. a. eine Antwort auf die Frage: Wie können wir die Erscheinung, daß zwei Stoffe sich durchdringen, unter der Voraussetzung begreifen, daß sie ihrer Natur nach als undurchdringlich vorgestellt werden? Er fand die Lösung in damals schon gangbaren Vorstellungen, wonach man sich jeden Stoff als aus kleinsten Teilchen mit ziemlich großen Zwischenräumen bestehend dachte. Bei zwei Gasen, die sich mischen, sollten die Atome, ohne einander zu beeinflussen, aneinander vorbeischießen. Beim Lösen von Gasen in Wasser sollte etwas Ähnliches der Fall sein. Wenn zwei Stoffe eine Verbindung miteinander eingehen, sollte das eine vielfältige Aneinanderkettung von Teilchenpaaren oder Gruppen von Teilchen bedeuten. Nicht die Stoffe selbst sollten sich also ändern, sondern nur die Bewegungsmöglichkeiten der kleinsten Teilchen. Dies bedeutete natürlich eine Art Erklärung des Lavoisierschen Gesetzes. Nach Dalton hat man es bei einer chemischen Umwandlung fortwährend mit den gleichen Stoffteilchen zu tun, die aber anders kombiniert werden.

Das feste Gewichtsverhältnis bei einer Verbindung konnte er sofort aus dem Gewichtsverhältnis der aneinandergeketteten Teilchen erklären. Umgekehrt konnte man auch aus dem Gewichtsverhältnis der Verbindung etwas erfahren über dasjenige der Teilchen. Wägbar in Gramm waren diese natürlich nicht, aber man konnte doch ihr Gewicht in einer bestimmten Zahl ausdrücken, indem man sie nach der angedeuteten Methode mit dem leichtesten Teilchen, das man kannte, verglich, mit dem Wasserstoffatom. Dalton war der erste, der eine Tabelle von Atomgewichten aufstellte. (Wir würden sie heute eher Äquivalentgewichte nennen.)

Und auch das Gesetz von den multiplen Proportionen, das ihm zugeschrieben wird, ist leicht aus seiner Theorie zu erklären. Wenn ein Stoff A sich in verschiedenen Verhältnissen mit einem Stoff B verbinden kann, so kann man sich fragen, wie sich die verschieden Quantitäten des Stoffes B untereinander verhalten, die sich mit der gleichen Quantität von Stoff A verbinden. Es wäre denkbar, daß diese Verhältnisse wenig übersichtlich sind, und das ist nun gerade nicht der Fall. Die Quantitäten von Stoff B verhalten sich untereinander immer wie einfache ganze Zahlen.

Hieraus entwickelte nun Dalton sofort den Gedanken, daß die Quantitäten sich also mehr oder weniger wie scharf umgrenzte Dinge verhalten. Wenn eine chemische Verbindung ihrem Wesen nach ein Aneinanderketten zweier oder mehrerer Teilchen ist, so müssen sich hieraus solche einfachen Verhältnisse ergeben.

Man spricht oft über Dalton als über einen genialen Menschen. Dagegen kann gesagt werden, daß er in erster Linie ein großer Illusionist gewesen sein muß. Die Erscheinungswelt ist so reich und großartig und voll von merkwürdigen Zusammenhängen, daß man doch etwas an Selbstüberschätzung leiden muß, wenn man sich zutraut, sie alle auf ein paar einfache mechanische Gesetze zurückzuführen. Dies Verhalten wurde ihm insofern erleichtert, als ein wichtiger Teil des Reichtums der Erscheinungen ihm verschlossen blieb; er war nämlich farbenblind.

Wenn dann etwas später Berzelius sein großartiges Werk schafft, wobei er die Zusammensetzung der bekanntesten Verbindungen exakt untersucht und vor allem die Atomgewichte aller bekannten Elemente feststellt, so schließt er sich scheinbar Dalton an. Er spricht sogar seine Bewunderung für die Atomtheorie aus. In Wirklichkeit geht er aber viel unbefangener zu Werk als Dalton und läßt dadurch einer anderen Betrachtungsweise mehr Möglichkeiten. Er weiß sehr wohl, und spricht das auch aus, daß er die Atome für seine Arbeit nicht braucht und daß es eigentlich Gasvolumina sind, um die es sich handelt. Er spricht sogar regelrecht von einer Volumentheorie und ist der Ansicht, daß diese besser durch die Tatsachen gestützt ist als die Atomtheorie. Um beide Theorien aneinander anzupassen, spricht er die Ansicht aus, daß jedes Gas des gleichen Volumens unter gleichen Verhältnissen dieselbe Anzahl «Atome» enthält. Das ist nichts anderes als das Gesetz, das Avogadro später formuliert hat. Aus dem Aufstellen dieses Gesetzes, das vorläufig nur als eine Hypothese betrachtet werden sollte, geht nur hervor, daß man glaubte, in Teilchen zu denken, während man tatsächlich in Volumina dachte. Ein Atom in den Betrachtungen und in der Berechnung ist meistens nichts anderes als ein Gasvolumen.

Berzelius war auch der Erfinder der heute noch gebräuchlichen Formelschrift. Damit hat er außerordentlich viel beigetragen zur Ordnung, Exaktheit und Übersichtlichkeit in der Chemie. Er betont, daß in seinen Formeln jeder Buchstabe eigentlich ein gleiches Gasvolumen andeutet, aber natürlich ein verschiedenes Gewicht. Diese Gewichte verhalten sich zueinander wie die Atomgewichte.

Es ist interessant, daß er beim Feststellen seiner Atomgewichte resp. Verbindungsgewichte alles auf den Sauerstoff als Einheit bezieht, weil nun einmal die meisten Verbindungen Oxyde sind.

Es ist erstaunlich, wie lange es gedauert hat, bevor das Atomgewicht im Sinne von Berzelius wirklich allgemein als Basis für quantitative Betrachtungen übernommen wurde und wieviel Mühe es gekostet hat, die Begriffe Äquivalentgewicht, Molekulargewicht und Atomgewicht sauber voneinander zu unterscheiden.

Die Waage und die geistige Ordnung in der Natur

Wenn wir auf diese Weise die Geschichte der Chemie verfolgen, wird es deutlich, daß die Mächte, die die Menschheit in eine materialistische Richtung steuern wollten, besonders bei den Untersuchungen nach den Gewichtsverhältnissen im Hintergrund standen.

Um uns zu wappnen gegen die hier drohenden Gefahren, gehen wir am besten zu einer Betrachtung über, die direkt auf das Geistige gerichtet ist.

Alten Überlieferungen zufolge, tritt die Sonne nach der Herbst-Tag- und Nachtgleiche in das Zeichen der Waage. Im Augenblick, wo wir in die dunkle Jahreszeit eintreten, wird auf diese Weise die Waage als Mahnung vor uns hingestellt. Nicht lange nach dem Herbstbeginn und noch während der Waagezeit haben wir das Michaelifest. Michael, der große Drachenbekämpfer, wird ja auch oft abgebildet mit der Waage in der Hand.

Was kann es bedeuten, daß Michael, der Führende unter den Erzengeln, der den Blick in die geistigen Welten stets ungetrübt halten will, frei von Verwirrung, frei von Verdüsterung, nicht nur den Drachen niederstößt, sondern zugleich die Waage in die Höhe hält? Sollte es möglich sein, einen ganz anderen, mehr geistigen Aspekt der Waage zu finden, wodurch auch auf dem Gebiet der stofflichen Umsetzungen der Weg zum Geist offenbliebe?

Die erste Frage, mit der wir uns beschäftigen müssen, ist diese: Wenn bei einer chemischen Reaktion die beteiligten Stoffe vorher und nachher das gleiche Gewicht aufweisen, ist dies dann ein Beweis dafür, daß man es immer mit dem selben Stoff, sei es auch in anderer Form, zu tun hat? Die Antwort muß verneinend lauten. Man darf ebensogut annehmen, daß Stoff verschwindet und anderer Stoff erscheint, aber so, daß das Gewicht sich nicht ändert.

Denkt man im Sinne der Erhaltung des Stoffes, dann läßt man sozusagen den ganzen Prozeß sich auf der einen Waagschale vollziehen, während man auf der andern das Gewicht ruhig liegen läßt. Die Waage bleibt dann still stehen, und man meint schließen zu können, daß nichts Einschneidendes geschehen ist.

Würde dagegen bei der Reaktion wirklich Stoff verschwinden und Stoff entstehen, dann müßte es in der Welt ein ordnendes Prinzip geben, für das die schwingende Waage das ideale Bild ist. Wenn die eine Waagschale sinkt, steigt die andere um dasselbe Maß. Eine bestimmte Menge Stoff kann nicht verschwinden, ohne daß dasselbe Gewicht an anderen Stoffen erscheint.

Wir müssen jetzt kurz zu einem anderen Gebiet hinüberwechseln, das immer mit dem vorhergehenden in Zusammenhang gebracht wird und wo wir vor einem ähnlichen Problem stehen. Das ist das Gebiet vom Gesetz der Erhaltung der Energie.

Es war natürlich schon lange bekannt, daß man durch Bewegung Wärme entwickeln kann und durch Wärme Bewegung. Nur nach und nach stellte es sich heraus, daß man alle Naturkräfte ineinander umwandeln kann, und zwar in bestimmten Verhältnissen, die meßbar sind und in Zahlen ausgedrückt werden können. Es war das Verdienst von J. R. Mayer, als erster solchen Zusammenhängen zwischen den Naturkräften auf die Spur gekommen zu sein. Er hat die Äquivalenz, die zwischen Wärme und Bewegung besteht, zum erstenmal unter Beihilfe bestimmter Maße in Zahlen ausgedrückt.

Um diese und ähnliche Entdeckungen in Gedankenform kleiden zu können, hat man den Begriff der Energie entwickelt. Nun konnte man die Größe der Wirkung jeder Naturkraft im Maß der Energie ausdrücken.

Energie und Äquivalenz gehören zusammen. Energie ist das Maß, in welchem man die Äquivalenz ausdrückt. Die Naturkräfte können sich auf verschiedenste Weise äußern. Sobald man über ihre Energie spricht, spricht man über dasjenige, worin sie gleich sind, während man von jeder speziellen Qualität absieht.

Rudolf Steiner sagt an einer leider wenig beachteten Stelle:

«Die Erscheinungen der Wahrnehmungswelt, Licht, Wärme, Elektrizität, Magnetismus usw., lassen sich unter den allgemeinen Begriff der Kraftleistung, d. h. der Energie, bringen. Wenn Licht, Wärme usw. in einem Körper eine Veränderung hervorrufen, so ist damit eben eine Kraftleistung vollzogen. Man hat, wenn man Licht, Wärme usw. als Energie bezeichnet, von dem den einzelnen Sinnesqualitäten spezifisch Eigenen abgesehen und betrachtet eine allgemeine, ihnen gemeinsam zukommende Eigenschaft[1].»

[1] Goethes Naturwissenschaftliche Schriften, herausgegeben von Rudolf Steiner, 1883 (Kürschners Deutsche National-Litteratur 114–117, 1. 2) Band 4, I, Einleitung, Abs. 7. Taschenbuchausgabe der Einleitungen von Rudolf Steiner, Stuttgart 1962, Seite 233.

In gewissem Sinn ist es für die Energie gleichgültig, ob man sie in Form von Wärme, Elektrizität oder Licht hat. Energie ist also auf dieselbe Weise ein Wertmaßstab für Kräfte, wie das Geld es ist beim Austausch von Waren. Auch hier hat man wieder – wie sooft – die Neigung, das Umgekehrte der Wahrheit zu denken. Man stellt sich vor, die Energie sei das Eigentliche und die auftretenden Naturkräfte nur Formen von ihr. In dem Falle könnte man wirklich von einer Erhaltung der Energie sprechen. Dagegen sollte man einsehen, daß es auf dem Gebiet der Naturkräfte eine Art Tauschhandel gibt. Man kann nur eine bestimmte Menge Wärme bekommen, wenn man eine bestimmte chemische Energie oder mechanische Bewegung oder Elektrizität zur Verfügung hat und dafür einsetzen will. Es handelt sich nicht um eine Erhaltung der Energie, sondern um den Austausch der Naturkräfte. Das eine entsteht, während das andere vergeht.

Wir sind hier auf einem Gebiet, wo die Wärme eine Art Schlüsselstellung einnimmt. Es kann also nicht wundern, daß Rudolf Steiner besonders viel Mühe verwendet hat, eine tiefere Einsicht zu geben in die Verhaltungsweisen der Wärme. Er weist mit Nachdruck darauf hin, daß es bei ihr nicht nur auf ein In-die-Wahrnehmbarkeit-Treten und wieder daraus Verschwinden ankommt, sondern auf Übergänge von räumlichen in unräumliche Zustände und umgekehrt. Es ist notwendig für die weitere Entwicklung der Naturwissenschaft, daß der Wechselwirkung zwischen dem Räumlichen und dem Unräumlichen im allgemeinen Aufmerksamkeit geschenkt werde.

Wir kehren nun wieder zu den Gewichtsverhältnissen zurück. Wie wir schon früher gesehen haben, ist es eine der merkwürdigsten Erscheinungen, daß bei einer chemischen Verbindung die Undurchdringlichkeit überwunden wird, und daß zwei verschiedene Stoffe zu einer vollkommenen Einheit werden. Somit haben wir Geschehnisse im Bereich des Stofflichen gefunden, die einem Grundgesetz des Geistigen folgen.

Mit dieser Erscheinung sind andere, nicht weniger eingreifende, verbunden. Die Eigenschaften, durch die man die an der Reaktion teilnehmenden Stoffe unterschied, verschwinden, und es treten neue Stoffe mit ganz neuen Eigenschaften auf. Nur eine Eigenschaft, das Gewicht, ist unverändert geblieben.

Ist dies nun Grund genug, an eine Erhaltung des Stoffes zu glauben in der Weise, daß man es vor und nach der Reaktion doch mit den gleichen Stoffen zu tun hat? Laßt uns sehen, was wir darüber in einem Schullehrbuch, in dem die Verfasser besonderen Wert auf eine treffende Formulierung legten, lesen können. (Van Meurs en Baudet. Inleiding tot de Scheikunde. Par. 6.) Sie berichten erst, daß das Lavoisiersche Gesetz schon vor ihm ausgesprochen wurde und fahren dann fort: «Man nennt dieses Gesetz auch das Gesetz von der Unzerstörbarkeit des Stoffes (oder von dessen Erhaltung) und rechnet dann zu ‹Stoff› alles, was Gewicht hat. Dieses Wort hat also eine ganz andere Bedeutung, als man ihm gewöhnlich in der Chemie zuschreibt. Stoffe kennt man an ihren Eigenschaften, und diese verschwinden bei chemischen Reaktionen, d. h. die Stoffe selbst gehen verloren, und neue treten an ihre Stelle. Das totale Gewicht (genauer: die Masse) der Stoffe, also ‹der Stoff›, bleibt jedoch bestehen. Gesetz von der Erhaltung der Masse wäre also die richtigste Formulierung des genannten Gesetzes.»

Man kann an dieser wirklich sehr gediegenen Formulierung genau sehen, worauf es ankommt. Wenn man eine bestimmte Menge Schwefel zu Schwefeleisen verarbeitet und dann soviel Schwefel wie nur möglich durch gewisse Umsetzungen aus dem Schwefeleisen zurückgewinnt, so wird der Schwefel, den man zuerst hatte, genau ebensoviel wiegen wie der, den man zurückgewann. Man kann jedoch unmöglich sagen, daß es beide Male derselbe Schwefel ist.

Hier stehen wir wieder an einem solchen Scheideweg wie schon früher bei der Definition der Undurchdringlichkeit. Legt man bei einer Verbindung den Wert auf «die Erhaltung», so steuert man in Richtung des Materialismus. Richtet man jedoch sein Augenmerk auf das Entstehen und Vergehen, so läßt man alle Möglichkeiten offen für eine Betrachtungsweise, die mit dem Geist rechnet oder die sogar den Geist als das Primäre vor dem Stoff anerkennt.

Auf jeden Fall ist es gut, sich klarzumachen, daß man hier vor einer Grenze steht. Da ist etwas, was sich zuerst unserer Wahrnehmung offenbart, um sich darauf derselben wieder zu entziehen. Zugleich tritt aber etwas anderes in unser Wahrnehmungsfeld, was zuerst unwahrnehmbar war.

Die geistigen Hintergründe des Materialismus

Man kann das hier Besprochene, was ja bisher mehr charakterisierend und beschreibend behandelt wurde, erst dann wirklich ergründen, wenn man durch die Geisteswissenschaft Rudolf Steiners erfahren hat, daß der gesamten Weltenordnung ein gewaltiger Kampf zugrunde liegt. Gewisse starke geistige Mächte haben sich aus der ursprünglichen göttlichen Harmonie herausgelöst und sich empört gegen die eigentlich leitenden göttlichen Mächte. Dieser Kampf hat, vor allem, was die natürliche Schöpfung betrifft, mit dem Sieg der wahren göttlichen Mächte geendet. Man könnte vergleichsweise von einem Friedensvertrag sprechen, der nach dem Sieg geschlossen wurde. Einen bedeutenden Teil von dessen Inhalt kann man aus der bestehenden Naturordnung herauslesen. Im menschlichen Bewußtsein wird der Kampf jedoch noch weitergeführt. Andeutungen davon findet man in zahllosen Überlieferungen. Immer ist es Michael, unter dessen Leitung der Kampf geführt wird, und das Ende ist dies, daß die Empörer aus dem Himmel gestoßen werden und auf der Erde in Drachengestalt weiterwirken. Die überwundenen Mächte, die wohl auch mit dem Namen Satan angedeutet werden, sind seit dieser Zeit in die Raumeswelt verbannt. Sie haben da nun ihre Aufgabe. Was die Natur anbelangt, müssen sie sich der einst festgesetzten Ordnung unterwerfen. Das menschliche Bewußtsein unter ihren Einfluß zu bekommen, hindert sie kein Vertrag; hier haben sie freie Hand.

Die göttlichen Mächte haben sich aus dem Gebiet des Raumes ganz zurückgezogen. Sie können also nicht mehr eingreifen und auch keinen Einfluß ausüben mit Hilfe von Naturkräften. Sie bewohnen und beherrschen ein Gebiet, das von übersinnlicher Art ist. – Es ist deutlich, daß das Festlegen der Naturordnung das Ende des Schöpfungsstadiums unserer Welt bedeutete.

Auf der Scheide zwischen den Gebieten hat sich langsam ein merkwürdig streng geregeltes Gleichgewicht herausgebildet. Während der Schöpfung in der fernen Vergangenheit hat sich immer Geist zu Stoff verdichtet, und er hat sich dabei von sich selbst entfremdet. So hat sich inmitten der unräumlichen übersinnlichen Welt langsam die Raumeswelt entwickelt. Die Welt ist jedoch eine Einheit geblieben, der eine Teil kann nicht bestehen ohne den anderen. Noch immer wird das Unräumliche verräumlicht. Dies wird aber sofort wieder ausgeglichen dadurch, daß auch Räumliches ins Unräumliche verschwindet. Wäre dies nicht der Fall, so würde Satans Reich immer größer. Dieses Gleichgewicht, das hier herrscht, ist ein Teil des obenerwähnten Friedensvertrags. Man könnte ebensogut von einem Übereinkommen sprechen. Und so wie das ja in einem guten Kontrakt sein muß, enthält er genau festgelegte Wertverhältnisse, die in Zahlen ausgedrückt werden können. Auf dem Gebiet der Naturkräfte kann man sich eine Vorstellung von diesen Wertverhältnissen machen, indem man den Begriff der Energie gebraucht. Wenn eine Naturkraft, die eine bestimmte Energie vertritt, verschwindet, müssen andere Naturkräfte, die zusammen die gleiche Energie vertreten, in Erscheinung treten. Bei den stofflichen Umsetzungen müssen die vergehenden und die entstehenden Stoffe die gleiche Masse haben.

Wenn man auf diese Weise die Naturordnung sieht als das Ergebnis eines Kampfes, kann man auch verstehen, wie der Kampf geführt wird, der im menschlichen Bewußtsein weitergeht. Für den Menschen selbst und für die Welt ist es von großer Bedeutung, daß er sich ein wahrheitsgetreues Bild von dem Verhältnis zwischen Stoff und Geist macht. Er hat aber die Freiheit, sich auch jeder Verirrung hinzugeben. Und davon macht der Satan Gebrauch. Mit aller Macht versucht er, die Menschen so zu beeinflussen, daß sie sich im Wahrnehmen und auch im Gedankenleben allein auf das von ihm beherrschte Gebiet beschränken. Er will ein Reich für sich daraus machen, in das soviel Menschen wie nur möglich gebannt sind. Anstatt anzuerkennen, daß ein Kontrakt auf Geben und Nehmen beruht, vertritt er ausschließlich seine eigenen Rechte. Er pocht auf die Tatsache, daß er über so und soviel Energie, über so und soviel Masse verfügt, die ihm nicht entfremdet werden können.

Wenn wir im Sinne der Erhaltung der Energie und der Substanz denken, lassen wir uns von ihm beeinflussen.

Wollen wir uns dagegen seinem Einfluß entziehen, so müssen wir einen strengen persönlichen Kampf führen, weil wir, um uns auf den Weg nach der Wahrheit zu begeben, uns von sehr zähen und in gewissem Sinne verführerischen Gedankengewohnheiten freimachen müssen.

Wir sind bei unseren letzten Betrachtungen ausgegangen vom Bild des Kampfes Michaels mit dem Drachen. Michael ist nicht nur der große Führer im Kampf, sondern auch der Wächter, der streng die Grenze zwischen Stofflichem und Geistigem bewacht. Mit der Waage, die er in der Hand hält, wird angedeutet, daß die Ordnung, die er hütet, in jeder Hinsicht auf dem Gleichgewicht beruht. Der Drache dagegen spricht nicht von Gleichgewicht, sondern von Besitz, von einem Recht, das er geltend macht. Er kann darum auch sich und anderen weismachen, daß er fest auf seinem Besitz ruht und daß ihm nichts entgehen kann, weil er kein Interesse für die charakteristischen Unterschiede der Stoffe untereinander und der Naturkräfte hat. Daß sich bei den Umsetzungen etwas Qualitatives verändert, bekümmert ihn nicht, wenn nur die Quantität dieselbe bleibt. Daß er Verpflichtungen hat und daß er diesen sogar genügt, versucht er zu vertuschen; die ganze Aufmerksamkeit richtet er auf ein Scheinrecht.

Auf jeden Fall weist die Waage in der Hand des Michael darauf hin, daß die strenge Ordnung, die auf dem Gebiet der Gewichtsverhältnisse herrscht, ebenfalls ein Ergebnis seines Sieges ist. Alles, was in dieses Gebiet fällt, muß also so behandelt werden, daß die harmonischen Verhältnisse und damit die große, allumfassende Struktur stark ins Auge springen. Nur wenn man es so behandelt, bleibt die Aussicht auf den geistigen Ursprung der Natur frei.

Die Äquivalenzzahl als reiner Ausdruck der Gewichtsverhältnisse

Wenn wir nun unsere Aufmerksamkeit richten auf das konkrete Arbeiten mit den Gewichtsverhältnissen bei chemischen Reaktionen, müssen wir wohl in erster Linie von der Erfahrung ausgehen. Die Gedankenkonstruktion, die beim Aufstellen der Formelschrift den Ausgangspunkt bildete, muß hier in den Hintergrund treten.

Wir wählen als Beispiel das Kohlensäuregas, eine Verbindung von Kohlenstoff und Sauerstoff, CO_2. Hierfür gilt:

$$\text{Gewicht C} : \text{Gewicht O} = 3 : 8.$$

Auf die angeführten Zahlen kommt es zunächst nicht an, wohl aber auf deren Verhältnis zueinander. Man könnte also ebensogut die Zahlen 12 und 32 oder $1^1/_2$ und 4 nehmen.

Je exakter die Untersuchungsmethoden wurden, desto deutlicher stellte es sich heraus, daß solche Verhältnisse streng und unveränderlich sind. Zuerst zweifelte man noch hieran, als es sich aber einmal unabweislich gezeigt hatte, meinte man, es in Form eines Gesetzes, des Gesetzes von Proust oder des Gesetzes von den konstanten Proportionen festlegen zu müssen. «Jede chemische Verbindung hat eine konstante Zusammensetzung», oder auch: «Die Stoffe verbinden sich nur in ganz bestimmten Gewichtsverhältnissen.»

Dieses Gesetz hat tatsächlich zwei Aspekte. Anfänglich ging es zweifellos in erster Linie um die Frage, inwiefern kleine Abweichungen vorkommen können in der Zusammensetzung einer Verbindung. Später stellte sich durch Untersuchungen immer mehr heraus, daß zwischen zwei Stoffen oder auch zwischen mehreren Stoffen, welche sich miteinander verbinden, ein für jene Stoffe spezifisches Gewichtsverhältnis besteht. Aber es handelt sich nie um einige Stoffe allein; bei jedem Verhältnis wird gewissermaßen mit allen anderen Verhältnissen gerechnet. Es gibt also ein alle Stoffe umfassendes System von Verhältnissen. Man möchte von einem Netz von Gewichtsverhältnissen sprechen. Wenn einige Stoffe sich miteinander verbinden, wird durch das auftretende Gewichtsverhältnis sozusagen ein Fragment dieses Netzes in unser Blickfeld gerückt. Man weiß dies natürlich sehr wohl, aber man vergißt meistens, es mit klaren Worten auszusprechen. Man weist nur darauf hin mit der Einführung des Begriffes Äquivalentgewicht. Wie kann man sich von diesem Netz ein klares Bild machen? Dadurch, daß man einen der Stoffe als Ausgangspunkt nimmt und alle anderen dazu in Beziehung bringt. Man bekommt dann für jeden Stoff eine feststehende Zahl. Diese Zahl spielt in allen Verbindungen eines Stoffes eine fundamentale Rolle, natürlich nicht für sich selbst, sondern im Verhältnis zu den Zahlen der anderen Stoffe. Es liegt nahe, den Sauerstoff als Ausgangsstoff zu wählen, wie Berzelius das tat, weil dieser in der Chemie eine zentrale Stellung hat. Man wählte jedoch den Wasserstoff als Einheit, weil er mit der kleinsten Verhältniszahl auftritt. Alle anderen Zahlen werden dadurch größer als eins.

Nun muß man sich natürlich dessen bewußt sein,daß man eine Gesetzmäßigkeit, bei der es sich nicht um bestimmte Zahlen, sondern um bestimmte Verhältnisse zwischen willkürlichen Zahlen handelt, doch in Form bestimmter Zahlen festlegt. Um das vorher genannte Netz beschreiben zu können, geht man über zu einer Fixierung, die nicht 100 % mit der Wirklichkeit übereinstimmt. Man macht sogar in der Fixierung noch einen weiteren Schritt, indem man von einer bestimmten Quantität Wasserstoff, nämlich einem Gramm ausgeht. Man erhält so für die anderen Stoffe auch Gewichte in Grammen, die man Äquivalentgewichte nennt. Unter dem Äquivalentgewicht eines Elementes versteht man die Menge in Gramm ausgedrückt, die sich mit einem Gramm Wasserstoff umsetzen kann. (Verbindung oder Substitution.)

Wie aus dem Vorhergegangenen erhellt, hat man bei der Einführung des Äquivalentgewichtes einen Begriff übergangen, den des Äquivalenzverhältnisses an sich. Dieses liefert nämlich eine reinere Naturbeschreibung, da die Natur nicht in Grammen rechnet. Ich meine, daß für diesen Begriff das Wort Äquivalenzzahl brauchbar wäre. Die Äquivalenzzahl drückt das Gewichtsverhältnis aus zwischen der Quantität eines Stoffes und der Menge Wasserstoffs, womit dieser sich verbinden kann (oder die er substituieren kann).

Wir nennen jetzt ein paar Beispiele, durch die das Behandelte noch verdeutlicht werden kann.

Erst schreiben wir die Gewichtsverhältnisse mit willkürlichen Zahlen:

CO_2 — Gewicht C : Gewicht O = $1^1/_2$: 4
H_2O — Gewicht H : Gewicht O = 8 : 64
CH_4 — Gewicht C : Gewicht H = 7 : 21

Jetzt drücken wir dieselben Verhältnisse aus mit Hilfe der Äquivalenzzahlen:

H_2O — Gewicht H : Gewicht O = 1 : 8
$H_4C(CH_4)$ — Gewicht H : Gewicht C = 1 : 3
CO_2 — Gewicht C : Gewicht O = 3 : 8

Auf diese Weise kommt plötzlich ein Teil des Netzes der Verhältnisse zum Vorschein, weil jeder Stoff seine Standardzahl hat.

Wenn es keine Komplikationen gäbe, die Verwirrung in die einfache Vorstellung brächten, die wir bis jetzt gegeben haben, so könnte man mit ganz einfachen Formeln arbeiten. Wasser wäre dann HO, Kohlensäuregas CO, usw., wobei man zu jedem Buchstaben die Äquivalenzzahl setzen würde.

Die Komplikation liegt darin, daß ein Stoff mit mehreren Äquivalenzzahlen auftreten kann, was damit zusammenhängt, daß mancher Stoff verschiedene Mengen eines anderen Stoffes binden kann, wenn auch in streng festgelegten Verhältnissen. Ein gutes Beispiel hierfür ist der Schwefel:

S — zweiwertig, z. B. in H_2S — Äquivalenzzahl : 16
S — vierwertig, z. B. in SO_2 — Äquivalenzzahl : 8
S — sechswertig, z. B. in SO_3 — Äquivalenzzahl : $5^1/_3$

Dies bedeutet nicht mehr und nicht weniger, als daß es nicht gut möglich ist, bei der Einführung der Formelschrift ohne logische Sprünge von den Gewichtsverhältnissen auszugehen.

Von den Volumenverhältnissen auszugehen, wie das hier getan wurde, ist der logischere Weg.

Wir müssen jetzt also den Übergang von den Volumenverhältnissen zu den Gewichtsverhältnissen suchen.

Gasvolumina und Gewichtsverhältnisse

Den natürlichsten Übergang von dem Verhältnis zwischen Gasvolumina zu den Gewichtsverhältnissen finden wir bei den Erscheinungen, die mit dem Wort Dampfdichte angedeutet werden. Jeder Stoff, jeder feste, flüssige oder gasförmige, hat eine bestimmte Dichte. Man könnte sie den Grad an Folgsamkeit nennen, den der Stoff der Schwerkraft zollt. Übrigens ist die Dichte hauptsächlich ein vergleichender Begriff.

Bei festen Stoffen und Flüssigkeiten kann man sich, um die Dichte anzugeben, mit dem Begriff des spezifischen Gewichts begnügen. Man stellt das Gewicht von 1 dm^3 Wasser bei 4° C fest und nimmt dieses Gewicht als Einheit. Danach bestimmt man das Gewicht von 1 dm^3 des zu untersuchenden Stoffes. Ist dies 6 kg, so bedeutet das, daß die Dichte des Stoffes 6mal so groß ist wie die von Wasser (Spez. Gew. = 6).

Bei Gasen und Dämpfen kann man die Dichte nicht in Form des spezifischen Gewichtes auszudrücken. In erster Linie bekäme man viel zu kleine Zahlen, anders ausgedrückt: die Einheit wäre zu groß. Zweitens verhält sich ein Gas, was seine Dichte betrifft, ganz anders als eine Flüssigkeit oder ein fester Stoff, bei welchen ja die Dichte kaum durch Druck und nur wenig durch Temperatur beeinflußt wird. Bei einem Gas wechselt die Dichte stark unter dem Einfluß von Druck und Temperatur. Der Grad der Veränderung ist jedoch praktisch gleich bei verschiedenen Gasen. Man kann hiervon Gebrauch machen, indem man Wasserstoff als das leichteste Gas als Einheit nimmt und die anderen Gase immer unter übereinstimmenden Verhältnissen von Druck und Temperatur dem Gewicht nach mit ihm vergleicht. Man bekommt dann für jedes Gas eine Zahl, die man Dampfdichte nennt.

$$D = \frac{\text{Gewicht eines bestimmten Gasvolumens}}{\text{Gewicht desselben Volumens Wasserstoff}} \quad \text{(bei gleichem Druck und gleicher Temperatur)}$$

Mit der Dampfdichte ist es wieder so wie mit dem Äquivalentgewicht. Von der Wirklichkeit der Natur aus gesehen, sind die gefundenen Zahlen nur wertvoll, insofern sie im Verhältnis zu anderen Zahlen betrachtet werden. Es besteht natürlich ebenso ein Dichteverhältnis zwischen Sauerstoff und Stickstoff wie auch zwischen Sauerstoff und Wasserstoff. Man drückt gewöhnlich das erste Dichteverhältnis in den Zahlen 16 und 14 aus, wobei jede Zahl das Verhältnis zu Wasserstoff angibt, aber es kann ebensogut 4 und $3^1/_2$ sein, usw., wobei man von dem Verhältnis zu Wasserstoff absieht.

Wenn nun eine chemische Reaktion stattfindet zwischen zwei Gasen, die sich zu gleichen Volumina verbinden, dann gibt das Dichteverhältnis zugleich das Gewichtsverhältnis zwischen den beteiligten Stoffen an.

Nehmen wir die Reaktion zwischen Joddampf und Quecksilberdampf bei hoher Temperatur, die wir schon zuvor behandelt haben, so bekommen wir das Folgende:

$$1 \text{ Volumen Hg} + 1 \text{ Volumen J} \rightarrow 1 \text{ Volumen HgJ}$$

$$\text{Dichte: } D = 100{,}3 \quad D = 63{,}5 \quad D = 100{,}3 + 63{,}5$$

$$\text{Gewicht Hg : Gewicht J : Gewicht HgJ} = 100{,}3 : 63{,}5 : (100{,}3 + 63{,}5)$$

Die Dichte der Verbindung wird angegeben durch eine Zahl, die gleich ist der Summe der Zahlen, welche die Dichte der beteiligten Stoffe wiedergeben. Das ist genau was wir logischerweise erwarten würden; denn die Verbindung hat ihrem Wesen nach eine Verdichtung zur Folge:

$$A + B \rightarrow AB$$
$$\text{Gewicht A: Gewicht B: Gewicht AB} = x : y : (x + y).$$

In den meisten Fällen ist es jedoch anders. Wir nehmen als Beispiel wieder die Reaktion zwischen Chlor und Wasserstoff:

$$H_2 + Cl_2 \rightarrow 2\,HCl.$$
$$D = 1 \quad D = 35{,}5 \quad D = 18{,}35$$
$$\text{Gewicht } H_2\text{:} \quad \text{Gewicht } Cl_2\text{:} \quad \text{Gewicht } 2\,HCl = 1 : 35{,}5 : 2 \left\{ \tfrac{1}{2} (1 + 35{,}5) \right)$$

Wir haben schon zuvor vor dem Problem gestanden, wie diese merkwürdige Erscheinung zu erklären sei. Wir haben damals gesehen, daß man vermutet, und später auch bewiesen hat, daß Wasserstoff und Chlor gewöhnlich nicht in ihrer einfachsten Form auftreten. Den Wasserstoff muß man als eine Verdichtung eines Stoffes H oder eine Verbindung dieses H mit sich selbst ansehen und für Chlor muß dasselbe gelten in bezug auf einen Stoff Cl:

$$2\,H \rightarrow H_2$$
$$2\,Cl \rightarrow Cl_2$$

Diese Stoffe sind halb so dicht wie Wasserstoff und Chlor. Die Dampfdichte des Stoffes H wäre also $1/2$.

Dies bedeutet nichts weniger, als daß Wasserstoff nicht der leichteste Stoff ist und also nicht die ideale Einheit zum Bestimmen von Dichteverhältnissen. Die ideale Einheit wäre der Stoff H. Wir müssen also alle Dampfdichten korrigieren, bzw. mit zwei vervielfachen. So kommen wir auf etwas ungebräuchliche Weise zu dem Begriff, den man gewöhnlich mit Molekulargewicht bezeichnet.

$$M = \frac{\text{Gewicht eines Volumens eines Stoffes im gasförmigen Zustand}}{\text{Gewicht eines gleichen Volumens Wasserstoff im H-Zustand}}$$

Von diesem Gesichtspunkt aus ist der Name Molekulargewicht eigentlich sehr unbefriedigend. Man könnte diesem Begriff besser den Namen *absolute Dampfdichte* geben. Vielleicht ist es sogar nötig, dem einen Begriff zwei verschiedene Namen zu geben.

Es versteht sich von selbst, daß man für die Elemente, die in Gas- oder Dampfform in dem für sie mindest dichten Zustand sind, auch die Dampfdichte bestimmt und das Molekulargewicht berechnet hat. Wir bekommen dann ein Gewichtsverhältnis von einem gasförmigen Stoff und Wasserstoff, beide in ihrem mindest dichten Zustand. Man hat es sogar für wichtig befunden, dieses Gewichtsverhältnis für alle bekannten Elemente aufzusuchen. In vielen Fällen konnte man es nicht auf dem direkten Wege tun, weil die Stoffe schwer in die Dampfform zu bringen waren oder aus anderen Gründen. Man nennt die erhaltenen Zahlen das Atomgewicht. Das Atomgewicht könnte man also charakterisieren als die absolute Dampfdichte eines Elementes in seinem mindest dichten Zustand.

Bisher haben wir nur eine bestimmte Seite des Atomgewichts betrachtet, die Schwere im gasförmigen Zustand. Das Atomgewicht tritt jedoch auch als Zahlenverhältnis beim Eingehen von Verbindungen auf. Insofern ist das Atomgewicht eines Stoffes verwandt mit der Äquivalenzzahl. Man kommt sehr einfach von der Äquivalenzzahl eines Elementes zu dessen Atomgewicht, indem man sie vervielfältigt mit der Wertigkeit. Bei einwertigen Stoffen sind Äquivalenzzahl und Atomgewicht gleich. Bei zweiwertigen Stoffen ist die Äquivalenzzahl die Hälfte des Atomgewichts. Bei Stoffen mit mehreren Wertigkeiten gibt es mehrere Äquivalenzzahlen, aber nur ein Atomgewicht.

Ebenso wie die Äquivalenzzahlen weisen die Atomgewichte auf ein Netz von Verhältnissen hin. Auch hier kommt es nicht in erster Linie auf die Zahlen selbst an, sondern auf die Verhältnisse zwischen den Zahlen. Da jedes Element nur ein Atomgewicht hat, ist das Netz der Atomgewichte übersichtlicher als das der Äquivalenzzahlen.

Wenn man nun Formeln aufstellt, die besonders auf die Gewichtsverhältnisse berechnet sind, muß man entweder von den Äquivalenzzahlen oder von den Atomgewichten ausgehen. Ginge man von den Äquivalenzzahlen aus, so würden die Formeln sehr einfach. Man wird aber gehindert – wie wir gesehen haben – durch die Tatsache, daß zuweilen gewisse Elemente mit verschiedenen Äquivalenzzahlen auftreten.

Geht man dagegen von den Atomgewichten aus, so bedeutet das zugleich, daß man von den Volumenverhältnissen ausgeht, was zu schöner Übersichtlichkeit führt. Man muß jedoch hinnehmen, daß die Atomgewichte im Gewichtsverhältnis meistens als Vielfache auftreten.

Wir nehmen jetzt als Beispiel die Gleichung für die Verbrennung von Schwefel zu Schwefeldioxyd, stellen erst die Äquivalenzzahlen auf und darunter die Gewichtsverhältnisse auf Grund der Atomgewichte:

	Schwefel	+ Sauerstoff	→ Schwefeldioxyd
Äquivalenzzahlen	8	: 8	: (8 + 8)
Gewichtsverhältnisse mit Atomgewichten	32	: 2 × 16	: (32 + 2 × 16)

Die letzte Zeile ist komplizierter, aber, wie wir aus der Praxis wissen, schließlich doch übersichtlicher als die vorherige.

Wir wollen nun noch einmal zu dem Molekulargewicht und dem Atomgewicht zurückkehren, aber diesmal ausgehen von den gebräuchlichen Gedankengängen.

Wir gehen aus von der Dampfdichte:

$$D = \frac{\text{Gewicht eines Gasvolumens}}{\text{Gewicht eines Volumens Wasserstoff}} = \frac{\text{Gewicht } x \text{ Moleküle Gas}}{\text{Gewicht } x \text{ Moleküle Wasserstoff}}$$

$$= \frac{\text{Gewicht 1 Molekül Gas}}{\text{Gewicht 1 Molekül Wasserstoff.}}$$

Die Bestimmung der Dampfdichte könnte also ohne weitere Berechnungen das Gewichtsverhältnis zwischen einem Molekül eines bestimmten Gases und einem Molekül Wasserstoff ergeben.

Wenn man schon einmal eine Einheit sucht für die gefundenen Größen, ist es besser das kleinste Teilchen als Ausgangspunkt zu nehmen als das zweitkleinste. Dies allerkleinste Teilchen ist ein Atom Wasserstoff. Wir kommen daher zu einem Gewichtsverhältnis, das wir das Molekulargewicht nennen (M).

$$M = \frac{\text{Gewicht eines Moleküls von einem Gas}}{\text{Gewicht von einem Atom Wasserstoff.}}$$

Man hat ohne Zweifel bei der Ausbildung dieses Gedankenganges das Gefühl gehabt, daß man, von einem scharf umgrenzten Teilchen ausgehend, einen soliden Anhaltspunkt bekam. Man hat sich jedoch nicht immer bewußt gemacht, daß man in Wirklichkeit gerade an der Dampfdichte den besten Anhaltspunkt hatte und daß man durch das Einführen der theoretischen Vorstellungen Atom und Molekül Zahlenverhältnisse durch Dingvorstellungen zu ersetzen versuchte, um sie auf diese Art konkreter zu machen.

So kann man uns auch unmöglich das Recht streitig machen, den ganzen Gedankengang umzudrehen und vom Gewicht eines bestimmten Volumens Wasserstoff im Atomzustand auszugehen, obwohl niemand im Stande wäre, diesen Stoff in solcher Form herzustellen, daß man ein bestimmtes Volumen wiegen könnte. Wenn wir also sagen, wie das schon zuvor geschehen ist:

$$M = \frac{\text{Gewicht eines bestimmten Volumens eines Stoffes in gasförmigem Zustand}}{\text{Gewicht eines gleichen Volumens H,}}$$

(wie immer unter gleichen Temperatur- und Druckverhältnissen), dann hat unsere Einheit zwar einen mehr oder weniger hypothetischen Charakter, aber doch in geringerem Maße als die Atom- und Molekülvorstellungen zu der Zeit, als man sie einführte. Man kann wissen, daß der Gedankengang mit der Wirklichkeit übereinstimmt, die einträte, wenn es uns gelänge, den Stoff H wirklich als Gas herzustellen.

Wir wollen vollständigkeitshalber noch folgende Aufstellung machen:

$$M = \frac{\text{Gewicht eines Moleküls eines Stoffes}}{\text{Gewicht eines Atoms Wasserstoff}} = \frac{\text{Gew.} \times \text{Mol. eines Stoffes}}{\text{Gew.} \times \text{At. Wasserstoff}}$$

$$= \frac{\text{Gewicht eines Volumens eines Stoffes im gasförm. Zustand}}{\text{Gewicht 1 Volumen Wasserstoff im H-Zustand.}}$$

So kommt man auch von dieser Seite her dazu, das Molekulargewicht als eine Art Dampfdichte zu betrachten. Man könnte auch sagen: Das Molekulargewicht weist hin auf ein Gewichtsverhältnis, das zutage tritt, sobald man den Stoff in den gasförmigen Zustand bringt (oder in den entsprechenden gelösten Zustand).

Für das Atomgewicht kann man dasselbe gelten lassen, da es dem Wesen nach dasselbe ist wie das Molekulargewicht:

$$\text{Atomgewicht} = \frac{\text{Gewicht 1 Atom eines Elementes}}{\text{Gewicht 1 Atom Wasserstoff}} = \frac{\text{Gew.} \times \text{At. eines Elementes}}{\text{Gew.} \times \text{At. Wasserstoff}}$$

$$= \frac{\text{Gewicht eines bestimmten Volumens eines Elementes im gasförmigen Zustand}}{\text{Gewicht des gleichen Volumens Wasserstoff im H-Zustand}}$$

Wenn man ein chemisches Element in seiner einfachsten Form (also A_1 und nicht A_2 oder A_3) in den gasförmigen Zustand bringt und das Gewicht eines bestimmten Volumens davon vergleicht mit dem Gewicht eines gleichen Volumens Wasserstoff in der Form H, so bekommt man eine Verhältniszahl, die man das Atomgewicht des Elementes nennt.

Es war oft sehr schwierig, mit Sicherheit zu sagen: dies ist das Atomgewicht eines Elements –, weil man nicht wußte, ob man nicht ein Vielfaches vor sich hatte.

Ist es jedoch gelungen, die Atomgewichte festzustellen, und hat man von einem bestimmten Stoff die Formel, so kann man die Zahl des Molekulargewichts finden, indem man die Zahlen der Atomgewichte, multipliziert mit ihren Indices, zusammenzählt. Den Gedankengang, dem man hierbei folgt, wollen wir am Beispiel der Schwefelsäure zeigen. Ihre Formel ist H_2SO_4. Wären wir imstande, diesen Stoff, ohne daß eine Zersetzung dabei eintritt, in den gasförmigen Zustand zu versetzen und ihn so zu analysieren, daß die Produkte bei derselben Temperatur im gasförmigen Zustand blieben, so verliefe diese Analyse wie folgt:

$$1 \text{ vol. } H_2SO_4 \rightarrow 2 \text{ vol. } H + 1 \text{ vol. } S + 4 \text{ vol. } O.$$
$$\text{Gew. } 2 \text{ vol. } H : \text{Gew. } 1 \text{ vol. } S : \text{Gew. } 4 \text{ vol. } O : \text{Gew. } 1 \text{ vol. } H_2SO_4$$
$$= 2 \times 1 : 32 : 4 \times 16 : (2 \times 1 + 32 + 4 \times 16).$$

All die verschiedenen Volumina der Bestandteile sind zusammengezogen in das eine Volumen der Verbindung und tragen bei zur Dichte.

Wenn man nach nichts anderem strebte als nach einer reinen Wiedergabe der Wahrheit, sollte man trotz der Mühe, die die Anwendung der gefundenen Gesichtspunkte kostet, soviel wie möglich im Gebiet der beweglichen Verhältnisse bleiben. Jeder Schritt in Richtung eines Festlegens der Verhältnisse macht das Vorstellungsleben starr und hölzern. Wenn man sich dessen nicht bewußt wird, kommt man unwiderruflich in materialistische Gedankengänge hinein, aus denen man sich nur schwer wieder befreien kann.

Faßt man z. B. einen Stoff wie das Kohlenmonoxyd, CO, ins Auge, dann sollte man nicht einmal für die Zahlen 12 und 16 eine gewisse Vorliebe entwickeln, sondern genauso zufrieden sein mit den Verhältnissen $^3/_4$ oder $^9/_{12}$ wie mit $^{12}/_{16}$

Demgegenüber steht die Entdeckung, daß bei den Atomgewichten doch eine spezielle Beziehung zum Wasserstoff besteht. Wenn man nur mit den wirklich einfachen, vollständig unvermischten chemischen Elementen zu tun hat (also die Gemische der Isotopen auseinandergelegt hat), sind ihre Atomgewichte tatsächlich ganze Zahlen. Nur sollte man dabei die leichteste Form von Wasserstoff als Ausgangspunkt nehmen. Die Atomgewichte der Elemente sind also vielfache desjenigen von Wasserstoff. Das Festlegen der Verhältnisse in Zahlen, wobei der Wasserstoff als Einheit auftritt, ist also doch bis zu einem gewissen Grad gerechtfertigt.

Wenn man dagegen das Atomgewicht des in der Natur vorkommenden Sauerstoffs auf 16 festgelegt und die Einheit für die Atomgewichtsberechnungen auf ein sechzehntel davon, dann führt man so etwas wie einen im Interesse der Praxis korrigierten Wasserstoff ein. Die Naturordnung wird in den Hintergrund gerückt zugunsten unserer Bequemlichkeit.

Wenn wir nun von Gramm-Molekül und Gramm-Atom sprechen wollen, entfernen wir uns ganz aus dem Gebiet der reinen Wissenschaft.

Wir lesen in einem Schullehrbuch: «Ein Gramm-Atom eines Elementes ist soviel Gramm von demselben Element als sein Atomgewicht groß ist.» Sehr glücklich formuliert ist dieser Satz nicht. Aber auf jeden Fall viel besser als derjenige, den wir in einem – übrigens ausgezeichneten – Lehrbuch für den Hochschulunterricht finden: «Unter einem Gramm Molekül verstehen wir das Molekulargewicht eines Stoffes in Gramm ausgedrückt.» Es ist natürlich unmöglich, ein Molekulargewicht in Gramm auszudrücken. Man hat in Wirklichkeit um der Einfachheit des Rechnens willen kurzerhand Gramm hinter die Zahl des Molekulargewichts gesetzt. Man könnte dies auf folgende Weise vielleicht etwas besser ausdrücken: Man hat für nötig befunden, bei den chemischen Berechnungen feste und vergleichbare Mengen der verschiedenen Stoffe als Ausgangspunkte zu nehmen. Es wäre das Naheliegendste gewesen, von den Volumenverhältnissen der Stoffe im gasförmigen Zustand auszugehen und dann z. B. 1 l von jedem Stoff bei einer bestimmten Temperatur zu nehmen. Die Gewichte dieser Quantitäten verhalten sich dann natürlich wie die Atomgewichte oder die Molekulargewichte. Wenn das Gewicht von 1 l H_2 (bei 0° 760 mm) 0,09 g ist, so ist also das Gewicht von 1 l 0_2 16 × 0,09 g, usw. Diese Methode ist zu kompliziert beim Rechnen. Man geht daher aus von einem Volumen von 22,4 l (bei 0° 760 mm). 22,4 l Wasserstoff wiegen 2 g, 22,4 l Sauerstoff 32 g, 22,4 l Jod (J) würden bei 0° 127 g wiegen. Auf diese Weise kommen bei den Gewichten, wenn man sie in Grammen ausdrückt, die Zahlen der Atomgewichte und der Molekulargewichte zum Vorschein.

Wenn irgendwo in einer Gleichung eine Formel oder ein Symbol steht, meint man damit im allgemeinen so viel von dieser Verbindung oder diesem Element in Gramm ausgedrückt, wie die Zahl des Atomgewichtes, beziehungsweise des Molekulargewichtes beträgt. Man nennt diese Mengen Gramm-Atom oder Gramm-Molekül.

Das Gramm-Molekül und das Gramm-Atom sind nicht sehr saubere Begriffe, und daß sie aufgestellt sind, ist nur durch die Einfachheit, die sie beim Rechnen bieten, gerechtfertigt. Ein Gramm-Atom z. B. ist eine Quantität, die auf zwei vollkommen verschiedenen Einheiten, einer willkürlichen und einer in der Natur begründeten, beruht.

Solche Begriffe bekommen durch den vielfältigen Gebrauch eine Bedeutung für das Gedankenleben, die ihnen nicht zukommt. Man geht dazu über, sie als natürliche Gegebenheiten zu behandeln und beweist infolgedessen, daß alle Gramm-Moleküle und alle Gramm-Atome gleichviel Moleküle bzw. Atome umfassen. Hieraus leitet man wieder ab, daß bei Stoffen im gasförmigen Zustand die Volumina eines Gramm-Moleküls und eines Gramm-Atoms immer gleich groß sind unter gleichen Verhältnissen. Man weist also wieder nach, was man zuerst selbst aufgestellt hat.

Wir nehmen ein Beispiel aus einem Schullehrbuch: «Hat ein Element das Atomgewicht A und ist das Gewicht eines Atoms Wasserstoff h Gramm, dann gilt:

$$A = \frac{\text{Gewicht eines Atoms des Elementes}}{\text{h Gramm}}$$

Hieraus folgt, daß 1 Atom des Elementes Ah Gramm wiegt. Da 1 Gramm-Atom A Gramm wiegt, enthält es $\frac{\text{A Gramm}}{\text{Ah Gramm}} = 1/h$ Atome. Diese Anzahl ist also unabhängig von dem Wert von A.» Auf dieselbe Weise kann man argumentieren, daß 1 Gramm-Molekül einer Verbindung immer 1/h Moleküle enthält.

Weiter hinten geht die Argumentierung wie folgt weiter: «Früher wurde bewiesen (!), daß die Gramm-Moleküle aller Stoffe gleichviele Molekülen enthalten. Im Zusammenhang mit dem Avogadroschen Gesetz folgt hieraus: Die Gramm-Moleküle aller Gase haben bei gleichen Temperatur- und Druckverhältnissen ein gleich großes Volumen.»

Wenn solche Gedankengänge wirklich etwas beweisen, dann nur dies, daß sehr klare Gedankengänge außerordentlich inkonsequent, ja verwirrt sein können.

Wie verhält sich diese Sache dann in Wirklichkeit?

$$\text{Atomgewicht H : Atomgewicht O : Mol.-Gew. } O_2 = 1 : 16 : 32.$$

Wenn 1 Atom H h Gramm wiegt, dann wiegt 1 Atom O 16 h Gramm und 1 Molekül O_2 32 h Gramm. Wenn ich nun h Gramm, und 16 h Gramm und 32 h Gramm ersetze durch 1 Gramm, 16 Gramm, 32 Gramm, dann habe ich nichts anderes getan, als alle drei mit derselben Zahl 1/h multipliziert. Ich vergleiche also nicht mehr die Gewichte von jeweils einem Atom oder Molekül, sondern höchstens von 1/h Atomen oder Molekülen.

Und daß die Gramm-Moleküle aller Gase bei gleicher Temperatur und gleichem Druck ein gleich großes Volumen haben, braucht erst recht nicht mehr abgeleitet zu werden. Wenn wir die Gramm-Moleküle verschiedener Stoffe vergleichen, vergleichen wir diese Stoffe nach den Molekülgewichten. Die stehen wieder im direkten Zusammenhang mit den Dampfdichten, bzw. sie sind selbst eine Art Dampfdichte und beruhen auf dem Vergleich gleicher Volumina.

Wenn man zu Begriffen kommen will, mit denen nicht nur leicht umzugehen ist, sondern die außerdem der Wirklichkeit noch so nahe wie möglich bleiben, dann ist es in erster Linie wichtig, eine Grenze zu ziehen zwischen Wissenschaft im eigentlichen Sinn und Technik. Ein großer Teil dessen, was man gegenwärtig Wissenschaft nennt, ist eigentlich schon Technik. Man fragt sich nicht zuerst: Bin ich auf dem Weg zur Wahrheit? Sondern: Wie kann ich die Gegebenheiten am leichtesten und einfachsten handhaben?

Eigentlich könnte man ebensogut ohne die Begriffe Gramm-Molekül und Gramm-Atom auskommen, weil sie aber nun einmal gangbar sind, wird man sie doch im gegebenen Augenblick verarbeiten müssen. Mit den Schülern sollte man jedenfalls zuerst rein in Zahlenverhältnissen rechnen, bevor man mit Gramm-Molekülen und Gramm-Atomen beginnt.

Eine einfache chemische Berechnung verläuft eigentlich immer nach dem folgenden Schema:

Man fragt sich z. B.: Wieviel Sauerstoff braucht man, um 20 g Phosphor zu verbrennen? Zuerst stellt man die Gleichung auf, aus der man die Verhältnisse, dank den früheren Untersuchungen, gleich ableiten kann:

$$4\,P + 5\,O_2 \rightarrow 2\,P_2\,O_5$$

$$\text{Gewicht P} : \text{Gew. } O_2 : \text{Gew. } P_2O_5 = 4 \times 31 : 5\,(2 \times 16) : 2\,(2 \times 31 + 5 \times 16)$$

$$\text{Gewicht P} : \text{Gew. } O_2 = 4 \times 31 : 5 \times 32.$$

$$20\ \text{Gramm} : x\ \text{Gramm} = 124 : 160$$

$$x = \frac{20 \times 160}{124.} = 25{,}8.$$

Wenn man dagegen das Folgende aufschreibt, führt das wieder in die mehr materialistische Betrachtungsweise hinein:

$$C + O_2 \rightarrow CO_2$$

$$12\ \text{Gramm} + 32\ \text{Gramm} \rightarrow (12 + 32)\ \text{Gramm}$$

Der Atomismus als Ausgangspunkt für die Erklärung von Naturerscheinungen und die Atome als Phänomen Zentralkräfte und Universalkräfte

Wir kommen zu der Frage: Muß dieses Kapitel so aufgefaßt werden, als argumentiere man gegen das Auftreten von Atomen in der Natur? Ich glaube, nicht ein einziges Argument gegen das Vorkommen kleinster Teilchen geliefert zu haben. Was eine solche Argumentierung aber wohl zeigt, ist, daß die ganze Atomtheorie in der Form, wie sie Dalton brachte, überflüssig war und sogar in vieler Hinsicht irreführend. Es besteht ein großer Unterschied zwischen dem Atom als Ausgangspunkt für jegliche Erklärung und dem kleinsten Teilchen, das man als Phänomen auftreten sieht. Das erste ist ein Gedankenprodukt, auch wenn es mehr oder weniger an bestimmte Erscheinungen angeknüpft wird. Das zweite ist eine Naturgegebenheit[1].

Gerade wenn man dazu neigt, wie gegenwärtig viele Menschen, die Natur-

[1] Rudolf Steiner, Vorträge in Dornach, 24. 12. 1922–6. 1. 1923, «Der Entstehungsmoment der Naturwissenschaft in der Weltgeschichte und ihre seitherige Entwicklung». Stuttgart 1948, 5. Vortrag.

erscheinungen atomar vorzustellen, sollte man dankbar sein, wenn die Vorstellungen über ihr Wesen und ihren Platz im Weltganzen auf sauberen Gedankengängen und Wahrnehmungen beruhen und nicht auf allerlei verwirrenden Konstruktionen.

Es geht aus mehreren Kapiteln dieses Buches hervor, daß eine ganze Welt von streng geordneten Zusammenhängen in den feineren Qualitäten der Stoffe zu finden ist, die keineswegs aus Atomstrukturen erklärt werden kann. Ja, wir haben sogar für die elementaren quantitativen Verhältnisse nachgewiesen, daß solche Erklärungen nicht weiterhelfen und damit überflüssig, öfters auch irreführend sind.

Man übersieht jedoch meistens, daß es gut möglich ist, das Dasein kleinster Teilchen gelten zu lassen und sie doch als Mittel zur Erklärung von Naturerscheinungen abzulehnen. Eine solche Erklärung beruht auf einer Unterschätzung der Naturerscheinungen. Sie ist unzulänglich, weil sie die *Erscheinungen* in Wirklichkeit nicht deuten kann.

Es handelt sich in diesem Kapitel keineswegs um einen Angriff, sondern um eine Abwehr. Die Atome haben sich, so klein sie sind, viel zu sehr in den Vordergrund menschlichen Denkens gedrängt. Sie müssen auf den Platz zurückgesetzt werden, auf den sie gehören.

Wenn man eine Chemie entwickeln will, die der Tatsache Rechnung trägt, daß es Lebewesen gibt, sollte man hinter jeder Erscheinung die große Ganzheit sehen und sie aus ihr ableiten. Das müßte dann auch für die kleinsten Teilchen so durchgeführt werden.

Rudolf Steiner hat darauf hingewiesen, daß man bei den Naturerscheinungen auf den großen Gegensatz zwischen Zentralkräften und Universalkräften achten muß. Die Zentralkräfte sind hinreichend bekannt. Es sind diejenigen Kräfte, die von einem Mittelpunkt ausgehen bzw. auf einen solchen gerichtet sind. (Siehe «Lichtkurs».) Unsere Mechanik und im wesentlichen die ganze Physik beruhen auf dem Arbeiten mit diesen Kräften. Im Bereich anorganischer Prozesse kommt man mit seinem Verständnis ziemlich weit, auch wenn man die Aufmerksamkeit nur auf diese Kräfte richtet. Kommt man jedoch in den Bereich der Lebewesen, dann kann man nur einen kleinen Teil der Erscheinungen mehr oder weniger verstehen, wenn man ausschließlich mit den Zentralkräften rechnet. Man versteht das Leben nur dann, wenn man auf die Wechselwirkung zwischen Kräften, die von Mittelpunkten ausgehen und solchen, die aus dem Weltenall hereinwirken und dadurch wesentlich anders sind, achtet. Diese letzteren wirken prinzipiell ganzheitlich. Die Lebenskräfte im eigentlichen Sinn gehören zu diesen Universalkräften. Um sie zu verstehen, muß man ganz neue Raumesvorstellungen entwickeln[1].

Die Atomtheorie in der Form, in der Dalton sie aufgestellt hat, ist ein Ver-

[1] George Adams, Olive Whicher: Die Pflanze in Raum und Gegenraum. Stuttgart 1960.

such, die Erklärung auf Grund der Zentralkräfte bis zum Äußersten durchzuführen. Wenn man ganz in diesem Sinne denkt, schult man sein Bewußtsein gleichermaßen zu ausschließlicher Aufmerksamkeit für das Räumliche. Obwohl die spätere Entwicklung natürlich eine viel größere Differenzierung gebracht hat und die Starrheit der ursprünglichen Atomtheorie etwas überwunden wurde, haben auch die neueren Vorstellungen über das Atom nichts oder kaum etwas geliefert, was dazu dienen könnte, die Bindung an das Räumliche zu durchbrechen. Diese Vorstellungen müssen natürlich in großen Zügen in einer 11. Klasse behandelt werden, aber auch sie sind als Erklärung der gewöhnlichen Naturerscheinungen nicht hinreichend.

Wir haben die Aufgabe, die Schüler so zu erziehen, daß sie die Augen nach allen Seiten offenhalten oder offenhalten können. Es ist schwierig, mit ihnen konkret über die Wirkung der Universalkräfte zu sprechen. Aber es ist möglich, sowohl auf dem Gebiet der Mathematik als auf dem der Chemie selbst, Grundlagen zu geben für ein selbständiges Weitersuchen. Legt man bei den chemischen Erscheinungen fortwährend den Nachdruck auf die großen Ganzheiten und auf die vielfältigen, wohlgeordneten Zusammenhänge, die zwischen den Erscheinungen bestehen, dann öffnet man gleichermaßen ein Tor, durch welches man in das Land der Universalkräfte eingehen kann[1].

[1] Die Möglichkeit, diesen Abschnitt über die Gewichtsverhältnisse zu bearbeiten, wurde mir vor allem gegeben durch das Studium der Aufsätze von Eugen Kolisko, die 1922 unter dem Titel «Hypothesenfreie Chemie im Sinne der Geisteswissenschaft» erschienen sind (in: «Aenigmatisches aus Kunst und Wissenschaft», Stuttgart 1923, Zusammenfassung einiger Vortragsreihen aus den ersten Hochschulkursen am Goetheanum 1920). Wer diese bahnbrechenden Aufsätze kennt, wird dennoch sehen, daß meine Arbeit sich in mancher Hinsicht davon unterscheidet.

Der Lösungsvorgang - Erscheinungen - Begriffe - Gesetze

Die wichtigsten Phänomene

Zu Beginn wollen wir das Lösen eines sehr bekannten Salzes ins Auge fassen. Man nehme z. B. einen blauen Kupfersulfatkristall und lege ihn in ein Glas mit leicht angesäuertem Wasser. Der Kristall ist von ebenen Flächen begrenzt, welche unter bestimmten Winkeln in deutlichen Kanten aufeinanderstoßen. Bald sieht man jedoch, daß der Kristall anfängt an Größe abzunehmen, indem sich zuerst die am meisten vorgeschobenen Ecken und Kanten zurückziehen und abrunden. Der Kristall wird immer kleiner, und schließlich ist er völlig verschwunden. Um ihn herum wird das Wasser immer tiefer blau gefärbt, zugleich hat es einen herben Geschmack bekommen. Das gefärbte Wasser sinkt zunächst größtenteils zum Boden des Gefäßes, wo es eine Schicht bildet. Dann aber breitet sich die Farbe, auch wenn das Gefäß vollkommen stillesteht, langsam nach oben hin aus. Unten ist während längerer Zeit die Farbe am intensivsten, während sie nach oben hin immer mehr verblaßt. Das Herabsinken des gefärbten Wassers geschieht unter Einfluß der Schwere, die Lösung ist spezifisch schwerer als das reine Wasser. Die Ausbreitung nach oben hin geschieht ohne äußere Beeinflussung. Man spricht in einem solchen Falle, wenn sich zwei Stoffe ohne äußeren Zwang ineinander ausbreiten, von Diffusion.

Auch bei diesen Erscheinungen wird die Undurchdringlichkeit, ähnlich wie bei der chemischen Bindung, bis zu einem gewissen Grade überwunden. Im Gegensatz hierzu gehen gewisse Eigenschaften der gelösten Substanz, wie Farbe und Geschmack, unverändert in die Lösung über; die Umänderung ist also viel geringer, als dieses bei einer chemischen Verbindung der Fall ist.

Um zu untersuchen, ob das Lösungsmittel der Aufnahme einer unbeschränkten Menge aufzulösenden Stoffes fähig ist, schütteln wir Wasser mit Kupfersulfatkristallen und fügen jeweils neue Kristalle hinzu, sobald nichts Festes mehr vorhanden ist. Wir wiederholen dies und gelangen endlich zu einer Grenze, bei welcher das Wasser kein Kupfersulfat mehr aufnimmt: die Lösung ist, wie man sagt, «gesättigt». Am einfachsten läßt sich dies erreichen, indem man die zu lösenden Kristalle nahe der Oberfläche in das Lösungsmittel hineinhängt. Es entsteht in diesem Falle eine Zirkulation durch das Herabsinken der Lösung.

Erwärmt man nun die so entstandene Lösung, so wird aufs neue Salz aufgenommen. Genauere Untersuchung zeigt, daß zu jeder Temperatur ein ganz bestimmtes Verhältnis von der Menge Salz, welche maximal aufgenommen werden kann, und der Menge Wasser gehört. Läßt man die Temperatur einer warmgesättigten Lösung dagegen sinken, so sieht man allmählich Kupfersulfatkristalle entstehen. Vergleicht man diese Erscheinungen mit denjenigen bei der Verbindung, dann fällt ganz besonders auf, daß hier nur gleitend veränderliche

Verhältnisse auftreten, daß es hier also keine festen Gewichtsverhältnisse gibt. Wenn aber, wie bei der gesättigten Lösung, sich ausnahmsweise doch ein ganz bestimmtes Gewichtsverhältnis zeigt, so ist es dennoch an die Temperatur gebunden. Ändert man die Temperatur, dann verschiebt sich auch dieses Verhältnis.

Manchmal ist es nicht so leicht, eine Lösung von einer Verbindung zu unterscheiden. Oft wird dann gerade das Auftreten oder das Fehlen eines bestimmten Gewichtsverhältnisses als Kriterium gebraucht.

Man kann ein Stück Gold in Wasser legen. Es wird sich natürlich nicht lösen. Legt man es jedoch in Quecksilber, dann löst es sich verhältnismäßig leicht darin auf. Läßt man das Quecksilber durch Erhitzung verdampfen, dann erhält man das Gold in glänzenden Metallkristallen zurück. Man könnte auch ein Stück Schwefel in Wasser legen. Es löst sich darin ebensowenig wie das Gold. Schüttelt man es jedoch mit Schwefelkohlenstoff, dann wird es ziemlich schnell verschwinden. Läßt man diese Lösung stehen, so verdunstet der Schwefelkohlenstoff sehr bald, und man erhält schöne Schwefelkristalle.

Der Begriff der Löslichkeit

Es ist fast selbstverständlich, daß man, um den Begriff der Löslichkeit zu definieren, an die einzige Erscheinung, bei welcher ein bestimmtes Gewichtsverhältnis auftritt, angeknüpft hat. So begegnet man z. B. der folgenden Formulierung: «Die Löslichkeit eines Stoffes in einem bestimmten Lösungsmittel und bei einer bestimmten Temperatur ist die Anzahl Gramme dieses Stoffes, welche bei dieser Temperatur mit 100 Gramm des Lösungsmittels eine gesättigte Lösung entstehen läßt.»

Diese Definition ist recht problematisch. Vor allem wäre es richtiger, den Satz folgendermaßen anfangen zu lassen: «Wir nennen die Löslichkeit eines Stoffes...» usw. Es handelt sich bei derartigen Formulierungen eigentlich nur um das Suchen nach einer Möglichkeit, ziemlich komplizierte Erscheinungen in einer übersichtlichen Art in Zahlen auszudrücken. Es wäre demnach richtiger, die Definition folgendermaßen zu fassen:

«Man kann die Löslichkeit eines Stoffes am besten in Zahlen ausdrücken, indem man die maximale Menge eines Stoffes, welche durch 100 Gramm eines Lösungsmittels aufgenommen werden kann, bestimmt – d. h. in Gramm ausdrückt. Jede gefundene Zahl gilt nur für eine bestimmte Temperatur.»

Nun gibt es aber nicht nur diesen rein quantitativen Aspekt, sondern auch einen qualitativen, welcher sogar bei der Besprechung vorangestellt werden müßte. Das erste, was geschehen muß, ist natürlich die Vorführung der Erscheinungen und die daran anknüpfende beschreibende Erläuterung. Dann ist es möglich, nicht nur eine gewisse Gesetzmäßigkeit bei der Löslichkeit bzw. Unlöslichkeit gewisser Stoffe in bestimmten Flüssigkeiten zu entdecken, sondern diese Gesetzmäßigkeit läßt sich auch recht gut verständlich machen und erklären.

Die Hauptregel für die Löslichkeit heißt: *Der Grad der Löslichkeit eines festen Stoffes in einer Flüssigkeit oder zweier Flüssigkeiten ineinander hängt in hohem Maße von der gegenseitigen Verwandtschaft ab.* Mit Verwandtschaft in diesem Sinne wird Gleichartigkeit gemeint, nicht also der Begriff chemische Verwandtschaft oder Affinität, welcher bei der Verbindung eine Rolle spielt und der oft gerade auf einer gewissen Gegensätzlichkeit von Eigenschaften beruht.

Auch hier finden wir also einen auffallenden Unterschied zwischen den Prozessen des Lösens und denjenigen der chemischen Bindung. Man könnte es folgendermaßen ausdrücken: In der Regel gibt es wenig chemische Verwandtschaft zwischen Stoffen, die der Art nach verwandt sind.

Drei Gruppen von Stoffen sind es hauptsächlich, innerhalb derer Artverwandtschaft auftritt und bei denen gegenseitige Löslichkeit vorkommt.

1. Sauerstoffarme brennbare Stoffe wie Erdölprodukte, Fette und fette Öle, Schwefel, gelber Phosphor, Schwefelkohlenstoff, Äther, Benzol usw.

2. Die Metalle. Die meisten Metalle sind in Quecksilber und geschmolzenen Metallen löslich.

3. Wasser und viele sauerstoffreiche Stoffe, von denen die meisten chemisch aktiv oder für chemische Einflüse sehr zugänglich sind. Starke Säuren und Basen und deren Salze gehören in erster Linie zu dieser Gruppe.

Man muß sich dabei wohl bewußt sein, daß die Regeln auf diesem Gebiete nicht sehr streng und scharf formuliert werden können, so daß man schwer mit Gewißheit etwas voraussagen kann.

So gibt es z. B. verschiedene Gesteinsarten mit hohem Sauerstoffgehalt, welche man – chemisch betrachtet – Salze nennen müßte und die trotzdem in Wasser unlöslich sind. In diesem Falle weist das Nichtlöslichsein auf eine starke Verwandtschaft mit dem Erdenelement hin.

Auch gibt es zahlreiche Übergangs- und Zwischenstoffe, welche hauptsächlich in den Lebewesen eine Rolle spielen. Man kann dabei denken an die Zuckerarten und an die Pflanzensäuren. Der Alkohol, welcher aus Zucker entsteht, ist sowohl sehr brennbar als auch äußerst leicht löslich.

Beim Äther, den man aus Alkohol durch Wasserentzug – welcher hier auch Sauerstoffentzug bedeutet – bereiten kann, ist die Löslichkeit in Wasser, in Übereinstimmung mit den Regeln, sehr verringert, und die Brennbarkeit hat sich noch vergrößert. Die sehr brennbaren sauerstoffarmen Fette sind in Wasser unlöslich, in Äther jedoch – genau wie zu erwarten – gut löslich. Die Fette sind ferner schwach löslich in kaltem, sehr gut jedoch in warmem Alkohol. In jeder Hinsicht steht der Alkohol in der Mitte zwischen Wasser und Äther.

Alles bisher Besprochene könnte man der quantitativen Behandlung der Löslichkeit vorausschicken. Bei einem Unterricht, bei dem man nicht nur hinsteuert auf rein technische Fertigkeiten, sondern der vielmehr den Weg zur Wirklichkeit und Wahrheit des behandelten Gebietes bahnen soll, muß der Schüler zunächst die Gelegenheit bekommen, einen vielseitigen Eindruck des behandelten Prozesses zu erhalten. Er muß in der Lage sein, sich hineinzufühlen, ja sich sogar mit dem Willen in einen solchen Prozeß einzuleben. Indem er auf solche Art innerlich mitlebt, bildet er sich lebendige Vorstellungen und Begriffe, die aber noch keineswegs scharfe Konturen zu haben brauchen. Erst danach dürfen wir ihn in die dürre Einseitigkeit der scharf umrissenen Abstraktionen einführen.

Befolgt man diesen Weg, dann werden die weniger intellektuell Begabten mit ihrem Begriffsvermögen viel weiter mitkommen als bei den gebräuchlichen Methoden. Die intellektuell Begabten dahingegen werden weniger der Gefahr ausgesetzt sein, sich völlig von der Wirklichkeit der Welt abzuschnüren, weil sie nicht der Versuchung verfallen, beim Aufbau ihres Weltbildes einseitig nur die Kopfkräfte zu gebrauchen.

Der Einfluß der Wärme auf die Löslichkeit

Feste Stoffe gehen beim Lösen in einen beweglicheren und verdünnteren Zustand über. Es geschieht also etwas mit ihnen, was auch durch Wärmewirkung zustande kommen könnte. Auf Grund dieser Tatsachen kann man verstehen, daß die Löslichkeit der Stoffe in der Regel mit der Temperatur zunimmt.

Bei Gasen ist das anders. Ein Gas, welches sich über einer Menge Wasser befindet, wird immer in größerem oder kleinerem Maße resorbiert werden. Es wird dabei von einem beweglicheren und weniger an die Erde gebundenen Zustand in ein dichteres und schwereres Milieu hinübergeleitet. Seine Beweglichkeit wird also eingeschränkt, und eine größere Bindung an die Erde tritt auf. Das gilt auch dann, wenn sich in dem Wasser pro Volumeneinheit weniger von dem Gase befindet als in dem Raume oberhalb desselben. In Übereinstimmung damit nimmt die Löslichkeit des Gases gerade mit der Höhe der Temperatur ab. Durch Erhöhung des Druckes, d. h. durch Vergrößerung der Dichte nimmt die gelöste Menge zu.

Auch hinsichtlich des Einflusses der Wärme gibt es einen großen Unterschied zwischen Lösung und Verbindung. Die Verbindung wird durch Temperaturerhöhung — ebenso wie das Lösen – zwar schneller vonstatten gehen, auf die Gewichtsverhältnisse jedoch hat die Temperatur, wenn es sich nicht um extreme handelt, in der Regel keinen Einfluß.

Osmotische Erscheinungen

Wollen wir nun auf die Osmose eingehen und in Zusammenhang damit uns eine deutlichere Vorstellung von dem Zustande gelöster Stoffe bilden, so können wir am besten die Erscheinungen bei Tieren zum Ausgangspunkt wählen.

Während typische Landtiere wie Säuger, Vögel, Reptilien und Gliederfüßler (unter Ausnahme der meisten krebsartigen) eine wasserundurchlässige Haut haben, ist die Haut fast aller anderen Tiere wohl durchlässig für Wasser. Das zieht merkwürdige Folgen nach sich. Ein Frosch ist auf dem Lande andauernd der Gefahr ausgesetzt, auszutrocknen. Bringt man ihn in halb ausgetrocknetem Zustand in das Wasser, dann wird er sich bald erholen. Und doch kann ein Frosch nicht trinken. Man hätte ihn ebensogut mit seinem Bauch in einen Tümpel legen oder einen Wasserstrahl über seinen Rücken rieseln lassen können. Er ist sogar imstande, mit einem einzigen Finger genügend Wasser aufzunehmen, um seinen Haushalt wiederherzustellen. Während ein Frosch in trockener Luft durch zu starken Wasserverlust bedroht wird, nimmt er unter Wasser durch die Haut andauernd Wasser auf, so daß er nur durch starke Nierenabsonderung das Gleichgewicht zu wahren vermag. Eine merkwürdige Erscheinung ist dabei Folgendes: Während beim Frosch hinsichtlich des Wassers zwischen Blut und Umgebung ein intensiver Austausch stattfindet, werden dabei die im Blut gelösten Stoffe gerade zurückgehalten. Diese Stoffe sind innerhalb der Haut eingeschlossen. Man spricht deshalb auch von einer halbdurchlässigen oder semipermeablen Membran und meint damit eine Haut, die wohl für Wasser, nicht aber für gelöste Stoffe durchlässig ist.

Würde man einen lebendigen Frosch in Wasser mit einer Salzkonzentration setzen, welche beträchtlich höher ist als die seines Blutes, dann würde seinem Leib Wasser entzogen, als ob er vertrocknete. Das Salz der Umgebung kann nicht hineindringen; das Wasser aus seiner Körperflüssigkeit jedoch strömt nach außen.

Ein ähnlicher, aber viel tiefer eingreifender Prozeß findet statt, wenn man Schnecken mit Salz bestreut, um sie zu vertilgen. Das Tier schrumpft völlig zusammen.

Fische, welche vom Süßwasser zum Salzwasser oder umgekehrt ziehen, wie Lachse und Aale, können nur sehr langsam durch das Brackwasser kommen, weil sie Zeit zur Anpassung benötigen. Salzwasserfische, plötzlich in Süßwasser versetzt, nehmen zuviel Wasser auf; Süßwasserfische, in Salzwasser versetzt, werden sozusagen ausgesaugt. Weiß man diese Dinge, dann bekommt man einen außerordentlichen Respekt vor der Widerstandsfähigkeit vieler Bewohner der Uferzone, welche zwischen Ebbe- und Flutniveau liegt. Die Tange z. B. müssen nicht nur der mechanischen Gewalt der Brandung gewachsen sein, sondern auch dem Eintrocknen in der gleißenden Sonne und die bei Ebbe und Regenwetter auftretende osmotische Anschwellung aushalten können.

Unter den bekannten Fischen gibt es einen, den dreistacheligen Stichling, den man ohne Schaden in Salz- und Süßwasser hin und her versetzen kann.

Es ist nun eigentlich selbstverständlich, daß unser Körper die Konzentration der gelösten Stoffe in unserem Blute streng auf einem bestimmten Niveau erhält. Würde die Konzentration zu hoch, dann würden z. B. die roten Blutkörperchen durch Wasserentzug schrumpfen. Würde die Konzentration sich senken, dann würden sie anschwellen und sogar zerplatzen. Auch bei den Geweben würde Schaden angerichtet werden. Es ist klar, im Zusammenhang mit dem vorigen, daß bei Bluttransfusionen die Konzentration des zugeführten Blutes von der größten Wichtigkeit ist. Unsere Nieren regeln die Osmose des Blutes in sehr souveräner Weise. Bei allen Prozessen, welche sie verrichten – das Blut als Lösung «verdünnen», das Blut als Lösung «konzentrieren» und was des weiteren geschieht –, wirken sie der Osmose gerade entgegengesetzt. Man sollte bei der Besprechung dieser Erscheinungen niemals vergessen darauf hinzuweisen, daß die Lebensprozesse schon aus dem Grunde der Osmose nicht bedingungslos unterworfen sein können, weil sie selber die osmotisch wirkenden Systeme erst aufbauen müssen. Die Tatsache, daß bestimmte Fische sich anpassen können, weist auch darauf hin.

Die Erklärung der Osmose

Um die osmotischen Erscheinungen in den Lebewesen zu ergründen, hat man sie nachgeahmt. Man kann z. B. eine frische Schweinsblase nehmen, sie mit einer ziemlich konzentrierten Lösung eines farbigen Salzes füllen und dieselbe dann in einem Gefäß mit Leitungswasser aufhängen. An der Ausbreitung der Farbe werden wir dann sehen, daß der gelöste Stoff einigermaßen durch die Wand hindurchdringt. Außerdem wird aber die Lösung langsam durch die Öffnung der Blase herausströmen, auch wenn man diese Öffnung etwas über Wasser hält. Wenn man ein gläsernes Rohr in diese Öffnung steckt und es wasserdicht befestigt, wird die Lösung eine Strecke in dem Rohr ansteigen. Aus diesen Erscheinungen ergibt sich, daß die Blasenwand zwar nicht vollkommen semipermeabel ist, daß aber doch eine auffallende Strömung von dem umringenden Wasser zur Salzlösung hin stattfindet. Wasser und Salz strömen aufeinander zu – aber der Nachdruck liegt hier auf dem Einwärtsströmen des Wassers.

Als man so weit gekommen war, stand man vor der Frage, ob es auch möglich sei, künstliche Membranen zu machen, welche vollkommen semipermeabel seien und zugleich einen hohen Druck aushalten könnten. Dieses ist erstmalig dem großen Botaniker Pfeffer gelungen. Er nahm zylindrische porös-irdene Gefäße und füllte diese bis zum Rande mit einer Lösung von gelbem Blutlaugensalz. Dann tauchte er sie in eine Kupfersulfatlösung. An der Stelle, wo die beiden Lösungen einander in der Wand begegneten, entstand ein Niederschlag von

Cupriferrocyanid. Dieser erwies sich tatsächlich als für Wasser durchlässig, jedoch völlig undurchlässig für bestimmte gelöste Stoffe. Pfeffer wollte bei seinen Versuchen die Pflanzenzelle nachahmen, bei der ja auch die weiche semipermeable Protoplasmaschicht von der starken Zellwand gestützt wird. Um diese Nachahmung noch zu vervollständigen, brauchte er die «Zelle» nur mit einer Lösung zu füllen und sorgfältig zu verschließen. Ein Manometer, den er damit verband, ermöglichte ihm, die erhaltenen Resultate in Zahlen auszudrücken. Wenn eine solche Zelle mit einer mehr oder weniger konzentrierten Lösung gefüllt in reines Wasser gestellt wird, geht nichts von dem gelösten Stoff nach außen, während das Wasser doch dem gelösten Stoff entgegenströmt, also in die Zelle eindringt. Diese Erscheinung wird *Osmose* genannt. Die Zelle übt eine *osmotische Saugwirkung* auf das umringende Wasser aus. Während der Druck zunimmt, nimmt das Eindringen des Wassers ab, bis ein Stillstand eintritt bei einem Maximaldruck. Dieser Maximaldruck ist mit der Konzentration der Lösung proportional. Man nennt diesen Druck den osmotischen Druck einer Lösung, auch wenn dieselbe sich in Glas befindet und somit keinen Druck ausüben kann. Es handelt sich hier natürlich um den Druck, welcher auftritt, wenn die Zelle von *reinem Wasser* umgeben ist. Überschreitet man bei einer solchen Zelle den Maximaldruck, dann geht Wasser durch die Wand hindurch, und die Lösung wird demnach konzentrierter. Wird die mit einer Lösung gefüllte Zelle in eine andere Lösung getaucht, dann bewegt die Flüssigkeit sich in die Richtung der Lösung mit der größten Konzentration.

Der osmotische Druck einer Lösung, wie sie in gewissen Pflanzen vorkommt, kann sehr hoch werden. Man hat Druckwerte von mehr als 100 Atm gemessen. Es handelt sich dann um Lösungen, in welchen verschiedene gelöste Stoffe zusammen vorkommen. Dabei ist jedoch zu bedenken, daß es sich hierbei um den osmotischen Druck, welcher möglich ist, handelt. In der Natur wird die Bedingung zum wirklichen Zustandekommen eines so hohen Druckes meistens nicht erfüllt sein, sei es durch Wassermangel, sei es, weil auch die Außenflüssigkeit eine Lösung von einer gewissen Konzentration und nicht reines Wasser ist. Man kann viel von diesen Erscheinungen verstehen, wenn man sich vergegenwärtigt, daß der Zustand und die Bewegung eines gelösten Stoffes in einem Lösungsmittel große Ähnlichkeit hat mit dem Zustand eines Gases. Bei beiden finden wir die Neigung, sich unbegrenzt auszubreiten, beide haben die Neigung, sich unbegrenzt zu verdünnen. Ist der Raum, in welchem ein Gas oder ein gelöster Stoff sich ausbreiten können, begrenzt, dann zielen beide auf eine vollkommen gleichmäßige Raumerfüllung hin.

Ein großer Unterschied ist in erster Linie in dem Tempo der Ausbreitung zu finden. Bei der Lösung ist dieses viel geringer als bei den Gasen. Der grundsätzliche Unterschied jedoch ist: ein Gas kann sich in einem leeren Raum ausbreiten, ein gelöster Stoff hingegen nur in einem mit Flüssigkeit gefüllten Raume.

Könnte man eine Lösung in eine dehnbare semipermeable Membran einschließen und diese untertauchen in reines Wasser, dann würde diese Membran sich ausdehnen, genauso wie ein mit Gas gefüllter Ballon in einem leeren Raum. In beiden Fällen wird die Membran zur Seite gedrückt. Setzt man dieser Ausbreitung einen Widerstand entgegen, dann bekommt man in beiden Fällen einen vergleichbaren Druck. Nur für die osmotische Saugwirkung kann man nicht ohne weiteres ein Äquivalent bei den Gasen finden. Aber auch dabei handelt es sich immer um ein Sich-Ausbreiten des gelösten Stoffes in der Flüssigkeit und im Zusammenhang damit um eine Verdünnung desselben.

Der Begriff der Konzentration

Wir sind nun so weit gekommen, daß wir den schon mehrfach gebrauchten Begriff der Konzentration in eine scharf umrissene Form bringen können. Man hat die Verabredung getroffen, daß man, um die Konzentration eines Stoffes, der in gelöstem oder gasförmigem Zustande vorkommt, in einer Zahl auszudrücken, immer von der Anzahl Gramm-Moleküle dieses Stoffes in dem Raume eines Liters Inhalt ausgeht. Oder kürzer gesagt: man drückt die Konzentration in Gramm-Moleküle pro Liter aus.

Dieses wird den Schüler zuerst wohl überraschen, und er wird vielleicht Mühe haben, es zu behalten, vor allem, da er ja kurz zuvor gelernt hat, daß man, um die Löslichkeit anzugeben, untersucht, wieviel Gramm eines gelösten Stoffes in 100 Gramm des Lösungsmittels aufgenommen werden können.

Es beruht jedoch auf guten Gründen, daß man diese Verabredungen gerade so gemacht hat, und es ist wichtig für die Schüler, diese Gründe deutlich erklärt zu bekommen. Wir werden bald sehen, daß man eigentlich besser noch einen anderen Weg wählt, um die Konzentration in einer mehr der Wirklichkeit entsprechenden Weise auszudrücken.

Die Löslichkeit steht, wie wir gesehen haben, im Zusammenhang mit den spezifischen Eigenschaften zweier Stoffe und deren gegenseitigem Verhältnis. Die Definition muß daher etwas aussagen über die Möglichkeit, die Mengenverhältnisse zwischen den Stoffen exakt und unzweideutig auszudrücken. Das kann man am besten mit Hilfe der Gewichte tun.

Bei der Konzentration eines gelösten Stoffes handelt es sich um ein veränderliches Maß seines Vorhandenseins an einem bestimmten Orte. Hierbei ist die Art des Lösungsmittels außer Bedeutung, denn der gelöste Stoff kann in sehr verschiedenen Konzentrationen in demselben Lösungsmittel vorhanden sein. Das Lösungsmittel erfüllt hierbei lediglich die Funktion eines bestimmten Raumes, in welchem der gelöste Stoff ausgebreitet ist. Es handelt sich hierbei eigentlich nur um den Grad des Erfülltseins eines bestimmten Raumes — also um das

Verhältnis eines Stoffes zu dem Raume als solchem und nicht um das Verhältnis eines Stoffes zu einem andern. Hätte man es nur mit den Konzentrationsunterschieden eines einzelnen Stoffes zu tun, dann würde es vollkommen genügen, den Größenwert der Konzentration in Gramm pro Liter auszudrücken. Man muß jedoch oft auch die Konzentrationen verschiedener Stoffe miteinander vergleichen, und dabei kommt man, wie wir nun besprechen werden, zu übersichtlicheren Resultaten, wenn man die Konzentrationen in Gramm-Molekülen pro Liter ausdrückt.

Bei dem Vergleichen der Lösungen verschiedener Stoffe in einem bestimmten Lösungsmittel – z. B. Wasser – ergab sich die folgende Regel:

Löst man in einem bestimmten Lösungsmittel von verschiedenen Stoffen jeweils soviel, daß die Werte des osmotischen Druckes gleich sind, dann sind auch die Gefrierpunkterniedrigungen, Dampfdruckerniedrigungen und die Siedepunkterhöhungen einander gleich.

Ferner gilt für verschiedene Konzentrationen ein und desselben Stoffes in einem bestimmten Lösungsmittel die folgende Regel: Die Werte des osmotischen Druckes, der Gefrierpunkterniedrigung, der Dampfdruckerniedrigung und der Siedepunkterhöhung sind der Konzentration proportional.

Derartige Regeln gelten nur dann mit einem gewissen Genauigkeitsgrad, wenn die Lösungen ziemlich verdünnt sind.

Ferner hat man gefunden, daß bei der Größe des osmotischen Druckes die Art des Lösungsmittels außer Bedeutung ist, während sie für die drei andern Größen wohl Bedeutung hat. Löst man also gleiche Mengen eines Stoffes in verschiedenen Lösungsmitteln zu je einem Liter Lösung, dann ist der osmotische Druck immer derselbe, während die Werte z. B. der Gefrierpunkterniedrigung verschieden sind. Eigentlich ist dieses letztere eine Selbstverständlichkeit, denn die Gefrierpunkterniedrigung ist die Veränderung einer Eigenschaft des Lösungsmittels durch den gelösten Stoff, während man bei dem osmotischen Druck in Wirklichkeit mit nichts anderem zu tun hat als mit dem Verhältnis des gelösten Stoffes zum Raume. Natürlich muß man den osmotischen Druck immer bei derselben Temperatur messen, um den Einfluß der Wärme, welcher sehr bedeutend ist, auszuschließen.

Hat man also Lösungen desselben Stoffes in verschiedenen Lösungsmitteln, welche denselben osmotischen Druck haben, dann sind die Konzentrationen gleich.

Wie verhält sich die Sache nun, wenn man Lösungen von verschiedenen Stoffen mit gleichem osmotischem Druck miteinander vergleicht? In diesem Falle verhalten sich die Mengen der gelösten Stoffe wie ihre Molekulargewichte.

Man hat vereinbart, auch in diesem Falle zu sagen, die verschiedenen Stoffe haben gleiche Konzentration. Wenn verschiedene Lösungen bei bestimmter Temperatur gleichen osmotischen Druck ausüben, nennt man die Konzentration dieser Lösungen gleich.

Wenn gleiche Gewichtsmengen verschiedener Stoffe in gelöstem Zustand denselben Raum erfüllen, ist das Verhältnis der osmotischen Druckwerte dem Verhältnis der Molekulargewichte reziprok proportional. Der Wert des osmotischen Druckes und somit derjenige der Konzentration ist somit dem Gewichte des gelösten Stoffes proportional und seinem Molekulargewichte reziprok proportional.

$$\text{Konzentration A: Konzentration B} = \frac{G_A}{a} : \frac{G_B}{b}$$

G_A = Gewicht A   a = Molekulargewicht A
G_B = Gewicht B   b = Molekulargewicht B

Will man die Menge eines Stoffes in Gramm-Molekülen ausdrücken, dann muß man das Gewicht dieses Stoffes – in Gramm ausgedrückt – teilen durch das Molekulargewicht.

$$G_A \text{ Gramm von A} = \frac{G_A}{a} \text{ Gramm-Moleküle}$$

Substituiert man dieses in obenstehender Gleichung, dann wird dieselbe also:

Konz. A : Konz. B = Menge A in Mol. : Menge B in Mol.

oder, mit anderen Worten:

Wenn wir verabreden, die Konzentration immer in Mol. auszudrücken, haben wir die Forderung, die Konzentration verschiedener Stoffe auf einfache und übersichtliche Art vergleichen zu können, verwirklicht.

Wie bereits zu erwarten war: man kann den skizzierten Gedankengang und damit im Zusammenhang den Konzentrationsbegriff in derselben Form auf Gase anwenden. Wenn bei einem Gas und einem gelösten Stoff bei derselben Temperatur der Gasdruck und der osmotische Druck gleich sind, sind die Mengen des Gases und des gelösten Stoffes, in Mol. ausgedrückt, ebenfalls gleich.

Es ist immer schwierig, deutlich im Auge zu behalten, welcher Begriff der primäre und welcher der abgeleitete ist. Man hat den Konzentrationsbegriff unter Zuhilfenahme des Begriffes Mol. fixiert, welcher seinerseits wieder von dem Begriff Molekulargewicht abgeleitet ist.

Als wir im vorigen Kapitel den Begriff Molekulargewicht entwickelten, sind wir von der Dampfdichte des sich in gasförmigem Zustand befindenden Stoffes ausgegangen. Man erhält die Werte der Dampfdichte durch Vergleich der Gewichte gleicher Volumen verschiedener Gase unter gleichem Druck. Um zu den Begriffen Dampfdichte und Molekulargewicht zu gelangen, mußten wir also von Stoffen gleicher Konzentration ausgehen. In dem Begriff Molekulargewicht, welches man gebraucht, um den Konzentrationsbegriff festzulegen, war der Konzentrationsbegriff also bereits verarbeitet!

Das bedeutet also nicht mehr und nicht weniger, als daß man eine einwandfreie Definition des Konzentrationsbegriffes nur dann bekommen kann, wenn man entweder vom Gasdruck oder vom osmotischen Druck ausgeht.

Wenn verschiedene Gase und verschiedene gelöste Stoffe bei derselben Temperatur denselben Druck ausüben können, sagt man, daß ihre Konzentration gleich ist.

Zur Bestimmung der Konzentration eines Stoffes wäre es also angebracht, vom Messen des Druckes auszugehen. Da aber die Messung des osmotischen Druckes umständlich ist, ersetzt man dieselbe z. B. durch die Bestimmung der Gefrierpunkterniedrigung. Ist der Wert der spezifischen Gefrierpunkterniedrigung des betreffenden Lösungsmittels bekannt, dann kann man aus einer bestimmten Gefrierpunkterniedrigung ohne weiteres einen Schluß hinsichtlich der Größe des osmotischen Druckes ziehen.

Ich könnte mir recht gut vorstellen, daß jemand zu alledem sagen würde: diese Gedankengänge sind zu kompliziert, um in dieser Form mit den Schülern behandelt zu werden. Ich bin tatsächlich der Überzeugung, daß das richtig ist. Führt man jedoch die Begriffe wohl ein und läßt man die Schüler damit arbeiten, ohne ihnen zu verdeutlichen, was diesen Begriffen zugrunde liegt, dann entzieht man den Schülern die Möglichkeit, sich auf unabhängige Weise denkend in einem solchen Gebiet zu bewegen. Es ist dann besser, solche Begriffe in der Schule überhaupt nicht zu behandeln.

Will man einen Begriff wie den der Konzentration trotzdem behandeln, dann kann man meines Erachtens am besten damit anfangen, ihn mit Hilfe des Druckes – wie dieses hier zuletzt geschehen ist – zu definieren, um daran anschließend zu demonstrieren, daß die Konzentration eines Stoffes der Größe des Gewichtes jener Menge proportional ist, welche sich in einem bestimmten Raume befindet; und daß für verschiedene Stoffe bei gleicher Konzentration das Gewicht in gleichem Raum dem Molekulargewicht proportional ist.

Zusammenfassend kann also gesagt werden, daß die Konzentration am besten mit Hilfe des Druckes angegeben werden kann; will man jedoch die Konzentration in Stoffmengen ausdrücken, so ist es die übersichtlichste Methode, dieses in Gramm-Molekülen zu tun.

Der Begriff der Dissoziation

Wir haben bei unseren Betrachtungen der Tatsache nicht Rechnung getragen, daß z. B. die Salze in Lösung sogenannte Dissoziationserscheinungen zeigen. Diese äußern sich in erster Linie darin, daß sie einen osmotischen Druck, eine Gefrierpunkterniedrigung usw. verursachen, welcher größer ist als es aus ihrer Konzentration, ausgedrückt in Gramm-Molekülen, oder anders gesagt, aus der

Größe ihres Molekulargewichtes abzuleiten ist. Verursacht ein Stoff bei genügender Verdünnung eine Gefrierpunkterniedrigung, welche doppelt so groß ist als normal, so muß man annehmen, daß der Stoff in Lösung in zwei Teile auseinandergefallen ist. In vielen Fällen wird die Erniedrigung weniger als zweimal so groß sein. Man muß sich dann vorstellen, daß der Stoff nur teilweise auseinanderfällt.

Man kann sich immer wieder begeistern für das naturwissenschaftliche Denken, weil es ihm immer gelingt, auch solche etwas unbestimmten Zwischenzustände in exakte Begriffe zu fassen und sie dadurch zielbewußter Handhabung zugängig zu machen.

Man ist jedoch gewohnt, das unter Zuhilfenahme von Teilchen, Molekülen und deren Spaltungsprodukten zu tun. Da man aber die Anzahl dieser Teilchen nicht kennt, setzt man sie z. B. gleich n. Das bedeutet aber nicht mehr und nicht weniger, als daß man überhaupt keinen Gebrauch von Teilchen macht. Es handelt sich auch hierbei ausschließlich um Zahlenverhältnisse und Mengenverhältnisse.

Für den Dissoziationsgrad findet man in einem in seiner Art vorzüglichen Schullehrbuch die folgende Definition:

«Den Grad, in welchen ein Stoff dissoziiert ist, drückt man aus durch einen Bruch, welcher das Verhältnis der Anzahl der auseinandergefallenen Moleküle zu dem der ursprünglich vorhandenen angibt.»

Ginge man phänomenologisch zu Werke, so würde die Definition lauten müssen:

Den Grad, in welchen ein Stoff dissoziiert ist, drückt man aus durch einen Bruch, welcher das Verhältnis der auseinandergefallenen Menge zur ursprünglich vorhandenen angibt.

So wie diese Definitionen aufgestellt sind, muß jeder logisch denkende Schüler sich daran stoßen. In vielen Fällen hat man ja zwei ursprüngliche Stoffe, welche sich teilweise zu einem assoziieren. Man meint mit dem Ausdruck «ursprünglich vorhandene Moleküle» merkwürdigerweise also oft etwas anderes als man sagt. In einer systematischen Zusammenfassung der exakten Wissenschaften[1] findet man: «Unter Dissoziationsgrad versteht man den Teil der totalen Menge eines Stoffes, der in gespaltenem Zustande anwesend ist.» Hier wird tatsächlich nicht über kleinste Teile gesprochen, und es wird auch nicht der unrichtige Begriff ursprüngliche Moleküle gebraucht. Insoweit ist diese Definition also besser als die erste. Am allerbesten wäre wohl eine Kombination der beiden Definitionen: «Das Verhältnis der Menge des dissoziierten oder assoziierbaren Stoffes und der totalen Stoffmenge nennt man den Dissoziationsgrad.» Man drückt dieses Verhältnis aus durch einen Bruch.

[1] Algemeenrepertorium. Elsevier, Amsterdam-Brussel 1955.

Auf dem eingeschlagenen Wege weitergehend, könnte man jetzt zeigen, daß beinahe überall, wo man glaubte, kleinste Teilchen bei den Gedankengängen nötig zu haben, das tatsächlich nicht so ist. Man introduziert z. B. das Gewicht eines Atoms Wasserstoff bei einer bestimmten Berechnung, um es einen Augenblick später wieder zu eliminieren. In den meisten Fällen handelt es sich beim Anwenden des Begriffs von kleinsten Teilchen um das Suchen einer Stütze für das Vorstellungsleben. Immer aufs neue versucht man an einem Punkt, wo Mengenverhältnisse auftreten, der hierbei unerläßlichen Gedankenbeweglichkeit sich zu entziehen.

Die großen Stoffzirkulationen

Einleitung zum Unterricht in der 11. Klasse

Über die Brauchbarkeit des Elementbegriffes.

Im 11. Schuljahr müssen die größten Gegensätze in der Betrachtungsweise des Stoffes nebeneinander geübt werden, und zwar so, daß doch kein zerrissenes Weltbild entsteht. Wir müssen zwar z. B. die chemischen Elemente in ihren Eigenschaften und in ihrer Bedeutung charakterisieren, dürfen aber so wenig wie möglich von dem gebräuchlichen Elementbegriff ausgehen. Tun wir es doch, so setzen wir eine problematische historische Linie fort und tragen weiterhin bei zu einer Vertrocknung und Erstarrung unseres Weltbildes.

Worauf hat man bei der modernen Chemie besonders das Gewicht gelegt? Das holländische Wort «scheikunde», d. h. Scheidekunst, sagt es schon: Man hat vorhandene Stoffe zerlegt. Man hoffte, auf diesem Wege einen Einblick in ihren Aufbau und ihr Entstehen zu bekommen und dann selber die Zügel in die Hand zu nehmen und nach Willkür selbst Stoffe zu bilden. Bei der Untersuchung fand man Stoffe, die man auf chemischem Wege zerlegen konnte, so daß zwei oder mehrere daraus entstanden, und man fand andere Stoffe, die sich nicht weiter zerlegen ließen. Die letzteren nannte man chemische Elemente. In diesem Namen drückt sich die Überzeugung aus, daß man die einfachsten Bausteine des Naturgebäudes vor sich habe. Die Stoffe, die zerlegt werden können, nannte man Verbindungen. Hierbei liegt wieder die Vorstellung zugrunde, daß sie in ihrem Wesen erklärbar seien, sobald man weiß, wie sie aus den Elementen entstehen.

Von solchen Denktendenzen geht eine außergewöhnlich suggestive Kraft aus, so daß es für einen naturwissenschaftlich geschulten Menschen schwierig ist, sich z. B. das Kohlensäuregas in demselben Sinn als eine Einheit mit charakteristischen Eigenschaften vorzustellen, wie es der Sauerstoff ist. Und doch treten beide Gase in der Natur ganz in entsprechender Weise auf. Man bemerkt meist nichts von der Tatsache, daß das eine ein Element, das andere eine Verbindung ist.

Der charakterisierten Denktendenz liegt, ohne daß man sich dessen bewußt ist, eine gewisse Vermenschlichung zugrunde. Wenn wir Menschen etwas bauen, so müssen wir aus dem Material, das uns die Natur bietet, etwas auswählen und dies nach einem Plan, den wir in uns tragen, zusammenfügen. Das Material kommt aus der Naturwelt um uns herum, der Plan aus unserer Innenwelt. Wenn die Natur baut, so kann nicht die Rede sein von Material, das außen gesammelt, und von einem Plan, der nach außen projektiert wird. Die Fähigkeit des Bauens und das Material liegen in der gleichen Ebene. Die Eigenschaften des Materials und das zustande kommende Objekt gehören dem Wesen nach zueinander. Man hat es bei der Natur einfach mit einem einzigen großen Ganzen zu tun, wobei jeder Teil auf das Ganze hin orientiert ist und auch, was im Wesen das gleiche ist, jeder Teil auf jeden Teil. Ob man nun ein Element hat oder eine Verbindung, beide müßte man als Differenzierungen des großen Ganzen betrachten und nicht als Bausteine im menschlichen Sinne.

Das periodische System der Elemente im Schulunterricht.

Ein wirklich großartiges Resultat der Forschung im 19. Jahrhundert war die Entdeckung, daß alle Elemente sich in ein bestimmtes System fügen, das das periodische System der Elemente genannt wird. Dieses System war so sehr ein Ausdruck der grundlegenden Naturgesetze, daß man es als Richtlinie benutzen konnte, um noch unbekannte Elemente zu entdecken. Daraus ergibt sich, daß die Eigenschaften jedes Elementes im engsten Zusammenhang stehen zu denen aller anderen Elemente. Alle diese Eigenschaften entstammen also tatsächlich einem großen Ganzen. Auf diesem Gebiet ist es besonders deutlich, daß man die einzelnen Stoffe aus dem Ganzen und nicht das Ganze aus den einzelnen ableiten muß. Aber, obwohl man es hier mit einer so eindrucksvollen Architektur des Alls zu tun hat, ist es doch schwierig, von diesem System ausgehend, mit den Schülern ein lebendiges Weltbild aufzubauen. Dazu wäre ein Umfang an Kenntnissen nötig, den man in der Schule bei weitem nicht aufbauen kann, und außerdem braucht man dazu Fähigkeiten, die man sich nur als Erwachsener durch jahrelanges Studium und durch Schulung aneignen kann.

Die Art und Weise, wie dieses System in den Schulbüchern wiedergegeben wird, ist darum auch außergewöhnlich dürr und abstrakt. In manchen Museen hat man zwar schon versucht, es etwas anschaulicher zu machen, indem man es in etwas größerem Maßstab wiedergab und bei dem Namen jedes Elementes ein Fläschchen anbrachte mit einer kleinen Menge des jeweiligen Elementes. So gut das auch gemeint war, es ist doch nichts anderes als ein Symptom für die Neigung des modernen Menschen, das Weltall in isolierte Teile auseinanderfallen zu lassen.

Es gibt gewiß Möglichkeiten, mit dem periodischen System der Elemente so umzugehen, daß das eindrucksvolle Ganze und die edlen, harmonischen Verhältnisse zu ihrem Recht kommen, wie aus den Veröffentlichungen von Blickle hervorgeht[1]. Aber auch wenn dies gelingt, sind noch zwei große Schwierigkeiten damit verbunden, es als Ausgangspunkt für ein lebendiges Weltbild zu nehmen. Die erste Schwierigkeit ist die, daß man es vorläufig kaum in Zusammenhang

[1] Ernst Bindel / Arnold Blickle: «Zahlengesetze in der Stoffeswelt und Erdenentwicklung» in: Beiträge zur Substanzforschung. Dornach 1952.

mit dem menschlichen Organismus bringen kann; die zweite, daß es kein Ergebnis bildhaften Denkens ist. Mit bildhaft anschaulichem Denken kann man noch ganz andere gesetzmäßige Zusammenhänge zwischen den Elementen finden, die bedeutend übersichtlicher sind und besser brauchbar im Unterricht.

Das bedeutet nicht, daß man das periodische System nicht behandeln sollte. Aber es ist ein großer Unterschied, ob man es als Ausgangspunkt nimmt oder es als wichtige, merkwürdige Entdeckung bespricht.

Der menschliche Organismus als Schlüssel zu einem neuen System.

Die erste Forderung für den Unterricht ist: Sorge dafür, daß die Schüler ein lebendiges Bild von der Welt und vom Menschenwesen bekommen. Dies wird manchmal nur möglich sein, wenn etwas ungewöhnliche Wege eingeschlagen werden. Aber natürlich schließt das nicht aus, daß, je älter die Kinder werden, es mehr und mehr notwendig wird, sie auch mit den gebräuchlichen Methoden in Berührung zu bringen und sie dieselben handhaben zu lehren.

Wo finden wir nun den Schlüssel zu einem solchen Bild der ganzen stofflichen Natur, das exakt ist im modernen Sinn, wodurch der Zusammenhang mit dem Leben nicht zerstört wird und worin vor allem der Mensch seinen ihm gebührenden Platz erhält? Die Antwort ist ebenso überraschend wie einfach: Bei der Zergliederung des menschlichen Körpers.

Durch die Zergliederung des Erdkörpers wurde das periodische System entdeckt, das alle Elemente umfaßt. Indem wir den menschlichen Körper zerlegen, dürfen wir erwarten, diejenigen Elemente hervortreten zu sehen, die für den Lebensprozeß besonders bedeutsam sind. Wir dürfen sogar erwarten, noch eine andere Gruppierung zu finden und eigenartige Gesetze, die uns sonst entgangen wären.

Da wir beim Unterrichten soviel wie möglich im Bezirk von richtigen und lebendigen Vorstellungen bleiben wollen, die von dem Gemüt begleitet werden können, werden wir nicht damit beginnen, gleich eine Liste der Elemente zu verfertigen, sondern wir beginnen damit ein Bild dessen zu geben, was geschehen muß, bevor eine solche Tabelle entstehen kann.

Wir stellen uns erst das wunderbare Ganze des lebendigen Körpers vor, worin jeder Teil mit dem Ganzen und mit jedem anderen Teil in fortwährendem lebendigem Zusammenhang steht. Diesem Bild stellen wir gegenüber das der Leiche: Alles ist erstarrt und erkaltet, nichts hält das Ganze mehr zusammen, und alle Teile sind auf dem Wege, auseinanderzufallen. Dann bedenken wir, wie die Chemie das, was nach dem Tode geschieht, noch viel weiter durchführt. Man sollte diesen Abbauprozeß in der Vorstellung nur einmal umdrehen, dann bekommt man einen starken Eindruck vom Wirken der Lebenskräfte.

Wir zählen jetzt erst die chemischen Elemente auf, die sich als die wichtigsten Zerlegungsprodukte ergeben. Im Unterricht können wir gleich die Gelegenheit benutzen und die Symbole, insofern sie Abkürzungen sind, einführen.

Wasserstoff	— Hydrogenium	— H
Stickstoff	— Nitrogenium	— N
Sauerstoff	— Oxygenium	— O
Schwefel	— Sulfur	— S
Phosphor	— Phosphorus	— P
Kohlenstoff	— Carbo	— C
Natrium		— Na
Kalium		— K
Magnesium		— Mg
Calcium		— Ca
Silicium		— Si
Eisen	— Ferrum	— Fe
Fluor		— F
Chlor		— Cl
Jodium		— J

Vorläufig ist dies ein wenig übersichtliches Ganzes. Es gibt jedoch bestimmte Gesichtspunkte, nach denen sich merkwürdige Gruppierungen ergeben. Drei Stoffe sind darunter, die sich durch ihre gegenseitige Verwandtschaft und durch ihr eigentümliches Verhalten gegenüber dem Sauerstoff von den anderen unterscheiden. Die meisten Elemente werden ja vom Sauerstoff angegriffen. Insofern sie angegriffen werden, werden sie vom Sauerstoff aktiviert. Stoffe, die nicht angegriffen werden, sind meistens in passivem Zustand oder sogar mehr oder weniger chemisch nicht reaktionsfähig. Fluor, Chlor und Jod dagegen, die zusammen mit dem Brom die vier Halogene genannt werden, haben wenig oder keine Affinität gegenüber dem Sauerstoff und sind dennoch chemisch besonders aktiv. Hierdurch unterscheiden sie sich grundsätzlich von allen anderen Elementen. Wir beginnen also damit, diese Stoffe aus dem Zusammenhang der anderen herauszunehmen. Es bleiben dann zwölf Stoffe übrig[1].

Betrachten wir nun diese Stoffe vom Gesichtspunkt der «vier Elemente» – Erde, Wasser, Luft, Feuer –, so ergibt sich etwas höchst Merkwürdiges. Wasserstoff, Sauerstoff und Stickstoff sind gasförmig. Sie sind die kennzeichnenden Bestandteile der *Luft*. Der Kohlenstoff beteiligt sich in Form von Kohlensäuregas, also als Oxyd. Natrium, Kalium, Magnesium und Calcium bilden zusammen die Basis für das Meersalz. Sie haben eine besondere Verbindung mit dem

[1] Vgl. Seite 238, Die Halogene.

Wasser. Silicium und Calcium sind typische Aufbauer der Erdrinde. Sie sind also verwandt mit der *Erde*. Das Eisen beteiligt sich, gehört aber in eine andere Gruppierung, wie wir noch sehen werden. Das Magnesium ist auch ein wichtiger Bestandteil der Erdrinde und gleicht darin dem Calcium, aber wir werden sehen, daß es in ein anderes und, wie sich zeigen wird, entgegengesetztes Kräftespiel aufgenommen ist. Kohlenstoff, Phosphor und Schwefel haben wir schon wiederholt kennengelernt als diejenigen Stoffe, die eine spezielle Verbindung mit dem *Feuer* haben (s. Unterricht in Klasse VII). Wir dürfen den Wasserstoff auch mehr oder weniger hierzu rechnen. Alles dies und noch viel mehr läßt sich in folgendem System ausdrücken.

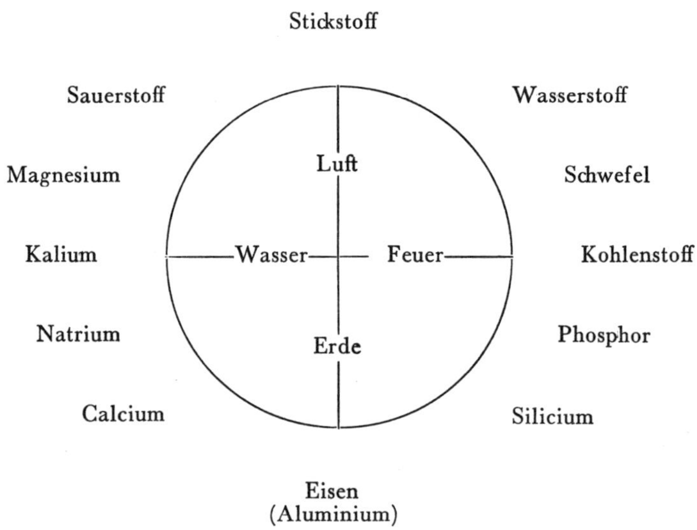

Es zeigt sich nun, daß dieser Kreis hauptsächlich die Stoffe umfaßt, die, sei es durch den Raum, den sie einnehmen (wie Stickstoff), sei es durch ihr Gewicht, Hauptbestandteile der Erdrinde, der Ozeane und der Atmosphäre sind. Eine der auffallendsten Ausnahmen dieser Regel ist das Aluminium. Es ist einer der wichtigsten Gesteinsbildner und gehört auch aus Gründen, die weiter unten behandelt werden, in dieses System, aber es kommt wenig im menschlichen Körper vor. Das Eisen dagegen ist das einzige Schwermetall, das in gut wägbaren Mengen in den Zerlegungsprodukten unseres Körpers angetroffen wird.

Wir werden später noch besprechen, inwiefern die Schwermetalle eine Gruppe für sich bilden mit eigenen Gesetzen. Sie gehören nicht zu den Stoffen, die einen bedeutenden Anteil am Aufbau der Erdrinde haben. Sie sind zwar nachweisbar im menschlichen Körper, aber in Mengen, die kaum wägbar sind. Das Eisen gehört seinen chemischen Eigenschaften nach zu den Schwermetallen. Den Mengen nach, in denen es in der Erdrinde und in unserem Körper auftritt, gehört es jedoch in unseren Kreis von Stoffen.

Man kann den Eindruck bekommen, als habe in unserem Körper eine Art Austausch von Eisen und Aluminium stattgefunden. Das Aluminium gehört infolge seiner Eigenschaften und infolge der Bedeutung, die es für die Erdrinde hat, in den Stoffkreis und müßte also in gut wägbaren Mengen in unserem Körper vorhanden sein. Das Eisen sollte, weil es zu den Schwermetallen gehört, gerade wenig in unserem Körper vorkommen. Das Umgekehrte ist der Fall. Wir können also beide Stoffe auf den untersten Platz in unserem Kreis setzen.

Bei dieser Betrachtung haben wir den Stoffkreis so behandelt, als wäre er der Ausdruck einer sehr strengen Naturordnung. Wir werden sehen, daß er dies tatsächlich ist. Die Eigenschaften der verschiedenen Stoffe stehen im engsten Zusammenhang mit ihrem Platz in diesem System, d. h., man kann sie ableiten aus der Stellung der Stoffe im Naturganzen.

Die zwölf Stoffe als Vertreter aller Naturgebiete.

Wir wollen jetzt etwas näher auf die Gesetze eingehen, die den Zusammenhang zwischen den Eigenschaften dieser Stoffe und dem Naturganzen bestimmen.

Als Ausgangspunkt wählen wir einen einfachen Versuch. Wir nehmen ein Stückchen Natrium und legen es unbedeckt in eine nicht zu trockene Atmosphäre. Wir sehen, wie es langsam verschwindet und an seiner Stelle ein wenig wässerige Flüssigkeit zurückbleibt. Wenn wir diese Erscheinung in Zusammenhang bringen mit der Tatsache, daß das Natrium aus dem wichtigsten Meersalz gewonnen wird, so haben wir eine vorzügliche Veranschaulichung einer allgemeinen Regel, die speziell für die Stoffe des Stoffkreises gilt. Man kann diese Regel ungefähr so ausdrücken: *Die charakteristischen Eigenschaften der Stoffe aus dem Stoffkreis lassen sich aus der Beschaffenheit des Naturgebietes, dem sie vor allem entstammen, ableiten.* Wenn diese Stoffe auf diese oder jene Art aktiv werden, zeigt sich an ihnen die Neigung und die Fähigkeit, verkleinerte Abbilder dieses jeweiligen Naturgebietes hervorzubringen. Das Stückchen Natrium war sozusagen im Begriff, ein kleines Meer entstehen zu lassen.

Wir können nun eine noch konkretere Vorstellung von der Bedeutung des Stoffkreises bekommen, wenn wir zu allen darin vorkommenden Stoffen das charakteristische Naturgebiet aufsuchen. An dieser Stelle muß es andeutungsweise geschehen, bei der Behandlung der einzelnen Stoffe werden wir es ausführlich darstellen.

Stickstoff = das wichtigste Atmosphäre-bildende Gas.
Sauerstoff = das Gas der Luft, das immer wieder von neuem von der Sonne aktiviert wird.
Wasserstoff = das Gas, das am meisten in die Höhe und nach allen Richtungen fortstrebt und das im außerirdischen Raum auftritt.
Magnesium = der Stoff, der als Kern des Blattgrüns (Chlorophyll) auftritt. Es findet also da seinen Platz, wo die Erde sich der Sonne öffnet.
Natrium = die wichtigste Basis der Meersalze. Wird besonders von Mensch und Tier aufgenommen. Wichtigste Basis des Blutsalzes.
Kalium = die wichtigste Basis der von den Pflanzen aufgenommenen Salze.
Calcium = die Basis für den Kalk. Dieser bewegt sich fortwährend zwischen dem festen und wässerigen Zustand hin und her.
Aluminium = wichtiger Gesteinsbildner, Basis für den Ton.
Silicium = der Hauptbestandteil der Erdrinde, wichtiger Gesteinsbildner, Kristallbildner.
Schwefel = der Stoff, der als Element besonders bei Vulkanen auftritt.
Kohlenstoff = die bedeutendste Grundlage für die Aufbaustoffe der Lebewesen, besonders der Pflanzen.
Phosphor = zeigt in seinen Erscheinungen Abbilder des Sternenhimmels.

Wenn wir diese Gegebenheiten im Elementenkreis verwerten, so ergibt sich uns eine sehr merkwürdige Übersicht über den Zusammenhang chemischer Erscheinungen mit der großen Natur.

das Atmosphäregas

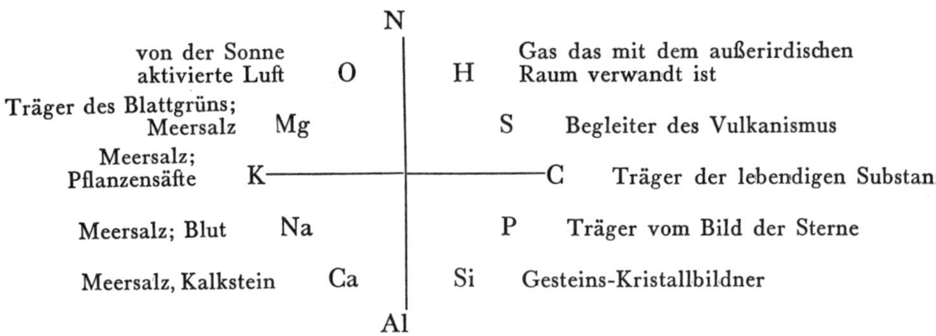

Gesteinsbildner, Ackerboden.

Wenn man nun, was erst mit Worten geschildert wurde, aufzeichnet, kommt etwas Überraschendes zutage.

Indem wir den menschlichen Körper zergliedern, ergeben sich uns Stoffe, die zusammen das Ganze der Natur vertreten.

Was von alters her durch die Mythologie zum Ausdruck gebracht worden ist, tritt hier als ein Ergebnis der Naturwissenschaft von neuem hervor: Die Welt ist vergleichbar einem auseinandergefallenen Menschen, der Mensch ist eine Zusammenfassung der Welt. Der Mensch steht der Welt gegenüber wie ein Mikrokosmos dem Makrokosmos.

Wir haben jetzt die Möglichkeit, auf exakte Weise die Einzelheiten der Chemie aus dem großen Ganzen der Natur abzuleiten.

Dabei ist jedoch zu bedenken, daß wir hier Gesetze finden und anwenden, die man nur mit einem anschaulich bildhaften Denken handhaben kann.

Meistens werden die Eigenschaften eines Stoffes so behandelt, als stünden sie alle einzeln da. In Wirklichkeit ist der Komplex von Eigenschaften immer ein abgerundetes Ganzes. Dieses Ganze hat eine gewisse Struktur, man könnte sogar von einer Gestalt sprechen, die mit der obigen Regel zusammenhängt. Außerdem bilden die Eigenschaftskomplexe dieser Gruppe von Elementen zusammen noch einmal ein großes, streng geformtes Ganzes, worin sich der Bau des Naturganzen spiegelt. Wir werden also die Eigenschaften der zu besprechenden Elemente nur begreifen können, wenn wir auf ihren Zusammenhang mit dem Ganzen der Natur und mit dem menschlichen Körper achten. Wir suchen die

Ursache bestimmter Eigenschaften nicht in den kleinsten Teilen eines Stoffes, sondern in dem Platz und der Aufgabe desselben in dem Ganzen, dessen Teil er ist. Damit soll nicht behauptet werden, daß kein Zusammenhang besteht zwischen den Eigenschaften und der atomistischen Struktur eines Stoffes, wohl aber, daß diese nicht die Ursache, sondern höchstens eine Folge des Platzes und der Aufgabe des Stoffes im großen Ganzen sein kann.

Hinweise zur Didaktik.

Es gehört zu den wichtigsten Aufgaben des Unterrichts, daß die Schüler kraftvolle Bilder von diesen die Welt und den Menschen umfassenden Aufgaben der Stoffe bekommen. Jedes der Elemente aus dem Stoffkreis ist eingespannt in eine mächtige Bewegung, die zugleich Umformung bedeutet und deren Verlauf für das Element charakteristisch ist. Man könnte von Kreisläufen oder Zirkulationen sprechen. Bei der Behandlung kommt man mit etwas sehr Lebendigem in Berührung. Nach meiner Erfahrung ist diese Seite des Faches besonders geeignet, die Schüler nach der Besprechung eine selbständige Ausarbeitung machen zu lassen.

Wir dürfen jedoch selbstverständlich auch die Seite der Chemie nicht vernachlässigen, wobei das Hauptgewicht auf dem exakten Verlauf bestimmter Prozesse liegt und auf der Zusammensetzung und Bildung bestimmter Stoffe. Man wird dabei auch an die Formeln und Gleichungen genügend Sorgfalt verwenden müssen. Diese Dinge nun sollte man lieber diktieren, weil es da oft auf sehr abstrakte und exakte Formulierungen ankommt.

Für die rein theoretischen Dinge, wie die Grundlagen für das Arbeiten mit Formeln und Gleichungen, die quantitativen Verhältnisse und Berechnungen, kann man vielleicht ein besonderes Heft anlegen.

Wir gehen jetzt dazu über, die chemischen Elemente ausführlicher zu besprechen. Das bedeutet dann zugleich eine Illustration der Gesichtspunkte, die wir soeben besprochen haben.

Sauerstoff

Der Sauerstoff als von der Sonne erweckter Stoff.

Wenn wir den Sauerstoff im Zustand größter Aktivität kennenlernen wollen, müssen wir uns der Atmosphäre, dem Luftmeer rund um die Erde zuwenden. Auf der einen Seite verhält der Sauerstoff sich ganz wie die anderen Luftgase, er ist auch durchsichtig, geruchlos, ohne Geschmack, kurz, ziemlich unwahrnehmbar. Auf der anderen Seite stürzt er sich aber mehr als die anderen in viele Prozesse, wobei er den luftförmigen Zustand verläßt. Er wird aber auch fortwährend aus seinen Verbindungen frei und immer von neuem aktiv gemacht.

Dies geschieht bei der Kohlensäureassimilation im Blattgrün unter dem Einfluß des Sonnenlichts. Damit haben wir zugleich ein Hauptcharakteristikum des Sauerstoffs genannt: Er wird durch das Sonnenlicht in den Zustand eines chemischen Elements versetzt und als solches aktiv gemacht.

Sauerstoff als Luftgas.

Es gibt nur wenige Stoffe, die in der Natur als chemische Elemente vorhanden sind. Davon sind die meisten auf chemischem Gebiet ganz oder in hohem Maße inaktiv. Der Sauerstoff tritt in der Luft als chemisches Element auf und ist doch der am vielseitigsten chemisch wirksame Stoff.

Weiterhin zeichnet sich der Sauerstoff durch die Tatsache aus, daß er zu den gasförmigen Elementen gehört. Die meisten Elemente sind nämlich feste Stoffe, zwei sind flüssig, eine kleine Gruppe nur ist gasförmig. Das deutet hin auf ein wichtiges Kennzeichen des Sauerstoffs: seine Beweglichkeit.

Die Luftgase gehören zu den dünnsten, beweglichsten Stoffen, die uns aus der Natur bekannt sind. Sie leben aufs «Empfindsamste» das Verhältnis der Erde zum Außerirdischen, vor allem zur Sonne, mit. Fortwährend wirbeln sie umher im Wind, sie steigen und fallen, sie breiten sich aus und werden zusammengedrückt, sie setzen Feuchtigkeit ab oder saugen sie gerade an sich, sie werden abgekühlt und wieder erwärmt. Sie sind auch einbezogen in die merkwürdigen Erscheinungen der kosmischen Strahlung, Radioaktivität, Ionisierung, usw.

Sperren wir sie in einen abgeschlossenen Raum, wie das bei physikalischen Versuchen nur allzuoft geschieht, so bleibt nicht mehr viel übrig von ihrem lebendigen, natürlichen, lichtdurchglänzten Zustand.

Das alles müssen wir bedenken, wenn wir uns Vorstellungen bilden wollen über den Sauerstoff als einen Bestandteil der Luft. Sonst laufen wir Gefahr, ein bleiches, treibhauspflanzenartiges Bild eines solchen Stoffes zu erhalten.

Sehr typisch für die Luftgase ist weiterhin, daß sie überall gegenwärtig sind. Nur die festen Stoffe halten die Luft von den Orten fern, welche sie selbst einnehmen. Natürliche Gewässer enthalten immer noch eine gewisse Menge gelöster Luft.

Dieses überall Gegenwärtigsein gilt für den Stickstoff natürlich noch weitgehender als für den Sauerstoff, wegen des hohen Stickstoffgehalts der Atmosphäre.

Den Sauerstoff dagegen könnte man das «allwirksame» Gas nennen. Er fehlt in der Nähe der Erde beinahe nie, wo ein Lebewesen atmen will oder man ein Feuer anzünden möchte.

Der Sauerstoff als Abgesandter der Sonne.

Der Aktivität des Sauerstoffs ist es großenteils zuzuschreiben, daß in der Natur eine dauernde Unruhe und Spannung herrscht, die sich in zahllosen Prozessen entlädt. Vor allem sind es die Lebewesen, deren körperliche Funktionen durch das Einatmen von Sauerstoff geweckt und in Gang gehalten werden. Betrachtet man die vielfältigen Geschehnisse, die hier verursacht werden, als einen einzigen großen, erdumfassenden Prozeß, so muß man feststellen, welche wahrhaft titanischen Ausmaße er hat. Riesige Stoffmassen sind andauernd in Bewegung, werden verschoben und umgebildet durch den Lebensprozeß. Ja, aus vielen gründlichen Untersuchungen hat sich sogar ergeben, daß bis tief in die Erdrinde hinein ein bedeutender Teil der Stoffe in gewaltigen Zirkulationsprozessen begriffen ist, deren treibende Kraft zum Teil in den Lebewesen gesucht werden muß.

Aber nicht allein durch das *Leben* setzt der Sauerstoff die Materie in Bewegung, auch unmittelbar auf dem Wege der *Chemie*. Die Tatsache, daß immer wieder Feuer aufflammen, daß unsere Metalle und manche Erze rosten, danken wir in erster Linie dem Sauerstoff. Auch durch solche Vorgänge werden Stoffe erneut in Zirkulation gebracht.

Jedermann weiß, daß alle diese Prozesse nur dadurch stattfinden können, daß der Sauerstoff immer wieder durch die Sonne freigemacht und aktiviert wird. Nur selten wird jedoch bedacht, daß alles, was vom Sauerstoff ausgeht, fortgesetzte Sonnenwirkung ist. Und doch kann man dies leicht einsehen durch folgenden Gedankengang. Löschten wir in Gedanken die Sonnenwirkung aus und ließen nur die Kräfte bestehen, die aus der Erde aufsteigen, so müßte alles um uns her starr, frostig und düster erscheinen. In Wirklichkeit wird die Atmosphäre von der Sonne mit Licht und Wärme erfüllt. Das wiederum ruft eine kräftige Zirkulation von Luft, Wasserdampf und Wasser hervor. Eine Hauptwirksamkeit der Sonne ist das Erwecken der Erde aus düsterer Starrheit und Abgeschlossenheit.

Der Sauerstoff tut etwas Ähnliches mit den Stoffen, die er angreift. Er läßt oft Licht und Wärme aufstrahlen, aber vor allem bringt er Aktivität, Wechselwirkung und Beweglichkeit hervor, wie wir noch im einzelnen sehen werden.

Der freie Sauerstoff breitet sich nicht nur aus in dem von der Sonne durchleuchteten und bewegten Bereich, sondern steigt als deren Abgesandter unausgesetzt hinunter und trägt den erweckenden Einfluß der Sonne bis in die Tiefe des Stoffes.

Das Erstaunliche ist nun, daß der Sauerstoff nicht nur die Sonnenwirkung weiter trägt, sondern sie auch direkt auffängt, zum Teil aufhält und reguliert. Als ein chemischer Schutzschild oder Filter hält der Sauerstoff in höheren Luftschichten das Übermaß an Sonnenwirkung ab. Die ultraviolette Strahlung, die z. B. unsere Haut bräunt, bleibt so in angemessenen Grenzen. Der Sauerstoff selbst wird dabei durch das Licht, das er verzehrt, in einen etwas verdichteten, höchst aktiven Zustand versetzt. Man nennt diese Form von Sauerstoff Ozon. Von dem schwachen Ozongehalt der Atmosphäre geht eine reinigende, gesundende Wirkung aus, die besonders im Frühling spürbar ist.

Der Sauerstoff wird also von der Sonne in zwei Stufen aktiviert: Erst durch die Kohlensäureassimilation, dann durch die Ozonbildung.

Der Sauerstoff und die Erdrinde.

Wenn man die Erdrinde vollkommen in ihre Bestandteile zerlegen könnte, käme dabei viel Sauerstoff zutage, mehr sogar, als in der Atmosphäre vorhanden ist.

Berechnet man das Gesamtgewicht des Sauerstoffs in der Erdrinde, dann ergibt sich, daß es ungefähr so groß ist wie das aller anderen Elemente zusammen. Die Erdrinde besteht zum weitaus größten Teil aus mehr oder weniger komplizierten Sauerstoffverbindungen.

In diesem Bereich sind so ziemlich alle Stoffe weitgehend zur Ruhe und Erstarrung gekommen, sie sind sozusagen ausgebrannt. Im Gesteinszustand ist der Sauerstoff daher vollkommen entspannt. Man kann hier vom Endpunkt der Sauerstoffprozesse sprechen. Das gilt in erster Linie für den Quarz und alle kieselhaftigen Stoffe.

In der Erdrinde sind also gewaltige Sauerstoffmengen zu erstarrter Masse oder edlen Kristallen geworden. Das aktivste Gas ist in ein Gebiet untergetaucht, das sich zum größten Teil herausgelöst hat aus der Wechselwirkung von Erde und Kosmos, aus den großen Zirkulationsprozessen. Der ruhelose Lebensträger ist in einem Bereich zur Ruhe gekommen, wo der Tod herrscht.

Man hat hier ein schönes Beispiel für die dramatischen Vorgänge, die sich in der Stoffeswelt abspielen, oder die als Denkmal einer titanischen Vergangenheit darin abgedrückt sind. Die Sauerstoffprozesse verlaufen zwischen zwei Extremen. In ihrem Anfangsstadium sind sie verwandt mit der Sonnenwirkung, die immer wieder Erneuerung, Umbildung und Bewegung auf die Erde bringt. In ihrem Endstadium sind sie in einer Sphäre gefangen, die sich ganz von der Sonnenwirkung abgewandt hat und in der die größte Unwandelbarkeit herrscht. Während Erneuerung immer auf die Zukunft hin gerichtet ist, zeigt die starre Gesteinswelt Spuren einer beweglicheren Vergangenheit.

Der Sauerstoff ist abgestimmt auf den großen Gegensatz von Sonnenleben und Erdentod.

In diesem Zusammenhang ist es auffallend, daß der sauerstoffreiche Quarzkristall in reinem Zustand das Licht wie kein anderes Gestein einläßt in seine wohlgeformten Innenräume. Selbst in diesem erdengebundenen Zustand hat also der Sauerstoff die Beziehung zur Sonne noch nicht ganz verloren.

Der Sauerstoff und die Wassersphäre.

Wenn man das Wasser chemisch analysiert, findet man wieder den Sauerstoff als einen Hauptbestandteil der Zerlegungsprodukte. Beim Entstehen von Wasser aus Wasserstoff und Sauerstoff gerät der Sauerstoff in einen nicht minder entspannten Zustand wie bei der Gesteinsbildung; es tritt jedoch keine Starrheit und keine Absonderung ein.

Kennzeichnend für das Wasser ist es gerade eben, daß es jede Art Wechselwirkung begünstigt durch seine Fähigkeit, Stoffe zu lösen, durch seine Beweglichkeit und Neigung zur Zirkulation.

Was sind seine unaufhörliche Wellenbewegung und sein Brausen anders als eine Wechselwirkung mit der Luft?

Nicht einmal das Gestein wird in Ruhe gelassen. Es wird vom Wasser umspült, in jedes Ritzchen, das Einlaß gewährt, dringt das Wasser hinein, so daß das Gestein sogar etwas von seinen festverbundenen Bestandteilen freigibt und vom Wasser mitnehmen läßt.

Eine besonders große Rolle spielt das Aufnehmen und Abgeben und das Zum-Austausch-Bringen von Wärme über die ganze Erde hin. Beim Wasserstoff wird dieser Prozeß noch im einzelnen besprochen werden. Auffallend ist auch die Wechselwirkung mit dem Licht. Jedermann kennt das wunderbare Spiel der Spiegelungen, das Glänzen in Licht und Farben einer Wasseroberfläche. Man beachtet jedoch zuwenig, welch ein herrliches Lichtspiel in den obersten Schichten des Ozeans zu finden ist. Hierbei wirken die kristallinische Durchsichtigkeit und die endlos tanzende Beweglichkeit der Oberfläche zusammen.

Man kann beim Wasser kaum von chemischer Aktivität sprechen. Wohl aber ist es der Vorbereiter und unübertreffliche Träger der Aktivität anderer Stoffe. Es scheint sogar kein chemischer Prozeß möglich zu sein, ohne daß mindestens Spuren von Wasser dabei mitwirken.

Das Wasser scheint eine spezielle Aufgabe zu haben beim Durchbrechen von Grenzen und beim Verbinden von Dingen, die getrennt sind und auseinander liegen.

Lebensprozesse ohne Wasser als Wirkungsraum sind ganz und gar undenkbar. Wenn die Pflanze ihre Samen reifen läßt, kommen die Prozesse zum Stillstand, sobald sie das Wasser zurückdrängt. Will man einen Samen zum Keimen bringen, so ist das erste, was not tut, Zufuhr von Wasser.

Im Herstellen von Wechselwirkungen, im Befördern von Vorgängen aus dem Bereiche der Chemie und des Lebens erkennt man am deutlichsten den Anteil, den der Sauerstoff an der Wassernatur hat.

Der Sauerstoff und die Tria Principia der Alchimisten
Zusammenfassung des Vorhergehenden.

Wir haben schon früher die merkwürdige Fähigkeit der Alchimisten besprochen, in einer knappen Bilder- und Zeichensprache großartige Übersichten über die Naturordnung auszudrücken. Beim Sauerstoff tritt die Ordnung der Tria Principia besonders deutlich hervor.

In der *Erdrinde* ist der Sauerstoff im *Sal-Zustand.* Man hat da ein Gebiet vor sich, das einst beweglich war und das allmählich in einen Zustand der Erstarrung und sogar der Kristallisation übergegangen ist.

Im *Wasser* ist der Sauerstoff im *merkurialen Zustand.* Darin ist alles Spiel und Wechselwirkung.

In der *Luft* ist der Sauerstoff aktiv und oft löst er Prozesse aus, bei denen Wärme frei wird. Da kann man von einem *Sulfur-Zustand* sprechen.

Sind diese Zustände, in denen Sauerstoff auftritt, auch noch so verschieden, bestimmte Prinzipien bleiben doch bestehen: Immer werden Prozesse aus dem Bereich der *Chemie* und des *Lebens* ermöglicht oder befördert. Durch den *Luftsauerstoff* werden solche Prozesse *aktiviert.* Das *Wasser* bildet mehr den *Lebensraum* für sie. Die *Erdrinde* tritt auf als *Grundlage.* Von ihr wird Material geliefert und mechanischer Halt.

Eingehendere Charakteristik der Sauerstoffwirkung in der Chemie.

Der Kohlenstoff als chemisches Element ist ein außerordentlich träger, starrer Stoff. Beim Verbrennen geht er über in Kohlensäuregas. Dieses ist nicht nur sehr beweglich, sondern entwickelt auch eine vielseitige chemische Aktivität. Weiterhin ist es leicht in Wasser löslich. Wird Kohlenstoff verbrannt unter begrenzter Sauerstoffzufuhr, so entsteht Kohlenmonoxyd. Das ist zwar ein bewegliches Gas, aber es ist ziemlich wenig chemisch aktiv und nicht leicht löslich in Wasser. Außerdem ist es sehr giftig.

Der Schwefel ist in Wasser völlig unlöslich und wird von anderen Stoffen so wenig angegriffen, daß er als Gestein vorkommen kann. Wird Schwefel angezündet, so entsteht ein chemisch ziemlich aktives, gut lösliches Gas, das Schwefeldioxyd. Läßt man es noch weiter oxydieren, so bildet sich Schwefeltrioxyd, das zusammen mit Wasser die außerordentlich stark chemisch aktive Schwefelsäure liefert.

Es gibt auch eine häufig vorkommende gasförmige Schwefelverbindung ohne Sauerstoff, den Schwefelwasserstoff. Er ist überaus giftig und nur wenig chemisch aktiv.

Solche Erscheinungen, wie die oben beschriebenen, sind symptomatisch für die Sauerstoffeinwirkung. Wenn ein Stoff vom Sauerstoff angegriffen wird, tritt dadurch gewöhnlich eine größere Beweglichkeit, verstärkte chemische Aktivität und bessere Löslichkeit in Wasser auf. Giftwirkungen vermindern sich in der Regel unter dem Einfluß von Sauerstoff. Der Sauerstoff weckt also die chemische Aktivität anderer Stoffe und macht sie zugänglicher für den Lebensprozeß. Außerdem bringt er sie dem Wasser näher, d. h. dem Bereich von Chemie und Leben.

Der Sauerstoff holt die Stoffe aus ihrer Isolierung und bringt sie in große Kreisläufe hinein. Er stellt überall Wechselwirkungen her.

In manchen Fällen ist dies weniger deutlich zu erkennen. Wenn man z. B. eine blanke Kupferplatte erhitzt, überzieht sie sich mit einer schwarzen Oxydschicht. Diese ist immer noch wenig aktiv und in Wasser unlöslich. Läßt man jedoch verdünnte Schwefelsäure auf sie einwirken, so sieht man, daß das Kupfer nicht angegriffen wird, während sich die Oxydschicht auflöst. Also hat doch eine Aktivierung stattgefunden.

Nun müssen wir hier noch das Folgende betrachten: Sobald man die Verbrennungsprodukte von Schwefel, Kohlenstoff und Phosphor mit Wasser zusammenbringt, bekommt man Säuren, während die Metalloxyde sich als Basen verhalten. Zwei entgegengesetzte chemische Aktivitäten entstehen also in Zusammenhang mit dem verschiedenen Charakter der oxydierten Stoffe. Der Sauerstoff weckt wohl die Aktivität, drängt jedoch seine eigene Natur nicht dem anderen Stoff auf.

Beim Unterrichten ist es gut, den Lehrstoff soviel wie möglich in der Richtung zu behandeln, daß sich Zusammenhänge mit dem Menschenwesen ergeben. Hier sind wir an einem Punkt, wo man sogar Vergleiche ziehen kann zwischen den Vorgängen in der Stoffeswelt und der menschlichen Moral. Wenn ein Mensch fähig ist, sich unter seinen Mitmenschen so zu verhalten wie der Sauerstoff unter den Stoffen, so ist er ein großer Wohltäter. Die wahre selbstlose Wohltätigkeit besteht ja darin, dem andern so zu helfen, daß er sein eigenes Leben und sein eigenes Wesen entfalten kann.

An der Säuren- und Laugenbildung und an anderen Prozessen, die sich unter dem Einfluß von Sauerstoff vollziehen, kann man ferner ablesen, daß der Sauerstoff sich in seinen Aktivitäten nach der Struktur des Weltganzen richtet[1].

Im allgemeinen sieht man öfters, wie Sauerstoffverbindungen sich zu größeren Komplexen zusammenschließen. Das liegt auf der Hand, denn die Aktivierung durch Sauerstoff bedeutet ja nichts anderes als das Auftreten einer Neigung, sich mit anderen Stoffen zu verbinden.

Dieses Wecken von Aktivität, Beweglichkeit und Wechselwirkung beruht zum Teil auf dem Prinzip der chemischen Verbindung als solcher. Es ist ja selbstverständlich, daß die Verbindung zweier Stoffe eine Überwindung der Absonderung bedeutet und dadurch gewöhnlich vergrößerte Beweglichkeit und Aktivität mit sich bringt. Vom Sauerstoff kann man sagen, daß er diese allgemeine Erscheinung in einem die anderen Stoffe überragenden Maße zeigt. Was mehr oder weniger allgemeine Regel ist, wird hier zur besonderen Eigenschaft eines bestimmten Stoffes.

Der Sauerstoff hat die Neigung, sich mit viel mehr Stoffen zu verbinden als irgendein anderer Stoff, mit Ausnahme der Halogene.

Eine Haupteigenschaft des Sauerstoffs ist das Verbindungenschaffen als solches.

[1] Vgl. dazu Seite 39, Sauerstoff, Oxydation, Verbrennen und Rosten.

Das Feuer als Sonnenbild.

Man kann den Zusammenhang von Sauerstoff und Sonne durch einen bestimmten Versuch anschaulich vorführen. Man nehme z. B. ein Stück Holz und richte darauf eine Stichflamme, die man erzeugt, indem man einer Leuchtgasflamme durch die kleine Öffnung einer Glasröhre reinen Sauerstoff zuführt. Sobald das Holz etwas glüht und brennt, nehme man die Flamme weg und richte jetzt den Sauerstoffstrahl allein auf die brennende Stelle. Man bekommt dann eine grelleuchtende Scheibe mit einem Kranz wegschießender Flammen. Noch deutlicher wird das Bild, wenn man ein Stück Holzkohle benützt.

Wir haben hier ein sehr sprechendes Beispiel zu der allgemeinen Regel: Jeder Stoff des Elementenkreises hat Eigenschaften, die ermöglichen, daß ein Bild von dem Gebiet, woher er stammt, entstehen kann.

Wir lernen jetzt das Feuer im allgemeinen als eine Art Bild der Sonne zu sehen, sei es manchmal auch noch so modifiziert.

Man darf sogar sagen, daß jede Art von Wärmeausstrahlung, die durch Einwirkung von Sauerstoff entsteht, mehr oder weniger eine Nachahmung der Sonnenstrahlung ist, selbst wenn sie als Erscheinung nur wenig hervortritt.

Hat man einmal diese Dinge gesehen und durchschaut, so ist es nicht mehr schwer, in allen Eigenschaften des Sauerstoffs Metamorphosen der Sonnenwirkung zu erkennen.

In vielen Fällen scheint selbst die Geschichte der Wissenschaft durch solch einen Zusammenhang bestimmt zu sein. Die Entdeckung des Sauerstoffs ist schon ein sehr auffallendes Beispiel hierfür. Priestley hat ja den Sauerstoff aus dem Quecksilberoxyd mit Hilfe des Sonnenlichts freigemacht[1].

Wasserstoff

Der Wasserstoff in der Atmosphäre.

Der Wasserstoff ist, verglichen mit anderen Stoffen, wohl der am wenigsten sichtbare, am wenigsten greifbare, am wenigsten wägbare, er bietet ungewöhnliche Schwierigkeiten in der Handhabung. Das liegt zum Teil an seinen Eigenschaften, aber zum Teil auch an der Art seines Vorkommens.

Wir finden den Wasserstoff als Gas in der Natur fast nur in sehr verdünntem Zustand. Nahe der Erdoberfläche wird er darum auch ganz und gar überdeckt von anderen Luftgasen, die selbst auch schon wenig wahrnehmbar sind. Er nimmt da nur ungefähr 0,01 % des Luftvolumens ein.

Man findet das Wasserstoffgas manchmal auch in konzentrierter Form, z. B.

[1] Vgl. Seite 39.

in natürlichen Gasquellen. Auch bei bestimmten Fäulnisprozessen tritt es auf. Es verharrt jedoch niemals träge an einer Stelle wie etwa das Kohlensäuregas, bis es sich allmählich mit der umgebenden Luft vermengt, sondern es breitet sich schnell nach allen Seiten hin aus und steigt, solange es sich noch nicht mit den anderen Gasen vermischt hat, auch schnell auf. Es zieht sich also so rasch wie möglich aus einem Zustand, in welchem es noch einigermaßen für uns wahrnehmbar wäre, heraus und verbirgt sich zwischen anderen Stoffen.

Besonders deutlich kann man dieses Aufsteigen vorführen, indem man Seifenblasen mit Wasserstoff füllt.

Auf jeden Fall zeigt der Wasserstoff den Drang nach dem Erdumkreis.

Beinahe alle Eigenschaften, die einen Stoff wahrnehmbar machen, sind bei diesem Gas bloß in geringstem Maß vorhanden. Wenn wir es auffangen und in einem abgeschlossenen Raum zusammendrücken, so begegnet es unserem Angriff zwar mit einem ebenso großen Gegendruck wie jedes andere Gas, hätten wir aber die Möglichkeit, unsere Hand in solch einem Raum zu bewegen, so würden wir noch weniger Widerstand spüren als in der Luft.

Wenn Kohlenstoff der Stoff ist, der uns in der Form des Diamanten härteren Widerstand bietet als jeder andere Stoff, so ist Wasserstoff derjenige, der mehr als irgendein andrer Stoff zurückweicht, uns fortwährend entschlüpft und sich unbemerkbar macht. Wasserstoff ist ein Stoff, der den Eindruck macht, als sei er fortwährend auf der Flucht, als verberge er sich fortwährend.

Wasserstoff als Gas.

Der Wasserstoff ist beinahe ein ideales Gas. Er übertrifft alle anderen leichten und beweglichen Stoffe an Leichtigkeit und Beweglichkeit. Jeder Stoff, der vom festen in den flüssigen und vom flüssigen in den gasförmigen Zustand übergeht, ist auf dem Wege, etwas zu erreichen, was der Wasserstoff bis ins Äußerste vertritt. Auf diesem Wege befreit sich ein Stoff immer mehr von der Bindung an die Erde, von Dichte und Starrheit.

Was für ein wunderliches Ding ist doch so ein Gas! Könnte man es freilassen in einem unbegrenzten, leeren Raum, es würde sich äußerst schnell ausbreiten und sich dabei von selbst immer mehr verdünnen. Es würde einen immer größeren Raum einnehmen, aber zugleich immer mehr abnehmen bezüglich seines irgendwo Vorhandenseins. Der Wasserstoff ist als Stoff schon am meisten «verdünnt» und breitet sich außerdem noch weitaus am schnellsten aus.

Da die Gase hier nahe der Erdoberfläche nicht umgeben sind von einem luftleeren Raum, werden sie zwar sehr gehemmt in ihrer allseitig gerichteten Geschwindigkeit, doch läßt ein Gas sich nicht durch ein anderes Gas aufhalten. Kein Gas ruht eher, als bis es den verfügbaren Raum gleichmäßig erfüllt hat. Am allerwenigsten läßt sich der Wasserstoff aufhalten. Er durchdringt am schnellsten alle anderen Gase.

In der Technik muß oft unter hohem Druck und bei hoher Temperatur mit Wasserstoff gearbeitet werden, z. B. bei der Herstellung von Ammoniak. Das bringt immer große Schwierigkeiten mit sich, weil man ihn so schwer festhalten kann. Selbst ein so dichtes Metall wie das Eisen wird bei hoher Temperatur für den Wasserstoff durchlässig. Der Wasserstoff durchbricht in höherem Maße als die anderen Stoffe jede Form und jede Begrenzung.

Wasserstoff und Wärme.

Der Wasserstoff verhält sich in jeder Hinsicht so, als ließe er sich in erster Linie von der Wärme bestimmen. Die Leichtigkeit, die Beweglichkeit und die Fähigkeit, sich schnell auszubreiten, sind Eigenschaften, die auch an anderen Stoffen auftreten, jedoch erst bei viel höherer Temperatur in demselben Maße. Der Wasserstoff ist ein Stoff, der sich schon bei niederer Temperatur verhält, als hätte er eine sehr hohe Temperatur.

Der Wasserstoff ist außerordentlich gut erwärmbar. Hat man von verschiedenen Gasen ein gleiches Volumen bei gleichem Druck und gleicher Temperatur, so wird bei derselben Wärmezufuhr die Temperatur des Wasserstoffs weitaus am schnellsten steigen[1]. Auch daraus ergibt sich wieder, wie der Wasserstoff dem Wärmeimpuls folgt, denn Temperaturerhöhung bedeutet wieder schnellere Ausbreitung, schnelleres Aufsteigen. Die spezifische Wärme von Wasserstoff ist nicht einmal besonders gering. Für die Praxis ist die Erwärmbarkeit jedoch wichtiger.

Sehr schwierig ist es, den Wasserstoff durch Kälte und Druck in den flüssigen oder festen Zustand zu bringen. Das versteht sich eigentlich von selbst, denn beim Übergang in diese Zustände entzieht sich ein Stoff immer mehr dem Einfluß der Wärme. Hierin steht der Wasserstoff im größten Gegensatz zum Kohlenstoff, der kaum aus dem festen Zustand herauszubekommen ist, der sich also gewissermaßen wenig von der Wärme beeinflussen läßt.

Auch beim Verbrennen von Wasserstoff tritt die Wärme einseitig hervor. Zündet man dieses Gas an, so nimmt das Auge kaum eine Lichterscheinung wahr, jedoch entsteht sofort eine sehr große Hitze. Viel Wärme wird entwickelt, und die Temperatur schießt in die Höhe. (Wasserstoff und Kohlenstoff entwickeln von allen chemischen Elementen die größte Verbrennungswärme.) Die Wasserstoffflamme hat eine tief blauviolette Farbe.

[1] Hermann v. Baravalle, Zahlen für Jedermann, 3. Aufl. Stuttgart 1959. Siehe «Spezifische Wärme».

Der Wasserstoff und das Auseinanderfallen der lebendigen Substanzen.

Wir haben die leichte Beweglichkeit und das schnelle Sichausbreiten als die vornehmsten Eigenschaften des Wasserstoffs kennengelernt. Es versteht sich also von selbst, daß der Wasserstoff diese Eigenschaft auch mehr oder weniger auf seine Verbindungen überträgt. Sogar der Kohlenstoff gibt unter dem Einfluß des Wasserstoffs seine Starrheit auf. Sumpfgas (CH_4) ist ein sehr leichtes Gas. Ein Stoff wie Ammoniak, eine Stickstoffwasserstoffverbindung (NH_3), ist noch leichter und dadurch beweglicher als der Stickstoff.

Im allgemeinen kann man sagen, daß die Verbindungen von Wasserstoff mit einem anderen chemischen Element gasförmig sind, selbst wenn dieses Element ein fester Stoff ist.

Es ist kein Wunder, daß die Natur sich dieser Eigenschaften des Wasserstoffs auch im Bereich des Lebens bedient. Solange ein Organismus wächst, solange also neue Materie zu bestimmten Formen zusammengetragen werden muß, werden alle Stoffe um den Kohlenstoff als ein Zentrum herumgruppiert. Sobald ein Organismus abstirbt und die Stoffe wiederum an die Umgebung zurückgegeben werden müssen, macht sich der Wasserstoff geltend und zieht alles zur Peripherie hin. Eine ganze Reihe von Stoffen verfliegt in Form von Hydriden. Schwefelwasserstoff und Ammoniak kann man manchmal riechen, wo etwas verfault. In Morasten und Schlammgräben sieht man oft Blasen von Sumpfgas, einem Kohlenwasserstoff. Auch Phosphor-Wasserstoff kann auftreten.

Der Wasserstoff spielt also eine große Rolle beim Zersetzen, beim Auflösen von Lebewesen.

Wasserstoff und Wasser.

Eine der überraschendsten Erscheinungen ist die Geburt des Wassers aus der dunklen Glut der Wasserstoffflamme. Man sollte immer danach trachten, sich in solch einen Vorgang tief einzuleben.

Zuerst hat man das Formloseste, Ungreifbarste, Unwägbarste, was es nur gibt im Bereich des Stoffes, etwas, was man stoffgewordenes Fliehen zum Weltenumkreis nennen könnte. Dieses Etwas entzündet sich zu heftiger Glut, und ihr entweicht ein Dampf, der sich wie ein Gas ausbreitet, solange er heiß ist, der sich aber zu Nebel verdichtet oder gar in Tropfen fließt, wenn man die Umgebung abkühlt.

Ebensowenig wie der Wasserstoff hat das Wasser deutliche Qualitäten. Es besitzt kaum eine Farbe, weder Duft noch Geschmack, und hat keine einseitige chemische Wirksamkeit. Während der Wasserstoff jedoch über alles hinwegstreicht, ohne sich durch die Berührung beeinflussen zu lassen, nimmt das Wasser leicht alle möglichen Stoffe auf, durch welche es dann die verschiedensten Qualitäten bekommen kann.

Es scheint, als ob die Natur dem Wasser die Aufgabe zugewiesen habe, den anderen Stoffen Gelegenheit zur breitesten Entfaltung ihres eigenen Wesens zu bieten. Das Wasser gleicht einer Art kristallenem Märchenschloß, worin zahlreiche Dinge, die draußen unter dem Bann der Starrheit gestanden hatten, entzaubert werden und zur Wechselwirkung kommen können.

Beim Übergang vom Wasserstoff zum Wasser treten also entgegengesetzte Eigenschaften auf.

Noch auffallender wird der Gegensatz zwischen Wasserstoff und Wasser bei ihrem Verhalten gegenüber der Wärme. Während der Wasserstoff der am besten erwärmbare Stoff ist, also schon auf eine geringe Wärmezufuhr mit starken Veränderungen reagiert, ist das Wasser der am wenigsten erwärmbare Stoff. Man könnte in Hinsicht auf das Wasser von ungewöhnlicher Trägheit oder sogar Widerstand gegenüber der Wärme sprechen: Man muß außerordentlich viel Wärme aufbieten, um Eis zu schmelzen, um die Temperatur von Wasser zu erhöhen, um Wasser in die Dampfform zu treiben.

Man braucht auch außerordentlich viel Wärme, um Wasserdampf in Sauerstoff und Wasserstoff zu zerlegen.

Zusammenfassend könnte man sagen: Das Wasser hat mehr als jeder andere Stoff die Fähigkeit, Wärme zu verbrauchen. Aber gerade diese Eigenschaft ist von großer Bedeutung für die Erde und besonders für das Regeln und Harmonisieren des Klimas. All die Wärme, die das Wasser aufnimmt, ohne sich selbst übermäßig zu verändern, kann es auch wieder abgeben, an anderer Stelle und unter anderen Umständen. Es ist also auch wieder der beste Wärmeträger und Übermittler.

Das Wasserstoffgas dagegen ist am allerunfähigsten, Wärme festzuhalten und zu übertragen. So wie seine Temperatur schnell steigen wird bei geringer Wärmezufuhr, wird es nur wenig Wärme abgeben, selbst wenn die Temperatur rasch fällt.

Der Stoff, welcher sich am meisten von der Wärme beeinflussen und leiten läßt, ist am wenigsten fähig, Wärme festzuhalten und zu übertragen. Das Wasser, das sich am wenigsten von der Wärme beeinflussen läßt, ist gerade in höherem Maße als andere Stoffe imstande, sie festzuhalten und zu übertragen. Auf dieser merkwürdigen Verhaltungsweise des Wassers beruht es auch zum großen Teil, daß das Blut eine konstante Temperatur beibehalten kann. Auch in uns ist das Wasser der ruhige Wärmeträger.

Wir müssen in diesem großartigen Sturz in das Gegenteil, welchen das Wasserstoffgas bei der Verbrennung durchmacht, den Einfluß des Sauerstoffs erkennen. Henderson[1] hat darauf hingewiesen, daß wir bei der Wasserbildung eine ganz außergewöhnliche Erscheinung vor uns haben. In der Regel ist die Wasserstoffverbindung eines chemischen Elements flüchtiger als das Element selbst. Wasser

[1] "The fitness of the environment" a. a. O.

dagegen ist viel weniger flüchtig als Sauerstoff. Henderson hat auch darauf bereits hingewiesen, daß das Wasser durch dieses ausnahmsweise Verhalten Grundlage und Umgebung für das Leben sein kann. Wir fügen hinzu, daß auch seine Bedeutung für die Chemie hiermit im Zusammenhang steht.

Man kann im Wasser deutlich die beiden Tendenzen erkennen, die vom Wasserstoff und vom Sauerstoff ausgehen. Sobald das Wasser als Dampf zerstiebt und hoch aufsteigt, sehen wir darin den Wasserstoff wirksam. Wird der Dampf zu Wolken verdichtet und sucht das Wasser wieder die Erde, so erkennen wir den Sauerstoff, der die Verbindung mit der Erde aufrechterhält.

Das Wasser ist das geeignetste Medium für chemische Reaktionen. Auch dies beruht wieder auf zwei Haupteigenschaften. In erster Linie ist das Wasser das beste Lösungsmittel, das wir kennen, so daß es die verschiedensten Stoffe zu inniger Berührung und Durchdringung bringen kann. Zweitens hat es die besondere Gabe, chemische Reaktionen zu fördern. In der ersten Eigenschaft erkennen wir die Fähigkeit des Wasserstoffs, die Stoffe über ihre Grenzen hinaus und in Bewegung zu bringen. In der zweiten Eigenschaft erkennen wir die Fähigkeit des Sauerstoffs, überall Aktivität zu wecken und Wechselwirkung hervorzurufen.

Diese Aufgabe des Wassers, chemische Prozesse möglich zu machen und zu tragen, ist so spezifisch, daß keine chemische Reaktion möglich zu sein scheint, ohne daß zum mindesten Spuren von Wasser vorhanden sind. Selbst Knallgas, ein Gemisch von Wasserstoff und Sauerstoff, will nicht explodieren, wenn man das Gasgemisch vollkommen von Wasserdampf befreit. Es brennt zwar, aber ungefähr mit dem Tempo einer Lunte. Durch das sich bildende Wasser kann es weiterbrennen.

In der Sprache der Alchimie würde man sagen: Das Wasser verkörpert vor allem das merkuriale Prinzip in der Natur. Es spielt ja hin und her zwischen Extremen, die es miteinander verbindet und in Wechselwirkung bringt. Es wirkt überall harmonisierend, oder – mit einem Ausdruck aus dem Bereich menschlichen Lebens – ausgleichend und heilend.

Wir haben schon zuvor gesehen, daß das Heilsame darauf beruht, daß das Wasser als Stoff Produkt eines Harmonisierungsprozesses ist. Im Wasser selbst ist sozusagen ein Problem der Natur gelöst.

Es gehört vielleicht zu den charakteristischsten Zügen der Erde, daß Leben nur möglich ist auf der Grundlage eines solchen Stoffes. Das Leben auf der Erde kann sich nur abspielen auf dem Hintergrund von harmonisierenden, Gleichgewicht schaffenden Kräften.

Der Kohlenstoff

Wir finden das Element Kohlenstoff in der Natur in drei verschiedenen Zuständen: Als Diamant, als Graphit und als amorphe Kohle. Der Diamant, die edelste Form, ist selten. Graphit trifft man ziemlich häufig im Gestein an. Unter amorpher Kohle werden alle nicht auskristallisierten Kohlearten zusammengefaßt. Diese sind sehr verschieden, haben aber doch ein gemeinsames Kennzeichen: Sie sind in Form und Eigenschaften stark bestimmt durch die Art ihres Entstehens. Wenn man zur amorphen Kohle auch Stoffe wie die Steinkohle zählt, die eigentlich erst auf dem Weg zum reinen Kohlenstoff sind, findet man erhebliche Mengen in diesem Zustand.

Diamant und Graphit.

Ein Vergleich zwischen den Eigenschaften von Graphit und Diamant gibt uns die Gelegenheit, auf ein bestimmtes didaktisches Prinzip hinzuweisen. Sowohl über den Graphit als über den Diamanten ist natürlich viel zu erzählen, wenn man auf ihre Verwendung und Verarbeitung eingeht. Will man jedoch den Stoffeseigenschaften eine besondere Aufmerksamkeit zuwenden, dann ist man bald am Ende, es sei denn, daß man einen bestimmten Weg einschlägt. Dieser Weg ist, den Stoff in seiner Wechselwirkung mit den verschiedenen Naturkräften und den anderen Stoffen zu beschreiben. Wir wollen also jeweils eine bestimmte Eigenschaft mehr oder weniger abstrakt hervorheben und diese unmittelbar danach auf die angedeutete Art anschaulich machen.

Wir beginnen mit dem Diamanten, der edelsten Form von Kohlenstoff. Diamant tritt auf als Oktaeder oder als Kubus, d. h. in den geschlossensten irdischen Kristallformen, welche denkbar sind. Der ungeschliffene Diamant ist meist etwas trüb an der Oberfläche und wenig auffallend. Diamant übertrifft alle anderen Stoffe weitaus an Härte. Das bedeutet, daß auf der Erde kein Gegenstand zu finden ist, womit man den kleinsten Kratzer auf seiner Oberfläche hervorrufen könnte. Wenn man hingegen einen Diamantensplitter nimmt, kann man damit jeden anderen Stoff ritzen, auch den härtesten. Diamanten besitzen also eines der charakteristischen Merkmale des Erdeelements, das Vermögen, seine bestimmten Formen festzuhalten, im höchsten Grade.

Wenn der rohe Diamant geschliffen wird, kommt ein Stoff zum Vorschein, der sehr durchsichtig ist, wie so viele kristallisierende Stoffe, und das größte Lichtbrechungsvermögen hat. Er läßt also einerseits dem Licht freies Spiel und andererseits beeinflußt er das Licht weitgehender als irgendein anderer Stoff. Würde man z. B. ein Prisma aus Diamant herstellen, so würde das durch ihn betrachtete Bild außerordentlich verschoben und mit sehr breiten farbigen Streifen gerändert erscheinen.

Schaut man in einen beliebigen Kristall hinein, dann wirkt unter Umständen die Hinterwand wie ein Spiegel. Sie ist also undurchsichtig und zeigt das Bild dessen, was vor ihr steht. Entsprechend dem starken Lichtbrechungsvermögen des Diamanten ist auch diese Erscheinung der totalen Reflexion des Lichts bei ihm besonders stark. Läßt man z. B. ein Lichtbündel auf einen Brillanten fallen, so beginnt ein Spiel mit dem Licht, das glänzender ist als bei anderen Stoffen. Durch das starke Zurückwerfen des Lichts, das nach innen gerichtet ist und sich immer wiederholt, wird das Licht mehr oder weniger eingefangen. Wenn es dann doch wieder heraustritt, funkelt es in warmen starken Farben. Es scheint, als ob der Drang, der das Erdeelement beherrscht – nämlich sich abzusondern und sich zusammenzuballen in die Eigenform – auf diese Weise auch über das Licht ausgedehnt würde.

Von Graphit sind viel größere Mengen vorhanden als vom Diamanten. Aber obwohl er durch diese Tatsache und durch sein wenig vornehmes Äußeres ein viel gewöhnlicherer Stoff ist, so hat er doch höchst merkwürdige Eigenschaften.

Er ist von schwarzer Farbe, das bedeutet, daß er kein Spiel mit dem Licht entfaltet, sondern es vernichtet. Dazu steht mehr oder weniger im Widerspruch, daß er ziemlich stark glänzt und spiegelt, was bedeutet, daß er das Licht zurückstößt und abwehrt, ähnlich einem Metall.

Graphit gehört zu den weichsten Stoffen des Mineralreichs. Sogar auf weichem Papier gibt er sein Schwarz ab. Hätten unsere Bleistifte nicht einen Zusatz von Ton im Graphit, so wären sie zu ihrem Zweck unbrauchbar. Nicht nur durch die Weichheit, sondern auch durch seine eigenartige Kristallstruktur kann man den Graphit als Schmierstoff benutzen. Einen festen Stoff als Schmierstoff! Man verwendet diesen im Klavier, wo hölzerne Teile der Klaviatur unter sehr geringem Widerstand und minimaler Abnutzung übereinandergleiten müssen. Man verwendet ihn auch, indem man Graphit unter das Zylinderöl von Motoren mengt, und vor allem verwendet man ihn für Schlösser. Daraus ist ersichtlich, daß es sich bei der Weichheit des Graphits eigentlich um ein außergewöhnliches Anpassungsvermögen handelt. Reibt man eine rauhe Oberfläche mit einem Graphitkristall ab, so werden alle Öffnungen gefüllt, alle Unebenheiten ausgeglichen, bis sie ebenso glatt ist wie der Graphit selbst.

Wenn wir nun diese Gegebenheiten in Gedanken zusammenfassen und einen Vergleich ziehen zwischen den Eigenschaften des Diamanten und denen des Graphit, dann kommt etwas Überraschendes zum Vorschein. Es sieht so aus, als wären mit der größten Sorgfalt zwei Stoffe ausgebildet, die bis in die kleinsten Einzelheiten genau gegensätzlich sind. Wir stehen hier vor einer jener großartigen Ausbalancierungen, die kennzeichnend sind für den Aufbau und die Harmonie der Natur. Wohl mehr noch als andere Stoffe, äußert sich der Kohlenstoff in Einseitigkeiten, die hier jedoch – und darin zeigt sich die zentrale Stellung des Kohlenstoffs – außergewöhnlich sorgfältig aufeinander abgestimmt sind.

Es ist wohl ein Unterschied, ob man mit einem Kristall jeden anderen Stoff ritzen kann, oder ob an jede mehr oder weniger feste Oberfläche etwas von der eigenen Substanz abgegeben wird. Im ersten Fall hält die Form mit unbeirrbarer Kraft ihren Stoff umfaßt und trotzt so jedem Widerstand; im zweiten Fall ist der geringste Einfluß hinreichend, um den Stoff aus seiner eigenen Form zu lösen. Und doch tritt der Graphit in einer ganz bestimmten Kristallform auf, wenn auch verschieden von der des Diamanten.

Ein weiterer Gegensatz: Diamantpulver, das kräftigste Schleifmittel, mit dem man am besten eine Oberfläche abschleifen und polieren kann, und eine Graphitschicht, die eine zusammenhängende, fettig anzufühlende Masse bildet, mit der so ziemlich jede Unebenheit ausgeglichen wird.

Interessant ist die Verwendung des Diamanten beim Bohren in hartem Gestein, wo alles seiner Härte weichen muß. Und doch ist der Diamant so spröde, daß man ihn in einem Stahlmörser leicht zerstoßen und pulverisieren kann. Selbst dieser Stoff muß also manchmal zurückweichen vor einer Übermacht. Aber auch dies ist kein Nachgeben. Es ist eher ein sich Zurückziehen in immer kleinere Teile, die jedoch stets dieselben Flächenwinkel aufweisen. In jeder Hinsicht legt der Diamant den Nachdruck auf Absonderung in einer bestimmten Form.

Man könnte sagen, daß der Diamant eine bestimmte Seite des Erdeelements mit der äußersten Konsequenz durchführt. Der Graphit dagegen zeigt einen gewissen Widerspruch in seinen Eigenschaften. Er ist zwar ein fester Stoff, besteht jedoch nicht auf der Absonderung. Er paßt sich sehr leicht seiner Umgebung an und bildet mit anderen Stoffen schnell eine neue Einheit.

Es ist selbstverständlich, daß der Diamant ein schlechter elektrischer Leiter sein muß. Ein fester Stoff, der lichtdurchlässig ist, läßt keine Elektrizität durch. Genauso einleuchtend ist, daß Graphit als guter Leiter kein Licht durchläßt. Hierin zeigt er Verwandtschaft mit den Metallen. Wo Elektrizität sich frei bewegen kann, wird das Licht ausgeschlossen.

Durch die merkwürdige Kombination seiner Eigenschaften ist der Graphit der gegebene Stoff, um in der Technik verwendet zu werden, wenn ein nicht leitender Gegenstand mit einer Metallschicht überzogen werden soll. Man reibt z. B. eine Gipsfigur erst mit Graphit ein und gibt ihr auf diese Weise eine zusammenhängende, Elektrizität leitende Haut. Jetzt kann diese Figur auf elektrolytischem Weg mit einer Metallschicht bedeckt werden. Diese Methode nennt man Galvanoplastik.

Wie das Element Kohlenstoff sich dem Leben und der Chemie entzieht.

Der Lebensprozeß, wie er sich uns vor allem in den Pflanzen darstellt, hat etwas sehr Zartes, fein Bewegliches und Fließendes. Die Art, wie der Sauerstoff von der Sonne im Pflanzengrün als ein segnender Strom freigemacht wird, kann man damit in direktem Zusammenhang erleben.

Wie anders ist es, wenn der Kohlenstoff aus einem lebenden Wesen frei wird, dadurch, daß man es versengt! Dann erhält man einen Stoff, der lange unverändert bleibt unter dem Einfluß von Luft und Wasser. Während das Element Sauerstoff als Lebenswecker auftritt, ist der Kohlenstoff als Element durch seine Starrheit und Abgeschlossenheit etwas, was man als das natürliche Symbol des Todes betrachten könnte. Und doch bildet der Kohlenstoff den Mittelpunkt fast aller Stoffe, die für das Leben von Bedeutung sind. Beinahe alle diese Stoffe sind Kohlenstoffverbindungen.

Man kann sogar dadurch, daß man Teile von Lebewesen unter Luftabschluß erhitzt, eine bröckelige Kohlenstoffmasse erhalten, welche die ursprüngliche Struktur weitgehend bewahrt hat. Man nennt solchen Kohlenstoff, welcher keine Kristallstruktur hat, sondern Einflüssen seine Form verdankt, die nicht mit seinen eigenen Gesetzen zusammenhängen, amorphe Kohle.

Die Stoffe, die mit dem Leben zusammenhängen, befinden sich oftmals in flüssigem Zustand oder sind sogar flüchtig. Andere sind zwar fest, wurden dann aber aus einem flüssigen Zustand verdichtet. Die meisten sind Einflüssen sehr zugänglich und sehr veränderlich.

Der Kohlenstoff als Element hat alle diese Eigenschaften nicht. Er ist außerordentlich schwer in Bewegung zu bringen durch Erhitzen, durch Auflösen oder Einwirkung von Chemikalien. (Das gilt auch für Diamant und Graphit.)

Wenn man ein Stück Kohle unter Luftabschluß erhitzt, bleibt es noch lange grell glühend und fest, während die meisten anderen Stoffe schon geschmolzen oder verflüchtigt wären. Erst über 3500° breitet er sich in die Dampfform aus, beinahe ohne das flüssige Stadium durchlaufen zu haben. Das ist wohl ungefähr der beharrlichste Versuch, die eigene Form und Umgrenzung festzuhalten, die wir kennen. Kein Lösungsmittel ist uns bekannt, in das der Kohlenstoff sich unter gewöhnlicher Temperatur hinein verteilte. Wohl aber gibt es einige Metalle, die ihn in glutflüssigem Zustand auflösen und ihn auf diese Weise in Bewegung bringen. Von großer technischer Bedeutung ist seine Lösung in Eisen, wie sie aus den Hochöfen abfließt.

Reiner Kohlenstoff wird unter gewöhnlicher Temperatur einzig und allein von Fluor angegriffen. (Das kann jedoch nur im Laboratorium geschehen.)

Alle anderen chemischen Einflüsse werden abgewehrt. Man kann daher Retortenkohle benutzen bei der Elektrolyse von Chloriden. Das freiwerdende Chlor würde jedes Metall angreifen, wird die Kohlenelektrode jedoch nicht beschädigen. Holzpfählen verleiht man Widerstand gegen Fäulnis und Einwirkungen aus dem Erdboden, indem man sie teilweise im Feuer verkohlen läßt.

Die einzige Art, den Kohlenstoff wirklich in Bewegung zu bringen, ist die Verbrennung. Oberhalb einer bestimmten Temperatur, die bei den verschiedenen Kohlenarten verschieden ist, verbindet der Kohlenstoff sich mit Sauerstoff, und es entsteht ein Stoff, der in beinahe jeder Beziehung entgegengesetzte Eigenschaften hat, das Kohlensäuregas (CO_2).

Die charakteristischen Eigenschaften des Kohlenstoffs weisen darauf hin, daß er als Element eine beinahe ausschließliche Verwandtschaft zur Erde hat. Selbst in Verbindungen ist der Kohlenstoff noch erfüllt von dem Drang, in diesen exklusiven Erdezustand überzugehen. Die zahlreichen natürlichen Prozesse, die hin tendieren zum Freiwerden von schwarzem Kohlenstoff, wie z. B. Verkohlung, Rußen usw., weisen uns darauf hin. Gerade der Stoff, der einbezogen ist in einen der auffallendsten Kreisläufe der Natur, hat also auch die Neigung, sich mehr als andere Stoffe zu isolieren und sich diesem Kreislauf zu entziehen.

Man sollte bei alledem schon bedenken, welch ein weiter Weg es von der lebenden Substanz bis zum reinen Kohlenstoff ist. Alle Zwischenstadien wie z. B. gewöhnliche Holzkohle, sind viel zugänglicher für chemische Einflüsse als reiner Kohlenstoff.

Erscheinungen beim Verbrennen von Kohlenstoff.
Die «richtige Vorstellung» in Wissenschaft und Technik.

Angesichts der weitgehenden chemischen Passivität des Kohlenstoffs gegenüber den meisten anderen Stoffen ist es auffallend, daß die Verbrennungstemperatur nicht sehr hoch liegt. Während sie beim Diamanten noch um 850° C. liegt, verbrennt Graphit schon bei 700° und amorphe Kohle manchmal schon bei 200°. Man halte z. B. ein Stückchen Kohle in die Gasflamme, bis es teilweise glüht. Das schwarze Ding leuchtet dann fort in orangefarbener Glut, auch noch, wenn die Flamme schon weggenommen ist. Man sieht, wie die schwarze Masse aufgezehrt wird, während eine sehr leichte, blaßgraue Asche zurückbleibt. Die Untersuchung ergibt außerdem, daß Sauerstoff aus der Luft verbraucht wird und Kohlensäuregas entsteht. Wir sehen also die Kohle verschwinden und mit dem Sauerstoff in einer Glut aufgehen, von welcher Licht und Wärme ausstrahlen, aber die auch das unsichtbare, von Licht und Wärme verlassene, Kohlensäuregas entläßt.

Man muß bei den Versuchen immer wieder beachten, ob man es mit einem Ganzen oder nur mit einem Bruchstück zu tun hat. Will man das Verbrennen von Kohle auf die typischste Art demonstrieren, dann kann man z. B. ein Häufchen Holzkohlestücke von unten und von der Seite her anzünden. Wenn man jetzt das Feuer kräftig anbläst, bekommt man mittendrin einen sehr heißen Raum mit gelbrot glühenden Wänden, während die Stückchen an der Außenseite dunkel bleiben. Der Kohlenstoff stellt also ein höchst charakteristisches Verbrennungsbild vor uns hin, das bei anderen Stoffen niemals auftritt. Ein Stück Kohle für sich zeigt immer nur einen Teil von diesem Bild.

Man kann natürlich das Verbrennen von Kohlenstoff so beschreiben, wie es gewöhnlich geschieht: Kohlenstoff verbindet sich unter Einfluß von hoher Temperatur mit Sauerstoff zu Kohlensäuregas, wobei starke Wärmeentwicklung auftritt.

$$\text{Kohlenstoff} + \text{Sauerstoff} \rightarrow \text{Kohlendioxyd} \; (+ \; \text{Wärme})$$
$$C + O_2 \rightarrow CO_2 + \text{A Kalorien}$$

Wenn man so zu Werke geht, spricht man zwar keine Unwahrheit aus, doch geht man an einem wichtigen Teil der Wirklichkeit vorbei. Man verwischt vollkommen den Unterschied zur Verbrennung anderer Stoffe. Achtet man hingegen mit Unbefangenheit darauf, was die Sinne vermitteln, dann erhält man das Folgende: Die Kohle wird von der feurigen Glut verzehrt, so daß beim Kohlenfeuer der Innenraum immer größer wird. Bei anderen Stoffen wie Phosphor und Schwefel sieht es aus, als ginge die Materie in Feuer auf, während hier das Feuer den Stoff anfrißt und verzehrt. Man betrachte diese Andeutungen als Anleitung zu sorgfältiger Beobachtung der Erscheinungen. Man wird dann sehen, was gemeint ist. Auch wenn man Holz oder Papier verbrennt, kann man das Nötige sehen.

Es kann überflüssig erscheinen, daß man Dinge dieser Art mit solchem Nachdruck auseinandersetzt. Wir müssen jedoch immer wieder an die Schulung der Menschenseele denken, und zu dieser Schulung gehört das Erwecken der richtigen Vorstellung. Solche Vorstellungen können zu Fenstern werden, durch die man eine tiefere Schicht der Wirklichkeit sieht, während unrichtige oder abstrakte Vorstellungen mit einer dicken Mauer zu vergleichen sind, die wir selbst vor die tiefere Wirklichkeit bauen. Außerdem können nur richtige Vorstellungen mit in den Schlaf genommen werden, um da befruchtend und aufbauend zu wirken. Sie stehen im Zusammenhang mit den feinen Wachstumskräften und eröffnen uns die Möglichkeit, dieselben in gewissem Grade zu beeinflussen und zu fördern.

Es ist schon beinahe selbstverständlich, daß unsere technischen Einrichtungen, insofern sie gut funktionieren, diesen richtigen Vorstellungen entsprechen. In jedem Ofen sind die Kohlen in der Mitte am heißesten, an der Außenseite oft sogar noch schwarz. Sie brennen immer um kleine Lufträume herum oder fallen in den glühenden Innenraum hinein, um zu verbrennen. Man probiere nur einmal Stückchen von Schwefel oder Phosphor in solch einem Ofen zu verbrennen. Das Studium der Technik kann also ein wichtiges Mittel zum Korrigieren abstrakter wissenschaftlicher Vorstellungen sein. Wenn man die Kohlenglut erst durch Blasen anfacht und dann zu blasen aufhört, sieht man fahle Flämmchen aufzüngeln. Das rührt daher, daß Kohlenstoff in zwei Etappen verbrennen kann. Bei ungenügender Luftzufuhr entsteht das gasförmige Kohlenmonoxyd, das wieder weiterverbrennen kann zu Kohlendioxyd oder Kohlensäuregas. Durch das Anblasen wird die Glut sehr heftig. Hört man zu blasen auf, dann ist für diese Glut nicht genug Sauerstoff vorhanden, und es tritt ein Mangel daran auf. An der glühenden Oberfläche entsteht daher Kohlenmonoxyd, das entflammt, sobald es genügend Luft bekommt.

In der Regel treten Flammenerscheinungen dadurch auf, daß die Hitze brennbare Gase oder Dämpfe aus dem Brennstoff treibt. Weil der Kohlenstoff bei der Verbrennungstemperatur nicht flüchtig ist, kann er eigentlich keine normale Flamme entwickeln. Dennoch wird es möglich durch das Auftreten von Kohlenmonoxyd. An einem besonders sprechenden Beispiel können wir hier erneut sehen, wie die Naturprozesse nicht nur nach allerlei Gesetzen verlaufen, die in abstrakten Formulierungen auszudrücken sind, sondern wie sie sich mindestens ebensosehr leiten lassen durch etwas, was man Bildgesetze nennen könnte. Der Kohlenstoff gehört zu den Brennstoffen, müßte also auch das Flammenbild entwickeln können. Über eine Art Umweg kommt dieses auch hier zustande, obwohl reiner Kohlenstoff nicht flüchtig wird und keine Gase entwickeln kann.

Über das Kohlensäuregas.

Wenn Kohlenstoff in Kohlensäuregas übergeht, bedeutet das eine Umkehrung von nahezu allen seinen Eigenschaften. Die dichte Starrheit wird zu großer Beweglichkeit und Dünne, die Passivität zu vielseitiger Aktivität, das Sich-Abschließen in den eigenen Grenzen wird zum Hineindringen in viele andere Stoffgebilde.

Eine gewisse spezifische Verwandtschaft mit der Erde bleibt jedoch auch jetzt noch bestehen. Das tritt deutlich zutage bei einem Vergleich mit den anderen Gasen der Luft. Das Kohlensäuregas ist darunter das schwerste. Wenn man reines Kohlensäuregas in die Luft entweichen läßt, sinkt es sogleich nach unten.

Man kann dies leicht demonstrieren mit Hilfe eines Zylinderglases, in welches man durch eine lange Glasröhre Zigarettenrauch geblasen hat. Bringt man über die Öffnung des Zylinders etwas Kohlensäuregas, so kann man einen heftigen Wirbel beobachten, der sich nach unten schiebt. Wenn nun, bevor allzuviel Rauch vertrieben ist, das Zylinderglas horizontal gehalten wird, sieht man den Rauch beinahe wie eine Flüssigkeit heraus und nach unten strömen. Der Rauch hat sich mit dem Kohlensäuregas gemischt und zeigt an, welchen Weg dieses beschreitet.

Man kann dann in ein leeres Aquarium durch eine Röhre Rauch blasen und nachher Kohlensäuregas sich am Grund ausbreiten lassen. Wenn man nun das Gefäß hin und her bewegt, sieht man den Rauch in Wellenbewegung geraten, als ob sich eine Flüssigkeit darunter befände. – Man kann natürlich auch den berühmten Versuch machen mit der Kerze, die in Kohlensäuregas ausgeht.

Etwas sehr Eindrucksvolles erhält man, wenn man Seifenblasen mit Kohlensäuregas füllt. Sie sinken fast wie Steine nach unten.

Alle diese Versuche kann man auch mit Wasserstoff machen (außer dem mit der Kerze). Man muß dann alles auf den Kopf stellen, und auch der ganze Verlauf ist so, daß unten und oben vertauscht wird. Wir werden noch sehen, daß dieses auf einem wirklichen Zusammenhang zwischen Kohlensäuregas und Wasserstoff beruht.

Auch in der Verteilung des Kohlensäuregases in der Atmosphäre sind Andeutungen zu finden, die auf eine Verwandtschaft mit der Erde schließen lassen. Der Kohlensäuregehalt der Atmosphäre ist meist sehr gering, ungefähr 0,03 %. In einiger Entfernung vom Boden ist dieser Gehalt praktisch konstant. Dicht über dem lebenden Boden nimmt er jedoch zu. Es kommt ziemlich häufig vor, daß Kohlensäuregas aus der Erde aufsteigt oder mit dem sogenannten Mineralwasser heraufkommt.

Es besteht nicht nur eine spezielle Verwandtschaft des Kohlensäuregases mit der Erde, sondern auch mit dem Wasser. Es löst sich in Wasser viel besser als die anderen Luftgase. Das gilt besonders für kalkhaltiges Wasser und vor allem auch für Meerwasser. Würde der Kohlensäuregehalt der Luft aus dem oder jenem Grund zunehmen, dann würde das Meerwasser den Überschuß sofort wegnehmen. (Übergang von Karbonaten in Bikarbonate.) Entstünde ein Mangel an Kohlensäuregas, dann könnte das Meerwasser große Mengen davon abgeben.

Man sagt allerdings, daß heutzutage das Meer dem Übermaß an Kohlensäureproduktion durch die Öfen und die Maschinen nicht mehr gewachsen ist.

Solch eine Wechselwirkung zwischen dem Kohlensäuregas und dem Wasser ist nicht nur für die Natur, sondern auch für die Lebensmittelindustrie von großer Bedeutung. Setzt man Kohlensäuregas über Wasser unter erhöhten Druck, dann wird sich immer mehr darin lösen. Verringert man den Druck, so perlt es wieder heraus, wie man an Sprudel und anderen moussierenden Getränken wahrnehmen kann. Ich meine, daß dieses Aufsprudeln des Kohlensäuregases, dieses Bilden von Bläschen, das man natürlich mehr oder weniger auch bei anderen Gasen wahrnimmt, das aber hier besonders stark ist, als eine besonders wichtige Erscheinung mit viel Sorgfalt betrachtet werden muß. Es ist eine Art Gegenstück zur Tropfenbildung. Mit dieser zusammen kann man es zu den auffallendsten merkurialen Erscheinungen zählen. Man kann das Sprudeln wiederholt und ohne viel Mühe erzeugen, wenn man von einer Sodalösung ausgeht und ihr etwas Säure beifügt.

Das gelöste Kohlensäuregas gibt dem Wasser den bekannten prickelnden, aufmunternden Geschmack. Die Lösung reagiert schwach sauer, was hinweist auf das Entstehen einer unbeständigen Säure, der Kohlensäure.

Das Kohlensäuregas zeigt nicht nur im gasförmigen Zustand eine deutliche Verwandtschaft mit dem Erden- und mit dem Wasserelement, sondern es kann sogar im Gegensatz zu den anderen Luftgasen verhältnismäßig leicht unter Druck verflüssigt werden. In dieser Form kommt es in den Handel.

Wenn man einen Zylinder flüssigen Kohlensäuregases mit der Öffnung nach unten neigt, so daß nach Öffnen des Hahnes die Flüssigkeit herausströmt, kann man dieselbe zu Kohlensäureschnee werden lassen, indem man sie in einem wollenen Tuch oder Sack auffängt. Durch die schnelle Verdampfung wird eine so plötzliche Abkühlung bewirkt, daß der Stoff zum Teil gefriert.

Betrachtet man die Rolle, die das Kohlensäuregas im großen Ganzen der Erde spielt, dann muß man feststellen, daß dieser Stoff viel mehr beiträgt zu den gewaltigen Stoffumsetzungen als alle anderen Stoffe, Sauerstoff und Wasser ausgenommen. Die Kohlensäure ist eine schwache Säure, doch sind die Wirkungen, die von ihr ausgehen, viel umfangreicher und eingreifender als die der starken Säuren.

Das Kohlensäuregas spielt in erster Linie eine große Rolle bei den *Lebensprozessen.* Es wird von allen Lebewesen ausgeatmet und ist für die Kohlensäureassimilation einer der beiden hauptsächlichen Grundstoffe.

Mehr *chemischer* Art ist die Einwirkung auf das Gestein. Dort fördert es die Verwitterung des Erstarrungsgesteins, weil es sich mit dessen alkalischen Bestandteilen verbindet und lösliche Salze bildet, die vom Wasser mitgespült werden. Der Rest des Gesteins beginnt dadurch zu zerfallen[1].

Im Kalkgestein, das größtenteils aus Calciumkarbonat besteht, ist eine große Menge Kohlensäure zu Erde verdichtet. Eigentlich müßten wir darüber sehr erstaunen, daß auch dieses Gestein gerade vom kohlensäurehaltigen Wasser angegriffen wird. Es wird zu doppeltkohlensaurem Kalk aufgelöst und in dieser Form vom fließenden Wasser weggeführt.

In beiden Fällen, bei der Verwitterung des Erstarrungsgesteins wie beim Auflösen des Kalksteins, übt das Kohlensäuregas einen mächtigen Angriff auf die Struktur der Erdkruste aus, so wie sie sich aus der Vergangenheit bis jetzt erhalten hat. Die neuen Verbindungen, die dabei entstehen, gehen in der Hauptsache in die Wassersphäre ein.

Bei den Pflanzen hingegen wirkt das Kohlensäuregas mit am Aufbau neuer Formen, wobei immer ein Übergang vom Wasser zur Erde stattfindet.

Die Bedeutung des Kohlensäuregases und des Kohlenstoffs für den Lebensprozeß der Pflanze.

Die wichtigsten Prozesse, an denen der Kohlenstoff beteiligt ist, spielen sich in den Lebewesen ab.

Bei der Kohlensäureassimilation folgt das Kohlensäuregas der typischen Kohlerichtung, von der Luft zur Erde, aus dem Licht in die Finsternis.

Die Pflanze braucht den Kohlenstoff. Sie ist bis zu einem gewissen Grade sogar organisierter und außerordentlich vielseitig differenzierter Kohlenstoff. Sie dankt vor allem die scharf abgegrenzte Form und Festigkeit ihrer Gestalt, ihre Fähigkeit, eine sehr komplizierte Struktur aufrechtzuerhalten, größtenteils der Neigung des Kohlenstoffs zur Verdichtung und Erstarrung.

Die Pflanze nimmt den Kohlenstoff aus der Atmosphäre auf in Form eines

[1] Vgl. Seite 142, Der natürliche Kreislauf des Natriums.

äußerst beweglichen Gases. Sie schöpft dabei aus einem Quell, der sich von selbst immer wieder erneuert, der sich aus sich selbst speist. Das kann als großer Vorteil betrachtet werden, während es beim ersten Hinblick als Nachteil erscheinen könnte, daß das Kohlensäuregas nur zu geringem Prozentsatz in der Luft vorhanden ist. Aber gerade dieser Umstand gibt der Pflanze die Gelegenheit, ihren «Beruf» auf die intensivste Weise auszuüben. Der «Beruf» der Pflanze ist es ja, formlosen Stoffen Struktur und Form zu geben. Je beweglicher und dünner der Ausgangsstoff, desto weiter der Weg vom formlosen Anfangs- zum komplizierten Endstadium, desto eindrucksvoller auch die Leistung des Lebensprozesses.

Man könnte das Kohlensäuregas beschreiben als durch Sauerstoff erweckten und bis dicht an das Leben herangeführten Kohlenstoff. Die Kohlensäureassimilation beginnt mit einer Reduktion. Während Licht und Wärme aufgenommen werden, wird der Sauerstoff abgesondert und mit ihm die Aktivität, die Beweglichkeit. Es ist eigentlich überraschend, daß das erste deutlich nachweisbare Assimilationsprodukt Stärke ist. Nachdem das Kohlensäuregas durch die Spaltöffnungen in die Pflanze eingedrungen und in die Flüssigkeit aufgenommen ist, geht es ziemlich plötzlich über in Stärkekörnchen. Der Kohlenstoff gerät sofort in einen erstarrten, körnigen Zustand, also ungefähr in das Gegenteil seines Zustandes als Kohlensäuregas[1].

Aber nun wird gleich das Stärkemehl in Zucker umgewandelt, und in diesem Zustand geht der Kohlenstoff in den Lebensprozeß der Pflanze ein.

Die Formel für Traubenzucker, um den es sich hier handelt, ist $C_6\ H_{12}\ O_6$. Man könnte dies auch so schreiben: $(CH_2\ O)_6$. Folglich kann man den Zucker als einen Stoff betrachten, in welchem Kohlenstoff mit Wasser verbunden ist, also mit dem Stoff, der den eigentlichen Wirkungsraum für die Lebensprozesse darstellt. Dem Reduktionsvorgang verdankt der Zucker die Brennbarkeit; dem Wassergehalt die Möglichkeit, fein differenziert in die verschiedenen Lebensprozesse aufgenommen und darin verarbeitet zu werden. Die Agressivität des Kohlensäuregases ist verschwunden und hat einer zugänglichen Passivität Platz gemacht, einer Offenheit für Lebenseinflüsse. Der Zucker in der Pflanze übertrifft in dieser Hinsicht alle Formen, in denen Kohlenstoff sonst auftritt.

Es besteht insofern noch eine gewisse Übereinstimmung des Zuckers mit dem Kohlensäuregas, als er in der Pflanze auch in einem beweglichen, fein verteilten Zustand vorhanden ist.

Von besonderer Bedeutung ist die Fähigkeit der Pflanzen, den Zucker zu verdichten und zu Stärke und Zellstoff erstarren zu lassen, ohne daß an dessen Zusammensetzung viel verändert würde. Eine bestimmte Menge Wasser wird jedoch ausgeschieden und das trägt natürlich bei zur Erstarrung.

Der Aufbau der Pflanzengestalt beruht zum großen Teil auf einer Verdichtung des Zuckers zu Zellulose und Holz. An den Wachstumszentren tritt also der

[1] Vgl. Stoffeswelt I, Seite 62 ff.: Der Unterricht in der 9. Klasse.

Zucker aus der Flüssigkeit heraus und geht über in mehr oder weniger feste, unlösliche Stoffe. Er wird hinuntergestoßen aus dem Bereich, wo die Lebenskräfte voll wirksam sind, in das Gebiet der mineralischen Kräfte.

Die Zellulose ist in ihrer Zusammensetzung noch sehr verwandt mit dem Zucker. Wenn sie unvermengt auftritt, wie in den Samenfasern oder in der Flachsfaser, kann man sogar deutlich sehen, daß das Licht viel Anteil an ihrer Bildung hat. Aber doch sind einige Hauptmerkmale des Zuckers, die Löslichkeit und die Zugänglichkeit für chemische Einflüsse, hier schon in ihr Gegenteil umgeschlagen. Zellulose ist ja ein besonders beständiger Stoff. Man könnte sogar von ihm sprechen als von einem edlen Stoff, in dem Sinn wie man gewisse Metalle edel nennt. In dieser Beständigkeit treten die kennzeichnenden Eigenschaften des Kohlenstoffs bereits deutlich hervor.

Wenn Zellulose noch weiter verdichtet wird, so daß Holz daraus entsteht, gehen Geschmeidigkeit, Elastizität und die Durchlässigkeit für Wasser verloren. Die Erstarrung wird also noch weitergeführt.

Während der Zucker gekennzeichnet ist durch eine äußerst vielseitige Formbarkeit, findet man in den zahllosen Zellulosestrukturen festgelegte Abdrücke der Formbarkeit: *Man hat hier eine Haupteigenschaft des Kohlenstoffs vor sich: Die Fähigkeit, sich durch das Leben formen zu lassen und die entstandenen Formen festzuhalten.*

Bei einer wachsenden Pflanze breitet die Gestalt, die anfänglich nur aus einem Körnchen, dem Samen besteht, sich mehr und mehr im Raum aus. Das ist ein Prozeß, der geradewegs entgegen den zusammenballenden, hinunterziehenden Erdenkräften verläuft. Der Kohlenstoff dagegen, der in diese Gestalt hineingearbeitet wird, befindet sich anfangs in sehr verdünntem, im Raum verteilten Zustand und wird zusammengezogen und verdichtet. Wenn man sich diese merkwürdigen Erscheinungen vor Augen führt, kommt das Überraschende zum Vorschein, daß das Wasser in der Pflanze sich hauptsächlich in der Wachstumsrichtung mitbewegt, während der Kohlenstoff sich ihr entgegengesetzt bewegt.

Diese Dinge weisen auf etwas Prinzipielles hin. Rudolf Steiner spricht wiederholt davon, daß die Kräfte, die die Substanz zum Leben wecken, die formend eingreifen, darum so schwer zu fassen sind für die gegenwärtigen Denkformen, weil sie vom Erdumkreis aus wirken und in jeder Hinsicht das genaue Gegenbild sind der typischen unorganischen Kräfte, welche von Mittelpunkten ausgehen. Der schließlich zustandegekommene Bau der Pflanzengestalt beruht auf einer Art Kampf zwischen den kosmischen Umkreiskräften und den irdischen «Zentralkräften».

Das Wasser in der Pflanze ist die Grundlage für das Wirken der Lebenskräfte, und es bewegt sich dann auch bis in die Raumesrichtung hinein in deren Sinn. Der Teil des Wassers, der sich unterwegs in die Pflanzengestalt einbauen läßt, wird in gewissem Maße wieder von den Erdenkräften festgehalten. Der Kohlenstoff bewegt sich in der Pflanze zwar in Richtung der Erdenkräfte, aber doch so, daß er in den Formen und Strukturen, die er annimmt, von den Lebenskräften bestimmt wird.

Das Wasser entströmt dem Bereich der Schwere und der Finsternis zum Licht hin, aus der Dichte in die Leichtigkeit. Der Kohlenstoff sinkt aus dem Licht in die Finsternis, aus der hellen Leichtigkeit in die dichte Schwere, aber auch aus dem Bereich der strömenden Lebenskräfte in den Bereich, wo die Mineralkräfte vorherrschen. Man kann auch sagen: Erst nimmt der Kohlenstoff teil an Prozessen, die in der Zeit verlaufen, dann gerinnt er zu Raumesformen. Aber die Gestalt, die entsteht, ist sozusagen eine Projektion des Zeitstroms in den Raum. Bei den Pflanzen wird immer das, was nacheinander entstanden ist, nebeneinander in der stillstehenden Form festgehalten.

Eine der Haupteigenschaften des Kohlenstoffs ist es also, die Grundlage dafür abzugeben, daß Geschehnisse, die in der Zeit verlaufen, zu Raumesstrukturen gerinnen können.

Diese Einsicht wird zu einem der Gesichtspunkte werden müssen, wodurch man einen lebendigeren Begriff von den Strukturformeln in der Kohlenstoffchemie bekommen kann. Man kann diese z. T. betrachten als eine räumliche Darstellung von Prozessen, die nacheinander stattgefunden haben[1].

Alles was wir sehen und greifen können an lebendigen Wesen ist eigentlich schon Ausscheidungsprodukt. Den Lebensprozeß selbst nehmen wir mit unseren Sinnesorganen nicht wahr, sondern nur dessen Abdruck in der Materie. Es ist vor allem der Kohlenstoff, der dazu beiträgt, daß die lebenden Wesen sich in dieser Weise unseren Sinnesorganen erkennbar machen, daß also der in der Zeit verlaufende Lebensprozeß zu raumerfüllender materieller Gestalt wird.

Wenn wir uns diese Aufgabe des Kohlenstoffs deutlich machen, werden die Eigenschaften, die er als Element zeigt, schon zum großen Teil durchsichtig. Wir begreifen jetzt, daß der Kohlenstoff als Diamant so stark vordringen und sich behaupten kann; daß der Kohlenstoff die Neigung hat, aus beweglichen Prozessen auszufallen und im amorphen Zustand zu erstarren; daß er als Element sehr schwer in Bewegung zu bringen ist und seinen Zustand hartnäckig festhält.

Kohlenstoff zwischen Sonne und Erde.

Kohlenstoff als Element ist meistens schwarz. Eine so charakteristische Kohlenstoffverbindung wie der Zucker ist farblos oder weiß, wenn er zu Pulver zerstampft wird. Beim Erhitzen geht dieses Weiß erst in Braun, dann in Schwarz über. Ein großer Teil der Vorgänge in der Kohlenstoffchemie äußert sich in solchen Farbübergängen zwischen schwarz und weiß. Ein weißer oder farblos

[1] E. Kolisko. «Hypothesenfreie Chemie im Sinne der Geisteswissenschaft III» in «Änigmatisches aus Kunst und Wissenschaft», Stuttgart 1922, Seite 211.

durchsichtiger Stoff übertrifft die anders gefärbten Stoffe an Fähigkeit, mit dem Licht zu spielen. Ein schwarzer Stoff vernichtet das Licht.

Mit Kohlenstoff in Form von Diamant können wir dieses Spiel mit dem Licht zum Höhepunkt führen. Wenn wir dagegen die Lichtwirkungen möglichst gründlich ausschalten wollen, brauchen wir Kohlenstoff in Form von Ruß. Ruß ist der schwärzeste Stoff, den wir kennen. Die verbreitetste Anwendung findet diese seine Eigenschaft in der Druckerschwärze und in der schwarzen Tusche.

Jeder Stoff übt eine gewisse vernichtende Wirkung auf das Licht aus. Bei der Luft können wir nur schwer feststellen, daß sie etwas von dem durch sie hindurchfallenden Licht wegnimmt. Beim Wasser und anderen Flüssigkeiten, vor allem, wenn sie gefärbt sind, ist diese Erscheinung schon viel auffallender. An durchsichtigen festen Stoffen ist sie noch stärker bemerkbar.

Wenn feste Stoffe die Neigung haben, das Licht völlig aus dem Raum, den sie einnehmen, auszuschließen, nennt man sie undurchsichtig. Wie es auch sei, das Licht verliert stets an Kraft und Wirkung, wenn es mit der Materie in Berührung kommt. Man spricht in diesem Zusammenhang von Lichtabsorption, aber man sollte eher von Finsterniswirkung sprechen, welche von der Materie ausgeht, denn überall, wo das Licht ferngehalten oder vernichtet wird, tritt Finsternis auf.

Kohlenstoff kann also der Träger sein von außerordentlich starker Finsterniswirkung.

Auch in dieser Hinsicht hat er eine für alle Stoffe charakteristische Eigenschaft, und zwar stärker als jedweder andere Stoff. Hierin äußert sich wieder die besondere Verwandtschaft des Kohlenstoffs mit dem Erdeelement.

Man beschreibt die Erscheinung der Lichtabsorption nur vollständig, wenn man hervorhebt, daß im selben Maße, als Licht vernichtet wird, Wärme auftritt. Wenigstens verhält es sich im allgemeinen so; wenn auch in geringerem Maße, treten bekanntlich noch andere Effekte auf.

Kohlenstoff in seiner schwarzen Form hat die besondere Fähigkeit, Licht zu vernichten und Wärme entstehen zu lassen.

Werden die verschiedenen Stoffe erhitzt, so schlagen die hier besprochenen Eigenschaften in ihr Gegenteil um (falls nicht durch die hohe Temperatur noch andere eingreifende Veränderungen hervorgerufen werden). Für jeden Stoff gibt es einen Wärmegrad, bei dem er zu glühen anfängt, d. h. unter dem Einfluß von Wärme werden im Dunkeln Lichterscheinungen sichtbar. Hierbei gilt im allgemeinen die Regel, daß Stoffe, welche im kalten Zustand wenig Licht absorbieren, beim Erhitzen wenig Licht ausstrahlen werden. Schwarzer Kohlenstoff dagegen beginnt bei niedrigerer Temperatur Licht auszustrahlen als andere Stoffe und strahlt bei gleicher Temperatur mehr Licht aus.

Bei höherer Temperatur hat der schwarze Kohlenstoff also eine spezielle Fähigkeit, Licht zu entwickeln auf Kosten der Wärme. Bei niederer Temperatur hat er eine spezielle Fähigkeit, Wärme zu entwickeln auf Kosten des Lichts.

Man kann solche Erscheinungen leicht anschaulich machen. Man nimmt ein Stück Retortenkohle (z. B. einen Kohlenstab aus der Bogenlampe) und zeichnet mit Kreide einige Striche darauf. Erhitzt man nun die Kohle im Dunkeln, dann sieht man die schwarze Oberfläche aufleuchten, während die Striche dunkel bleiben. Beleuchtet man danach den Kohlenstab, während er nicht mehr allzusehr glüht, mit einer starken Lampe, dann sind plötzlich die Kreidestriche wieder weiß auf dem dunklen Hintergrund. Den umgekehrten Versuch kann man machen mit einer weißen Porzellanscherbe, worauf man Graphitstriche gezeichnet hat. Es muß auf diese Weise sogar möglich sein, mit feurigen Buchstaben zu schreiben. Das wird man vielleicht mit einer rauhen Silberoberfläche und Graphit am besten erreichen.

Es ist eine besondere Kunst, Naturerscheinungen und Naturgesetze zu charakterisieren und zu beschreiben. Von dem Maße, in dem diese Kunst entwickelt ist, hängt schließlich das Verständnis ab, das man erweckt. Es kann auch nützlich sein, mehrere Beschreibungen zu geben, wenn man mit einer die Erscheinung nicht voll charakterisieren kann.

Wir haben in diesem Paragraphen etwas besonders Schwerwiegendes vor uns: Bestimmte Erscheinungen treten in die Sphäre der Wahrnehmbarkeit ein, andere verlassen sie. Auf einer höheren Ebene findet man das gleiche in Geburt und Tod. Man kann daher Ausdrücke aus diesem Bereich zu Hilfe nehmen, um Erscheinungen aus dem anderen zu charkterisieren. Man erhält dann das Folgende:

«In der schwarzen Kohlenstoffoberfläche stirbt das Licht mit allen seinen Äußerungen, während Wärme geboren wird. In der glühenden Kohlenstoffoberfläche wird Licht geboren, während Wärme stirbt.»

In diesen Eigenschaften ist der Kohlenstoff dem Silber völlig entgegengesetzt. Es gibt wohl keinen anderen Stoff, der alle Lichtwirkungen so vollkommen zurückwirft und bei dem Glüherscheinungen so lange ausbleiben, wie das Silber.

Man sagt, der Kohlenstoff sei nach dem Wasserstoff der Stoff mit der größten Verbrennungswärme. Es handelt sich hierbei um die Wärmemenge, gemessen in Kalorien, die per kg Gewicht entwickelt wird. Man könnte die Verbrennungswärme auch per Volumeneinheit, per Gramm-Molekül berechnen, dann bekäme man andere Verhältnisse[1]. Auf jeden Fall ist die Wärmemenge, die bei der Verbrennung entwickelt wird, sehr groß. Es ist also nicht ganz richtig, wenn wir sagen, der Kohlenstoff sei dem Erde-Element verwandt. Kohlenstoff ist mit Wärme geladene Erde, ganz anders als z. B. Quarz, der reine Erde ist.

Fragen wir uns, womit diese Fähigkeit des Kohlenstoffs, im Verborgenen viel Wärme aufzuspeichern, zusammenhängt, so müssen wir die Antwort suchen bei der Kohlensäureassimilation. Dabei wird die Sonnenstrahlung in den Stoff aufgenommen, während zugleich der Grund zur Erstarrung und Absonderung des Kohlenstoffs gelegt wird. Bei der Verbrennung geschieht das Umgekehrte. Eine

[1] Vgl. Baravalle, Zahlen a. a. O.

heftige Glut entsteht, durch die der Kohlenstoff sehr beweglich wird und in Luftform verfliegt. Was zuerst als Sonnenstrahlung im Stoff festgelegt war, wird wieder frei. Es handelt sich dabei nicht nur um zufällige Energieumsetzungen, sondern man muß den Kohlenstoff als den einen Stoff betrachten, der die besondere Fähigkeit hat, Sonnen-Impulse mit der Erde zu verbinden. Es ist darum auch kein Wunder, daß man gerade mit diesem Stoff das Sonnenbild leicht zum Aufstrahlen bringen kann[1].

Hierauf beruht auch, daß der Kohlenstoff nicht nur eine Hauptrolle bei der Heiztechnik spielt, sondern auch den Ausgangspunkt der Beleuchtungstechnik bildet. Bei Holzfeuern, Fackeln, Kerzen, Leuchtgasflammen, usw. wird Licht hauptsächlich durch glühende Kohleteilchen entwickelt. Die ersten elektrischen Glühbirnen hatten Kohledrähte. Das außerordentlich starke Licht und die hohe Temperatur der elektrischen Bogenlampe werden mit Hilfe von Kohlestäben erzeugt.

Bei der ganzen Heiz- und Beleuchtungstechnik handelt es sich gewissermaßen um das Erzeugen von Kunstsonnen. Durch das Anzünden einer Lampe wird die Finsternis vertrieben wie sie beim Aufgang der Sonne überwunden wird.

Wenn wir solche Tatsachen überdenken, kann es uns besonders auffallen, daß beim Verbrennen der Kohle der schwärzeste Stoff in Licht aufgeht. Die Schwärze der Kohle wird vom Licht überwunden, so wie die Sonne die Nacht überwindet. Das Verbrennen von Kohlenstoff darf man wirklich ansehen als eine exaktes Bild des Sonnenaufgangs. Wenn man Kohle auf andere Art zum Glühen bringt, müßte das auf dieselbe Art charakterisiert werden. Auch da entsteht Licht durch Überwindung der Finsternis.

In diesen Erscheinungen – diesem Aufleuchten aus der Finsternis – spricht sich das Wesen des Kohlenstoffs zwar schon deutlich aus, doch ist das bei der Kohlensäureassimilation noch stärker der Fall. Beim Verbrennen des Kohlenstoffes tritt, wie wir bereits gesehen haben, das Wesen des Sauerstoffs ebenso deutlich hervor wie das des Kohlenstoffs, während die Kohlensäureassimilation und alles, was darauf folgt, in erster Linie mit der Aufgabe des Kohlenstoffs zu tun hat.

Im Lebensprozeß der grünen Pflanze wird die Sonnenstrahlung tief mit der Materie verbunden. Licht verschwindet, ohne daß Wärme in meßbarer Quantität auftritt, und es entstehen Stoffe, die in ihrem Endzustand schwarz sein würden.

So wie bei der Verbrennung Licht aus der Finsternis auftaucht, so wird hier Licht in die Finsternis hinuntergeleitet und festgelegt. Die Kohlensäureassimilation und was darauf folgt, dürfen wir daher ebenso als ein Bild des Sonnenuntergangs auf dem Gebiet der Stoffumsetzung betrachten, wie wir das Verbrennen der Kohle als ein Bild des Sonnenaufgangs ansahen. Bei der Assimilation wie auch beim Sonnenuntergang taucht das Licht in die Erdenmaterie unter.

Auch wenn das Schwarz des Kohlenstoffs das Licht, welches darauf fällt, ver-

[1] Vgl. dazu Seite 113, Das Feuer als Sonnenbild.

zehrt und sogar, wenn das Schwarz des Rußes aus der Feuerglut aufsteigt, haben wir Bilder vom Sieg der Finsternis über das Licht, wie er beim Sonnenuntergang stattfindet, vor uns.

Der Kohlenstoff bietet weitgehender als irgendein anderer Stoff der Sonnenglut die Möglichkeit, sich mit der festen Erde zu verbinden und sich wieder aus ihr frei zu machen. Er stellt so in seinen wichtigsten Prozessen Bilder des Sonnenaufgangs und des Sonnenuntergangs vor uns hin, oder, könnte man auch sagen, des Eintretens der Sonne in die Erde und des Austretens der Sonne aus der Erde.

Die schwarze Kohle ist ein Bild für die Erde im Nachtzustand, also der Erde, welche die Sonne verborgen hält.

Das Kohlensäuregas, welches sich in der Atmosphäre befindet, und das also durchleuchtet werden kann vom Sonnenlicht, ist in seinem Gegensatz zur schwarzen Kohle zu vergleichen mit der Erde bei Tag.

Wir haben den Kohlenstoff kennengelernt als typischen Erdenstoff. Und gerade dieser Stoff trägt ein Abbild der gesamten Wechselwirkung zwischen Sonne und Erde in sich. Das ist eines der Zeichen, die darauf hinweisen, daß in der Erde eine verborgene Verwandtschaft zur Sonne lebt.

Wenn es möglich ist, einen ungeschliffenen Diamanten aus der Erdenfinsternis auszugraben und ihn so zu bearbeiten, daß er sein unvergleichliches Spiel mit dem Sonnenlicht entfaltet, so weist das ebenfalls darauf hin. Diese Erscheinung spricht auch von einer verborgenen Veranlagung der Erde, sich mit der Sonne zu verbinden. An diesem Punkte müssen wir auf ein Geheimnis deuten, das sich uns eindringlich kund tut und es doch ruhen lassen, ohne es zu ergründen. Denn es ist so eine überraschende Erscheinung, daß der Zustand eines Stoffes, den man wohl als den Höhepunkt des ganzen Erdendaseins ansehen kann, der des Diamanten, an einem chemischen Element auftritt und nicht an einer Verbindung.

Ich glaube mich nicht zu irren, wenn ich sage, daß es in der Natur nur noch *ein* anderes Element gibt, das in durchsichtiger, kristalliner Form auftritt, nämlich der Schwefel. Die Schwefelkristalle sind zwar sehr schön, allein man kann bei ihnen nicht von einem Höhepunkt sprechen. Jedenfalls wird durch sie die Einmaligkeit der Erscheinung Diamant nur noch unterstrichen.

Noch einmal Graphit und Diamant.

Wir haben im Diamanten und im Graphit die beiden Kristallformen und Stoffzustände vor uns, die der Kohlenstoff von sich aus annimmt, unbeeinflußt durch Einwirkungen von außen.

Finden wir in diesen beiden Stoffzuständen Spiegelungen der Aufgaben, die der Kohlenstoff im Leben der Natur hat?

Wir finden hier in erster Linie etwas von dem Hell-Dunkel, dem Weiß-Schwarz, in denen sich die Kohlenstoffchemie hin- und herbewegt. Diamant gewährt dem Licht Einlaß und spielt damit in unerreichter Art. Graphit ist sehr undurchsichtig und schwarz, außerdem spiegelt er ziemlich stark. Er bietet dem Licht also außerordentlich wenig Spielraum. Wir haben hier sogar die merkwürdige Erscheinung, daß ein und dieselbe chemische Substanz sich offenbart in einer Form, die schon dem Metallzustand nahekommt und in der eines durchsichtigen Kristalls. Es wurde bereits besprochen[1], daß dies fundamental entgegengesetzte Stoffzustände sind.

Das weist wieder darauf hin, daß der Kohlenstoff eine zentrale Stellung in der ganzen Natur einnimmt.

Vom Kohlenstoff in der Pflanze haben wir gesehen, daß er zuerst in sehr fügsamem, beeinflußbarem Zustand ist und dann übergeht in einen Zustand, in welchem die aufgenommenen Einflüsse festgelegt und festgehalten werden.

Der Kohlenstoff zeichnet sich einmal aus durch seine weitgehende Plastizität und Beeinflußbarkeit und dann wieder durch hartnäckiges Festhalten seiner Form, gepaart mit Abwehr von Einflüssen. Wir sehen sogleich, daß diese beiden Eigenschaften im Diamanten und im Graphit in auffallender Weise hervortreten.

Kohlenstoff — Wasserstoff — Sauerstoff

Verwandtes und Entgegengesetztes bei Kohlenstoff und Wasserstoff.

Wenn wir die Eigenschaften des Kohlenstoffs als Element mit denen des Wasserstoffs und vor allem ihre charakteristischen, natürlichen Kreisläufe vergleichen, zeigt sich ein überraschender Zusammenhang zwischen beiden Stoffen. Die Beziehungen dieser Stoffe zueinander bestehen zum Teil in einer gewissen Ähnlichkeit, zum Teil in einer tiefgehenden Gegensätzlichkeit.

Beide sind sie brennbar und beide entwickeln beim Verbrennen, verglichen mit anderen Stoffen, außerordentlich viel Wärme. Das Verbrennungsprodukt beider ist von zentraler Bedeutung für das Leben und für die Chemie der Erde. Hier stehen wir vor Erscheinungen, die mit dem größten Ernst betrachtet werden müssen: Verbrennen unter Wärme- und Lichtausstrahlung und zu gleicher Zeit das Auftreten einer gewissen Zugänglichkeit für die Einwirkung von Kräften aus den Bereichen von Chemie und Leben. In der Regel hat die Einwirkung von Sauerstoff, und besonders die Verbrennung eine starke Erhöhung der chemischen Aktivität zur Folge. Rudolf Steiner spricht über einen Gegensatz zwischen chemischen und Wärme-Effekten[2]. In der obengenannten Regel kommt dieser Gegensatz deutlich zum Ausdruck. Stoffe wie Kohlenstoff und Schwefel sind so-

[1] Vgl. Seite 46, Auflösen von Metallen in starken Säuren.
[2] «Wärmekurs» a. a. O. Siehe 12. Vortrag.

zusagen geladen mit Wärme, aber chemischen Einflüssen weniger zugänglich. Nach dem Entzünden strömt viel Wärme weg und zugleich tritt die chemische Aktivität auf. Man könnte die starken Chemikalien, wie z. B. Schwefelsäure und Natronlauge, sehr ausgebrannte Stoffe nennen. Beim Entstehen aus den Elementen hat ja eine starke Wärme-Entwicklung stattgefunden.

Angesichts der großen Wärmemenge, die bei der Verbrennung von Wasserstoff und Kohlenstoff freigeworden ist, sollte man nun erwarten, daß die chemische Aktivität von Wasser und Kohlensäuregas besonders stark sei. Wir finden zwar keine große Kraftentfaltung, wohl aber eine ungewöhnlich vielseitige Wirksamkeit auf chemischem Gebiet. Aber jede Wirksamkeit verläuft hier ruhig.

Nun müssen wir unsere Aufmerksamkeit auf folgende Tatsachen richten.

Kohlenstoff und Wasserstoff entwickeln von allen Elementen die größte Verbrennungswärme.

Kohlensäure und Wasser, die Verbrennungsprodukte, sind zugleich die häufigsten Verbrennungsprodukte.

Sie sind außerdem die Ausatmungsprodukte aller Lebewesen.

Sie sind die beiden Stoffe, denen neben dem Sauerstoff die meisten chemischen Verwandlungen in der Natur zu danken sind.

Sie sind die Stoffe, aus denen die Pflanzen sich hauptsächlich aufbauen.

Schließlich zeigen Kohlenstoff und Wasserstoff noch Ähnlichkeit in der auffallenden Neigung, sich dem großen Stoffkreislauf zu entziehen und im Zustand eines chemischen Elementes zu verharren. Dabei beginnt nun aber ihre Gegensätzlichkeit. Wenn der Kohlenstoff frei wird, nimmt er die Richtung zum Innern der Erde; der Wasserstoff hingegen wendet sich nach dem Erdumkreis.

Der Kohlenstoff als Element kann Eigenschaften entwickeln, mit denen er sich besonders in der Sinnesphäre vordrängt. In der Form des Diamanten zeigt er sich härter als alle anderen Stoffe, man kann sagen, er zwingt alle, die mit ihm in Berührung kommen, zum Ausweichen. Der Wasserstoff als Element hat ein außerordentlich geringes Maß von Eigenschaften, womit er sich den Sinnen aufdrängen könnte. Kein Stoff bietet so wenig Widerstand wie gerade der Wasserstoff.

Der Diamant hält seine Form stärker fest als jeder andere Stoff. Der Wasserstoff ist nicht nur der formloseste Stoff, den es gibt, sondern entzieht auch die Stoffe, mit welchen er sich verbindet, dem geformten Zustand. Der Wasserstoff ist sozusagen stoffgewordener Protest gegen alles, was Form heißt.

Den Kohlenstoff kann man kaum auf andere Weise aus seiner Erstarrung herausholen, als indem man ihn verbrennt. Man kennt ihn kaum in flüssiger oder flüchtiger Form.

Den Wasserstoff kann man nur mit großer Anstrengung aus dem Zustand der höchsten Beweglichkeit herausbekommen. Man kennt ihn kaum in flüssiger, geschweige denn in fester Form. Auch hier hilft die Verbrennung und liefert einen Stoff, der sich leicht verdichten läßt.

Wir haben gesehen, daß der Wasserstoff in jeder Hinsicht mit der Wärme verwandt ist. Auch bei niederer Temperatur verhält er sich so wie ein anderer Stoff bei hoher.

Der Kohlenstoff ist zum Teil dem Feuer verwandt, aber man kann auch sagen, er verhält sich bei sehr hoher Temperatur so wie ein anderer Stoff bei niederer. Das scheint für eine Verwandtschaft mit der Kälte zu sprechen.

Verbindungen von Kohlenstoff und Wasserstoff.

In Anbetracht des oben Gesagten erscheint es besonders interessant, daß es unzählige Stoffe gibt, die beim Analysieren nur oder beinahe nur Kohlenstoff und Wasserstoff ergeben. Das Erdöl besteht beinahe ausschließlich aus einem Gemisch solcher Kohlenwasserstoffe. Für die Teerprodukte gilt ungefähr dasselbe.

Wir wollen uns hier auf die Bestandteile des Erdöls beschränken, welche man gesättigte Kohlenwasserstoffe nennt.

Bei diesen Stoffen tritt die Eigenschaft der Brennbarkeit ganz einseitig hervor. Sie entwickeln beim Verbrennen außerordentlich viel Wärme, während sie so wenig zugänglich sind für chemische Einflüsse, daß sie auch Paraffine genannt werden. Nach dem zuvor Besprochenen ist dieses gemeinsame Auftreten von sich zusammenballender Wärme-Energie mit chemischer Passivität sehr begreiflich.

Hiermit steht wieder eine mangelnde Beziehung zum Wasser im Zusammenhang, die sich nicht nur in Unlöslichkeit äußert, sondern auch in der Fähigkeit, Wasser abzustoßen.

Man findet die Erdölprodukte hauptsächlich unter der Erdoberfläche. Sie sind also im Laufe der Erdgeschichte der Richtung des Kohlenstoffs gefolgt. Gewöhnlich stehen sie jedoch unter starkem Gasdruck, der sie aus der Erde emporschleudern kann. Dabei wiederum folgen sie der Richtung des Wasserstoffs. Wenn wir nun noch die Tatsache ins Auge fassen, daß sie eine Reihe bilden, an deren Anfang Gase stehen, in der Mitte flüssige Stoffe und an deren Ende feste Stoffe, wie Paraffin oder Erdpech, dann sehen wir, daß sie eine Art Brücke bilden zwischen dem Wasserstoff und dem Kohlenstoff.

Obwohl diese Kohlenwasserstoffe unbrauchbar sind für fast alle Lebewesen, werden im Lebensprozeß doch Substanzen hergestellt und verarbeitet, die mit den Kohlenwasserstoffen verwandt sind: Fette und Öle. Auch hier finden wir starke Wärmezusammenballung, wasserabstoßende Eigenschaften und eine ziemlich starke chemische Inaktivität. Mit einiger Anstrengung kann aber jedes Fett in zwei andere Stoffe gespalten werden, in eine Fettsäure und Glyzerin. Die Fettsäure steht den Kohlenwasserstoffen sehr nahe, noch näher als das Fett, jedoch hat sie einen geringen Sauerstoffgehalt und bietet dadurch chemischen Einflüssen und auch dem Lebensprozeß einen Angriffspunkt.

Das Glyzerin ist mit den leichteren Kohlenwasserstoffen verwandt. Es unterscheidet sich von ihnen durch seinen ziemlich großen Sauerstoffgehalt. Es ist noch brennbar, aber zugleich chemisch angreifbar und sehr gut löslich in Wasser.

Dank ihres Kohlenwasserstoffcharakters können die Fette eine große Bedeutung haben für den Wärmestoffwechsel (und für die Wasserabwehr, z. B. im Federkleid der Wasservögel). Dank ihres eigenartigen Aufbaus und ihres Sauerstoffgehalts sind sie zugänglich für den Lebensprozeß.

Die ätherischen Öle, diese flüchtigen, wohlriechenden Stoffe, an denen die Pflanzenwelt so reich ist, haben auch oft Kohlenwasserstoffcharakter. Bei ihnen herrscht der Wasserstoff vor. Sie treten da auf, wo die Pflanze sich dem Wärmeprozeß öffnet, also besonders in der Blüte, oder auch allgemein bei Pflanzen, die an sonnigen, trockenen Orten wachsen.

Der Zucker als ausgewogener Stoff. – Harmonisierung durch Sauerstoff.

Sehr anregend ist es nun wiederum, einen Stoff wie den Traubenzucker im Zusammenhang mit den Kohlenwasserstoffen zu betrachten. Wir sahen den Zucker bisher als Kohlehydrat an, also als eine Verbindung von Kohlenstoff und Wasser $(CH_2O)_6$. Wir können den Zucker jedoch auch als einen Stoff nehmen, in dem die Einseitigkeiten von Kohlenstoff und Wasserstoff durch den Sauerstoff besiegt und im Gleichgewicht gehalten werden. *Wasserstoff, der allzu flüchtige, wird bei der Verbrennung unter dem Einfluß von Sauerstoff zu Wasser verdichtet und erhält so seinen Platz unter der Erdoberfläche. Das meiste Wasser befindet sich ja in den weltumfassenden Meeren. Der allzu starre Kohlenstoff wird bei der Verbrennung durch den Sauerstoff als Kohlensäuregas aus der Erde befreit und bewegt sich nun über der Erdoberfläche.* Bei diesen beiden Verbrennungen findet also eine Art Überkreuzung statt. Man sieht hier an zwei wichtigsten Beispielen, wie der Sauerstoff nicht nur eine regulierende und aktivierende Rolle hat, sondern auch, wie er in seinen weitläufigen Wirksamkeiten sozusagen auf das Weltganze abgestimmt ist. Durch diese «Korrektur», die der Sauerstoff vornimmt, werden nicht nur die beiden Stoffe an die Orte gebracht und in die Zustände versetzt, die ihnen ermöglichen, wieder vollauf am Kreislauf der Natur teilzunehmen, sondern ihre Einseitigkeiten werden außerdem in den Dienst des Lebens gestellt. *Der verborgene Drang des Kohlenstoffs im Kohlensäuregas, doch wieder die Erde aufzusuchen, und der verborgene Drang des Wasserstoffs im Wasser, doch wieder aufzusteigen, finden in der Pflanze eine merkwürdige Erfüllung.* Aus dem aufsteigenden Wasser und dem heruntersinkenden Kohlensäuregas werden ja die Kohlehydrate, die Baustoffe der Pflanze, erzeugt.

Nicht nur die chemische Zusammensetzung des Zuckers, sondern auch die Art seines Entstehens weisen also hin auf die Harmonisierung großer Gegensätze.

Was hier als Gedankenbild für den Aufbau vom Zucker entworfen wurde, steht wieder im engsten Zusammenhang mit dem Bild, das die Pflanze uns vor Augen führt. Auch hier das nach oben Auseinanderstrebende, das Sich-Öffnen nach der Höhe, und nach unten das Sich-Zusammenziehende, das Sich-Festklammern an die Erde. Und in der Mitte das Spiel der Blätter, in denen der Sauerstoff gebildet wird.

Und der Zucker in der Pflanze folgt zwar hauptsächlich der Kohlenstoffrichtung, der größte Teil läßt sich verdichten und zur Erstarrung bringen, aber zum kleineren Teil gelangt er empor in die Blüte und läßt sich von den Insekten in den weiten Raum verbreiten.

Noch etwas über die Aufgabe von Kohlenstoff, Wasserstoff und Sauerstoff.

Wir können nun durch alles das, was an Beobachtungen zusammengetragen worden ist, das Wesen von Kohlenstoff, Wasserstoff und Sauerstoff noch um einen Grad deutlicher sehen lernen.

Das Leben jedweder Art von Organismus erscheint als ein unaufhörlich fließender Strom, der in rhythmischer Folge sich in den Raum ausbreitet und sich dann wieder zurückzieht. Vor allem bei den höheren Pflanzen ist diese Bewegung deutlich erkennbar, wenn man das Aufeinanderfolgen von ausgewachsenem Organismus, Samen, wachsendem Organismus ins Auge faßt.

Der Lebensstrom selbst ist den Sinnen verborgen. Was wir aber wohl wahrnehmen, ist ein immerwährender Aufbau von Gestalten, die sich den Sinnen aufdrängen, im Wechsel mit dem Abbau dieser Gestalten. Wenn die Gestalt sich zurückgezogen hat, wird der Lebensstrom vom Samen, der dem Auge recht wenig zu bieten hat, weitergetragen. Alles, was wir überhaupt sehen, ist eigentlich schon Ausscheidungsprodukt des Lebens. Das Leben selbst verbirgt sich darin oder dahinter.

Die Aufgabe des Kohlenstoffs zeigt sich vor allem in dem Zur-Erscheinung-Kommen, in dem Sich-den-Sinnen-Aufdrängen, was zusammengeht mit dem Ausgeschiedenwerden aus dem Lebensstrom. Während der Lebensstrom weitergeht von Generation zu Generation, bleibt die einzelne Gestalt zurück, starr und abgesondert. Und innerhalb der Gestalt finden wir wieder zahllose Formen, die Organe und Strukturen, die alle mehr oder weniger starr und voneinander getrennt sind.

Sobald der Lebensstrom sich in den Samen zurückzieht, muß alles, was Form war, wieder aufgelöst und in die große, unbestimmte Einheit des Weltganzen zurückgebracht werden. *In diesem Protest gegen die Form, in dem Zurückstreben in den Chaoszustand erkennen wir die Aufgabe des Wasserstoffs.*

Etwas weniger deutlich läßt sich auf den ersten Blick die Aufgabe des Sauerstoffs feststellen. Zwar ist er zweifellos vorzüglich der Lebensträger, aber wir nehmen bei der Atmung auch fortwährend Verbrennungs- und Abbauprozesse wahr. Achten wir jedoch auf den Gegensatz zwischen dem eigentlichen Lebensstrom und der erstarrenden Gestalt, so wird es uns durchsichtig:

Beim Wachstum droht das Leben sich dauernd festzulaufen in den Erzeugnissen, die es selbst hervorbringt. Die Aufgabe des Sauerstoffs ist es unter anderen, so viel Abbau und dann so viel Beweglichkeit aufzurufen, daß der Lebensprozeß immer weitergehen kann und sich immer erneuert. *Der Sauerstoff schafft Raum für das Leben inmitten erstarrender Struktur.*

Beim Tiere geht der Abbau durch den Sauerstoff natürlich viel weiter. Während in der Pflanze der Zucker größtenteils als Baumaterial verwendet und also in der Gestalt festgelegt wird, ist im typischen Tier jede Erstarrung möglichst vermieden. Der Zucker wird größtenteils verbrannt, wobei, ebenso wie bei der Verbrennung von Kohlenstoff zu Kohlensäuregas, Beweglichkeit auftritt. *Diese Zuckerverbrennung steht im Tier ganz und gar im Dienst der Triebe und Begierden und liefert die Grundlage für die Fähigkeit und den Drang, sich zu bewegen.*

Äußerlich betrachtet, geschieht im Menschen dasselbe wie im Tier. Auch hier finden wir Beweglichkeit auf Grund der Zuckerverbrennung. Bei ihm wird jedoch der Drang nach Bewegung zur zielbewußten Bewegung im Dienste des Ich. *Dank dem Zucker kann das menschliche Ich sich seines Organismus bedienen. Das menschliche Ich stützt sich also auf einen Stoff, in welchem der Drang zum Flüchten von der Erde und derjenige zum sich Festklammern an der Erde, ins Gleichgewicht gebracht und dadurch überwunden sind.*

Es ist ein charakteristisches Zeitsymptom, daß Kohlenwasserstoffe im Übermaß gebraucht werden, das heißt solche Stoffe, denen die Sauerstoff-Funktion fehlt. Das ist kennzeichnend für die Zeit, in der wir leben. Auch unserem gesellschaftlichen Leben mangelt es an der Fähigkeit, die großen Gegensätze auf solche Art zu überbrücken und aufeinander abzustimmen, daß ein harmonisches Ganzes entsteht. Auch hier fehlt sozusagen die Sauerstoff-Funktion.

Natrium und Schwefel

Einfache Versuche und deren Folgerungen.

Man kann das Wesen des Natriums durch einen sehr einfachen Versuch anschaulich machen. Man nehme ein Stückchen Natrium aus dem schützenden Petroleumbad, trockne es mit Filtrierpapier und schneide etwas davon ab. Man sieht dann kurz die glänzende Metalloberfläche, die aber gleich wieder überzogen wird von einer blaßgelben, trüben Schicht. Das Stückchen lege man auf ein offenes Uhrglas in einen nicht zu trockenen oder zu warmen Raum. Allenfalls lege man es in eine besonders dafür hergerichtete, feuchte Umgebung. Schon am nächsten Tag oder spätestens nach zwei Tagen wird man nichts mehr davon wiederfinden als ein kleines bißchen wässerige Flüssigkeit. Das ganze Stückchen ist langsam zerflossen in der Feuchtigkeit, die es selbst angezogen hat. Man sieht hier einen Stoff, der schon die kleinste sich bietende Gelegenheit benutzt, um vom festen zu dem flüssigen Zustand überzugehen.

Läßt man das Natrium auf etwas großzügigere Weise mit Wasser in Berührung kommen, indem man nämlich ein Stückchen ins Wasser wirft, so geschieht noch etwas ganz anderes. Es wird sofort ein heftiger Prozeß ausgelöst. Das Natrium, das an sich schon weich ist, schmilzt und kreist als silbernes Kügelchen zischend auf dem Wasser herum. Dabei wird es stets kleiner, bis es endlich ganz vom Wasser aufgenommen ist. Es verschwindet so schnell wie möglich vollständig darin.

Wir erkennen daran eine auffallende Verwandtschaft zwischen dem *Natrium* und der *Wassersphäre.*

Das ist schon wichtig, aber wir kommen noch einen Schritt weiter, wenn wir untersuchen, was aus dem Stückchen Natrium, das wir zu unsren Versuchen benutzt haben, geworden ist. Zuerst entsteht Natronlauge, diese zieht sogleich Kohlensäuregas an und verbindet sich damit zu Soda. *Ein bloßliegendes Stück Natrium ruht nicht, bevor es in den Salzzustand übergegangen ist.*

Im Elementenkreis steht der *Schwefel* dem *Natrium* gegenüber. Wie wir auch bei den anderen sich gegenüberliegenden Stoffen sehen werden, geht das parallel mit einem Gegensatz in Art und Eigenschaften. So kann man auch zwei typische Versuche einander gegenüberstellen. Die Auseinandersetzung des Natriums mit dem Wasser und die Auseinandersetzung des Schwefels mit dem Feuer. Um den Vergleich ganz genau durchzuführen, läßt man erst ein Stück Schwefel an der Luft liegen. Es wird nichts geschehen. Für den Schwefel ist ja das Vorhandensein als Element etwas ganz Normales. Erhitzt man ihn jedoch mit einer Flamme, so zeigt sich eine Veränderung. Er schmilzt, wird hellbraun und dann dunkelbraun, er beginnt merklich zu verdampfen und bald brennt er mit einem fahlblauen Flämmchen, das einen scharfen, zum Husten reizenden Geruch verbreitet. Das gelbe Stückchen wird langsam verzehrt, und schließlich haben wir nur noch eine scharf riechende Luft um uns herum. Wie das Natrium schnellstens in der Wassersphäre verschwindet, so sehen wir hier den Schwefel in die Feuer-Luftsphäre eintreten.

Man sollte auch einmal probieren, ein Stückchen Schwefel zu erwärmen, indem man langsam die Temperatur der umgebenden Luft erhöht. Dann hätte man den Gegensatz zum Natriumversuch noch genauer. Man könnte auch an Erwärmung durch eine erhitzte Kuppel denken oder dadurch, daß man ein Stück Schwefel in erhitzte Luft wirft. Wenn man die Versuche so gestaltet, daß sie zum Wesen der Sache gehören, so bekommt man immer die interessantesten Erscheinungen. Auf jeden Fall ist es eine *Haupteigenschaft des Schwefels,* daß er – sei es durch Verdampfen, sei es durch Verbrennen – leicht in die Sphäre *feuriger Luft* hineingezogen werden kann.

Der natürliche Kreislauf des Natriums.

Wir wollen nun den Natriumkreislauf, die «Naturgeschichte» des Natriums, näher besprechen. Dabei müssen wir immer im Auge behalten, daß wir nicht über ein Element als solches sprechen, sondern über etwas, was sich in vielen Verbindungen und Prozessen und Stoffzirkulationen darstellt und was vom Menschen nur schwer in die Form eines Elementes gebracht und darin festgehalten werden kann.

Wir müssen bei solchen Stoffzirkulationen darauf achten, wo der Stoff sozusagen in seinen Endzustand, in den Zustand völliger Entspannung gekommen ist, und wo er noch eine gewisse Spannung gegenüber seiner Umgebung beibehält.

Den Endzustand des Natriums finden wir im Meerwasser, im Meersalz. Da ist es ganz und gar «zu Hause» und in gewissem Sinne in Ruhe. Es sucht also einen Zustand endloser Flüssigkeitsbewegung, in dem es mitwogen, mitwirbeln und mitströmen kann. Es findet Ruhe und Entspannung in sehr bewegtem Zustand. Wichtig ist in diesem Zusammenhang auch, daß das Meer voller Lebewesen ist. Man findet Natrium-Verbindungen also vor allem da, wo sie an einem Daseinsraum für das Leben mitbilden können.

Hiermit stimmt überein, daß das Natrium in unserem Körper speziell in dem Blut auftritt. Auch beim Blut finden wir ja die unaufhörlich kreisende Bewegung; auch da die Funktion, Grundlage für das Leben zu sein.

Das Meersalz, welches zurückbleibt, wenn man Meerwasser verdampft, ist eine Art Gemisch, dessen Bestandteile in konstanten Gewichtsverhältnissen zueinander stehen. Die Konzentration der Lösung, also das Gewichtsverhältnis zwischen Wasser und Salz, kann zwar verschieden sein, das Verhältnis der verschiedenen Salze untereinander jedoch nicht. Die Konzentration des Blutsalzes ist viel geringer als die des Meersalzes, die Zusammensetzungen jedoch gleichen sich auffallend. Obwohl beide auch Unterschiede zeigen, kann man doch verdünntes Meerwasser sehr gut verwenden zur Anreicherung der Blutflüssigkeit nach starkem Blutverlust. Man sieht aus diesen Tatsachen, daß es sich bei der Zusammensetzung von Meersalz und Blutsalz um eine strenge, übergreifende Struktur handelt.

Das Natrium ist unter den salzbildenden Stoffen im Meerwasser ebenso wie im Blut am stärksten vertreten. Wir dürfen danach erwarten, daß es mehr als die anderen Stoffe Eigenschaften hat, die diese Art des Auftretens rechtfertigen.

Natrium ist jedoch nicht nur im Wasser vorhanden, sondern es nimmt auch in bedeutendem Maße Teil am Aufbau der Mineralien aus dem Erstarrungsgestein. In der Tiefe sind diese sehr haltbar, aber kaum sind sie an die Oberfläche gekommen, kaum werden sie den Einwirkungen von Wind und Wetter, von Temperaturwechsel, von Luft und Wasser ausgesetzt, so treten Veränderungen an ihnen auf. Auch bestimmte Lebewesen beginnen bald, sie anzugreifen. Unter diesen Umständen bilden Natrium- und Kaliumverbindungen vor allem den schwachen Punkt. Wenn sie z. B. von kohlensäurehaltigem Wasser angegriffen werden, fließen sie in Form von kohlensauren Salzen mit. Der Rest des Gesteins zerfällt, es verschlammt zu Ton und wird zermalmt zu Sand. In gewisser Hinsicht ist das Natrium im Erstarrungsgestein fehl am Platze. Es wird da sozusagen in einem ihm nicht gemäßen Zustand gefangengehalten und steht dadurch unter einer gewissen Spannung, besonders wenn es mit Wasser in Berührung kommt. Es macht sich augenblicklich auf den Weg zum Meer.

Was wir im kleinen bei dem Versuch sahen, als wir ein Stück Natrium offen liegenließen, stellt sich nun als etwas heraus, was sich im großen in der Erdrinde abspielt. Durch die natriumhaltigen Bestandteile ist der ganzen Erdrinde der Drang zu zerfließen, sich einzuebnen, eingepflanzt. Wenn es auf das Natrium allein ankäme, wäre die ganze Erde ein einziger großer beweglicher Tropfen.

Man darf bei dieser Betrachtung nicht übersehen, daß mit dem Verflüssigen das Bestreben Hand in Hand geht, alles zu einer großen Einheit werden zu lassen, worin jeder Teil mit dem Ganzen und mit jedem anderen Teil zusammenhängt. Der alleinliegende Stein ist viel stärker ein Ganzes für sich, er hat die Neigung, sich von dem großen Ganzen abzusondern. Die großen Meeresströme und die Wasserzirkulation im allgemeinen machen schon unter den Verhältnissen, wie sie heute sind, den Erdkörper in hohem Maße zu einer Einheit. Im Blut, das unaufhörlich den ganzen Körper durchströmt, tritt die alles verbindende, einheitbildende Eigenschaft noch deutlicher hervor.

Mit diesem Drang zum Einswerden ist das Natrium auf engste verbunden.

Eigenschaften der Natriumverbindungen im Zusammenhang mit der Stellung des Natriums in der Natur und in unserem Körper.

Die meisten Natriumverbindungen sind gut löslich in Wasser, d. h. das Natrium gibt seinen Verbindungen die Fähigkeit, im Wasser zu zerfließen. Besonders auffallend ist die Löslichkeit von Wasserglas (Natriumsilikat), weil beinahe alle anderen Silikate unlöslich sind. Nicht weniger auffallend ist die Löslichkeit von Seife. Die feste Seife ist ja das Natriumsalz einer Fettsäure, und die Fettsäuren stehen noch so nahe bei den Kohlenwasserstoffen, daß sie wasserabstoßende Eigenschaften haben.

Manche Natriumverbindungen sind hygroskopisch oder wasseranziehend, d. h. sie holen das Wasser aus der Luft, womit sie sich lösen und verflüssigen.

Man sieht an diesen Eigenschaften, daß das Natrium überallhin seine Verwandtschaft mit dem Wasser mitnimmt und offenbart.

Auch darf in diesem Zusammenhang gesehen werden, daß ja der Natriumgehalt von Fensterglas für dessen bessere Schmelzbarkeit sorgt.

Das Ätznatron ist die Natriumverbindung mit der größten chemischen Aktivität. Wir dürfen von ihr also besonders aggressiv auftretende auflösende

Fähigkeiten erwarten. Wir dürfen auch Fähigkeiten erwarten, die verwandt sind mit der verdauenden Aktivität unserer Gedärme, denn die Darmsäfte reagieren ziemlich stark basisch durch die Anwesenheit von Natrium- und Kaliumverbindungen.

Eine Lösung von Ätznatron oder Natronlauge kann auch verschiedene, sonst unlösliche organische Stoffe weich und schleimig machen und sogar auflösen. Außerdem kann man mit Hilfe von Natronlauge Kieselsäure und Fettsäuren lösen.

Die Naturgeschichte des Schwefels.

Wie es für das Natrium charakteristisch ist, vorwiegend im Salzzustand aufzutreten, ist es für den Schwefel charakteristisch, daß er, trotz seiner großen Brennbarkeit, öfters als chemisches Element ausgeschieden wird.

Natrium im elementaren Zustand flüchtet sich schnell in die Verbindung. Es wird immer umgeformt im Sinn eines Energieverfalls, in der Richtung einer Entspannung. Es ist behilflich beim Abtragen des hochgetürmten Gebirges, es sucht immer den am meisten zu Ende gekommenen harmonischsten Stoffzustand auf.

Der Schwefel hat es immer mit Energiezusammenballungen zu tun. Er wird z. B. da frei, wo Gebirge in die Höhe geschoben werden durch den Vulkanismus. In dem Zustand, in welchem man ihn als Element findet, ist er geladen mit Energie, die bei der Verbrennung frei werden kann.

Der Schwefel tritt öfter da auf, wo ein übersichtlicher, geordneter Zustand ins Chaos übergeht. Ein typisches Beispiel ist sein Vorhandensein in Schlammgräben. Die Lebewesen sind immer stark umgrenzt und geformt. Bei ihrer Auflösung und Verwesung werden die zahllosen Formen, die nebeneinander bestanden, zu einer einzigen, unbestimmten Masse, und dort findet man manchmal Schwefelablagerungen.

Und die Schwefelablagerungen im großen, die recht oft im Zusammenhang mit dem Vulkanismus stehen? Auch hierbei vollzieht sich eine gewaltige Chaotisierung, und sogar bis zu einem gewissen Grade eine Durchbrechung der gefestigten Naturordnung. Normalerweise ist die feste Erdkruste der ausgebrannteste, festgeformteste und am meisten zur Ruhe gekommene Teil in der Natur – und gerade auf diesem Gebiet findet Tumult und Bewegung statt. Eine glühende Masse steigt auf und schiebt die Erdkruste beiseite oder verflüssigt sie gar. Steine, Asche, Rauch werden mit Gewalt hoch in die Atmosphäre emporgeschleudert. Was zuunterst lag, kommt nach oben, und die Atmosphäre selbst antwortet zuweilen mit Blitz und Donner. Auch dabei werden alle Sphären durcheinandergeschüttelt: Wolken steigen auf, der Blitz schlägt nieder, ganze Stücke der Erdoberfläche können verschwinden, andere neu entstehen. Der Vulkanismus ist ein wunderliches Gemisch von Untergang und Schöpfung. Es ist, als ob Ur-Schöpfungsprozesse mitten in die erschaffene Welt versetzt wären. Dadurch, daß die bestehende Ordnung durchbrochen wird, wird Platz gemacht für neue Zustände.

Obwohl es sehr leicht ist, im Versuch mit Hilfe von Schwefel einen Vulkanausbruch nachzuahmen, habe ich doch lange gebraucht, um eine gute Möglichkeit herauszufinden. Man braucht nur ein Häufchen Schießpulver oben anzuzünden, und schon hat man ein hübsches Bild. Man kann das Häufchen auch mehr oder weniger mit Sand bedecken, muß aber dabei natürlich mit Vorsicht zu Werke gehen. Noch schöner wird das Bild, wenn man von einem Häufchen Kaliumchlorat ausgeht, dieses mit einer Schicht von Schwefel bedeckt und darauf wieder etwas Sand streut. In die Spitze des «Bergchens» muß man eine kraterförmige Vertiefung drücken und in deren Mitte wieder ein Schwefelhäufchen aufrichten. Alles wird gutgehen, wenn man den so aufgebauten Vulkan an der zuletzt geformten Spitze anzündet. Erst brennt es ganz langsam. Sobald die oberste Schicht aber dünn wird, so daß auch das Kaliumchlorat sich beteiligt, beginnt der Ausbruch. Es werden auch Teilchen herumfliegen.

Wenn wir ein ebensolches Häufchen nur aus Schwefel machen, kann die geschmolzene Masse sogar wie ein zähflüssiger Strom abwärtsfließen gleich Lava.

Man hat dem Schwefel den Namen Sulfur oder Solferus, d. h. Sonnenträger, gegeben. Ein erhabener Titel. Wie muß man ihn verstehen? Stellen wir uns zuerst einmal vor Augen, wie in bestimmten Gegenden Schwefelstücke, die manchmal deutliche Kristallformen zeigen, als schöne durchsichtige Steine zwischen anderen liegen. Man erhitzt nun einen Teil solchen Gesteins, in dem also auch Schwefel steckt, wie das in früheren Zeiten zur Gewinnung von Schwefel geschah. Man wird bemerken, daß das Gestein sich kaum verändert, während der Schwefel schon bald zu schmelzen, zu verdampfen und gar zu brennen beginnt. Im letzten Fall wird Hitze frei, der Stoff löst sich aus der Bindung an die Erde und sucht die Atmosphäre, das Gebiet, in dem die Sonne regiert. Wie die Sonne der große Wärmeträger ist in der ganzen Natur, so ist es der Schwefel inmitten des Gesteins. Beim Verbrennen folgt der Schwefel dem Beispiel der Sonne hinsichtlich ihrer Wärmestrahlung, und er folgt der Sonne auch in Richtung ihrer Bewegung und Ausbreitung. Auf diese Weise haben wir den Namen Sonnenträger bis zu einem gewissen Grade verständlich gemacht.

Der Schwefel im Eiweiß.

Wenn wir den Schwefel im menschlichen Körper aufsuchen, finden wir ihn wieder in verschiedenen Zuständen. In seinem typischsten und wirksamsten Zustand finden wir ihn im Eiweiß, im Protoplasma der Zellen. Das Protoplasma ist der lebendigste Bestandteil des Organismus. Je lebendiger das Eiweiß ist, desto merkwürdiger ist der Zustand, in dem es auftritt. Es zeigt ein Minimum an Struktur, und diese ist zudem sehr veränderlich. Aus der schleimigen, unbestimmten beweglichen Masse entstehen aber andauernd Gebilde mit scharf umrissenen Strukturen. Das ist dadurch möglich, daß das Eiweiß selbst in einen festeren oder sogar härteren Zustand übergeht wie bei der Hornbildung, oder daß es andere Stoffe ausscheidet wie bei der Zellwandbildung der Pflanzen. Ebensowenig wie deutlich sichtbare Strukturen kann man feste chemische Strukturen im Eiweiß nachweisen. Der Stoff ist hier in einem fast völlig chaotischen Zustand. Dieses Chaotische tritt um so mehr hervor, je mehr das Eiweiß in Wachstums- und Fortpflanzungsprozessen begriffen ist. Rudolf Steiner hat mit viel Nachdruck auf diese Tatsachen hingewiesen, weil es nur so möglich ist zu begreifen, wie die Lebenskräfte in den Stoff eingreifen können und wie sie die Stoffprozesse bilden und leiten. Bei dieser Chaotisierung des Stoffes spielt der Schwefel wieder eine besondere Rolle. Auch hier steht er sozusagen am Ursprung der Schöpfung[1]. Von diesem Gesichtspunkte aus ist der Schwefel eine Art Gegenspieler des Kohlenstoffs, welcher ja gerade die Grundlage liefert für feste Strukturbildungen.

Man kann die Rolle des Schwefels im Eiweiß ansehen als eine Art höherer Metamorphose des Vulkanismus. Auch im Lebensprozeß wird die feste Ordnung durchbrochen und werden die Sphären durcheinandergeschoben. Was im Lebensprozeß mit der Erdrinde zu vergleichen ist, das ist der Stoff in seinem toten mineralischen Zustand, in dem alles Streben auf feste chemische Strukturen gerichtet ist. Die Sphäre der Lebenskräfte dagegen ist vergleichbar der Atmosphäre über dem Vulkan, in die alle Prozesse hinaufgetrieben werden. Unter Mitwirkung des Schwefels wird der Stoff aus den nur physischen Bindungen herausgelöst, sozusagen erhoben und in den Wirkungsbereich der Lebenskräfte hineingetragen. In diesem Zustand fügt sich der Stoff den Lebensgesetzen, um später in einer durch das Leben bestimmten Gestalt wieder niederzusinken in die Sphäre des rein Physischen. Der Schwefel macht also den Stoff sozusagen geeignet für höhere Einflüsse.

Der Schwefel ist der große Grenzendurchbrecher, der Stoff, der wie auf einer Leiter fortwährend von Ebene zu Ebene hinauf- und wieder niedersteigt.

Der Vergleich mit dem Vulkanismus trifft auch insofern zu, als bei Mensch und Tier der Aufbau neuen Eiweißes nur möglich ist nach vorangegangenem Abbau. Bei der Verdauung muß das fremde Eiweiß ja erst ganz zerlegt werden, bevor das eigene Eiweiß gebildet werden kann.

Man ersieht aus dem hier Besprochenen, daß die Aufgabe des Schwefels eigentlich eine sehr edle ist, so chaotisch und widerlich viele Erscheinungen um ihn herum auch sein mögen.

[1] Rudolf Steiner und Dr. med. Ita Wegmann, Grundlegendes für eine Erweiterung der Heilkunst nach geisteswissenschaftlichen Erkenntnissen. 1925. 3. Aufl. Arlesheim 1953. Siehe z. B. die Kapitel XIII und XIV.

Ein Vergleich der Natrium- und Schwefelprozesse.

Wenn wir nun noch einmal die mit dem Natrium und dem Schwefel zusammenhängenden Prozesse miteinander vergleichen, kommen die charakteristischen Aufgaben beider deutlich heraus.

Im großen ganzen bewegen sich die Natriumprozesse vor allem in horizontaler Richtung; damit passen sie sich der Schichtung der Erde an. Sie verlaufen in strenger Ordnung und führen zu einem Energieverfall, wie wir das schon früher gesehen haben.

Der Schwefel wirkt vor allem in vertikaler Richtung und ist beteiligt an Prozessen, in deren Lauf Schichtungen durcheinandergeworfen werden, Ordnung zerstört wird und Energie sich zusammenballt.

Der Schwefel protestiert sozusagen gegen die erstarrende, Grenzen bildende Tendenz der Erdenkräfte.

Das Kochsalz, das typischste Natriumsalz, kristallisiert in Würfelform und fügt sich damit gerade besonders gut ein in die starren, zur Zersplitterung führenden Erdgesetze, so daß es immer als das Symbol der Erde gegolten hat.

Worauf es bei jenem «Protest» des Schwefels eigentlich ankommt, ist die Trennung von Stoff und Geist. In unserem Organismus finden wir die Schwefelprozesse besonders wirksam im Unterleib. Das ist vor allem der Ort, wo die Eiweiße aufgebaut werden; da werden also die Stoffe in die Region der Lebenskräfte hinaufgetragen, da wirken Stoff und Geist als Einheit.

Die Natriumprozesse finden wir vor allem im Kopf und im Darm. Von dem, was im Kopf geschieht, gibt die Kristallisation von Kochsalz ein gutes Bild. Man kann diese nämlich so einrichten, daß es aus der Flüssigkeit aufglitzert wie eine Wolke kleinster Teilchen, die alle anwachsen und wie eine Art Schnee in kleinen Würfelchen herunterfallen. (Man füge dafür einer gesättigten Kochsalzlösung Salzsäure bei. Von seitwärts beleuchten!) Wie sich hier der Stoff aus der Einheit herauslöst, in der er in der Flüssigkeit aufgenommen war, so wird im Kopf die Materie bis zu einem gewissen Grade losgelöst aus der Gewalt der Lebenskräfte. Die freiwerdenden Lebenskräfte stehen nun dem Denken zur Verfügung. Das Bewußtwerden der Gedanken beruht auf einer Art Spiegelung an der Materie. Das Bewußtsein hängt also zusammen mit einem Abbau des einmal Aufgebauten.

Es ist eine merkwürdige Tatsache, daß das Natrium in Form von Lauge oder doch von stark alkalisch reagierenden Stoffen auch in den Gedärmen am Abbauprozeß teilnimmt. Während im Gehirn ja die Substanz abgebaut wird, die der Körper selbst aufgebaut hat, vollzieht sich im Darm der Abbau körperfremder Stoffe. Hier muß erst das fremde Leben überwunden werden, bevor die Materie verarbeitet werden kann. Im Gehirn muß die Materie ausgestoßen werden, so daß die Lebenskräfte frei werden und zur Verfügung stehen können.

Es wird nun ganz deutlich, daß das Kochsalz beiträgt zur Aufhellung eines dumpfen Bewußtseinzustandes. Erhöhte Schwefelzufuhr hat dagegen Stumpfheit zur Folge, weil dem notwendigen Abbau im Kopf entgegengewirkt wird. Menschen, in deren Organismus die Schwefelwirkung zu stark ist, entwickeln zu wenig Fähigkeit, im rechten Augenblick die Materie «niederschlagen» zu lassen. Sie können dadurch schwer ihre Vorstellungen spiegeln. Es fällt ihnen nichts im rechten Augenblick ein. Sie werden auch verhältnismäßig viel Blut in der Haut haben und eine gewisse Neigung zum Chaotischen aufweisen, weil auch in ihrem Organismus die verschiedenen Regionen, die getrennt sein sollten, ineinandergehen.

Beispiele für eine Besprechung des Natriums im Unterricht.

Wir haben bisher das Wesen von Natrium und Schwefel in mehr allgemeiner Weise behandelt und hoffen, damit den Erwachsenen, die sich in diese Materie einarbeiten, gedient zu haben.

Nun wollen wir versuchen aufzuzeigen, wie man denselben Stoff im Unterricht behandeln kann. Wir können das dann zugleich als ein Vorbild dafür nehmen, wie man den Übergang von der allgemeinen Einsicht zu der bis in Einzelheiten gehenden Ausarbeitung finden kann.

Wir könnten damit beginnen, einzelne wichtige Verbindungen zu zeigen. Hierbei kommt zunächst das Kochsalz in Betracht. Um es besonders anschaulich und charakteristisch erscheinen zu lassen, kann man etwas feines Kochsalz auf schwarzes Papier oder in ein von unten her beleuchtetes, mit Wasser gefülltes Zylinderglas streuen. Man kann auch größere Kristalle zeigen, die immer rechteckig, würfelförmig oder terrassenförmig sind. Dann führt man Stückchen von Ätznatron vor, die durch die Feuchtigkeit schnell glänzend werden. Man kann etwas Ätznatron in Wasser lösen und anfühlen lassen, wie es warm wird. Und man kann noch zeigen, wie Kochsalz aufgelöst wird und wieder auskristallisiert.

Nun nehmen wir ein Stückchen Natrium. Wir lassen fühlen, wie leicht und wie weich es ist. Wir schneiden ein Stück ab und zeigen die glänzende Schnittfläche und ihr schnelles Trübwerden durch Oxydation. Ein Stück wird in feuchter Umgebung liegengelassen, damit es in einigen Tagen wieder betrachtet werden kann.

Jetzt werfen wir etwas Natrium ins Wasser und achten auf das Gezisch und auf die merkwürdige Art der Fortbewegung. Halten wir eine Gasflamme daran, so entsteht rund um das silberige Kügelchen ein kleiner gelber Flammenkragen. Vielleicht lassen wir ein paar Kügelchen ein Tänzchen miteinander aufführen. Wir schieben ein Stückchen Natrium auf einem kleinen Sieb unter ein umgestülptes Zylinderglas und fangen das sich bildende Wasserstoffgas auf.

Wir können jetzt auch ein Becherglas mit Phenolphtaleïnlösung füllen. Wenn man Natrium hineinwirft, wird man die rote Verfärbung sehen, die auf basische Reaktion hinweist. Die Flüssigkeit fühlt sich schlüpfrig an.

Am nächsten Tag können wir an die Erscheinungen anknüpfen, die sich an dem blanken Stück Natrium gezeigt haben. Es verhält sich zwar wie ein Metall und hat dessen typische Eigenschaften, aber es stürzt sich so schnell wie möglich in einen anderen Zustand. Es ist nicht recht zu Hause in dem Metallzustand. Man kann den Übergang ins Oxyd unter Aufnahme von Sauerstoff, den ins Hydroxyd unter Aufnahme von Wasser, den ins Salz unter Aufnahme von Säure, besprechen.

Wir besprechen die Einwirkung von Wasser auf ein schwimmendes Stückchen Natrium und zergliedern diesen Prozeß nach der physikalischen und chemischen Seite. Durch die heftige Reaktion wird viel Wärme entwickelt. Das leicht schmelzbare Natrium verwandelt sich in ein flüssiges Kügelchen. Durch seine Leichtigkeit schwimmt es auf dem Wasser.

Chemisch gesehen, findet folgende Umsetzung statt:

$$\text{Natrium} + \text{Wasser} \rightarrow \text{Natronlauge} + \text{Wasserstoffgas.}$$

Gewöhnlich gibt man solch einen Prozeß in einer Reaktionsgleichung wieder, wie folgt:

$$\begin{array}{l} 2\,Na + H_2O \rightarrow Na_2O + H_2 (\uparrow) \\ Na_2O + H_2O \rightarrow 2\,NaOH\,(Na_2O.H_2O) \\ \hline 2\,Na + 2\,H_2O \rightarrow 2\,NaOH + H_2 (\uparrow) \end{array}$$

Dies ist jedoch eines der Beispiele dafür, daß man sich seinen eigenen Gedankengang nicht richtig bewußt macht. Man hat es in Wirklichkeit eigentlich nur mit der dritten Gleichung zu tun, während die erste und die zweite zur Erklärung dienen. Man zerlegt den Prozeß in Gedanken in zwei Teilprozesse. Man sollte also die Gleichungen in dieser Reihenfolge wiedergeben:

$$\begin{array}{l} 2\,Na + 2\,H_2O \rightarrow 2\,NaOH + H_2 (\uparrow) \\ \hline 2\,Na + H_2O \rightarrow Na_2O + H_2 (\uparrow) \\ Na_2O + H_2O \rightarrow 2\,NaOH \end{array}$$

Oder:

$$2\,Na + 2\,H_2O \rightarrow 2\,NaOH + H_2 (\uparrow) \begin{cases} 2\,Na + H_2O \rightarrow Na_2O + H_2 (\uparrow) \\ Na_2O + H_2O \rightarrow 2\,NaOH \end{cases}$$

Wenn man diese Prozesse exakt behandelt hat, kann man dieselben mehr vom Bild her betrachten. (Man könnte natürlich auch die umgekehrte Reihenfolge wählen.) Man bespricht das Flüssigwerden des Natriums an der Luft oder das Aufgehen in Wasser im Zusammenhang mit der ganzen Natur und mit unserem Körper. Das ist ja schon früher besprochen worden.

Natürlich behandelt man auch die Herstellung von Ätznatron aus Natriumchlorid und von Natrium aus Ätznatron. Es ist vielleicht sogar besser mit diesen Herstellungen zu beginnen, bevor man die Eigenschaften des Metalls bespricht, weil das die Reihenfolge der Praxis ist.

Man erspart sich Zeit, wenn man das Kalium zugleich mit dem Natrium behandelt. Jedoch muß man noch besonders charakterisieren, inwiefern es sich vom Natrium unterscheidet und im Gegensatz zum Kohlenstoff steht. Alle Erscheinungen bei diesen Elementen gleichen sich und sind doch wieder auf typische Art verschieden. Dasselbe kann man über ihre Aufgabe im Lebensprozeß sagen[1].

Vielleicht stellt sich das Bild von Kalium noch deutlicher heraus, wenn man es für sich behandelt. Man hat außerdem noch den Vorteil, eine Wiederholung über das Natrium vornehmen zu können.

Beispiel für eine Besprechung des Schwefels.

Wir zeigen erst den Schwefel als Blume, als Stangen und soweit möglich in natürlicher Form. Danach schmelzen wir Schwefel in einem Glasgefäß. Am schönsten ist es, wenn wir eine Retorte verwenden oder einen nicht zu kleinen Kolben. Wir können dann die verschiedenen Zustände demonstrieren, die bei der Temperaturerhöhung durchlaufen werden. Wir sehen die braunen Dämpfe und vielleicht sogar den Niederschlag von Schwefelblume.

Etwas besonders Schönes zeigt sich, wenn wir auf ein Drahtnetz zwei kleine Glasplatten legen, zwischen die wir etwas Schwefelblume gestreut haben, und dann mit dem Bunsenbrenner das Ganze von unten und oben vorsichtig erwärmen. In kurzer Zeit wird die Masse schmelzen. Sobald sie wieder abgekühlt ist, tritt ein sehr schöner Kristallisationsprozeß ein. Man bekommt den sogenannten monoklinen Schwefel, der aussieht wie ein perlmutterglänzendes Nadelarrangement. Schaut man es am folgenden Tag wieder an, so wird man trübgelbe Flecken sehen, weil der Schwefel langsam wieder in die gewöhnliche rhombische Kristallform übergeht.

Gewöhnlich führt man auch den plastischen Schwefel vor, indem man eine bestimmte kleine Menge Schwefel erhitzt, bis er dünnflüssig ist, und ihn dann in kaltes Wasser ausgießt. Der Flüssigkeitsstrahl erstarrt unmittelbar zu einer dunkelbraunen Schlange von gummiartiger Beschaffenheit. Das ist Schwefel in einem eigenartig amorphen Zustand. Nach ein oder zwei Tagen ist er wieder in seinen harten, rhombisch auskristallisierten Zustand übergegangen.

Hier haben wir wieder ein Beispiel von einem Versuch, der nur das Fragment eines großartig dramatischen Vorganges darstellt. Dieser kommt ganz zur Erscheinung, wenn man z. B. in einem eisernen Becher ziemlich viel Schwefel erhitzt, bis die Masse kocht und flammt. Beim Kochen von Schwefel hat man ein wirres, chaotisches, sehr eindrucksvolles Bild vor sich. Wenn man nun das Zim-

[1] Vgl. Seite 156, Kalium.

mer verdunkelt, sieht man außerdem noch die fahlblaue, geheimnisvolle Flamme richtig. Man kann jetzt den Becher mit einer Zange anfassen und vorsichtig etwas Schwefel ausgießen. Er fließt als blauleuchtender Strahl auf die Unterlage und brennt dort weiter.

Eine großartige Erscheinung ruft man hervor, wenn man nun wieder Licht macht und die kochende Schwefelmasse schnell in ein großes Glas mit kaltem Wasser schüttet. Man muß natürlich vorsichtig sein, denn der Verlauf kann so heftig werden, daß eine Explosion entsteht. Wenn es gut geht, hat man erst ein heftiges Zischen, Brausen oder sogar Kreischen. Dann sieht man die dunkelbraune Masse sich unter Wasser heftig und krampfhaft bewegen. Manchmal taucht sie einige Male auf und sinkt dann wieder schlaff zusammen, bis alles in zuckenden Bewegungen endet. Wir sehen vor uns etwas, was wie ein düster dämonisches Tier aussieht.

Die Überlieferung bringt den Schwefel mit dem Teufel in Verbindung. Rudolf Steiner deutet auf eine gewisse problematische Seite am Schwefel hin, die Anlaß gibt, von Drachenkräften zu sprechen. Solche Dinge kann man immer bis zu einem gewissen Grade im Experiment sichtbar werden lassen. In einem guten Demonstrationsversuch erscheinen nicht nur Bilder von Naturgeschehnissen, sondern es können auch Bilder von geistigen Aspekten des Stoffes hervorgerufen werden. Solche Erscheinungen kann man entdecken, wenn man auf der Grundlage anthroposophischer Gesichtspunkte weiterbaut. Es ist ja selbstverständlich nicht die Aufgabe des Lehrers, diese Gesichtspunkte direkt den Schülern mitzuteilen. Wenn man jedoch einen Versuch auf solcher Grundlage aufgebaut hat, kann man ihn in jedem Fall zeigen. Es wird dann doch ein tiefer Eindruck von einer bestimmten Seite der Schwefelnatur hervorgerufen. Wenn man die verfeinerte Struktur und den Perlmutterglanz der triklinen Schwefelkristalle zwischen den Glasplättchen danebenstellt, hat man die andere, die zarte, edle Seite des Schwefels in einem schönen Bild vor sich.

Es ist gut, den scharfen, Hustenreiz erregenden Geruch des brennenden Schwefels riechen zu lassen. Allenfalls kann man die bleichende Wirkung des Schwefeldioxydgases an einem Fleck farbigem Pflanzensaft vorführen. Man wird auf jeden Fall zeigen, daß dieser Dampf Lakmus rot färbt und also säurebildende Eigenschaften besitzt.

Vielleicht wird man jetzt auch auf verschiedene Art die Wechselwirkung zwischen Schwefel und Eisen vorführen. Man mischt Eisen- und Schwefelpulver im Gewichtsverhältnis 56 zu 32 und zündet das Gemisch an. Es bildet sich unter starker Glut Schwefeleisen. Hier hat man wieder einen Standardversuch vor sich, an dem gern der Begriff «Verbindung» demonstriert wird und den man meistens in einem Reagenzglas vor sich gehen läßt, um zu zeigen, daß die Luft keine Rolle dabei spielt.

Verzichtet man auf diesen Beweis, so kann man noch einen außerordentlich schönen Versuch machen: Man nimmt nicht zu wenig von dem Gemisch und ordnet es in einem unregelmäßigen, langgestreckten Häufchen an. Zündet man dieses nun an einem Ende an, so beginnt die Masse heftig zu glühen, und die Glut wandert langsam bis zum andern Ende. Besonders im Dunkeln gibt das ein prächtiges Schauspiel, das durch die blaue Flamme, durch die die Eisenteilchen in feurigen Linien hindurchschießen, noch erhöht wird.

Vor allem darf man auch nicht unterlassen, Eisenpulver in eine Schwefelflamme zu blasen. Am besten ist es, ein Eisengefäß mit brennendem Schwefelkohlenstoff zu verwenden. Man bekommt dann eine große, fahlblaue Flamme, in die die warmen, orangefarbenen Linien des Eisens hineinschießen, und sieht so im Bilde vor sich, wie die dumpfe Schwefelflamme durch das Eisen geformt und aufgehellt wird. (Selbstverständlich muß man den Abzug benutzen.)

Am nächsten Tag wird man näher auf diese Erscheinungen eingehen, wird sie in das Gedächtnis zurückrufen und noch exakter beschreiben. Man wird sie auch als Äußerungen eines Stoffeswesens, das einen bestimmten Platz im Kosmos hat, betrachten lassen. Der Schwefel reagiert stark auf Wärme und durchläuft unter ihrem Einfluß vielerlei Zustände. Die Erscheinungen haben etwas Überraschendes, etwas Unlogisches. Zum Teil zeigt sich etwas Düsteres, zum Teil aber auch etwas sehr Edles. Man wird den allgemeinen bildhaften Eindruck jenes dämonischen Tieres wirken lassen, aber auch soviel wie möglich herausarbeiten, was sich bei seinem Entstehen physikalisch abgespielt hat. Dann kann man den Zusammenhang mit dem Vulkanismus und mit dem Wärmechaos, das dabei entsteht, herstellen. Auch wird man eine Brücke schlagen zu der verfeinerten Art, wie der Schwefel im Eiweiß wirkt.

Dann wird man den Prozeß ins Auge fassen, der sich beim Verbrennen von Schwefel abspielt. Folgende Reaktionsgleichung kann man ableiten:

$$\begin{array}{ccccc}\text{Schwefel} & + & \text{Sauerstoff} & \rightarrow & \text{Schwefeldioxyd}\\ S & + & O_2 & \rightarrow & SO_2\end{array}$$

Schwefeldioxyd ist durch Sauerstoff aktivierter Schwefel. Das erklärt auch den starken Hustenreiz, den er auslöst. Der Schwefel wirkt auf den Stoffwechsel, peitscht ihn auf, so daß das Blut in der Lunge zu stark wirksam wird. Wer dafür empfindlich ist, wird sich auch dumpf im Kopf fühlen, weil sogar da die Stoffwechselprozesse zu stark angeregt werden.

Hier zeigt sich uns die problematische Seite des Schwefels, seine Neigung, dumpfe, chaotische Zustände zu schaffen durch seine übermäßige Aktivität. Man kann dann behandeln, wie das Eisen im Blut unter anderem die Aufgabe hat, ein Gegengewicht dazu herzustellen. Im Pyrit sind Schwefel und Eisen auf ideale Weise ins Gleichgewicht gekommen. So wird es begreiflich, daß dieser Stoff als Heilmittel für bestimmte Arten von Hustenreiz wirken kann.

Wenn wir jetzt wieder Versuche machen, können wir noch einmal die typischen Eigenschaften der Schwefelsäure vorführen. Die Zähflüssigkeit, das Heißwerden beim Mischen mit Wasser, das Verkohlen eines Stückchen Holz, usw. Die Wärmeentwicklung beim Vermischen mit Wasser kann man noch etwas deutlicher machen, indem man Wasser bis zum Siedepunkt erhitzt und dann mit einem Tropfhahn Schwefelsäure hineintropfen läßt. Jeder Tropfen verursacht heftiges Zischen und Brausen.

Interessant ist auch die Erscheinung, daß Zink von konzentrierter Schwefelsäure nicht angegriffen wird, daß es sich jedoch in verdünnter Schwefelsäure sofort unter heftiger Wasserstoffentwicklung auflöst.

Es liegt nahe, daß man noch die eine oder andere Säureverdrängung zeigt, weil die Schwefelsäure oft dafür benützt wird. Ferner kann man ein Sulfit in ein Schälchen legen und die Säure darübergießen. Sie wird dann unter Gezisch und Brausen Schwefeldioxyd entweichen lassen.

Es ist gut, auch vorzuführen, wie man aus Schwefel oder einem Sulfid Schwefelsäure machen kann. Die Schwefelsäuregewinnung ist ja einer der wichtigsten Prozesse in der chemischen Industrie.

Dann wird man die Darstellung von Schwefelwasserstoff aus Schwefeleisen und Schwefelsäure vorführen. Man zeigt, wie Bleiazetatpapier schwarz wird. Eine besondere Aufmerksamkeit sollte man der Tatsache widmen, daß Silber unter Einwirkung von Schwefel sich verfärbt, weil es sich mit einer dünnen Silbersulfidschicht überzieht. Im allgemeinen ist ja Silber ziemlich unangreifbar und ein Vorbild an Reinheit. Die Beeinflußbarkeit durch den Schwefel, Schwefelwasserstoff und andere Schwefelverbindungen, ist sein schwacher Punkt. (Wenn man der Sache nachgeht, stellt sich heraus, daß das mit der physiologischen Aufgabe des Schwefels zusammenhängt und mit der spezifischen Heilwirkung des Silbers in unserem Organismus, die beide auf dieselbe Region unseres Körpers gerichtet sind[1].)

Den außergewöhnlich widerwärtigen Charakter des Schwefelwasserstoffs, der seinen giftigen Eigenschaften entspricht, kann man zur Erscheinung bringen, indem man ihn durch einige Lösungen von Schwermetallsalzen wie Kupfersulfat und Silbernitrat hindurchleitet. Man erzielt so meist sehr häßliche, düstere Niederschläge. Will man diese Niederschläge zur deutlicheren Veranschaulichung in einer ziemlich großen Menge Flüssigkeit erzeugen, und will man außerdem den schädlichen Gestank vermeiden, so gebrauche man Natriumsulfid. Man löse ein wenig davon auf in einem Zylinderglas voll Wasser und füge dann eine konzentrierte Silbernitratlösung bei. Man bekommt so einen Niederschlag von Silbersulfid, der erinnert an Verunreinigungen im Kanalisationswasser. Natriumsulfid in einer Lösung von Ferrosulfat gibt einen außerordentlich düsteren Niederschlag.

Auch ist es möglich, ein typisches Charakterbild dadurch zu erzeugen, daß man ein mit Silbernitratlösung getränktes Filtrierpapier vertikal aufstellt und Schwe-

[1] Vgl. Seite 271, Silber- und Bleichemie.

felwasserstoffgas daran entlangstreichen läßt. Es entsteht ein trauriges Bild von Schmutz und Fäulnis.

Am dritten Tag kann man dann eine Übersicht geben über die drei wichtigsten Gruppen von Schwefelverbindungen:

Schwefelwasserstoff	Schwefeldioxyd	Schwefeltrioxyd
und	Schwefelige Säure	Schwefelsäure
Sulfide	Sulfite	Sulfate.

Man kann sich von der Bedeutung dieser Stoffe am besten eine Vorstellung machen, wenn man vom Bodenhaushalt und allgemein vom Auftreten dieser Stoffe in der Natur ausgeht. In unseren Gegenden fällt uns in erster Linie der Schwefelwasserstoff auf. An Orten, wo starke Zersetzungsprozesse von Eiweißen stattfinden, z. B. in schmutzigen Kanälen, auf schlecht versorgten Misthaufen, kann er sich auf sehr unangenehme Art und Weise bemerkbar machen. Das Schwefeldioxyd tritt bei Vulkanen auf. Auch in den Verbrennungsgasen von Fabriken findet es sich. Das kann besonders für die Nadelbäume von schädlicher Wirkung sein.

Der Schwefelwasserstoff wird wieder von den Schwefelbakterien aufgenommen und verarbeitet, die erst den Schwefel freimachen, ihn dann oxydieren und in Sulfat umwandeln. Das Schwefeldioxyd gerät mit dem Wasser in den Boden. Ist das Leben des Bodens gesund, so wird auch dieser Stoff oxydiert und in Sulfat umgewandelt. Die Schwefelsäure ist ebensowenig wie andere stark wirksame Chemikalien in größeren Quantitäten in der Natur vorhanden. Eine weise Naturordnung beschützt uns und die anderen Lebewesen vor ihr, indem sie die Schwefelverbrennung nie weiter als bis zum Schwefeldioxyd kommen läßt.

Die Pflanzen sind für ihre Schwefelaufnahme besonders auf die Sulfate im Boden angewiesen.

Ist der gute Bodenhaushalt gestört, z. B. durch mangelnde Luftzufuhr, dann können Reduktionsprozesse eintreten, in deren Verlauf Sulfate in Sulfite oder gar Sulfide und Schwefelwasserstoff übergehen. Sulfite sind schon mehr oder weniger ungünstig für die Pflanzenwurzeln, Schwefelwasserstoff ist für die Pflanze jedoch sehr schädlich.

Man hat in diesen drei Stoffreihen wieder ein schönes Beispiel für die Art und Weise, wie der Sauerstoff die Stoffe aktiviert und dem Lebensprozeß zuwendet. Wenn man die Formeln H_2S, H_2SO_3 und H_2SO_4 miteinander vergleicht, kann man gleich sehen, daß der Schwefelwasserstoff höchstens eine sehr schwache Säure sein kann. Er ist Schwefel, vom Wasserstoff in Bewegung gesetzt, aber nicht geöffnet durch den Sauerstoff. Das erklärt bis zu einem gewissen Grad den Gestank und vor allem die außergewöhnliche Giftwirkung. Der Schwefelwasserstoff greift das Blut in seinem Kern an, dadurch daß er mit dem Eisen des Hämoglobins ein Sulfid bildet.

Die schwefelige Säure, die ziemlich viel Sauerstoff enthält, hat einen deutlichen Säurecharakter, entwickelt jedoch nur mäßige Stärke. Die Schwefelsäure mit ihrem hohen Sauerstoffgehalt ist eine sehr starke Säure. Die Kraftnatur des Schwefels, durch den Sauerstoff vollauf geweckt, kommt hier zum Ausdruck.

Als Abschluß kann vielleicht folgendes Schema dienen, das ein Bild geben soll von der besonderen Verwandtschaft zwischen dem Schwefel und der Wärme, die von den Alchimisten in ihren tria principia : sal, mercurius, sulfur, so hervorgehoben wurden.

S

$\searrow$

$O_2 \rightarrow SO_2 \rightarrow$ Wärme

$\searrow$

$O \rightarrow SO_3 \rightarrow$ Wärme

$\searrow$

$H_2O \rightarrow H_2SO_4 \rightarrow$ Wärme

$\searrow$

$H_2O \rightarrow$ verdünnte H_2SO_4 $\rightarrow$ Wärme

$\searrow$

$NaOH \rightarrow Na_2SO_4 \rightarrow$ Wärme

Kalium

Ein Vergleich mit Natrium.

Das Kalium zeigt in mancher Hinsicht eine so große Ähnlichkeit mit dem Natrium, daß es nicht leicht ist, seinen eigenen Charakter deutlich zu machen.

Die Kaliumverbindungen im Gestein stimmen nicht nur der Zusammensetzung nach mit den Natriumverbindungen überein, sondern auch in der Häufigkeit ihres Vorkommens. Auch die Kaliumverbindungen bieten einen Angriffspunkt für Wasser und Kohlensäuregas.

Ein wichtiger Quantitätsunterschied zeigt sich doch, wenn man den Anteil beider Stoffe am Meersalz vergleicht. Kalium tritt da in viel geringerem Maße auf als Natrium. Ebenso findet man auch im Blutsalz viel weniger Kalium als Natrium. Im Lebensbereich des Wassers spielt das Kalium also eine weniger wichtige Rolle.

Das Kalium ist im Metallzustand noch viel aktiver als das Natrium. Die silberglänzende Oberfläche eines Stückchens, das man soeben durchgeschnitten hat, überzieht sich schnell mit einer bläulichen Schicht. (Bei Natrium ist es eine fahlgelbe Schicht.) Wirft man ein Stückchen Kalium ins Wasser, so reagiert das sehr heftig. Sofort sprüht eine violett-rosa Flamme auf, der meistens ein Knall folgt, während rötliche Funken durch die Flamme zucken. Von ruhigem Herumkreisen mit leisem Gezisch, wie es ein Stückchen Natrium tat, ist hier keine Rede. Man sieht, daß Kalium auch das Wasser sucht, aber daß es heftiger und feuriger reagiert als Natrium. Man könnte es ebensogut einen Feuersucher wie einen Wassersucher nennen.

Auch der Farbunterschied der Flammen ist bedeutsam. So wild sich die Kaliumflamme beim eben beschriebenen Versuch auch gebärdet, so hat ihre Farbe doch etwas Zartes und Feines, während die Natriumflamme eine recht aufdringliche, gelbe Farbe hat. Sonst ist aber die Natriumflamme in ihrem Auftreten bescheiden. Sie zeigt sich meist nur, wenn man das Natrium von außen her anzündet, und sie umgibt das Natriumkügelchen wie mit einem gelben, schiefstehenden kleinen Kragen. Das Natrium zeigt im Gegensatz zum Kalium deutlich eine gewisse Zurückhaltung gegenüber dem Feuer.

Wie gewöhnlich kommen die angedeuteten Unterschiede im Wesen beider Stoffe auch in der technischen Anwendung deutlich zum Ausdruck. Man benutzt Kaliumsalze wie den Kalisalpeter und Kaliumchlorat für Schießpulver, Feuerwerke und Streichhölzer, also in der Feuertechnik. Natriumsalze benützt man dafür nicht, obwohl sie billiger sind. Die Kaliumsalze sind weniger hygroskopisch als die Natriumsalze.

Das Spezifische der Kaliumverbindungen stellt sich erst deutlich heraus, wenn man die Rolle, die sie in Lebensprozessen spielen, mit der des Natriums vergleicht. Landpflanzen müssen ihre Substanzen zum großen Teil aus dem Boden aufnehmen, und zwar in Form von gelöstem Salz. Sie wählen dazu in erster Linie Kaliumsalze. Kalium ist also für die Pflanze der wichtigste Vermittler zwischen dem Mineralreich und ihren Wurzeln.

Das einzige Salz hingegen, welches Mensch und Tier in rein mineralischer Form aufnehmen, das Kochsalz, ist gerade ein Natriumsalz. Ein Kaliumsalz auf diese Weise aufgenommen, würde als Gift wirken. In den Säften der Tiere und Menschen herrschen, wie wir bereits gesehen haben, auch die Natriumsalze vor.

Die Seetange, die in einem natriumsalzreichen Milieu leben, zeigen in bezug auf die Salze ihrer Säfte mehr Übereinstimmung mit den Tieren als mit den Landpflanzen. Ihre Asche besteht größtenteils aus Soda oder Natriumkarbonat, während diejenige der Landpflanzen größtenteils aus Pottasche oder Kaliumkarbonat besteht.

Höchst interessant und zweifellos auch vielsagend für den Charakter von Natrium und Kalium ist ein Vergleich der Blutzirkulation bei Mensch und Tier und der Flüssigkeitsbewegung in den Pflanzen. Das Blut bewegt sich in schnellem, fortwährend wiederholtem Kreislauf. Natürlich nicht in einem vollkommen geschlossenen Kreis; denn fortwährend wird Wasser oder Salz ausgeschieden, und ebenso wird fortwährend Wasser und Salz aufgenommen.

Während das Blut nicht nur zirkuliert, sondern immer wieder zu einem Zentrum hin und wieder davon wegfließt, steigt das Wasser in der Pflanze in einem Rhythmus auf, der vor allem durch Tag und Nacht bestimmt ist, und dabei ist es eigentlich unterwegs von der Erde zur Sonne. Ein kleiner Teil bleibt zurück und wird im wachsenden Pflanzenleib verarbeitet. Der größere Teil strömt in die Blätter, von wo aus er in Dampfform in die Atmosphäre übergeht. Die Salze, welche von dem Wasser hinaufgetragen werden, bleiben größtenteils in der Pflanze zurück und werden z. T. zu pflanzlicher Substanz verarbeitet, ein anderer Teil bleibt auch im Salzzustand. Man kann eine stetige Zunahme des Salzgehalts der Pflanze mit dem Älterwerden nachweisen. Das fällt aber besonders in den Blättern auf, denn diese haben einen höheren Aschegehalt als Stengel und Wurzel. Mit dem Fallen der Blätter scheiden die Bäume daher auch eine bedeutende Menge von Salzen ab.

Ein Vergleich mit Kohlenstoff.

Man erhält ein typisches Bild von der Aufgabe der Kaliumverbindungen, wenn man darauf achtet, wie die Pflanze dem Wasser Form und Struktur gibt.

Bei den Landpflanzen finden wir immer eine Haut oder wenigstens eine Oberflächenschicht, die alles mit einem wasserundurchlässigen Mantel umhüllt. Dahinter befindet sich im allgemeinen ein stark wasserhaltiges Gewebe, in dem sich das Wasser, wenn auch langsam, nach allen Richtungen bewegen kann. Im

Zentrum der Pflanze finden wir die Holzgefäße, die aus ziemlich festen, beinahe undurchlässigen Wänden bestehen und in denen Wasser strömt. Bei den lebendigen Zellen finden wir meistens in der Mitte einen Raum, der nur Wasser und darin gelöste Stoffe enthält, rundherum eine Schicht sehr wasserhaltigen Eiweißes und schließlich die festere, weniger wasserhaltige Zellwand. Immer wieder findet man eine mehr oder weniger bewegliche Wassermasse, die von einer Wand eingeschlossen ist. Man erhält so ein Bild der Pflanze als eines Springbrunnens, dessen Wasser fortwährend aufgefangen, eingeschlossen und zum Teil festgehalten wird. Dieses Einschließen und Festhalten besorgt ein zweiter Strom, der sich hauptsächlich von oben nach unten bewegt und der die Stoffe, aus denen die Pflanze sich aufbaut, fortwährend nach unten trägt. Das sind vor allem Produkte der Kohlensäure-Assimilation und andere Stoffe, die im Blatt zusammengesetzt werden. Diese Stoffe sind in erster Linie um den Kohlenstoff gruppiert. Die Salze aus dem ersten Strom sind in der Hauptsache um das Kalium gruppiert.

So sehen wir einen für das Kalium kennzeichnenden Strom, der aus der Erde aufsteigt und in möglichst vielen Richtungen fortstrebt, und einen anderen, für den Kohlenstoff kennzeichnenden Strom, der nach unten fließt und den anderen Strom umhüllt, ihm Form gibt und ihn teilweise zum Erstarren bringt. Wenn das Wasser zu sehr die Oberhand gewinnt, wie das an feuchten, warmen, schattigen Stellen der Fall ist, dann bekommen die Pflanzen die Neigung, übermäßig zu schwellen und zu wuchern und dabei weich und kraftlos zu werden. Tritt der obere Strom zu stark hervor, wie z. B. an sehr hellen, trockenen Stellen, so erhalten die Pflanzen eine gedrungene und feste Gestalt. Im ersten Falle bleibt sozusagen zuviel Wasser in der Pflanze, welche zuwenig umhüllt und eingeschlossen ist. Im zweiten Fall ist ein Übermaß an Umhüllung vorhanden und zuwenig Wasser. Bei einer normalen Pflanze besteht die Festigkeit des Baus in einem Gleichgewicht zwischen beiden Strömen. Der untere Strom läßt sein Salz und einen Teil seines Wassers zurück. Die konzentrierte Lösung, die dadurch entsteht, wird von den Strukturen, welche der obere Strom ausscheidet, aufgefangen, umhüllt und bis zu einem gewissen Grade abgeschlossen.

Es sieht so aus, als ob die aufsteigenden Salze, die zum großen Teil gelöst bleiben, die Aufbauprodukte der Pflanze geradezu verlocken, sich zu verhärten und zu verdichten, kurz, sich in Richtung der Mineralisierung hinzubewegen.

Auch in unserem Körper tritt das Kalium mehr in eingeschlossenem Zustand auf als das Natrium. Man findet die Kaliumsalze mehr innerhalb der Zellen, die Natriumsalze in der Flüssigkeit außen um die Zellen herum.

Silicium und Kieselsäure

Das Auftreten von Kieselsäure in der Erdrinde.

In höherem Maße als die meisten anderen Stoffe stellt das Silicium sein Wesen in einem Bild für das Auge dar, und zwar im Quarzkristall. Es besteht aus Siliciumdioxyd (SiO_2), das man nicht ganz zu Recht meistens Kieselsäure nennt. Während man sonst vor allem auf die Dynamik der Prozesse achten muß, um dem Wesen eines Stoffes nahe zu kommen, spricht hier das Wesen schon durch ein statistisches Bild.

Aber um nun in die Tiefe dieses ruhenden Bildes zu dringen, müssen wir uns selbst um so mehr in Bewegung bringen. Wird man nicht tief berührt von dieser Reinheit? Die Substanz ist hart und stößt uns zurück aus diesem Stück Raum, und dennoch werden wir eingeladen, mit unserem Blick wie in ein herrliches Gebäude einzutreten. Wir werden dort umgeben von kühler Schönheit. Mit dem Licht zusammen dürfen wir bis in jeden Winkel durchdringen. Manchmal treffen wir auf eine Störung, einen Riß oder ein Wölkchen von Luft oder Wasserblasen, aber diese Dinge scheinen nur da zu sein, um mit dem Licht zu spielen und die Schönheit nur noch zu vermehren. Die Wölkchen glänzen in unirdischer Klarheit, jedes Rißchen spielt mit Farben, schöner als wir zu träumen vermögen. Manchmal gleicht solch ein Kristall einem Haus mit mehreren Räumen. Und jeder Raum, ob groß oder klein, hat wieder eine ähnliche Gestalt. Immer ist er in einer Richtung länger, in der anderen, quer dazu, schmaler. Die Wände sind gebaut wie die Zellen der Bienenwabe. So kommt eine sechseckige Säule mit pyramidenförmigem Dach zustande.

Bei dieser Form hat die Schwere nichts zu sagen. Nie kann man sehen, in welcher Stellung ein Kristall gestanden hat. Wohl aber kann die Erde die Entwicklung der Form stören, so daß man selten Kristalle findet, die an beiden Seiten ihre Pyramiden entwickelt haben. Meistens sind sie ja auf der einen Seite aus einer Grundmasse herausgewachsen.

Aber gerade diese Störung in ihrem wunderbaren Bau bewirkt den Anschein, als ob sie mit mächtiger Gebärde auf etwas deuten. Mit dem Muttergestein der Erde sind sie stofflich verbunden, in ihrer Form deuten sie nach den Weiten außerirdischer Reiche. Und wenn wir einen solchen Hohlraum im tauben Gestein öffnen, in welchem funkelnde Kristalle kreuz und quer nach innen zu strahlen, dann sehen wir, daß dieses Deuten allseitig gerichtet ist. Die Kristalle sind ein Teil der Erde, sie werden getragen vom Muttergestein, aber gerade sie, die aus der für die Erdrinde charakteristischsten Substanz bestehen, lehren uns die Erde als einen durchlässigen Körper erkennen. Wer sich tief einlebt in solch eine Kristallgruppe, fühlt auf allen Seiten auch unter sich den Weltenabgrund, er fühlt sich als ob er frei im All schwebe.

Es ist kein Wunder, daß bei diesem klaren Stoff die zartesten, reinsten, durchsichtigsten Farben auftreten können, vor allem das Lila des Amethyst, das ätherische Rosa des Rosenquarzes. Manchmal findet man die Andeutung einer dunklen Drohung, wie im Schwarz des Rauchquarz. Aber auch er bleibt durchsichtig.

Das Quarz scheint aus einem Stoff zu bestehen, der wie geschaffen ist für ein unaufhörliches Spiel mit dem Licht, und doch finden wir die schönsten Kristalle in Aussparungen, tief unten im Dunkel der Erdkruste. Beim Bohren eines großen Tunnels konnte es vorkommen, daß die Gesteinswand aufbrach. Trat man mit Fackeln hinzu und in den dunkeln Hohlraum dahinter, dann befand man sich in einer Felsenkammer mit mächtigen Gestalten, die aus der Wand nach innen ragten. Titanische Kristalle, meterhoch, glänzten im Dunkeln auf und ließen das Fackellicht in ihren Innenräumen glitzernd tanzen. So haben da in der Tiefe, in völliger Finsternis die strengen Gestalten in stiller Unveränderlichkeit geruht. Und noch immer ruhen zahllose Kristalle in ihren Hohlräumen fort.

Wenn man damit die ewig spielenden Veränderungen der Erdoberfläche vergleicht, hervorgerufen durch Wind, Wolken und Wasser, durch Hitze und Kälte, Finsternis und Sonnenschein, so kann man einen starken Eindruck vom Wesen der Erdkruste bekommen. Diese ruht als Denkmal einer fernen Urzeit, in der sich die gewaltigsten Umformungen vollzogen, wo auch dasjenige, was jetzt erstarrt liegt, in lebendigen Prozessen begriffen war.

Es ist wirklich begründet, bei der Kieselsäure an das Wesen der Erdkruste zu denken, denn ein sehr großer Teil davon, wohl 97 %, besteht aus Kieselsäure und Silikaten. Die Eigenschaften der Erdkruste werden also zu einem bedeutenden Teil von der Kieselsäure bestimmt und den Quarzkristall könnte man als eine Art Ideal der Erdkruste ansehen[1].

Während jenes Titanische in der Erdentiefe, das aus dem Erdenstoff himmelsuchende oder gar himmelstürmende Bauwerke aufzurichten wußte, größtenteils zur Ruhe gekommen ist, findet an der Oberfläche ein fortwährender Abbau statt. Kraft der Wechselwirkung von Warm und Kalt, durch das Einsickern kohlensäurehaltigen Wassers, fällt das Gestein auseinander. Teils wird es aufgelöst und zum Meer mitgeführt, teils zerfällt es zu feinem Schlamm, der mitgetragen und anderwärts als Lehm abgelagert wird, teils wird es zu Sand zermahlen, der sich bald ablagert.

Durchforschen wir noch tiefere Schichten der Erde, dann finden wir wieder eine Region, wo alles in Bewegung ist. Da wirkt das Feuer und hält das gesamte Gestein in zähflüssigem Zustand. Aber diese Bewegung verläuft nicht einseitig in Richtung des Abbaus, auch Aufbau von neuen Mineralien findet dort statt.

[1] Vgl. Seite 308, Gipfel im Stoffesgebiet.

So lernen wir die Erdkruste als eine ruhende Schicht kennen, deren Formen an der Außenseite fortwährend angegriffen werden, während innen Neuformungen entstehen.

Die Eigenschaften des Quarzkristalls im Zusammenhang mit den verschiedenen Bereichen der Natur.

Wenn man sich ein abgerundetes Bild von den Eigenschaften eines Stoffes oder eines lebendigen Wesens machen will, ist es gut, die charakteristischen Reaktionen auf Einflüsse aus den verschiedenen Bereichen der Natur aufzusuchen. Man übersieht sogar sehr leicht bestimmte wichtige Eigenschaften, wenn man nicht diesen Weg einschlägt.

Wir können diese Methodik natürlich nicht immer wieder besprechen. Aber hier, beim Quarzkristall, wollen wir es doch einmal ausführlich tun.

Durchwandern wir zuerst einmal den Bereich der Elemente, danach den der höheren Naturkräfte.

Quarz ist sehr hart, was nichts anderes bedeutet, als daß er die rein mechanischen Einflüsse des *Erden*elementes in hohem Grade abwehrt.

Quarz ist in kaltem Wasser weitgehend unlöslich. Der Einfluß des *Wasser*elements gleitet also auch an ihm ab.

Quarz ist besonders wenig flüchtig und zeigt daher keine Verwandtschaft mit dem *Luft*element.

Die Ausdehnung bei Temperaturerhöhung ist sehr gering (der Ausdehnungskoeffizient ist $^1/_{18}$ von dem des Glases). Der Schmelzpunkt liegt sehr hoch (1710°, Schmelzpunkt von Glas ca. 1200°). Diese Tatsachen weisen darauf hin, daß die *Wärme* dem Quarz sehr wenig beikommen kann.

Wir fahren nun fort mit dem Licht und folgen damit der Systematik, die Rudolf Steiner angab, als er über die vier Elemente und die «ätherischen Bildekräfte» sprach. Kiesel ist in reinem Zustand besonders durchlässig für das Licht. Ganz auffallend ist im Vergleich mit anderen Stoffen seine Durchlässigkeit für das Ultraviolett. Das bedeutet, daß der Quarz das *Licht* an sich vorbeigleiten läßt, ohne daß eine Wechselwirkung zustande kommt.

Es gibt nahezu keinen Stoff, von dem Quarz bei gewöhnlicher Temperatur angegriffen wird. Er ist also *chemischen* Einflüssen kaum zugänglich. Wenn er unter bestimmten Umständen doch reagiert, verhält er sich als Säure. Es gibt eine Ausnahme zu dieser Regel: Die spezifische Wirkung von Fluorwasserstoff auf Quarz. Diese wird noch eingehender besprochen werden.

Der *Lebens*prozeß kann natürlich den Quarz in dieser Form auch nicht ergreifen.

Wenn man diese Aufstellung überblickt, hat man eine gute Grundlage, um zu begreifen, warum Rudolf Steiner den Quarz als «etwas ungeheuer Vornehmes, das nichts will», kennzeichnen konnte[1].

Der Kiesel in den Lebewesen.

Wenn wir uns das Besprochene vergegenwärtigen, kann es uns um so mehr verwundern, daß die Kieselsäure vom Lebensprozeß innerhalb des Organismus doch so souverän gehandhabt wird. Beim Menschen und beim Tier finden wir z. B. in den Haaren einen auffallend hohen Kieselsäuregehalt. Bei den Vögeln finden wir viel Kieselsäure in den Federn. Das bedeutet, daß sie an einem Prozeß teilnimmt, bei dem Körpersubstanz fortwährend nach außen geschoben und abgestoßen wird. Er ist vergleichbar einer trägen Strahlung, die nach allen Seiten hinausgeht. Die Kieselsäure war natürlich zuerst ein Teil der lebendigen Substanz und war mit an ihren Prozessen beteiligt, aber sie geht dann in die mehr abgestorbenen Teile des Organismus über, die eine Art vertrocknete und verdorrte Umhüllung bilden.

Auch im Bindegewebe tritt die Kieselsäure etwas in den Vordergrund. Das weist darauf hin, daß die Organe, als die Lebenszentren des Organismus, sie nach außen schieben. Sie ist also beteiligt an einer Umgrenzung der Organe und ermöglicht eine Art gegenseitiger Wahrnehmung[2].

Man kann den Quarz so bearbeiten, daß er eine spezifische Heilwirkung auf die Sinnesorgane und vor allem auf das Auge hat. Es ist nicht schwer einzusehen, daß eine Verwandtschaft zwischen dem Kiesel und unseren Sinnesorganen besteht. Unsere Haut hat die Aufgabe, unseren Organismus zu umgrenzen und ihn bis zu einem gewissen Grade vor Einflüssen aus der Umgebung zu schützen. Man kann also das Abwehren der Umgebung als eine Hauptfunktion der Haut ansehen. Das Merkwürdige ist nun bei den nach außen gerichteten Sinnesorganen, daß sie mehr oder weniger in die Haut eingebettet sind. Diese Sinnesorgane arbeiten also mit an der Umgrenzung des Körpers und am Abwehren der Umgebung, aber für ganz bestimmte Einflüsse sind sie gerade besonders durchlässig. Das typischste Sinnesorgan ist in dieser Hinsicht das Auge. Abwehrkraft, vereint mit Durchlässigkeit, ist ebenso kennzeichnend für die Sinnesorgane wie für den Quarzkristall. Hier kann man auch deutlich einen Zusammenhang sehen zwischen der Rolle, die die Stoffe in unsrem Organismus spielen, und der Art, wie sie technisch verwendet werden. Eine Fensterscheibe z. B. verdankt ihre Festigkeit und ihre Durchlässigkeit in erster Linie dem Kieselsäuregehalt. Sie verhält sich wie ein Stück Wand, insofern sie hilft, die Umgebung auszuschließen, sie

1 Rudolf Steiner, Landwirtschaftlicher Kursus, Koberwitz, 7.–16. Juni 1924, «Geisteswissenschaftliche Grundlagen zum Gedeihen der Landwirtschaft» GA 1963. Siehe 3. Vortrag, Seite 82.

2 Vgl. dazu «Grundlegendes für eine Erweiterung der Heilkunst» a. a. O., Kap. XIV.

verhält sich entgegengesetzt, insofern sie durchsichtig ist. Eine Fensterscheibe verhält sich zur Wand wie die Haut über der Außenseite des Auges zur gewöhnlichen Haut.

Es stimmt völlig mit dem Obigen überein, daß man die Kieselsäure, die in den Pflanzen auftritt, vor allem in den Zellwänden findet. Auch bei der Bildung der Zellwände findet ja eine solche Stoffabscheidung aus dem lebendigen Zellinhalt statt, verbunden mit einem Nach-außen-Schieben.

Es gibt Pflanzen und Tiere, bei denen die Kieselsäure eine so große Rolle spielt, daß man von Kieselorganismen sprechen darf.

Wir nennen in erster Linie die Radiolarien. Das sind für das unbewaffnete Auge kaum sichtbare einzellige Tierchen, die zu großen Massen im Meer schweben. Hier wird die Kieselsäure zu einem zarten streng gebauten Skelett. Es wird von einer weichen Protoplasmamasse nach innen abgeschieden. Diese Tiergruppe scheint sich mit der Frage zu beschäftigen, wieviele verschiedene harmonische Wunderwerkchen man aus einem Spiel hauchdünner Nadeln, Stäbchen und durchbohrter Plättchen aufbauen kann.

Andere Kieselorganismen sind die Diatomeen oder Kieselalgen, einzellige Pflänzchen, die vor allem in den obersten, vom Licht durchglänzten Schichten des Ozeans in enormen Mengen herumschweben. Der lebendige Zellinhalt jeder Diatomee ist eingehüllt in einen zum größten Teil geschlossenen Kieselpanzer. Dieser besteht wieder aus zwei Teilen, die wie Boden und Deckel einer Dose ineinanderpassen. Der Bau, und vor allem die Zeichnung dieses Panzers, ist wieder außergewöhnlich kompliziert und streng gesetzmäßig geformt.

Diese Tatsachen geben uns eine eindringliche Vorstellung vom Leben im Meer. Die pflanzliche Substanz des Meeres befindet sich größtenteils in Kieselkörperchen, welche in den obersten Zonen, wo sie im Licht funkeln können, herumschweben. Und fortwährend sinken Kieselteilchen im Wasserraum nieder. Die Diatomeen treten auf als viele kleine Zentren im freien Raum, in welchen von allen Seiten Stoffe und Kräfte aus der nahen Umgebung und aus dem Kosmos zusammengezogen werden. Das tierische Leben im Meer ist an diesem sich zusammenziehenden Kräftespiel sozusagen aufgehängt, denn schließlich sind alle Meerestiere, auch die größten, wilden Räuber, abhängig von den Diatomeen, die die Hauptnahrung der kleinsten Tiere bilden.

Auf dem Land ist die Situation in vieler Hinsicht umgekehrt. Die Landpflanzen wachsen auf einem Boden, der zu einem großen Teil aus einer in früheren Zeiten verdichteten Kiesel- und Silikatmasse besteht, und sie erheben sich aus ihm heraus. Die Kieselsäure tragen sie mehr im Innern. Zum Teil sind sie Zentren von Kraft- und Stoffverdichtung aus dem freien Raum wie die Diatomeen, aber im Gegensatz zu diesen tragen sie auch dem Kosmos Substanz aus dem Boden und aus ihrem Organismus entgegen. Die Landtiere haben ihre Lebensprozesse wieder auf dieser Grundlage. Sie leben mehr oder weniger «über» den Pflanzen.

Man hat berechnet, daß alle Diatomeen zusammen eine Masse darstellen, die die Masse aller anderen Pflanzen, samt der aller Tiere und Menschen übertrifft. Jedenfalls ist ein sehr großer Teil der pflanzlichen Substanz der ganzen Erde in Kieselpanzer eingehüllt. Man ersieht daraus und aus anderem, daß eine besondere Verbindung besteht zwischen der Kieselsäure und den Pflanzen, genau wie – das werden wir noch im einzelnen sehen – eine besondere Beziehung besteht zwischen dem Kalk und den Tieren.

Denselben Unterschied im Verhalten gegenüber der Kieselsäure, den wir zwischen den höheren Pflanzen und den niederen Pflanzen antrafen, werden wir später bei den Tieren in ihrem Verhalten zum Kalk finden. Bei den Pflanzen sowohl als bei den Tieren trägt der höhere Organismus in sich, was bei den niederen die Umhüllung gibt.

Es gibt auch höhere Pflanzen, die man zwar nicht als Kieselorganismen in dem Sinne ansprechen kann wie die Diatomeen, die aber doch auffallend viel Kiesel in ihren Zellwänden ablagern. Das sind vor allem die Schachtelhalme (Equisetum) und die Gräser. Es ist eine auffallende Erscheinung, daß in diesen beiden Gruppen der hohe Kieselgehalt zusammengeht mit der Neigung zu einem linearen Aufbau. Die Gräser zeigen außerdem eine unübertroffene vertikale Streckung. Im Verhältnis zu ihrem kleinen Durchmesser und vor allem zu dem geringen Gewicht ihrer Stengel sind sie weitaus am höchsten von allen Organismen. Die Natur demonstriert sozusagen mit Nachdruck, daß es sich hier um ein Aufrichten entgegen der Schwere handelt, wenn sie diese schlanken Bauwerke oftmals ganz an der Spitze eine ziemlich schwere Ähre tragen läßt. Die typischen Pflanzen dieser Gruppe weisen mit jedem Zug ihrer Gestalt, auch in den Blättern, von der Erde weg gegen den Himmel.

Wir wiesen bei der Beschreibung der Quarzkristalle darauf hin, daß diese in ihrer Ausrichtung die Erde negieren. Wir werden noch sehen, daß darin wieder ein gewisser Gegensatz zum Kalk besteht. Wir haben jetzt bei den Diatomeen und den Radiolarien festgestellt, daß die niederen Kieselorganismen frei schwebend leben und allseitig orientiert sind, als ob es keine Schwere gebe. Bei den höheren Kieselorganismen, den Gräsern, wird sogar eine unübertroffene Virtuosität im Überwinden der Schwere entwickelt. So stellt sich immer wieder heraus, daß der am meisten vorkommende Erdenstoff in Bildungen und Prozessen begriffen ist, durch welche die typische Erdenkraft überwunden und negiert wird.

Neben dieses Verhalten gegenüber der Schwere muß nun wieder das Verhalten gegenüber dem Licht gestellt werden. Ebensosehr wie sich die Diatomeen frei von der Schwere halten, sind sie vom Licht abhängig. Die nach oben weisenden Gräser sind ebenfalls auf das Licht gerichtet. Da nun die Diatomeen in so ausnehmend großen Massen auftreten, kann man sagen: Ein sehr großer Teil von dem Licht, das von pflanzlicher Substanz aufgenommen und verarbeitet wird, muß erst durch eine Kieselumhüllung dringen. Man möchte solche Organismen mit umgekehrten kleinen Lampen vergleichen; bei der Lampe ist die

Lichtquelle innerhalb der durchsichtigen Umhüllung, und der dunkle Raum darum herum empfängt das Licht. Eine Diatomee hat sich, von außen gesehen, mit einem Kieselpanzer umhüllt. Von innen gesehen, trägt dies Wesen den Kiesel dem Licht entgegen. Was bei den Diatomeen sehr auffallend ist, findet bei den anderen Pflanzen auch statt, obwohl in geringerem Maße: Die Kieselsäure wird nach außen in die Zellwände und in die Umhüllung geschoben, also immer dem einwirkenden Licht entgegen.

Man kann im allgemeinen sagen, daß Uferpflanzen wie das Schilf auffallend viel Kieselsäure enthalten. Diese ganze Gesellschaft zeigt durch ihren geraden Bau, durch ihre hochaufgerichteten, schwertförmigen Blätter, daß sie sich besonders wenig nach dem Wasser richtet. Dieses bringt mehr oder weniger wuchernde abgerundete Formen hervor. Die Uferpflanzen widersprechen in ihrer Haltung der Wasserfläche und wenden sich mit jeder Linie ihrer Gestalt gegen deren Neigung zu weichen runden Formen. Aber diese Pflanzen bekämpfen nicht nur in ihrem Bau das Wasser – sie tragen auch außerordentlich viel bei zum Verlanden der Teiche und Moraste. Sie verursachen also einen Übergang vom Feuchten zum Trockenen. Das ist nun besonders interessant, weil auch in unserem Körper und in dem der Tiere die Kieselsäure an Prozessen beteiligt ist, durch die ein Übergang vom Feuchten zum Trockenen stattfindet. Man findet das nämlich da, wo die Haut nach außen geschoben wird und allmählich abschuppt, und da, wo Haare und Federn gebildet werden. Beim Kalk im lebendigen Körper findet man, wie wir später ausführlicher besprechen werden, eine Ablagerung im Skelett, also einen Übergang vom Flüssigen zum Festen. Das Skelett bleibt jedoch in ziemlich hohem Maße einbezogen in die Zirkulations- und Lebensprozesse. Die ausgestoßenen Hautteilchen, Haare und Federn, gehen dagegen in einen Zustand völliger Verdorrung über. Die Kieselsäure ist also hier an den stärksten Todes- und Abbauprozessen beteiligt.

An diesem Zusammenhang zwischen der Kieselsäure und dem Übergang vom Wasser zum Land können wir etwas Bedeutungsvolles ablesen. Bei der Bildung der Erde war die Kieselsäure beteiligt an gewaltigen Verdichtungs- und Verhärtungsprozessen. Was damals im großen geschehen ist, wird von den Lebewesen im kleinen noch immer wiederholt.

Zum Abschluß wollen wir noch einmal auf den Kiesel in den Vogelfedern zurückkommen, denn da finden wir eine Art Zusammenfassung von allem, was bisher besprochen wurde: Den Übergang vom Feuchten zum Trockenen, die feine Struktur aus Linien und Spitzen und die Verwendung zur Überwindung der Schwere. Wenn wir einen großen Vogel, z. B. einen Adler, ohne einen einzigen Flügelschlag schweben sehen, dürfen wir das als die großartigste Offenbarung vom Wesen der Kieselkräfte betrachten. Denn nicht allein läßt sich das Tier tragen, als ob es keine Schwere gäbe, sondern es lebt auch mit seinen scharfen Augen völlig in der Weite des Lichtraumes. Mit der Bewegungsgebärde seiner Flügel, mit dem Bau seiner Federn, weist dieses Tier nach dem Weltumkreis, also nach dem Teil der Welt, in dem das Licht zu Hause und dem die Schwere entgegengesetzt ist.

Überwinden der Schwere und sich dem Licht hingeben, das ist das zentrale Motiv der Quarzkräfte.

Kieselsäure und Wasser.

Aus der Tatsache, daß von den Lebewesen solche enormen Mengen von Kiesel verarbeitet werden, geht hervor, daß er nicht nur in der Erde, sondern auch im Wasser nahezu überall vorhanden sein muß. Und tatsächlich ist die gesamte Wasserschicht der Erde durchzogen von Kiesel in einem eigenartig fein verteilten Zustand, den wir noch besprechen werden. Fortwährend wird von den Lebewesen Kiesel gesammelt und aus einem beweglichen Zustand zu den zahllosen zierlichen Bauwerkchen und Bauwerken der Pflanzen- und Tierwelt verdichtet. Der größte Teil davon wird wieder der Erde übergeben (Radiolarien-Schlick, Diatomeen-Erde). Auch durch absterbende organische Substanz wird Kiesel aus dem Wasser abgeschieden.

Um nun eine Vorstellung zu bekommen von der Wechselwirkung zwischen Kiesel und Wasser, können wir einige Versuche mit Wasserglas, Natriumsilikat, machen. Wir können z. B. eine starke Säure in die dicke, sirupartige Lösung fließen lassen. Unmittelbar danach wird ein opaleszierendes Gelee abgeschieden, das aus wasserhaltigem Kiesel besteht. Wenn man dieses Gelee aus dem Wasser herausnimmt, wird es zu einer stark zusammengezogenen spröden Masse austrocknen. Wenn man sie nicht zu stark austrocknen läßt, wird die Masse leicht wieder Wasser aufnehmen. Spült man solch ein Kieselgelee gut aus und läßt man es lange im Wasser liegen, dann kann durch allmähliche Zusammenziehung sogar ein opalähnlicher Stoff entstehen. Man kann also sehen, daß eine eigenartige Zuneigung besteht zwischen Kiesel und Wasser. Diese geht jedoch nicht soweit, daß der Kiesel ohne weiteres sich in Wasser löst. Die Zähflüssigkeit der Wasserglaslösung deutet schon darauf hin, daß der Kiesel, selbst wo er mit Natronlauge verbunden ist, seine Neigung behält, sich zu Gelee zu verdichten. Er bleibt in kolloidalem Zustand.

Wenn man Wasserglas beträchtlich verdünnt und dann eine Säure beifügt, kann man keine Gerinnungserscheinungen feststellen. Und doch werden tatsächlich Kieselteilchen ausgeschieden, die man sogar mikroskopisch nachweisen kann, die aber so weit auseinanderliegen, daß sie die Beweglichkeit des Wassers kaum beeinflussen. Man spricht hier von einem Sol. Das ist die Form, in der man die Kieselsäure in natürlichen Gewässern antrifft.

Der Gel-Zustand, über den wir oben sprachen, ist jedoch auch von großer Bedeutung. Ein beträchtlicher Teil der Erdkruste besteht aus mehr oder weniger wasserhaltiger Kieselsäure wie Opal und Feuerstein.

Man kann Quarz durch überhitztes Wasser (200° unter Überdruck) zum Verflüssigen bringen. Auch das ist von großer Bedeutung für die Kieselzirkulation in der Natur. So tritt bei manchen heißen Quellen sogar eine starke Kieselablagerung auf. Schöne Beispiele davon findet man auf Island.

Es ist außerordentlich bedeutungsvoll, daß alle Siliciumverbindungen der Erdoberfläche, also in der Sphäre, aus der sich das Feuer zurückgezogen hat, und wo das Wasser in den Vordergrund tritt, die Neigung haben, in Siliciumdioxyd überzugehen. Daraus geht hervor, daß die Kieselsäure an der Erdoberfläche die Neigung hat, sich aus jeder chemischen Verbindung zurückzuziehen. Selbst beim gelösten Wasserglas kann man kaum von einem Silikat sprechen, sondern eher von einer kolloidalen Kieselsäurelösung in alkalisch reagierendem Wasser. Diese merkwürdige Eigenschaft des Kiesels ist einer der Ausgangspunkte für die Verwitterung des Gesteins.

Kieselsäure und Feuer.

Um das Siliciumdioxyd in Bewegung zu bringen, muß man immer vom Feuer Gebrauch machen und oft sogar von enormer Hitze. Eine sehr hohe Temperatur (1600°) ist nötig, um es zu erweichen, und erst bei 1710° wird es ganz flüssig. Man kann es dann gießen und blasen wie Glas. Eine Temperatur, welche zwar viel niedriger ist, aber doch noch hoch genug, braucht man zur Glasbereitung. Bei ca. 1200° schmilzt z. B. ein Gemisch von Sand, Soda und Kalkstein. Man erhält eine eigenartig klare und ziemlich dünnflüssige Masse. Es gibt keinen bestimmten Erstarrungspunkt, aber während die Temperatur sinkt, wird die Masse allmählich immer zäher. Bei ungefähr 800° ist sie zäh genug, so daß man mit der Bearbeitung beginnen kann. Bei gewöhnlicher Temperatur ist die Erstarrung immer noch nicht vollendet, aber die Trägheit ist so groß geworden, daß das Glas als fester Stoff erscheint. Bei größeren Flächen wie bei Schaufensterscheiben muß jedoch immer noch mit Formveränderung gerechnet werden, weil die gesamte Glasmasse fortwährend sehr langsam nach unten fließt. Die Kieselsäure trägt also auch in das Glas ihre Neigung zum geleeartigen Zustand hinein. Nur ganz langsam geht Glas wirklich in den festen Zustand über. Es wird dann milchig-blind und zeigt Kristallstruktur, es «entglast».

Auch Wasserglas, Natriumsilikat, wird in Gluthitze hergestellt. Man gewinnt es aus einem Gemisch von Sand und Soda. Aber nicht allein beim Herstellen der Verbindung, sogar um es in Wasser aufzulösen, braucht man das Feuer. Man benötigt hier Temperaturen, die weit über 100° liegen.

Eine wunderbare Eigenschaft des Glases ist, Farben anzunehmen, wenn man ihm Metalloxyde oder sogar Metalle beimischt. Das ist natürlich nur in glutflüssigem Zustand möglich. Die Metalloxyde können Silikate bilden, aber zum Teil findet man sie auch, wie die Metalle, in kolloidaler Lösung. Besonders Gold und Silber können auf diese Art prächtige Farben ergeben. Diese Eigenschaft des Glases hängt zweifellos wieder mit dem Wesen der Kieselsäure zusammen. Sie läßt nun einmal alles, was mit dem Licht in Verbindung steht, voll zur Entfaltung kommen.

Kieselsäure als Oxyd.

Nach alledem, was wir in bezug auf den Sauerstoff besprochen haben, ist es bei der Kieselsäure nicht leicht, die Eigenschaften und die chemische Zusammensetzung ($Si\ O_2$) in vollkommener Übereinstimmung miteinander zu sehen. Prinzipiell bedeutet das Sich-Verbinden mit Sauerstoff immer ein Aktiviert-Werden und ein Sich-Öffnen für die Wechselwirkung mit anderen Stoffen. Nun kann tatsächlich eine Menge Verbindungen zwischen Kieselsäure und anderen Stoffen zustande kommen, die oft sogar reichlich kompliziert aufgebaut sind. Die Zusammensetzung der verschiedenen Gesteinsarten beweist das vollauf. Von Aktivität dagegen ist bei der Kieselsäure unter «normalen» Umständen recht wenig zu bemerken. Sowohl der Sauerstoff als das Silicium scheinen in diesem Stoff im entspanntesten, ausgewogensten Zustand zu sein. Weitaus der größte Teil des gesamten Sauerstoffvorrats der Erde ist in Form von Silikaten oder Kieselsäure festgelegt und also gerade nicht im aktiven Zustand des Luftsauerstoffs. Das Element, das sich durch das Vermögen, andere Stoffe zu aktivieren, auszeichnet, ist also selbst zum größten Teil in einem höchst inaktiven Zustand erstarrt. Bedeutet das einen schwachen Punkt in unseren gesamten Ausführungen?

Wir bekommen Antwort auf diese Frage, wenn wir die wichtigsten Eigenschaften des Siliciums als chemisches Element studieren und diese mit den Eigenschaften des Quarzes vergleichen. Silicium in kristallisiertem Zustand ist so hart, daß man Glas damit schneiden kann. Es ist schwer schmelzbar und schwer zum Verdampfen zu bringen. Darin kündigen sich die Quarz verwandten Eigenschaften bereits an. Es hat jedoch auch Eigenschaften, die denen von Quarz nahezu entgegengesetzt sind. Silicium ist beinahe schwarz und zeigt Metallglanz. Es ist undurchsichtig und leitet Elektrizität gut. Es hat also ausgesprochene Metalleigenschaften, d. h. es ist mit der Gruppe von Stoffen verwandt, die das Licht völlig abwehren[1]. Die Struktur von kristallisiertem Silicium gleicht der des Diamanten, das Äußere hingegen mehr dem von Graphit.

Der Übergang von Silicium zum Quarz ist also ein sehr tiefgreifender. Im Quarz sind alle dunklen Erdeneigenschaften verschwunden und in ihr Gegenteil umgeschlagen. Der Quarz ist ja außerordentlich durchlässig für das Licht. An diesem Übergang kann man wieder die Wirkung des Sauerstoffs erkennen.

Im Quarz lebt offenbar ein verborgener Drang, sich vom Licht und vom Kosmos abzuwenden und die Verbindung mit der dunklen Seite der Erde zu suchen.

[1] Vgl. Seite 46, Auflösen von Metallen in starken Säuren, und Seite 258, Kristall und Metall.

Der Sauerstoff hingegen hat die Offenheit für das Licht behalten. Er hat sich durch die Siliciumkräfte wohl erstarren und in den Quarz bannen lassen, aber zugleich hat er deren allzugroße Einseitigkeiten überwunden und in eine Verwandtschaft zum Licht verwandelt.

Wir brauchen nicht einmal so sehr tief einzutauchen, um zu sehen, daß die Sauerstoffnatur im Quarz sogar zu einem Höhepunkt kommt. Wir brauchen die Quarzkristalle mit ihren mächtigen Formen, mit ihrer seltsamen Lichtdurchlässigkeit nur herausragen zu sehen aus dem mehr oder weniger formlosen tauben Muttergestein. Man möchte das Verhältnis zwischen dem gewöhnlichen Gestein und den Quarzkristallen vergleichen mit dem Verhältnis zwischen unseren Alltagsgedanken und solchen in uns, die hohe Ideale ausprägen. Man möchte den Quarzkristall «ideale Erde» nennen. Die Quarzkristalle sind wie ein natürliches Vorbild unserer Ideale. So wie sie sich öffnen für das Sonnenlicht, so sollten unsere Ideale hohen Geistgesetzen folgen, so sollten sie durchstrahlt werden vom Geisteslicht. Überwinden der dunklen Widerstände aus tieferen Gebieten, sich öffnen für das Licht der höheren, mehr kann auf Erden nicht erreicht werden.

Wenn wir uns nun noch einmal daran erinnern, wie der Sauerstoff sonnengesendet ist und die Sonnenaktivität im Stoffgebiet fortsetzt, dann wird deutlich, warum er im Quarz vollkommen zur Ruhe kommt: Erde, in der für die Sonne der Weg frei ist, mehr kann er nicht erreichen.

Der Quarz läßt das Licht unter geringem Widerstand durch, und insofern ist er passiv, aber er nimmt auch leicht Farbe durch andere Stoffe an und hält diese wiederum kräftig fest. In der festen Kieselsäure lebt die Kraft und die Festigkeit des Siliciums, aber sie lassen etwas anderes in sich zu seinem Recht kommen und haben sich diesem zur Verfügung gestellt. Sie hat in diesen letzten Eigenschaften eine bedeutende Übereinstimmung mit dem Wasser.

Silicium und Fluor.

Höchst überraschend ist, was bei der Einwirkung von feuchtem Fluorwasserstoff auf Silikate geschieht. Es bildet sich da eine flüchtige Verbindung, Siliciumfluorid, $Si\,F_4$. Wenn man gasförmiges Fluor auf Silicium einwirken läßt, vollzieht sich dieselbe Verbindung unter Feuererscheinung. Zwei Elemente, die mehr als die meisten anderen an der Gesteinsbildung teilnehmen, ergeben zusammen eine gasförmige Verbindung. Wenn man in einer Schale Kieselsäure in Form von Sand mit Fluorwasserstofflösung bearbeitet, scheint man den gesamten Inhalt der Schale zum Verdampfen bringen zu können. Das Fluor hat eine spezielle Affinität zum Silicium und sucht es dann auch in nahezu allen Verbindungen auf. Quarz scheint bei gewöhnlicher Temperatur nicht so leicht von Fluor angegriffen zu werden, jedoch bei etwas Feuchtigkeit und höherer Temperatur. Auf jeden Fall zeigt Fluor die Neigung, den typischen Siliciumprozeß in sein Gegenteil zu verkehren. Es holt das Silicium nicht nur aus der Hand des Sauerstoffs, sondern löst es sogar aus der Verbindung mit dem Erdeelement heraus. Etwas wie ein Angriff auf die Grundfesten der Erde spricht aus einem solchen Prozeß.

Die Tatsache, daß Fluor den Sauerstoff aus allen möglichen Oxyden frei macht und also wieder zurückversetzt in den ursprünglichen aktiven Zustand, muß man zweifellos im selben Zusammenhang sehen.

Kieseltechnik.

Wir haben oft gesehen und werden es auch im weiteren finden, daß man in der Technik sozusagen wie in einem Buch über die Natur und über das Menschenwesen lesen kann. Es werden uns da beim Lesen nicht nur einfache Naturgesetze, sondern oft auch recht geheimnisvolle Zusammenhänge enthüllt.

Die Technik spiegelt ja in viel höherem Grade die Weltweisheit, als es in der gängigen Wissenschaft der Fall ist. Sehr oft hat man deshalb den Eindruck, als habe man in der Technik die Natur oder eine Funktion des menschlichen Körpers nachgeahmt, was aber selten stimmt. Wenn wir jetzt die Kieseltechnik besprechen, werden wir eine ganze Reihe von Belegen für die Richtigkeit dieser Anschauung finden.

Kieselsäure und Silikate sind in der Erdkruste in größeren Mengen vorhanden als irgendein anderer Stoff. Die Technik des Bauens besteht in erster Linie im Aufeinanderstapeln von großen Materialmassen. Naturgemäß werden dazu vor allem Kieselsäure und Silikate in Form von Sand, Naturgestein, Backstein, Zement usw. benutzt.

Überall auf der Erde sind Wasserflächen, große Meere und in die Landschaft eingebettete Seen. Flüsse strömen in ihren Rinnen. Alle diese Gewässer werden in erster Linie wieder von Kieselsäure und Silikaten getragen und umgeben. Wenn wir irdene Gefäße oder Geschirr aus Glas oder Porzellan benutzen, um Flüssigkeiten darin aufzubewahren oder daraus auszuschenken, ahmen wir unbewußt die Naturordnung nach.

Zum Brennen von Geschirr oder Backsteinen, zum Gießen von Glas und Quarz bedient man sich heftiger Glut. Das ist eine Wiederholung von Prozessen, durch die die Erdkruste gestaltet wurde und noch verändert wird.

Man ist besonders auf die Kieselsäure angewiesen, wenn man etwas, das sehr fest sein muß, auch durchsichtig machen will. Eines der sprechendsten Beispiele ist das Fensterglas. Wir haben schon davon gesprochen, daß Fenster so in die Mauer eingefügt sind wie die Augen in unsere Haut.

Eine Lampe besteht in der Regel aus einer Glas- oder Quarzumhüllung mit darin befindlicher Lichtquelle.

Man kann Glas und Quarz nicht nur so verwenden, daß sie Licht durchlassen, sondern auch so, daß sie Licht formen und richten. Man benutzt dazu u. a. Linsen und Prismen. Diese wendet man bei Apparaten wie Leuchttürmen, Filmapparaten usw. an, in welchen das Licht nach außen gerichtet wird, und bei anderen wie Photoapparaten, Ferngläsern u. dgl., wo das Licht aufgefangen und nach innen gelenkt wird.

Wir haben bereits gesehen, daß eine Verwandtschaft zwischen der Kieselsäure und unserm Auge besteht[1]. Sie wird auch an diesem Punkte unserer Ausführungen wieder wichtig. Man sagt gelegentlich, unser Auge sei einem Photoapparat vergleichbar. Wenn man sie umkehrt, stimmt diese Behauptung. Der Photoapparat ist eine ziemlich weitgehende Nachahmung unseres Auges. Dasselbe gilt mehr oder weniger für alle optischen Geräte. Die meisten von ihnen dienen dazu, die Funktion des Auges zu vertreten, zu verstärken oder zu unterstützen, wie zum Beispiel Brillen, Ferngläser, Mikroskope und sogar Lampen.

Bei allen diesen Apparaten werden kieselhaltige Stoffe für die Linsen und die anderen durchsichtigen Teile verwendet. Auch die Technik belegt also die Verwandtschaft der Kieselsäure mit dem Auge.

Es ist nun höchst bemerkenswert, daß man einen Projektionsapparat oder eine Autolampe ebensogut mit dem Auge vergleichen kann wie einen Photoapparat. Unser Auge nimmt ja nicht nur passiv das Licht auf, sondern es geht auch eine deutlich bestimmte Aktivität von ihm aus: der Blick. Dem entsprechen die Leuchtorgane der Tiefsee-Tintenfische, die wie Augen gebaut sind.

Man bekommt von den genannten Anwendungen der Kieselsäure noch einen neuen Begriff, wenn man bedenkt, daß man es im Bereich des Lichts ausschließlich mit Bildern zu tun hat. Selbst eine Lichtquelle ist für unser Auge nichts anderes als ein Bild. Das beobachtet man am besten an den durch den Abstand veränderten Größenverhältnissen oder an Verschiebungen, die sich durch Spiegelungs- oder Brechungserscheinungen ergeben. Ein Lichtbündel ist unter diesem Gesichtspunkt derjenige Teil des Raumes, in dem man das Bild der Lichtquelle sieht. Man könnte auch sprechen von dem Teil des Raumes, in dem man das Bild der Lichtquelle auffangen kann.

Wir wissen von unserem Auge, daß es die Umgebung in Bildform auffängt und im kleinen auf der Netzhaut nachbildet. Wir können nun von den Fenstern sprechen als von Stellen in der Wand, welche sowohl für die Bilder aus der Umwelt als auch für den Blick des Auges durchlässig sind.

Auf diese Weise erkennen wir das Arbeiten mit Bildern als das Hauptziel der Kieseltechnik. In vielen Fällen, wie bei einem Schaufenster, einem Auslagekasten, einem Aquarium, handelt es sich um Bilder, die durch eine durchsichtige Wand hindurchscheinen.

Die Linse eines Filmapparates projiziert Bilder nach außen, die eines Photoapparates nach innen. In einem Mikroskop und in einem Fernglas werden die Bilder mehrmals verschoben und vergrößert oder verkleinert.

[1] Seite 162, Der Kiesel in den Lebewesen.

Die Technik macht also auch deutlich, daß ein besonderer Zusammenhang zwischen dem Wesen der Kieselsäure und dem Auftreten und Gestalten von Bildern besteht. (Dasselbe gilt in anderer Art für das Silber[1].)

Man bekommt außerordentlich schöne Erscheinungen, wenn man mit einer starken Lampe, etwa einer Bogenlampe, und einem Schwefelkohlenstoffprisma ein Spektrum projiziert und dann einen Quarzkristall durch das Lichtbündel, in dem die Farbe entsteht, führt. Der Kristall nimmt nacheinander alle Farben an, und zwar so, daß er von innen heraus aufzuleuchten scheint. Das weist auf etwas hin, was man als eine «Anlage» des Quarzes bezeichnen könnte. Er scheint dazu bestimmt, alle Farben anzunehmen und von innen heraus aufzuleuchten.

Und tatsächlich beruht beinahe alles Kunstlicht auf kieselhaltigen Stoffen, in denen ein Licht aufstrahlt. Bei elektrischen Birnen mit Mattglas sieht man sogar nur das leuchtende Glas.

Eine Art Höhepunkt hat man erreicht bei den bunten Fenstern. Da findet man ja Glas in allen Farben, und obendrein wirkt es, als ob es von innen heraus leuchte. In der Zeit der ersten bunten Kirchenfenster gebrauchte man in unseren Landstrichen noch nicht Fensterglas in den Wohnhäusern. Die Glasfenster, die es gab, hatten allein religiöse Bedeutung. Und studiert man die Art ihrer Verfertigung, dann sieht man, daß diese selbst etwas von einer religiösen Handlung hat. Man fügte ja dem ganz oder halb geschmolzenen Glas Metalle und Metalloxyde bei. Erst waren diese Stoffe völlig undurchsichtig und zum Teil sogar erdig. Hernach verliehen sie dem Glas die herrlichsten durchsichtigen Farben. Die dunkle Erdnatur war verschwunden und hatte einem Offensein für das Licht Platz gemacht. Nun konnte das Zusammenfügen zahlloser Glasstückchen zu religiösen Bildern beginnen und das Aufrichten und Einfügen des Fensters. Der Stoff wird zum Himmel hinaufgetragen. Eine Opferhandlung auf dem Gebiet der Baukunst steht vor uns. Aber nicht nur die Metalle kommen auf diese Art zu hoher Entfaltung, auch die Kieselsäure selbst. Alles trifft hier zusammen: Das Annehmen der Farbe, das von Innen-heraus-Leuchten, die Überwindung der Schwere. Und während in anderen Fällen die kieselhaltigen Stoffe Bilder durchlassen, wird hier das Glas selbst zum Träger von Bildern. Das Glas leuchtet auf im Himmelslicht, und auch die Bilder sprechen vom Himmlischen.

Der Quarz und die Sonne.

Aus den Erscheinungen, die wir besprochen haben, ergibt sich immer wieder von neuem eine tiefe Verwandtschaft alles Kieselhaltigen sowohl zur Erde als zur Sonne. Gewöhnlich empfinden wir Erde und Sonne als Gegensätze. Die Sonne zeigt sich als freischwebendes Himmelsgebilde, das unaufhörlich im Licht erglänzt. Die Erde dagegen erscheint als der dunkle, undurchsichtige, lichtabweh-

[1] Vgl. Seite 265.

rende Boden unter uns. Wir richten uns darüber auf und stützen uns darauf als auf eine feste, undurchdringliche Grundlage. Was ist die Kieselsäure unter diesem Gesichtspunkt, wenn sie in ihrer höchsten natürlichen Form als Quarz erscheint, oder wenn sie in der Form von farblosem oder buntem Glas durch die Technik zu neuen Höhepunkten geführt wird? Sie ist dann Erde ohne Lichtabwehr! Sie hat dann als Erdenstoff einen der kennzeichnendsten Unterschiede zur Sonne aufgegeben. Sie ist Erde, worin das Licht frei spielen kann. Die Kieselsäure gehört weitgehender als jeder andere Stoff zum festen Bestandteil der Erde, aber der Quarz hat weniger als alle anderen festen Stoffe teil an der Finsternis der Erde. Der Quarz sagt uns: In der Erde ruht eine tiefe Verwandtschaft zur Sonne. Die Erdenmaterie auf ihrem Höhepunkt ist bereit, die Sonne aufzunehmen. Wenn außerdem die Technik hinzutritt, wie bei den Kirchenfenstern, dann kann etwas zustande kommen, das man eine feierliche Hochzeit des Erdenstoffes mit der Sonne nennen möchte.

Nachdem diese Einsichten gewonnen sind, sollte man alle in diesem Abschnitt vorher besprochenen Erscheinungen nochmals betrachten[1].

Der Kalk

Aufbau und Abbau beim Kalkgebirge.

Der Kalkstein ist in seiner Schichtung wie ein gewaltiges Buch. Wenn wir darin blättern, können wir die Geschichte der geologischen Zeitalter in einer Art Zeichenschrift lesen. Je tiefer wir gehen, desto weiter dringen wir vor in die Vergangenheit der Erde; in je höheren Lagen wir suchen, um so mehr Zeichen finden wir aus einer der unseren näheren Zeit. An vielen Stellen sieht das Buch so aus, als sei es nicht allzu sorgfältig aufbewahrt gewesen. Es ist dann umgefaltet und geknickt und oft sogar häßlich zerknüllt und zerrissen. Aber auch das ist wieder von größter Bedeutung für diejenigen, die ernsthaft lesen. Man findet in jeder Verformung ein Zeichen aus einer Art zweiter Schrift, in der die Geschichte des Buches selbst festgehalten ist. Außerdem müssen wir dankbar sein, daß die Blätter manchmal umgefaltet liegen, denn dadurch ist viel von der jüngeren Historie in der Tiefe behütet geblieben, was sonst schon lang verschwunden wäre. Die erste Schrift besteht vor allem aus Resten von Tieren. In einem Mauervorsprung z. B. kann man inmitten einer blaugrauen Grundmasse weiße Muschelformen oder skelettartige Figuren entdecken. Unsere eigenen Buchstaben sind nur abstrakte Zeichen, die auf ziemlich willkürliche Weise Worte und Begriffe andeuten. Diese Steinfiguren sind wirkliche Reste, die nicht nur auf frühere Tiere deuten, sondern auch deren Formabdruck zeigen und die

[1] Vgl. auch Seite 130, Kohlenstoff zwischen Sonne und Erde.

meistens sogar etwas von ihrer Substanz bewahrt haben. Wir finden die Reste von Muscheln, Panzern, Schneckenhäusern in deutlich erkennbaren Formen, aber auch die amorphe Grundmasse besteht zu einem großen Teil aus Krümchen und Brocken tierischer Teile. Und diese unendliche Anzahl Erinnerungen ist fest zusammengekittet und dient als Material für die größten Bauwerke der Erdkruste. Der Charakter der zweiten Schrift ist anders. Sie spricht von Bewegungen und gewaltigen Verschiebungen, welche die ruhig zusammengekittete Masse durchgemacht hat.

Auf den ersten Blick sieht das Kalkgebirge nicht so aus, als ob es aus ursprünglich horizontalen Schichten aufgebaut sei. Es steht manchmal mit felsigen, himmelstürmenden Gipfeln vor uns, mit mächtig nach vorn dringenden und wieder zurückweichenden Steinmassen mit wild ausgezackten Rändern. Man erkennt die Lagen wohl noch, aber sie sind derart aufgestaut, gebrochen und verschoben, umgeklappt und gefaltet, daß es aussieht, als seien sie gewalzt und geknetet worden wie eine zähe Teigmasse. Wild und dramatisch und bizarr wirkt alles, was solch ein imposantes Kalkgebiet uns vorführt. Wild ist das Andenken an die Mächte, die in der Tiefe gewirkt haben, bizarr sind die Spuren der ausmergelnden Wirkung von Wind und Wetter. Tiefe Klüfte sind aufgerissen und bieten schweren Blöcken Gelegenheit, dröhnend in die Tiefe zu donnern. Hier und da sind Abhänge, die von stürzenden Steinen wie mit einem Kugelregen beworfen werden. Und das Wasser wühlt und arbeitet und ist geschäftig, überall Rinnen und Rinnsale auszuspülen.

In der Tiefe des Gebirges herrscht heute nahezu vollkommen Ruhe, aber von der Oberfläche aus dringen wechselnde Einflüsse nach innen. Wärme und Kälte, Wind und Wasser brechen gemeinsam den trotzigen Widerstand des Gesteins. Selbst in die kleinsten Risse sickert das Wasser hinein und sprengt beim Gefrieren die Wände ein wenig auseinander. So werden die Steine gespalten. Die Brocken harren auf das Tauwetter und rollen dann nach unten.

Aus der Luft und vor allem aus dem Boden dringt etwas Kohlensäuregas in das Wasser und gibt ihm die Fähigkeit, eine Schicht Kalk aus dem Gestein wegzuätzen und diesen in aufgelöstem Zustand als doppeltkohlensauren Kalk mitfließen und vertropfen zu lassen. Durch Spalten und durch kleine Adern sinkt das Wasser nach innen und kann dann in Höhlen einen schimmernden Belag längs der Wand bilden oder es kann auf einem bestimmten Platz jahraus jahrein durch viele Jahrhunderte Tropfen auf Tropfen niederfallen. Oft vergeht ziemlich viel Zeit, bevor der nächste Tropfen loskommt. Inzwischen kann ein Teil des Kohlensäuregases verfliegen und in dem Maße, als es sich verflüchtigt, kann ein Teil des Kalkes sich zu Stein verdichten. Ist auch die Schicht, die ein Tropfen zurückläßt, noch so hauchdünn, so wächst doch im Laufe langer Jahre in der Tropfenbahn ein Kalkkegel nach unten. Darunter platschen die Tropfen nieder und fließen wieder zu einem Belag auseinander. Und wieder setzt sich Schicht um Schicht ab, etwas schneller als da oben und über einer größeren

Fläche. So wird eine kräftige Säule gebaut. Dieses Jahrhunderte dauernde Fließen, Tropfen, Spritzen, läßt die Spitze des Kegels nach unten wachsen, die Säule stetig sich erhöhen. Endlich steht etwas wie ein Pfeiler vor uns, scheinbar bestimmt, das Gewölbe zu tragen. Aber die Natur gibt niemals den Dingen auf diese Weise eine Bestimmung. Es sieht vielmehr so aus, als ob sie jede Gelegenheit benütze, um zu spielen. Und hier, bei der Tropfsteinbildung, spielt sie auf eine Weise, die durch die kühnste Phantasie nicht übertroffen werden könnte. Es ist, als könnte sie nicht ruhen, bevor sie dem einfachen Thema alle Variationen entlockt hat. So können wir in den Höhlen wandeln wie zwischen Burgen oder Drapperien, Orgelpfeifen, wunderlichen Figuren und einer Unmenge anderer Gestalten. Ob wir nun das Kalkgebirge im großen betrachten oder auf diese Weise im kleinen, stets fällt uns das reiche Formenspiel auf.

Aber wie verschwenderisch auch das Formenspiel sein mag, sobald wir zum Ursprung zurückgehen, finden wir wenige einfache Grundprinzipien. Das Kalkgestein läßt sich ja bei seiner Formung in der Hauptsache durch die horizontale und vertikale Richtung bestimmen. Darin unterscheidet es sich besonders vom Quarz, aber eigentlich auch von den anderen Gesteinen. In horizontaler Lage ist es ursprünglich aufgeschichtet, zu vertikalen Säulen wird es in den Tropfsteinhöhlen umgeformt. Mehr als bei jedem anderen Gestein tritt in der Bildung des Kalksteins der Einfluß der Schwere hervor.

Der Kreislauf des Kalks im Wasser.

Das Wasser, das über die Berge hinfließt, nimmt auch Kalk mit nach unten. Sind die Felsen ziemlich weich und angreifbar, wie das beim Jura der Fall sein kann, dann wird so viel Kalk aufgelöst, daß das Wasser weiterhin freigiebig bleibt mit seinem Vorrat. Es wird den Bachboden mit schweren Schichten pflastern, die ein Spiel von hier gewölbten, da ausgehöhlten, fließend verlaufenden Stromflächen zeigen. An Stellen, wo es stillsteht, wird es jedoch jeden hineinfallenden Zweig alsbald mit bizarren weißen Krusten bedecken.

Hat das Wasser auch noch soviel von seinem Kalkvorrat verspielt, so führt es doch noch immer einen Rest mit sich. Wir bemerken es am Kesselstein an Wänden und Boden unserer Töpfe, wir bemerken es an unserer Seifenlauge, die eher zähe Flocken als Schaum bildet. Dieser Rest ist auch ausreichend zum Bauen der dünnen Muschelschalen und Schneckenhäuser der Muscheln und Schnecken im Süßwasser. Im Meer geht es ganz anders zu. Da finden wir die Tierarten, die die großen Künstler in der Kalkplastik und Kalkarchitektur sind. Das Meerwasser ist auch dermaßen geladen mit Kalk, und es bietet eine Lebensgrundlage für solche Massen schwimmenden Getiers, daß hier erst das endlos variierte Formenspiel zustande kommen kann, wofür der Kalk die Grundlage bietet.

Aber jede Tiergattung, die sich in der Kalkplastik auslebt, muß wieder ihren

Tribut an die Schwere bezahlen. Selbst die einzelligen Foraminiferen, die Träger von sehr zierlichen Kalkhäuschen sind, leben, im Gegensatz zu den Radiolarien, mit denen sie übrigens sonst in vielem übereinstimmen, gewöhnlich so, daß sie über die Algen und über den Meeresboden kriechen. Es ist, als ob der Kalk alle die Tiere niederzieht, an den Boden bindet und zur Erstarrung bringt. Es leben zahllose Tiere auf dem Meeresboden, die sich umhüllen und belasten mit stets zunehmenden Kalkmassen. Wenn die Tiere tot sind, sinken alle diese Muscheln, Häuschen, Panzer zu Boden. Sollten sie wirklich da liegen bleiben, so würden sie schwere Schichten bilden und das Meerwasser würde bald an Kalk verarmen. Es wird aber in der Tiefe viel Kalk durch das kohlensäurehaltige Wasser aufgelöst und von neuem in den Kreislauf gebracht. Doch müssen wir annehmen, daß noch immer mehr Kalk abgelagert als aufgelöst wird.

Wir kommen nun zu folgendem Resultat: Der Kreislauf des Kalks geht immer hin und her zwischen Festwerden und Auflösen, ob es nun im Gebirge ist oder im Meer. Im Gebirge, oder allgemein an Stellen über dem Meeresspiegel, wird das Auflösen dominieren, an Stellen unter dem Meeresspiegel mehr das Festwerden.

Das tierische Dasein als Kampf mit dem Kalk.

Es gibt im Meer zahllose Tiere, wie die Quallen, die schwebend leben mit einem feinen, durchsichtigen Körper. Sie halten sich vollständig frei von der Schwere und negieren sozusagen den Kalk.

Andere, wie die Muscheln und Austern, lassen sich ganz vom Kalk einschließen und an den Boden binden. Aber gerade diese, die scheinbar überwunden werden, führen einen zähen Kampf. Fortwährend schieben sie den Kalk nach außen und halten dadurch ihren Körper weich.

Anders ist es wieder bei den Korallentierchen. Während die Muscheln meistens kriechen und sogar graben können, sitzen die Korallentierchen so gut wie gefangen in der massigen Starrheit des Kalks, den sie um sich her und in sich absetzen. Aber gerade sie wissen gewaltige Bauwerke der Schwere entgegen aufzurichten.

Die Schnecken sind ihrem Bau nach mit den Muscheln nah verwandt, aber sie erreichen in ihrem Verhalten zum Kalk eine viel größere Freiheit. Sie ziehen sich erst in ihr Kalkhaus zurück, wenn das Leben schwierig wird. Dann sind sie bewegungslos und ganz vom Kalk umhüllt und bestimmt. Aber kaum lassen die Umstände es zu, so kommen sie mit dem größten Teil ihres Körpers nach außen und beginnen mit Beharrlichkeit fortzugleiten, während sie ihr Kalkhaus, elegant wie ein Stück Ausrüstung, mittragen. Wenn wir die ganze Gruppe der Schnecken ins Auge fassen, dann sehen wir, wie weit man es bringen kann, wenn man das langsame Fortgleiten nur zäh genug durchhält. Zahlreiche Schneckenarten haben das Wasser verlassen und kriechen überall auf dem Land herum, wo es nur ein bißchen feucht ist. Man findet Schnecken in allen Regionen des Wassers, kriechende, schwimmende, schwebende, und außerdem nahezu über die ganze Landoberfläche verbreitet, was bedeutet, daß die Gruppe der Schnecken alle anderen Tiergruppen an Größe ihres Verbreitungsgebietes bei weitem übertrifft. Diese erstaunliche Leistung ist möglich durch das eigenartige Gleichgewicht von Freiheit und Gebundenheit, das von dieser Gruppe von Tieren erreicht ist.

Bei den Tintenfischen, den höchstentwickelten Verwandten der Muscheln und Schnecken, hat sich die Befreiung vom Kalk und von der Schwere in hohem Maße fortgesetzt. Manche Arten haben wohl noch eine Kalkmasse, aber diese ist meistens sehr leicht und schaumähnlich von Struktur und wird vom Körper ganz umhüllt. Man sieht wohl bestimmte Tintenfische, die sich über den Boden bewegen, aber man könnte das ebensogut ein Laufen auf den Armen wie ein Kriechen nennen. Alle Tintenfische können obendrein gut schwimmen, und viele bewegen sich zierlich und oft mit großer Geschwindigkeit in allen Richtungen des Wasserraumes.

In der Krebsgruppe wird die «Kalkfrage» wieder anders angefaßt. Die großen Arten leben als ausgewachsene Tiere auf dem Meeresboden. Ihre Larven dagegen leben als zarte Tiere halb schwebend in den obersten Schichten des Wassers. Während ihrer Entwickelung sinken diese Tiere also langsam in der Richtung der Schwere nieder. In Übereinstimmung damit findet man auch hier eine Art Kalkpanzer, der jedoch ganz anders eingerichtet ist als bei den Weichtieren. Hier ist nicht ein weicher Körper, umgeben von einer vollkommen starren Schale, sondern eine Haut, die mit Kalk verhärtet ist. Auf zwei Arten wissen diese Tiere sich jedoch der Starrheit des Kalkes zu entringen. Erstens ist ihr Panzer wohlgegliedert, so daß er den Bewegungen eher dient als sie hemmt. Zweitens wird die ganze Kalkmasse vor der periodischen Häutung aufgelöst, nach innen geführt und in Form von kleinen Steinchen im Magen abgelagert. Nach der Häutung wird der gesamte Vorrat wieder zu der jungen Haut gebracht.

Bei Tieren wie den Schnecken findet man auch das Vermögen, den Kalk aufzulösen, aber es dient dann mehr zu «Korrekturen» am Wachstum der Schale.

Bei den Wirbeltieren finden wir etwas ganz Neues. Hier ist ein inwendiges Skelett, das durch das Rückgrat zusammengehalten wird. Die Kalkablagerung steht hier offensichtlich in enger Verbindung mit dem Nervensystem, denn das Rückgrat wird um das Rückenmark herum gebildet. Die Tatsache, daß nun obendrein der phosphorsaure Kalk hervortritt, muß hiermit in Verbindung gesehen werden. Bei den niederen Tieren besteht der mineralische Teil des Panzers fast immer aus kohlensaurem Kalk. Das Skelett der Wirbeltiere aber besteht nur zu einem Teil aus kohlensaurem, zu einem größeren Teil aus phosphorsaurem Kalk.

Wenn man die Fische, die erste Tiergruppe mit inwendigem Skelett, mit den niederen Tieren vergleicht, so bemerkt man eine gewisse Dramatik im Übergang zu dieser Gruppe. Solange der Kalk als Panzer dient, ist er in gewissem Sinn auf die Umgebung gerichtet. Bei den Fischen dagegen ist er zum großen Teil gegen den Mittelpunkt des Körpers gezogen. Er wird ja in der Hauptsache zu einem Strang, der mitten durch das Tier läuft. Von diesem Strang geht eine Anzahl feiner Knochenfortsätze aus. Nur im Kopf finden wir ein System von dünnen Skelettplatten, die nach außen zu liegen. Mit dieser Konzentration des Kalkes nimmt die freie Beweglichkeit in hohem Maße zu.

Bei den höheren Wirbeltieren, von den Amphibien und Reptilien an, hat das Skelett eine viel größere mechanische Funktion als bei den Fischen. Im Gliedmaßenskelett entsteht eine neue Verbindung des Kalks mit den Kräften der Umgebung.

Bei den Vögeln und Säugetieren wird das Skelett zu seinem Höhepunkt geführt. Es ist stark und doch leicht. Auch hier finden wir die echten Kalkeigenschaften, die Festigkeit, das Auftreten als tote, ausgestoßene Masse, aber diese Eigenschaften werden völlig in den Dienst genommen und dadurch überwunden. Durch sinnvolle Gelenkverbindung entsteht die größte Beweglichkeit, trotz der Unbiegsamkeit des Materials. Dank der feinen, streng geordneten Struktur jedes einzelnen Knochens kann das Tier dessen Festigkeit benutzen, während es doch nicht belastet wird durch überflüssige Materie. Die Proportionen des Ganzen und die harmonische Wechselwirkung von Knochen und Muskeln machen es möglich, die mechanischen Kräfte in einem meisterhaften Spiel zu handhaben. Wir sind so gewöhnt an den Anblick einer fortschießenden Turmschwalbe, eines Eichhörnchens, das an einem Stamm hinaufläuft, oder eines springenden Hirsches, daß wir nicht mehr eingedenk sind, Äußerungen einer unvorstellbaren Weisheit vor uns zu haben. Und doch könnte kein Mensch etwas konstruieren, was ihnen im entferntesten nahekäme. Bei den Gemsen und noch mehr bei den Steinböcken, also bei den Tieren, die mit seltener Virtuosität ihr Wesen im Hochgebirge treiben, hat die tierische Natur wohl ihren Gipfel erreicht im Beherrschen der mechanischen Erdenkräfte. Die Umgebung bringt es schon mit sich. Es gibt kein anderes Gebiet, wo die Erde in solcher Nacktheit und mit solchem Ungestüm ihre Kräfte spielen läßt. Die Tiere nehmen ihre Herausforderung an und setzen sich dem Kräftespiel nicht nur aus, sondern benutzen es gewissermaßen, um das äußerste an Bewegungsmöglichkeit aufzubringen. Etwas für alle Säugetiere Kennzeichnendes: daß sie den Kalk gebrauchen, um mit den Erdekräften zu spielen, kommt hier zu einem Höhepunkt.

Beim Adler, der diese Tiere noch überflügelt, finden wir scheinbar eine weitere Fortführung der Überwindung des Kalks. Aber eigentlich geschieht da etwas ganz anderes. Sieht man das Skelett von einem solchen Vogel für sich, dann ist es noch fester, zusammengezogener, oder anders gesagt, mehr irdisch als bei den Wirbeltieren. Das gilt in erster Linie für die Substanz. Betrachten wir es vom Kräftespiel aus, dann gilt beinahe das Gegenteil. Bei der typischen Haltung des Adlers, beim Schweben, ist alles darauf gerichtet, daß das Gefieder sich möglichst weit zu einer Fläche ausbreiten kann. Das Tier zieht seine Füße ein, was nichts anderes bedeutet, als daß es jede Ausbreitung in Richtung der Schwere vermeiden will. Die Flügel und der Schwanz sind so stark wie möglich horizontal gespreizt, in einer Fläche also, welche die Schwererichtung durchkreuzt. Hier wird der Kalk nicht benutzt, um mit den Erdenkräften zu spielen, sondern um den Federn eine Stellung zu geben, in der sie in horizontaler Richtung nach allen Seiten ausstrahlen. Der Kalk fügt sich hier in ein Kräftespiel, das von der Erde weg und zum Weltumkreis hin gerichtet ist. Wir könnten auch sagen; der Kalk unterwirft sich im schwebenden Vogel den Kräften des Kiesels.

Das Formenspiel von Kalkpanzern, Muscheln und Skeletten.

Sind die Steinmassen auch noch so schwer, womit viele Tiere sich belasten und wodurch sie häufig selbst an den Boden gebunden werden, so erzeugen sie doch in diesem spröden Material die edelsten Formverhältnisse. Was man zu sehen bekommt bei den vielen niederen Meerestieren, ist so überreich und so voller Abwechslung, daß man meinen könnte, ein willkürliches Spiel der Natur vor sich zu haben. Aber bei näherer Betrachtung bemerkt man, daß jede Form sich mit leichten Variationen zahllose Male wiederholt und daß sogar im Laufe der Zeit jede Form immer wieder von neuem erscheint. Manche Schnecken haben scheinbar willkürliche, wilde Auswüchse, aber der Fachmann erkennt daran unfehlbar die Art. Und käme er nach Hunderten von Jahren zurück, so brauchte er dafür nichts Neues zu lernen. Auch bei solchen Miniaturtierchen wie die Foraminiferen, ist das der Fall, obwohl deren Formenspiel zum Abwechslungsreichsten und Zauberhaftesten in der ganzen Natur gehört. Sogar in der Kreide findet man Formen, die heutigen Formen nahezu gleich oder mindestens nah mit ihnen verwandt sind. Das gibt allen diesen Formen noch eine besondere Bedeutung. Wird etwas mit solcher Zähigkeit fortgeführt, sollte man keine Willkür annehmen. Wenn wir uns in all das Schöne vertiefen, kommen wir darum auch sicher mit den tiefen Gesetzen der Natur in Berührung.

Entwickeln wir eine große Unbefangenheit, eine große Hingabe, dann können wir erleben, daß unser Sehen zum Hören wird. Die Form dieser Tiere, dieser Muscheln und Schneckenhäuser kommt scheinbar in Bewegung und die Bewegung wird zum Klang. All diese Biegungen werden zu melodiösem Sang, all diese wiederholten Wendungen zu rhythmisch klingenden Harmonien.

Wir stehen hier vor kleinen Bauwerken, deren Material aus totem, durch den Lebensprozeß nach außen gestoßenem Stein besteht, deren Form aber erstarrter Klang ist. Man könnte sprechen von in Stein gebanntem Klang. Und leben wir nun innerlich mit diesen Wölbungen, mit den Einbuchtungen dieser Flächen, mit den Wendungen dieser Spiralen mit, dann befreien wir den Klang aus seinem Bann. In uns selbst steigt dann eine Welt von Musik auf, so daß wir daran erinnert werden, wie unsere Vorfahren von der Harmonie der Sphären sprachen.

Sie wußten nicht nur, daß Erdnatur und Kosmos in erhabener Einheit ein großes Gebäude miteinander bilden, sondern sie hörten auch dessen erhabene Ordnung mit den fein ausgewogenen Verhältnissen in der Form einer alldurchdringenden Musik. Anders als wir, die wir uns alledem erst mühsam denkend nähern müssen!

Das Vorangegangene gibt uns einen neuen Ausblick auf das Kalkgebirge. Das Gestein in seinem gegenwärtigen Zustand ist wohl meistens rauh, manchmal wie ein ungeordnetes Durcheinander, aber es besteht doch aus zersplitterten Resten und Ruinen von Formen, die ein unmittelbarer Abdruck der Weltharmonien waren.

Wie bei den Muscheln und Panzern der niederen Tiere die edelsten Formen auftreten, so ist das auch bei den Skeletten der höheren Tiere und des Menschen der Fall. Jeder Knochen zeigt eine herrliche Plastik, aber außerdem ist er noch ein wohleingefügtes Glied eines ranken Bauwerks. Er ist für sich selbst schon mehr oder weniger ein charakteristisches Ganzes, aber er fügt sich in eine Reihe andrer zu einem größeren Ganzen ein. Wir finden hier jedoch nicht solche fließenden Linien wie bei Muscheln und Schneckenhäusern. Hier wird man nicht in erster Linie erinnert an Musik, sondern vielmehr an die Art, in der sehr verschiedene Klänge zu einem Wort zusammengefügt werden und die Worte wiederum zu einem wohlgeformten Satz[1].

Ist der Kalkstein auch durch Ausstoßung entstanden, besteht er auch aus toten Resten einer großen Vergangenheit, so bedeutet das noch nicht, daß er von allen formenden Kräften verlassen ist. Auch hier sind die hellen Kristallkräfte ans Werk gegangen, den tauben Stoff mit Myriaden von glitzernden Flächen zu durchziehen. So weit kann das gehen, daß wir an manchen Stellen den durchscheinenden, veredelten Marmor aus dem Felsen sägen können. Nach dem, was wir besprochen haben, kann es nicht wundernehmen, daß gerade dieses Material dem Künstler so oft zum Bilden edler Formen dienen konnte, zum Nachschaffen der feinen Wölbungen des menschlichen Körpers und zum Gestalten der fließenden Gewandfalten.

Der Kalk im Menschen.

Goethe leitet in noch jugendlichem Alter seine «Physiognomischen Fragmente» ein mit einer beinahe hymnischen Verherrlichung der menschlichen Gestalt in ihrem Unterschied zur tierischen. Er beschreibt die menschliche Gestalt als eine Säule, die nach oben durch die Schädeldecke wie mit einer Kuppel abgeschlossen wird. Er deutet sogar an, daß diese Kuppelform als Spiegelung des Himmelsgewölbes betrachtet werden muß. Als typisch für die tierische Wirbelsäule hingegen bezeichnet er die horizontale Richtung. Der Kopf wird nicht wie beim Men-

[1] «Mysteriengestaltungen» a. a. O. Siehe 6. Vortrag.

schen ausbalanciert getragen, sondern ist «nur aufgehängt». Und in der Tat, selbst wenn man die am meisten aufgerichteten Tiere ansieht, man wird doch immer irgendwo ausdrückliche Abweichungen von der vertikalen Richtung finden.

Goethe wurde zu seiner Betrachtung durch das Anschauen menschlicher und tierischer Skelette angeregt, also durch die Teile des Organismus, welche Kalk in ausgestoßener Form enthalten. Folgen wir Goethes Betrachtung und tun wir dabei sogar noch einen weiteren Schritt, dann kommen wir zu überraschenden Feststellungen. Gerade in unsrem Kopf, der am höchsten über der Erde getragen wird und welcher der Form nach das Außerirdische spiegelt, finden wir im Verhältnis mehr Kalk als in irgendeinem anderen Körperteil. Außerdem bildet das Skelett hier mehr als an anderen Stellen eine umhüllende, abschließende Schicht, so daß ein Vergleich mit niederen Tieren wie den Muscheln und Seeigeln möglich ist. Durch seine Kalkmenge sowie durch die Art, wie diese nach außen zu abgelagert ist, zeigt sich der Kopf erdverwandter als der übrige Körper.

Bei den Beinen dagegen, die ganz zur Erde hin orientiert und daher säulenförmiger als der übrige Körper sind, sieht es so aus, als wären die typischen Kalkeigenschaften möglichst in den Hintergrund gedrängt. Wir finden den Kalk hier in der Form eines innengelegenen Stabes, der von weicherer Substanz umgeben ist. Bei näherer Betrachtung sehen wir, daß er röhrenförmig ist. In dieser Form und in der eigenartigen Lamellenstruktur an den Enden zeigt sich das auch in der Technik herrschende Prinzip: größtmögliche Stärke bei mindestmöglichem Gewicht. Würden wir aus dem Material eines solchen Röhrenknochens einen massiven Stab machen, so würde er viel dünner und schwächer oder viel weniger hoch werden. In der weisheitsvollen Struktur des Knochens ist der Kalk so angeordnet, daß von jedem Teilchen die Fähigkeit, Druck und Zug auszuhalten, aufs vollste ausgenützt wird. Man kann also sagen, in den Röhrenknochen der Gliedmaßen ist der Kalk soweit ausgebreitet, wie es ohne Verlust an Stärke möglich ist. Ein Knochen wie das Schienbein z. B. ist darauf eingerichtet, mit sowenig Materie wie möglich bei höchstmöglicher Länge das stärkste Tragvermögen zu entwickeln. Beim Hüftknochen ist dasselbe Prinzip womöglich noch strenger durchgeführt. Auf dem Schienbein, wie ein Gebirgstier auf einem schmalen Gipfel stehend, reicht er doppelt so hoch hinauf wie das Schienbein. Die inwendige Lamellenstruktur in der Umgebung des Hüftgelenks ist sogar so eindrucksvoll, daß man sie immer als Vorbild für den weisheitsvollen Bau des Körpers abgebildet findet.

Wenn der Mensch aufsteht, sucht er eine Haltung zu gewinnen, die dem, was die Schwere von ihm fordert, so entgegengesetzt wie möglich ist. Dank dem geschilderten Bau des Skeletts und der eigenartigen Struktur der Knochen, kann er Gebrauch machen von der Verwandtschaft des Kalkes mit der Erde, um gerade die Erdenkräfte zu überwinden.

Wie wir bei den Tropfsteinen hängende und stehende Säulen antreffen, mit daran herunter rinnendem oder auch innen niederfließendem Wasser, so ist im Gegensatz dazu der stehende Mensch eine aufgerichtete Flüssigkeitssäule, die sich durch einen Kalkkern stützen läßt. Der Kalk ist hier nicht aus der Flüssigkeit einfach nur abgesetzt, sondern so abgesetzt, daß er diese stützende Funktion erfüllen kann. Würde der Kalk des Skeletts sich erinnern, wie er im Tropfstein seiner eigenen Neigung nachgab und wie er sich da ganz durch die Schwere bestimmen ließ, dann müßte er sich sehr verwundern über den Zustand, in welchem er jetzt ist. Jede Kräftewirkung ist genau umgekehrt. Vom Kalkstandpunkt betrachtet, ist der aufgerichtete menschliche Körper eine Welt, worin alles auf dem Kopf steht.

Wenn man alles dies deutlich vor sich hat, ist es um so überraschender zu sehen, wie der Mensch während des Schlafes jeden Widerstand gegen die Schwere noch radikaler aufgibt als die meisten Tiere. Das zeigt sich daran, daß er nicht nur die horizontale Haltung einnimmt, sondern auch noch auf dem Rücken liegt. Ein schlafender Mensch liegt so, daß der Bau und die Gliederung seines Skeletts eine möglichst geringe Rolle spielen.

Der Mensch sucht also nach dem Erwachen die vertikale Haltung und kann nur in der horizontalen gut einschlafen. Wir begegnen hier wieder den beiden für den Kalk charakteristischen Raumesrichtungen.

Was kann das bedeuten? Das Hervortreten dieser beiden Richtungen heißt für den Kalk, daß er sich den Erdenkräften unterwirft. Die Haltung des Menschen in diesen beiden Richtungen deutet ebenfalls auf ein Sich-Einfügen in die Erdenkräfte, aber nicht auf ein Sich-Unterwerfen hin. Der Mensch paßt sich in Bau und Haltung nur darum mehr den Erdenkräften an als die Tiere, weil er sie dadurch vollständiger überwinden kann.

Wir haben gesehen, daß das höhere Tier oft auf viel virtuosere Art mit den Möglichkeiten spielt, die ein Skelett hergibt, als der Mensch. Es strebt hingegen nicht nach einem so harmonischen Bau, nach einem solchen Gleichgewicht zwischen Himmel und Erde. Es geht bei ihm mehr um die Bewegung als um die Haltung. Jede Tierart spezialisiert sich auf eine bestimmte Art von Bewegung, auf eine bestimmte Umgebung. Die eine tritt in Wechselwirkung mit der Erde, die andere mit der Luft, eine dritte mit dem Wasser.

Der Mensch dankt der vollständigen Überwindung des Kalks seine Vielseitigkeit. Bei ihm geht es weniger um die behende Bewegung als um das Vereinigen der größten Gegensätze, um alles in einer großen Harmonie zusammenzufassen, was zur Einseitigkeit werden könnte. In seiner Gestalt lebt darum wirklich ein Abdruck des Weltganzen. In seinem kuppelförmigen Kopf trägt er ein Bild des Himmelsgewölbes. In seiner säulenförmigen Gestalt kommen die Erdenkräfte zum Ausdruck. Bis hierher hat Goethe den menschlichen Körper richtig beschrieben. Aber es ist noch mehr zu sagen. Die Säulenform unserer Gestalt trifft eigentlich nur ganz auf unsere Beine zu. Dementsprechend besteht das Skelett dort in der Hauptsache aus Stäben. Das Merkwürdige ist nun, daß der Brustkasten seiner Form nach etwas an die Kuppelform des Kopfes erinnert und dabei aus zwar gebogenen, aber doch stabförmigen Knochen zusammengesetzt ist. Man kann im Brustkorb eine Zwischenform erkennen, die sowohl mit dem Kopf als auch mit den Gliedmaßen verwandt ist. In seinem ganzen Aufbau kommt etwas wie ein Spiel zum Vorschein.

Auch die Natur wird nicht allein bestimmt durch den Gegensatz Himmel – Erde. Es gibt viele Prozesse, wie vor allem die Bewegung der Sonne, in denen ein fortwährendes Auf- und Niedergehen vollzogen wird, ein rhythmisches Hin- und Herspielen zwischen dem Reich der Höhe und dem Reich der Tiefe.

Was der Brustkorb in seinem Aufbau zeigt, ist ein erstarrtes Bild dieser rhythmischen Bewegungen. So werden wir vor wunderbare Tatsachen gestellt. Wir haben den Kalk kennengelernt als den Stoff, der immer wieder einen Fall durchmacht, niedergestoßen wird in den Bereich der einseitig wirkenden Erdenkräfte. Gerade dieser Stoff wird vom Menschenwesen erhoben, bis er Träger wird vom Bild des Weltganzen. So wird dieser ewig Ausgestoßene immer von neuem zum Mittelpunkt des Alls.

Die Dinge, die wir besprochen haben, stimmen überein mit uralter Überlieferung: Der Mensch ist eine kleine Welt, der Makrokosmos ist ein großer Mensch. Und in der Tat, alles, was das Wasser in der Natur mit dem Kalk treibt, wie auflösen und ausscheiden, Abbau und Aufbau, wird auch durch das Blut getätigt, und zwar nach viel strengeren Regeln. Sogar die Panzer- und Krustenbildung, die in so vielen Varianten auftritt, finden wir beim Menschen auf subtile Weise wieder. Die Blutgerinnung, wodurch die meisten Hautwunden so schnell abgeschlossen werden, ist ja von der Mitwirkung des Kalks in unserem Blut abhängig.

Man sieht aus dem letzten wiederum, wie ein Stoff nicht nur ein bestimmtes Motiv unter allen Umständen beibehält, sondern wie die lebendigen Wesen auch sozusagen verpflichtet sind, jenen einen Stoff zu gebrauchen, weil sie das Prinzip anwenden müssen, das dieser Stoff nun einmal verkörpert. In dem Schorf, der durch die Blutgerinnung entsteht, ist nur ganz wenig Kalk zu finden. Und obwohl also der Kalk als Stoff kaum teilnimmt, ist er doch ein unentbehrlicher Mitwirker am Gerinnungsprozeß. Er hat sozusagen das Patent für das Abschließen mittels harter Schichten. Unter den Stoffen ist er der Hauptvertreter dieses Prozesses, und die schaffende Natur hat mit ihm zu rechnen.

Bei der Blutgerinnung erstirbt das Blut unter dem Einfluß einer gewissen Berührung mit der Umgebung. Es folgt dabei ohne Vorbehalt den Impulsen des Kalks, es erstarrt zu einer erdgleichen Kruste. Bei der Bildung der Knochen dagegen fließt das Blut nicht nur weiter, während der Kalk sich absetzt und zurückbleibt, sondern obendrein wird das Blut sogar mitten in der erstarrten Knochenwelt erneuert. Die roten Blutkörperchen werden ja im Knochenmark gebildet.

Was spielt sich da ab? Das Skelett hat immer, und zu Recht, als ein Zeichen für die Wirksamkeit des Todes gegolten. Aber auch die großartigste Überwindung des Todes müssen wir im Skelett suchen. Gerade an den Stellen, wo inmitten des harten Gebeins ein Raum ausgespart ist, findet die Verjüngung des Blutes statt. Das blühendste Leben inmitten der Todesstarre. Auch hier finden wir den Kampf mit dem Kalk wieder.

Das Skelett, das nach dem Tode viel länger intakt bleibt als die lebendigeren Teile des Körpers, darf man nicht nur als ein Siegeszeichen des Todes betrachten. Es hält in seinem herrlichen Formenspiel ein Bild des allgemeinen Menschlichen und sogar des ganz Individuellen wie in einer Erinnerung fest.

Es gab einmal ein Volk, das so sehr mit der göttlichen Harmonie im eigenen Körperbau lebte, daß es imstande war, Tempel zu bauen, worin es dieselbe zum vollkommenen Ausdruck bringen konnte. Kein Wunder, daß dieses Volk, die alten Griechen, gerade Kalk in der Form von Marmor als Material gewählt hat. Und es scheint wirklich so zu sein, daß sie durch den Bau ihrer Tempel das Wesen des Kalks vollkommen zum Ausdruck brachten, denn an jenen tritt wieder die vertikale und die horizontale Richtung mit Nachdruck hervor.

Aber auch hier wird nicht nur das Wesen des Kalks zum Ausdruck gebracht, sondern auch die Überwindung des Kalks, wie das im menschlichen Körper geschieht. Das horizontale, gestreckte Dach wird ja von den Säulen getragen. Es ist nicht wie in der Erdkruste, wo die horizontalen Lagen wie die Tropfsteine durch den Einfluß der Schwere entstehen. Es ist vielmehr wie bei der Menschengestalt, wo die Säulenform ganz auf die Überwindung der Schwere gerichtet ist und der am meisten irdische Teil zuoberst getragen wird.

Kalkchemie.
Kalk als basischer Stoff.

Wenn man die Aufmerksamkeit auf die Chemie des Erdbodens richtet, muß man naturgemäß wieder in erster Linie auf die saure oder basische Reaktion achten.

Wie die gewaltigsten Umformungen der Erdkruste auf kleinen Geschehnissen beruhen können, die durch endlose Wiederholung weitreichende Folgen haben, so hat auch die chemische Reaktion des Gesteins, obwohl gering, auf die Dauer eine erhebliche Auswirkung.

Je mehr Kieselsäure im Boden enthalten ist, desto mehr neigt er zu saurer Reaktion. Man findet bei uns solche Böden vor allem in Sandgegenden. Dort besteht die Neigung zur Bildung von totem Humus wie in der Heide oder in Hochmooren. Im Boden entsteht durch solche saure Reaktion eine Neigung, die Prozesse zum Stillstand kommen zu lassen und im Zusammenhang damit den Humus zu konservieren. Je mehr Kalk der Boden enthält, desto mehr neigt er zur basischen Reaktion. Der Kalkstein ist zwar ein Salz, aber die Base darin dominiert über die Säure. Solch ein Boden regt die Zersetzungsprozesse an, so daß leicht ein Mangel an Humus entsteht.

In Übereinstimmung mit seinem basischen Charakter hat der Kalk die Eigenschaft «gierig» zu sein. Er bindet allerlei Stoffe, vor allem sauer reagierende. Das wichtigste Beispiel hierfür ist das Kohlensäuregas.

Wenn man Kalkstein brennt, so nimmt der basische Charakter und die Neigung, sich mit anderen Stoffen zu verbinden, besonders stark zu. Wir werden noch besprechen, wie der gebrannte Kalk eine sehr kräftige, verzehrende Wirkung hat.

Calcium als Element.

Allen kalkhaltigen Stoffen liegt das Leichtmetall Calcium als Element zugrunde. Man kann dieses unter beträchtlichem Aufwand an Energie durch Elektrolyse aus geschmolzenem Calciumchlorid gewinnen. Wir erhalten es z. B. als spröde, metallglänzende Stückchen. Läßt man diese an der feuchten Luft liegen, so zerfließen sie nicht wie das Natrium. Sie werden langsam trüb und gehen in eine rein weiße, erdige Masse über. Schließlich können sie sogar zu einem weißen Pulver auseinanderfallen.

Das Auftreten der weißen Farbe bei den Kalkverbindungen ist so auffallend, daß wir eine besondere Betrachtung darauf verwenden müssen.

Die Prozesse, die stattgefunden haben, sind in der Hauptsache Oxydierung (zu CaO), Hydroxydbildung ($Ca[OH]_2$) und Calciumkarbonatbildung ($CaCo_3$).

Man kann das Calcium entzünden, wenn man eine Knallgasflamme auf ein Häufchen Calcium richtet. Man bekommt dann ein sehr plötzliches, sehr heftiges, rötliches Aufglühen. Wenn man Glück hat, sieht man sogar flüchtig über dem Ganzen eine Kuppel sternartiger roter Funken aufsprühen. Danach bleibt eine trübe, reinweiße Masse von Calciumoxyd zurück.

Ein in Wasser gelegtes Stückchen Calcium sinkt unter. Es fängt sofort an, Wasserstoff zu entwickeln, genau wie Natrium und Kalium es tun, aber weniger heftig. Es herrscht auch insofern eine Übereinstimmung mit den Alkalien, als das Metall verschwindet und dem Wasser basische Reaktion verleiht. In anderer Hinsicht bekommt das Wasser durch Calcium gerade ganz andere Eigenschaften als durch Natrium. Hat man nicht zuwenig von dem Metall verwendet, dann wird das Wasser trübe, und es treten weiße Flocken auf, die zu Boden sinken. Betrachtet man am folgenden Tag noch einmal das Resultat des Versuchs, dann ist das Wasser wieder klar und der Boden bedeckt mit einer weißen Masse von Calciumhydroxyd, während die Oberfläche überzogen ist von einer brüchigen, dünnen Kalksteinkruste. Die Flüssigkeit schließt sich also mit einer steinigen Calciumkarbonatschicht ab. Das Wasser erhält durch das Calcium erdige oder Erde suchende Eigenschaften. Man sieht außerdem an diesem Versuch, daß das Calcium Wasser reduzieren kann. Das gebildete Hydroxyd bleibt nur zum Teil gelöst.

Auch bei diesem Versuch sieht man das Calcium erst zur Ruhe kommen, nachdem es in die Karbonatform übergegangen ist.

Wir haben hier wieder einmal ein Beispiel zu der Beobachtung, daß die chemischen Elemente des Elementenkreises Bilder aus dem Naturgebiet, aus dem sie stammen, hervorrufen. Wir werden weiterhin sehen, daß wir bei unseren Versuchen sogar ähnliche Erscheinungen wie die Tropfsteinbildung bekommen können.

Kalkbrennen und Kalklöschen.

Wenn wir ein Stück Kalkstein, eine Muschel oder etwas Marmor stark erhitzen, z. B. durch eine Knallgasflamme, dann beobachten wir bald eine sehr heftige weiße Glut. Nach kurzer Zeit erscheint das Gestein an den erhitzten Stellen verändert. Man kann es nun leicht zerklopfen. Etwas Kohlensäuregas ist verflüchtigt, und gebrannter Kalk oder Calciumoxyd ist zurückgeblieben.

Wenn man nun auf den gebrannten Kalk, sobald er abgekühlt ist, etwas Wasser gießt, wird dieses schnell aufgesogen, während die entstandene Masse schwillt und verkrümelt. Merkwürdigerweise sieht dasjenige, was entsteht, trocken aus. Alles das geht unter Zischen und heftiger Dampfentwicklung vor sich.

Anstatt selbsthergestellten Kalk zu benutzen, tut man besser daran, ihn einzukaufen, weil man dann in größerem Maßstab arbeiten kann.

Man hat hier im Kleinen das sogenannte «Kalklöschen» ausgeführt, die Umwandlung vom Calciumoxyd in Calciumhydroxyd.

Der gebrannte Kalk hat als starke Base verzehrende Wirkung auf organische Stoffe.

In Kriegs- oder mordtätigen Revolutionszeiten legte man die vielen Leichen in Kalkgruben, damit sie schnell zersetzt wurden.

Man benutzt den gebrannten Kalk auch dazu, Häute für die Gerberei zu enthaaren.

Ein etwas feinerer Gebrauch vom gebrannten Kalk wird durch Beimengen im Komposthaufen gemacht. Die pflanzlichen Reste verrotten dann schneller und gleichmäßiger.

Kalkwasser und Kohlensäuregas.

Gelöschter Kalk, mit Wasser durchgeschüttelt, ergibt eine weiße undurchsichtige Aufschlämmung, die wir Kalkmilch nennen.

Die klare Flüssigkeit, die entsteht, nachdem die trübende Masse sich abgesetzt hat, nennt man Kalkwasser. Das ist eine nicht sehr konzentrierte Lösung gelöschten Kalks.

Wenn man in einen Erlenmeyerkolben etwas Kalkwasser gießt und Ausatmungsluft hineinbläst, dann entsteht eine Trübung, sobald man den Kolben schüttelt. Es hat sich Calciumkarbonat gebildet. Diesen Versuch benutzt man, um Kohlensäuregas nachzuweisen.

Bläst man nun durch ein Rohr längere Zeit hindurch Ausatmungsluft in das trübe gewordene Kalkwasser, dann wird die Lösung wieder klar. Der kohlensaure Kalk ist übergegangen in den gut löslichen doppeltkohlensauren Kalk oder Calciumbikarbonat.

Der ganze Versuch verläuft rascher und deutlicher, wenn man Kohlensäuregas aus einem Zylinder nimmt und durch das Kalkwasser hindurchsprudeln läßt.

Da man doppeltkohlensauren Kalk nicht anders als gelöst kennt, kann man ebensogut sagen: Der träge, unauflösliche kohlensaure Kalk wird durch Wasser und Kohlensäure in Bewegung gesetzt und mitgerissen. Die große Rolle, welche dieser Vorgang in der Natur spielt, haben wir zu Beginn dieses Kapitels schon besprochen.

Wenn das Übermaß an Kohlensäuregas aus der Lösung doppeltkohlensauren Kalks einfach durch Verfliegen oder durch Erhitzen verschwindet, setzt sich der kohlensaure Kalk wieder ab in Form von Kalkstein. Hierauf beruht die Tropfsteinbildung ebenso wie die Bildung von Kesselstein.

Dieses Aufnehmen von Kohlensäure und Wasser und das Wieder-Entlassen der beiden, spielt auch im lebenden Boden eine Rolle.

Einige anschauliche Versuche.

Wenn man ein Stückchen Marmor in nicht allzu verdünnte Salzsäure fallen läßt, wird es unter heftigem Brausen aufgelöst.

Calciumkarbonat + Salzsäure → Calciumchlorid + Kohlensäuregas.

Nimmt man nun anstatt Marmor eine Anzahl Muscheln, dann bekommt man starke Schaumbildung. Hat man z. B. ein Zylinderglas benutzt, dann sieht man die Schaummasse aufsteigen und über den Rand kriechen wie ein schneckenartiges Tier.

Das Calciumchlorid, das bei diesem Versuch entsteht, ist ein außergewöhnlich leicht lösliches Salz. Deshalb kann man es als Ausgangspunkt für eine Reihe sehr charakteristischer Versuche verwenden.

Man kann z. B. eine ziemlich konzentrierte Lösung von Calciumchlorid in einen Zylinder gießen, auf einen Beleuchtungsapparat stellen und noch etwas konzentrierte Natronlauge beifügen. Man erhält dann überraschende Mengen von einem dichten, sehr weißen Niederschlag, Calciumhydroxyd.

Die Neigung des Kalks, sich niederzuschlagen, kann auf diese Weise gut demonstriert werden.

Dann kann man eine ähnliche Aufstellung machen und auf ziemlich konzentrierte Calciumchloridlösung eine Schicht nicht zu schwerer Lösung Ammoniumsulfat gießen. Man bekommt einen besonders schönen Niederschlag, der an der

Grenze entsteht. Ganz langsam bilden sich sehr weiße feine Flocken von Gips. Das stille Niedersinken der flockigen Kristalle, das Entstehen von weißen lockeren Schichten, erinnert besonders stark an die Erscheinungen beim Schneefall.

Ein sehr interessanter, wenn auch etwas gewalttätiger Versuch ist folgender: Man nimmt ein ziemlich großes Becherglas und füllt es zu höchstens einem Viertel mit konzentrierter Calciumchloridlösung. Danach gießt man dicht am Rand konzentrierte Schwefelsäure hinein. Es entsteht eine sehr dichte Gipsmasse, die sich uns als romantische Tropfsteinhöhlenlandschaft darbieten kann. Man muß aber in einem Abzug arbeiten wegen des vielen Salzsäuregases, das sich entwickelt. Außerdem muß man aufpassen, daß das Glas nicht infolge der starken Temperaturerhöhung springt. Man kann meistens das Wasser abschütten, ohne daß der Niederschlag zusammensinkt.

Es gibt wahrscheinlich bessere Methoden, wodurch man die Tropfsteinbildung nachahmen kann. Man könnte z. B. ein Stück Calciumchlorid in eine Sodalösung oder in Natronlauge hineinhängen. Es ist mir bisher noch nicht geglückt, eine gute Anordnung zu finden.

Auf jeden Fall ist es also auch möglich, durch Versuche mit Calciumverbindungen die zu ihnen gehörige natürliche Landschaft nachzubilden.

In der Natur spielen die Kalkprozesse fortwährend hin und her zwischen Wasser und Erde. So ist ein Teil der Kalkverbindungen leicht löslich, und eine kleine Gruppe mäßig löslich.

Leicht löslich:	*mäßig löslich:*	*schwer löslich:*
Calciumchlorid	Calciumhydroxyd	Calciumkarbonat
Calciumnitrat	Calciumsulfat	Calciumorthophosphat
Calciumbikarbonat		

Etwas über die technische Verwendung kalkhaltiger Stoffe.

Es versteht sich von selbst, daß das Hin- und Herspielen zwischen Wasser und Erde auch das Hauptthema bei der Kalktechnik ist. Sowohl bei der Verwendung von Mörtel als von Zement und Gips wird ein wäßriger Brei gemacht, der nach einiger Zeit zu einer steinharten Masse erstarrt. Im ganzen Zusammenhang ist es eigentlich überraschend, daß bei allen drei Stoffen Aktivierung durch eine Vorbehandlung mit Feuer stattfindet.

Die Prozesse bei der Herstellung und Verwendung von Maurerkalk sind schon besprochen[1]. Das Hartwerden beruht auf der Aufnahme von Kohlensäuregas und Bildung von kohlensaurem Kalk. Es findet eine Salzbildung aus Säure und Lauge statt.

Zement wird hergestellt, indem man ein Gemisch von Kalk und Lehm brennt

[1] Vgl. Stoffeswelt I, «Der Unterricht in der 7. Klasse», Seite 31 f.

und zu Pulver zermahlt. Dieses wird mit Wasser zu einem Brei verrührt, und beim Hartwerden entstehen bestimmte Silikate. Man könnte die gebräuchlichste Verwendung von Kalk und Zement beim Bauen ein Aufrichten künstlicher Berge und Höhlen nennen.

Gips wird dadurch hergestellt, daß man Calciumsulfatkristalle so lange erhitzt, bis ein Teil des Kristallwassers austritt. Indem man dem hierdurch entstandenen Pulver Wasser beimengt, wird der Kristallwassergehalt wieder erneuert, während die gesamte Masse erstarrt.

Man benutzt Gips zu allerlei Zwecken, besonders aber, um das Skelett in seiner Funktion zu unterstützen oder gar zu ersetzen.

Jedenfalls finden wir in der Kalktechnik ein besonders schönes Beispiel, wie der Verlauf sehr verschiedener Prozesse von demselben Motiv geleitet und bestimmt werden kann. Dieses Motiv hängt mit dem Wesen des Kalks zusammen. Die Verschiedenartigkeit der Prozesse beruht auf der Wechselwirkung mit verschiedenen Stoffen und Kräften der Natur.

Als ein Höhepunkt in der Geschichte der Kalktechnik ist die Erfindung des Eisenbetons zu betrachten. Der harte Zement ist eigentlich nur brauchbar, um Massen aufeinanderzutürmen, er kann wohl Druck, aber keinen Zug aushalten. Den eisernen Stangen nun verdankt der Eisenbeton seine Fähigkeit, Zugkraft zu entwickeln. Man kann ihn deshalb für Konstruktionen mit großer Stützweite wie Brücken, Bahnhofshallen usw. verwenden, wozu Stein niemals zu brauchen ist. Man hat hiermit also ein Material gefunden, das den höchsten mechanischen Forderungen gerecht wird.

Man hat im Beton ein Material vor sich, das zusammengesetzt ist aus den am meisten vorkommenden Bestandteilen der Erdkruste: Kalk, Aluminiumsilikat, Wasser, Eisen und Kieselsäure in Form von Sand.

Wenn man große Konstruktionen aus Beton macht, z. B. Brücken baut, tut man etwas Ähnliches wie der tierische Organismus, wenn er ein Skelett bildet, welches das Stehen und das behende Bewegen möglich macht. Man könnte sogar sagen, daß das Stehen in den modernen Betonkonstruktionen zu einem technischen Höhepunkt geführt ist.

Aber wenn man tiefer auf die Sache eingeht, findet man auch den Sprung in der Technik verwirklicht. Man muß dabei den Sprung ansehen als das Schlagen einer Verbindung zwischen zwei weit auseinanderliegenden Punkten ohne Stütze dazwischen. Man findet eine Art Projektion des Sprunges in der Technik in der Form der Brückenkonstruktion. Man darf wirklich die Brücke als einen erstarrten Sprung ansehen.

Wie im Menschen und im Tier der Kalk zum Skelett erstarren muß, um das Stehen und die virtuose Bewegung möglich zu machen, so mußte man die Betonkonstruktionen ausbilden, um die Technik des Stehens und Springens im obenerwähnten Sinn zu einer mächtigen Entfaltung zu bringen.

Es hat eine überraschende Entwicklung in der Kalktechnik stattgefunden.

Früher diente der Kalk mehr dazu, Verbindung herzustellen zwischen Blöcken aus einem anderen Material, die aufeinandergestapelt werden sollten. Für die Konstruktionen benutzte man Holz oder Eisen. Jetzt wird das zu verwendende Material mit Kalk zu einer Masse verarbeitet und selbst mit Eisen durchflochten. Und jetzt erst kommen alle Dinge, die in der Natur mit dem Kalk zustande gebracht werden, auch in der Technik zur Entfaltung. Man kann dabei an das Umschließen eines Raumes denken wie bei den Muscheln, an ein Aufeinandertürmen von Material wie bei den Korallen, an mechanische Konstruktion wie bei Skeletten.

Durch die Erfindung des Betons ist das Wesen des Kalks in der Technik erst vollauf verwirklicht. Auch in der Technik finden wir jetzt den Kalk in der großartigsten Wechselwirkung mit der Schwerkraft und ihrer Überwindung begriffen.

Der Kalk und das Licht. Gegensatz zum Kiesel.

Wenn wir Calciummetall offen liegenlassen oder Muscheln oder Marmor brennen, wenn wir verschiedene Calciumverbindungen sich aus einer Lösung niederschlagen lassen, immer wieder springt die weiße Farbe ins Auge.

Wir benutzen Kreide, um weiß auf Schwarz zu schreiben, wir verwenden Kalk, um Mauern zu weißen.

Auch beim Kalkstein und beim Marmor, obwohl da noch andere Farben hindurchspielen, finden wir oft eine auffallend blanke, ja weiße Farbe. Die weiße Farbe kommt dann erst gut heraus, wenn ihr Träger stark belichtet wird, wie z. B. ein Kreidefelsen in der Mittagssonne. Das Auge wird geblendet von einem grellen Lichtspiel, während kaum Wärmewirkungen auftreten, wie das bei einem dunklen Stein der Fall wäre. Die weiße Oberfläche schlägt das Licht mit Gewalt zurück und sogar in der Schicht, die gleich darunterliegt, merkt man kaum eine Veränderung.

Wenn man die Spitze eines Stückes echter Kreide mit einem Knallgasbrenner stark erhitzt, wird er in sehr greller, weißer Glut aufleuchten. Zuerst wird gebrannter Kalk frei, und an diesem zeigt sich die Leuchterscheinung. Es ist eine Glut ohne Übergänge, man sieht nur weißes Leuchten.

Wir haben vorhin festgestellt, daß beim Kalk das Licht kaum in Wärme umgesetzt wird. Jetzt sehen wir, daß die Wärme wohl in Licht umgewandelt werden kann. (Man benutzte diese Erscheinung früher unter dem Namen Drummond's Kalklicht.)

Wir haben immer wieder gesehen, wie der Kalk sich fallenläßt, sich der Schwere übergibt, sich verdichten läßt. Es versteht sich eigentlich von selbst, wenn man den Gegensatz zwischen Licht und Schwere kennt, daß ein Stoff, der sich so verhält, das Licht abwehren muß. Der Kalk tut es durch seine weiße Farbe.

Während wir beim Quarz eine große Durchlässigkeit für das Licht, vereinigt mit der Neigung, die Schwere zu negieren oder zu überwinden, antrafen, finden wir beim Kalk gerade das Umgekehrte: Abwehr des Lichts, vereint mit der Neigung sich der Schwere zu ergeben.

Beide Stoffe tragen in der typischen Form ihres Auftretens sozusagen dem Gegensatz Schwere und Licht Rechnung, jedoch tun sie es auf entgegengesetzte Weise.

Kalk gegenüber Wasserstoff.

Etwas Merkwürdiges kommt zum Vorschein, wenn man den Gang der Dinge bei der verwesenden Leiche studiert. Zum großen Teil verfliegt die Substanz in Gas oder Dampfform, während das Skelett noch lange liegenbleibt. Es ist vor allem der Wasserstoff, der die weicheren Teile auseinanderzuziehen und zu vollkommener Formlosigkeit aufzulösen hilft. Der Kalk hingegen hält den mineralischen Teil noch in überformtem Zustand fest.

In diesem Punkt sieht man den Gegensatz zwischen Wasserstoff und Kalk, die einander im Elementenkreis gegenüberstehen, am besten. Der Kalk bildet Grenzen, wirkt konzentrierend, bringt Starrheit, sucht die Erde. Der Wasserstoff durchbricht Grenzen, treibt auseinander, entflieht der Erde, setzt alles in Bewegung.

Phosphor und Magnesium

Über Vorhandensein und Zirkulieren des Phosphors in der Natur.

Phosphor finden wir chemisch gebunden in Form von hartem, schwer erschließbarem Gestein. Im Urgestein finden wir ihn als Apatit. Dieser Name weist hin auf einige Verbindungen, die selten an bestimmten Stellen in großen Massen vorkommen, wohl aber häufig und weit verbreitet in geringen Mengen. Ihre Zusammensetzung ist $Ca_5\,Cl\,(PO_4)_3$ oder $Ca_5\,F\,(PO_4)_3$. Durch Verwitterung des Gesteins gelangt Calciumphosphat in den Waldboden oder den Ackerboden.

Von besonderer Bedeutung für die Gewinnung von Phosphorverbindungen ist das Phosphorit, das manchmal als eine Art Steinknollen auftritt und das einen wechselnden Calciumphosphatgehalt hat (bis zu 80 %). Bei den Wirbeltieren besteht die Knochenerde des Skeletts zum größten Teil aus Calciumphosphat.

Der Guano der Vogelinseln, bestehend aus den Exkrementen und den Überresten von Meeresvögeln, ist besonders reich an Phosphor wegen des Calciumphosphats der Fischskelette. Die Guanomassen werden im Laufe der Zeit immer mehr mineralisiert. Während die beweglicheren Bestandteile der Exkremente infolge der Verwesung verfliegen können, nimmt der Calciumphosphatgehalt immer mehr zu, so daß schließlich phosphoritartiges Gestein entstehen kann.

Man muß vermuten, daß auch viel Phosphor mit den Skeletten toter Meerestiere zum Meeresboden hinuntersinkt.

An solchen Tatbeständen zeigt sich – und es wird sich später von neuem erweisen –, daß der Phosphor eine tiefe Beziehung zum Erdenelement und dadurch sogar die Neigung hat, sich aus dem Kreislauf des Lebendigen herauszulösen.

Es ist begreiflich, daß ein solcher Stoff besonders geeignet ist, sich mit dem Kalk zusammenzutun.

Selbst wenn der Phosphor am Lebensprozeß teilnimmt und z. B. beim Aufbau gewisser Eiweiße mitwirkt, hält er doch in hohem Grade an seiner typisch anorganischen Struktur fest. Während der Schwefel geneigt ist, allerlei verschiedene Formen zu durchlaufen und in deren Folge mannigfache Bindungen und Lösungen durchmacht, wird der Phosphor hauptsächlich als Phosphorsäure oder Phosphat auftreten. Dasselbe gilt für den Ackerboden, worin das Phosphat sich sogar vorwiegend in schwer löslicher Form befindet.

Bei den Lebewesen findet man den Phosphor im ganzen Organismus verbreitet. Bei den Pflanzen findet sich der meiste Phosphorgehalt im Zellkern und im Samen. Beim Menschen tritt der Phosphor besonders im Kopf auf. Das liegt zum Teil an dem Überwiegen des Skeletts, aber auch an der Konzentration des Nervensystems. Im Nervengewebe finden wir nämlich etwas mehr Phosphor als in anderen Geweben.

Im allgemeinen finden wir in den Lebewesen den Phosphor vor allem an den Stellen, wo eine gewisse Konzentration, eine Verhärtung und ein Zum-Stillstand-Kommen zu beobachten ist.

Was geschieht nun, wenn wir den Phosphor aus seiner Erstarrung befreien und in den Zustand eines chemischen Elements versetzen?

Phosphor als Element. Feuer und Lichterscheinungen.

Um Phosphor elementar herzustellen, benutzt man einen elektrischen Ofen. Man erzeugt in einem kleinen Raum die sehr hohe Temperatur, die nötig ist, um eine Säureverdrängung mit Hilfe von Kieselsäure und einen Reduktionsprozeß mit Hilfe von Kohle zu bewerkstelligen. Man kann als Ausgangsmaterial Knochenmehl nehmen und es mit Sand und Kohle mischen. Wenn man dieses Gemisch in den heißen Ofen bringt, wird ein Gas, das aus Kohlenmonoxyd und Phosphor besteht, entweichen, während geschmolzenes Calciumsilikat abfließt.

Es ist gut, sich immer wieder zum Bewußtsein zu bringen, welche dramatischen Übergänge durch einen solchen Prozeß stattfinden können. Man beginnt mit einem sehr starren, unbeweglichen, erdigen Stoff und endigt mit einem blassen, wachsartigen Etwas. Der weiße Phosphor, den man bekommt, ist so unstabil, daß man ihn nur in Wasser und im Dunkeln aufbewahren kann. Ein Stoff, der wie etwas Wesenloses, Unreales erscheint.

Ganz anders ist der rote Phosphor, in den der weiße Phosphor unter Einfluß von Licht oder Wärme langsam übergeht. Diesen kann man, was seine Eigenschaften betrifft, mit Kohlenstoff und Schwefel vergleichen. Er ist auch sehr gut brennbar, aber bei gewöhnlicher Temperatur ziemlich stabil.

Der Phosphor unterscheidet sich in beiden Formen auch dadurch prinzipiell von Kohlenstoff und Schwefel, daß er in der Natur niemals als Element auftritt.

Der rote Phosphor ist schwer schmelzbar und wenig löslich. Er verdampft erst bei ziemlich hoher Temperatur. Wenn man dieses Verdampfen erzwingt und den Dampf durch kaltes Wasser hindurchleitet, bekommt man wieder den weißen Phosphor. Dieser schmilzt schon bei ca. 44° C. Er löst sich sehr leicht auf, z. B. in Schwefelkohlenstoff, und beginnt schon bei Zimmertemperatur zu verdampfen.

Wenn man den roten Phosphor, der Luft ausgesetzt, erhitzt, wird er sich bei ca. 260° C entzünden. (In sehr reiner Form sogar erst bei ca. 435° C.) Es zeigt sich eine helle, gelbweiße Flamme, während sich gleichzeitig ein dichter weißer Rauch emporschlängelt. Durch diese Rauchbildung unterscheidet sich die Phosphorflamme wesentlich von derjenigen von Schwefel und Kohlenstoff.

Den weißen Phosphor braucht man kaum anzuzünden und schon brennt er. Das kann sogar durch ein bißchen Reibung oder geringe Erhitzung geschehen. Der Entzündungspunkt liegt sehr niedrig, ca. bei 60° C. Man muß beim Umgehen mit Phosphor darauf gefaßt sein. Am besten ist es, die kleine weiße Stange mit einem nassen Lappen anzufassen. Benutzt man eine Zange, so kann die Stange wegspringen und durch die Reibung in Flammen aufgehen. Gebraucht man seine Finger, so läuft man doppelte Gefahr: Erstens kann man Brandwunden davontragen, zweitens kann man sich vergiften. Will man ein Stück vom weißen Phosphor abschneiden, so muß man es unter Wasser tun. Man kann den weißen Phosphor natürlich auch mit einer Flamme anzünden. Man bekommt dann die gleiche Flamme wie beim roten Phosphor. Nur geht alles viel heftiger vor sich. Dieses Feuer ist sehr heiß.

Wenn man den Rauch auffängt und sammelt, bekommt man einen weißen, pulverigen Stoff, Phosphorpentoxyd (P_2O_5). Dieser Stoff verfliegt bei 250° C, den flüssigen Zustand überspringend. Der brennende weiße Phosphor ist also leichter schmelzbar und viel flüchtiger als sein Oxyd.

Was hierbei zum Ausdruck kommt, werden wir am besten verstehen, wenn wir uns erinnern, was früher über das Verbrennen und Rosten gesagt wurde[1]. Beim Verbrennen werden die Stoffe, anders als beim Rosten, in alle Raumesrichtungen auseinandergetrieben. Das gilt zum Teil auch für den Phosphor. Während die Oxyde von Kohlenstoff und Schwefel jedoch gasförmig sind und also die Ausbreitung nach dem Verbrennen noch fortsetzen, ist das Oxyd von Phosphor fester und irdischer als der weiße Phosphor selbst. Schwefel und Kohlenstoff

[1] Vgl. Seite 39, Sauerstoff - Oxydation. Verbrennen und Rosten.

steigen beim Verbrennen zwei Stufen höher auf der Elementenleiter: vom Erdenelement zum Luftelement. Beim weißen Phosphor beginnt die Verbrennung mit einem Aufsteigen, dem aber unmittelbar ein noch tieferes Zurückfallen in das Erdenelement folgt. Während der Schwefel z. B. beim Verbrennen von der Beweglichkeit des Sauerstoffs mitgeführt wird, wird beim Phosphor der Sauerstoff zu einem erdigen Stoff verdichtet, ebenso wie beim Rosten eines Metalls. Man hat hier die überraschende Erscheinung, daß eine Verbrennung auf die Schwere hin gerichtet ist und im Sinne eines Falles verläuft. Immer kann man bei derartigen Erscheinungen das Eigenartige noch unterstreichen durch eine entsprechende Versuchsanordnung. Man kann z. B. eine Glasglocke mit kalten Wänden über die Flamme stülpen. Man sieht dann den Rauch erst aufsteigen und dann an den Wänden niedersinken. Auf die einfachste Weise erhält man die Erscheinung abwärts fließenden Rauches, wenn man ein Stück weißen Phosphor an die Luft hält. Man kann die Erscheinung noch auffallender machen, wenn man mit der Phosphorstange vorsichtig über eine vertikale schwarze Fläche hinstreicht. Man sieht dann sogleich zarte Rauchschleier nach unten sinken.

Das ist an und für sich merkwürdig genug. Schaut man den weißen Phosphor nun aber im Dunkeln an, so steht man vor der außerordentlichen Erscheinung, daß man ihn ein schwaches Licht verbreiten sieht. Streicht man im Dunkeln mit weißem Phosphor über eine harte Unterlage, so sieht man leuchtende Linien. Wenn man danach an den leuchtenden Linien entlang bläst, so sieht man Wellen von Licht und Dunkel aufeinanderfolgen. Es handelt sich hierbei um eine langsame Oxydation, ohne merkliche Temperaturerhöhung. Man könnte von kaltem Licht sprechen. Der Phosphor verdampft langsam und geht unter Lichterscheinung über in ein rauchförmiges Oxyd.

Man kann diese Erscheinung des stillen Leuchtens sehr eindrucksvoll vorführen, indem man den Versuch von der chemischen Fahne etwas variiert. Gewöhnlich wird dieser Versuch folgendermaßen angeordnet: Man löst etwas weißen Phosphor in Schwefelkohlenstoff, so daß man eine ziemlich konzentrierte Lösung bekommt. Dann gießt man etwas davon auf ein Filtrierpapier und bewegt es an der Luft, daß es schnell trocknet. Nach einer Weile sieht man wieder weißen Rauch nach unten sinken, und unmittelbar danach flammt der Phosphor auf, so daß auch das Papier mitbrennt. Macht man die Lösung etwas schwächer, so kann Feuer auftreten ohne daß das Papier mitbrennt. Hierbei bleibt ein höchst merkwürdiges Gemälde an braunen und gelben Flecken auf dem Papier zurück, wie eine Art Mondlandschaft. Wenn man noch weiter verdünnt, kann man das Auftreten von Flammen ganz vermeiden. Man wird dann nur ein besonders kräftiges Phosphorleuchten zu sehen bekommen, zumindest im Dunkeln. Man wird erinnert an den Mond, wie er nächtlich durch den Nebel scheint.

Wenn man im Demonstrationskasten rundherum etwas von dieser Lösung verschüttet, so wird er nach einiger Zeit aussehen wie ein schimmernder Zauberpalast.

Als Vorsichtsmaßnahme muß man die Phosphorreste nach Ablauf des Versuchs entfernen, die Papiere verbrennen und die Bunsenflamme über den Tisch hinspielen lassen.

Bei solchen Versuchen ist es besonders wichtig, daß das Leuchten nach einer gewissen Zeit aufhört, weil aller Phosphor verschwunden ist. Der weiße Phosphor verflüchtigt also in kaltes Licht und Rauch.

Höchst überraschend ist es, daß beim Phosphor oft Licht- und Feuererscheinungen im Zusammenhang mit dem Wasser auftreten können. Man kann z. B. weißen Phosphor mit Hilfe von heißem Wasser anzünden. Man lege ein Stückchen auf einen Stein, von dem das Wasser leicht abfließen kann und gieße dann etwas kochendes Wasser darüber. Sobald das Wasser abgelaufen ist, tauchen weiße Flämmchen und Rauch auf. Legt man ein Stückchen Phosphor in ein Reagenzglas mit heißem Wasser und bläst man dann Luft hinein, so sieht man es sogar unter Wasser aufflammen. Man kann auch etwas Kaliumchlorat in ein Gläschen voll kaltem Wasser schütten. Darauf ein Stückchen weißen Phosphor. Dann tropft man mit der Pipette etwas starke Schwefelsäure auf das Kaliumchlorat. Der Phosphor wird unter Leuchterscheinungen durch das sich bildende Chloroxyd oxydiert.

Bilder des Nachthimmels bei Phosphorversuchen.

Wieder neue Erscheinungen treten auf, wenn ein anderer, bekannter Versuch variiert wird, nämlich der von der Selbstentzündung des Phosphorwasserstoffs. Hierfür nimmt man etwas Wasser, Natronlauge und ein Stückchen weißen Phosphor. Diese werden zusammen erhitzt, bis das Wasser kocht. Es entsteht Phosphorwasserstoffgas. Meistens ordnet man den Versuch so an, daß man das Gas erst durch kaltes Wasser leitet. Man sieht so bei jedem Gasbläschen ein aufblitzendes Flämmchen und einen Rauchring. Nun kann man diesen Versuch auch in einem offenen breiten Gefäß aus Porzellan oder Eisen machen oder in einem ziemlich vollen Becherglas. Wenn man dann den Raum verdunkelt, bekommt man ein wunderbares Feuerwerk, ein heftiges Funkengestöber. Man weiß nicht, soll man es mit Miniaturblitzen oder mit herumtanzenden Sternchen vergleichen. Wenn man das Ganze etwas kräftig und großzügig verlaufen läßt, so sieht man im Dampf bis zu etwa 10 cm über der Flüssigkeit feine, unversehens auffunkelnde Sternchen. Dreht man nach einiger Zeit die Bunsenflamme aus, so kommt alles zur Ruhe. Wenn es jetzt ausreichend dunkel ist, kann man noch eine Weile am Rand des Gefäßes feine, leuchtende Pünktchen sehen. Sind die Umstände günstig, so bekommt man ganz und gar den Eindruck, als hätte man einen kleinen Sternenhimmel vor sich. Wenn auch bewegliche Lichtpunkte im Wasser auftreten, wird man sehr an das Meeresleuchten erinnert. Wer diese Erscheinung aus der Nähe kennt, weiß, daß sie uns in überraschender Weise an einen klaren

Himmel voller Sterne erinnert. In Beschreibungen der Tiefsee findet man es auch häufig. Ein dunkler Raum mit Lichtpunkten, die an den Sternenhimmel erinnern. Dieses Nachleuchten sternenähnlicher Punkte ist eine so intime Erscheinung, daß man es nur aus geringer Entfernung deutlich wahrnehmen kann. Man kann jedoch noch auf andere Art ein Bild des Sternenhimmels erzeugen, das sehr deutlich und auch von größerer Entfernung zu sehen ist. Man geht hierbei wieder von einer Lösung von Phosphor in Schwefelkohlenstoff aus. Diese muß man recht von oben her ausgießen oder sprengen, so daß die Tropfen herumspritzen. Diese lassen, nachdem sie getrocknet sind, wieder leuchtende Punkte zurück. Es kann sogar sein, daß man zuviel kleckert und auch seine eigenen Kleider etwas bespritzt. Dann läuft man im Dunkeln herum wie ein Zauberer im Sternenmantel. Dieser Versuch ist vielleicht weniger elegant und selbstverständlich als der andere und darum weniger überzeugend. Man muß jedoch damit rechnen, daß man auch hier mit einer «Veranlagung» des Phosphors arbeitet. Es gibt keinen anderen Stoff, mit dem man so etwas tun könnte.

Was sagen uns nun diese Erscheinungen? Die Bilder, die bei den Phosphorversuchen auftreten, stellen einen Zusammenhang her zwischen dem Phosphor und den Leuchterscheinungen, die in der Nacht sichtbar werden: mit dem Mond und den von ihm erhellten Nebeln, mit dem Meeresleuchten und vor allem mit den Sternen.

Die Tatsache, daß die Leuchterscheinungen im Meer immer wieder einen Vergleich mit dem Sternenhimmel hervorrufen, weist darauf hin, daß auch ein Zusammenhang zwischen dem Sternenzelt und dem Wasser bestehen muß.

Immer wieder handelt es sich hier um «kaltes Licht», um Licht, das nicht von Wärme, d. h. von Temperaturerhöhung begleitet ist.

Aber diese Erscheinungen treten beim Phosphor nur dann auf, wenn wir ihn aus seinen Verbindungen herauslösen und ihn in seinen labilsten, den elementaren Zustand bringen. Die am häufigsten vorkommenden Phosphohrverbindungen in der Natur befinden sich in der Regel in einem starren, erdigen und sogar zusammengezogenen Zustand.

Die Erscheinungen, die beim Phosphor auftreten, sprechen also von einer Verbindung zwischen dem Himmel- und dem Erdenelement. Man hat es hier offenbar zu tun mit vom Himmel geordneter Erde, mit Sternenkräften, die sich zu Erde verdichten. Wir werden sehen, ob wir uns noch eine deutlichere Einsicht davon erwerben können.

Eigenschaften des Magnesiums als Element. Erscheinungen und Versuche.

Eine ebenso überraschende Erscheinung wie das stille Leuchten beim Phosphor ist das Brennen des Magnesiums. Das stille Leuchten beruht auf einem Oxydieren bei gewöhnlicher Temperatur, etwas, was wir besonders von den Metallen her kennen. Daß es angezündet werden kann und dann mit einer Flamme brennt, wie es beim Magnesium der Fall ist, gehört eigentlich zu den Eigenschaften der Nichtmetalle. Es ist darum nur konsequent, daß das Magnesium kaum rostet und nur wenig von der Atmosphäre angegriffen wird, was bei dem nahe verwandten Calcium dagegen in hohem Maße eintritt. Streut man etwas Magnesiumpulver in eine Gasflamme, so sieht man es in Form von grellen, kurzen, geraden Streifchen aufleuchten. Aus einer größeren Menge des Pulvers blitzt ein blendendes Licht auf, während eine weiße Rauchwolke in die Höhe gejagt wird. Dies Licht blendet so grell, daß es für die Augen gefährlich sein kann. Sehr charakteristisch für das Magnesium ist, daß man Lichtstöße damit erzeugen kann. Übergänge fehlen hierbei gänzlich. Das Licht ist plötzlich da in aller Grelle und ist auch ebenso plötzlich wieder erloschen.

Das Magnesiumlicht zeichnet sich durch eine starke chemische Wirksamkeit aus, so daß man es besonders gut für photographische Zwecke gebrauchen kann.

Nimmt man ein Stück Magnesiumband und steckt das eine Ende davon in die Bunsenflamme, so beginnt es mit einer grell leuchtenden aber doch stillen Flamme zu brennen. Die Flamme frißt sich am Metall hinauf und läßt es im Zustand einer weißen Asche, die noch einen schwachen inneren Zusammenhalt bewahrt, zurück. Nach oben zu geht die Flamme in eine weiße Rauchsäule über. Asche und Rauch sind Magnesiumoxyd (MgO). Man kann diesen Rauch genau wie Ruß auf einer Platte auffangen. Diese wird dann bedeckt mit einer Schicht, die alle anderen Stoffe an Weiße übertrifft, so wie der Ruß alle anderen Stoffe an Schwärze überbietet. Einen besonders schönen Effekt erzielt man, wenn man z. B. eine Glasplatte erst ganz schwärzt mit dem Ruß einer Benzolflamme und sie dann zur Hälfte weiß werden läßt mit Magnesiumrauch. Einen besonderen Eindruck erhält man auch, wenn man in zwei gut beleuchtete Bechergläser schaut, wovon das eine von innen ganz mit Ruß geschwärzt ist und das andere weiß von Magnesiumrauch.

Von der Magnesiumflamme muß noch gesagt werden, daß sie eine sehr hohe Temperatur erreicht, aber im Verhältnis dazu wenig Wärme ausstrahlt. Man bekommt aber mit ihr die stärkste Lichtstrahlung, die bei einer Verbrennung überhaupt erreicht werden kann.

Der weißeste Stoff, den es gibt, entsteht also in der grellsten Flamme. Der Stoff, der am meisten das Licht abwehrt, entsteht bei dem Prozeß, der das meiste Licht ausstrahlt. Im Zusammenhang mit der Lichtabwehr bleibt dieses Magnesiumoxyd mehr als andere Stoffe kühl, wenn es beleuchtet wird. Ruß dagegen nimmt mehr Licht auf als andere Stoffe und wird dafür auch entsprechend wärmer durch Beleuchtung.

Eine der überraschendsten Tatsachen im Zusammenhang mit dem Licht der Magnesiumflamme ist, daß sie dem Sonnenlicht in Farbe, Intensität und Art der von ihr ausgehenden Wirkungen sehr ähnlich ist. Man kann, wenn man nur genug Magnesium nimmt, schwarze Schatten gegen das Sonnenlicht werfen.

In Karl A. Hoffmanns Lehrbuch der anorganischen Chemie[1] kann man folgende Beschreibung finden: «Eine aus brennenden Magnesiumdrähten gebildete Scheibe, welche, von einem Punkte des Meeresniveaus gesehen, die scheinbare Größe der Sonne zeigt, übt auf diesem Punkt dieselbe photochemische Wirkung aus, wie die bei völlig wolkenlosem Himmel 9° 35′ über dem Horizont stehende Sonne.»

Wir haben schon zuvor in diesem Kapitel festgestellt, daß der Phosphor ein Stoff ist, mit dem Bilder des Nachthimmels erweckt werden können. Nun sehen wir, daß man das Magnesium benutzen kann, um die Sonne nachzuahmen.

Das Auftreten von Magnesiumverbindungen in der Erde und in den Lebewesen. Gegensatz zum Kalk.

Im periodischen System der Elemente steht das Magnesium in derselben Gruppe wie das Calcium. Und tatsächlich besteht nicht nur eine Übereinstimmung der chemischen Eigenschaften, sondern im Gestein treten auch manchmal Calcium- und Magnesiumverbindungen gemeinsam auf. Das bekannteste Beispiel hierfür ist das Dolomitgestein. Die besonders charakteristischen Magnesiumminerale sind jedoch ganz anders als die Kalkgesteine. Ein höchst merkwürdiges Gestein ist der Asbest, ein Magnesiumsilikat. Man kann feine, glitzernde Fasern daraus gewinnen, die so biegsam und zäh sind, daß man sie verspinnen kann. Es handelt sich hier also um ein Gestein mit Eigenschaften, die anderen Gesteinen ganz und gar entgegengesetzt sind. Diese sind ja im allgemeinen durch eine gewisse Härte und Sprödigkeit gekennzeichnet, so daß dünnere Stücke leicht brechen können. Sie widersetzen sich also im allgemeinen jeder Formveränderung. Die Asbestfasern sind dagegen sehr zugänglich für Formveränderung, ohne daß sie dabei ihren inneren Zusammenhang verlieren. Andere wichtige Eigenschaften des Asbests sind seine Feuerfestigkeit und seine Beständigkeit gegenüber chemischen Einflüssen. Sehr auffallend sind auch gewisse Magnesiumsilikate, die beinahe ledern oder hölzern aussehen.

Seine wichtigste Aufgabe erfüllt das Magnesium innen im Blattgrün. Das Blattgrün und der rote Blutfarbstoff sind chemisch betrachtet eng verwandt. Während jedoch die chemische Struktur des Blutfarbstoffes um einen eisen-

[1] Karl A. Hoffmann und Ulrich R. Hoffmann: Anorganische Chemie. Braunschweig 1949, Seite 436.

haltigen Kern herumgruppiert ist, ist das Blattgrün entsprechend um das Magnesium hingruppiert.

Man kann den Bau und den Lebensprozeß der Pflanzen erst dann gut begreifen, wenn man sie als Gebärden der Erde sehen lernt. Die Erde öffnet sich in den Pflanzen der Sonne. Nicht nur ist die Pflanze schon ihrer *Form* nach zum Kosmos hin geöffnet, sondern sie ist außerdem auch Träger eines *Stoffes*, des Blattgrüns, der ganz für das Licht geöffnet ist. Im Grün der Pflanze verbindet sich die Erde mit der Sonne. Die Erdenchemie wird da von der Sonne befruchtet.

Wir sind nun an den Punkt gekommen, an dem wir deutlich sehen können, wie nicht nur eine gewisse Verwandtschaft zwischen dem Magnesium und dem Calcium besteht, sondern auch wieder ein großer Gegensatz. Das Calcium z. B. schlägt im menschlichen Körper ganz andere Wege ein als das Magnesium in der Pflanze. Das sehen wir besonders deutlich am Skelett. Nach oben zu bildet es immer mehr umhüllende, beschützende, abschließende Formen, nach unten zu richtet es sich nach der Schwere. Der Kalk in den Gliedmaßen dient dem menschlichen Körper ebensogut bei der Auseinandersetzung mit der Schwerkraft wie die Magnesiumverbindungen der Pflanze bei der Auseinandersetzung mit dem Licht dienen.

Im Meer tritt der Gegensatz zwischen den Calcium- und Magnesiumverbindungen besonders deutlich hervor. Bei den Tieren des Meeresbodens kommt der Kalk am meisten zu seinem Recht, bei den Planktonalgen dicht unter der Wasseroberfläche finden wir im Blattgrün das Magnesium wieder voll am Werk. Durch den Kalk sind die Bodentiere nicht nur sehr an die Erde gebunden, sondern sie haben sich auch so weit wie möglich vom Licht abgewandt. Die Algen dagegen leben schwebend im durchlichteten Teil des Meeres und sind somit der Schwere entzogen.

Wenn das Magnesium auf charakteristische Art und Weise auftritt, ist es immer dem Licht zu- und der Schwere abgewandt. Es ist, als ob es sich von der Erde losmachen und der Sonne folgen wollte. Es hilft den Pflanzen, eine Verbindung zwischen Erdenstoff und Sonnenwirkung herzustellen.

Wir verstehen nun noch von einer anderen Seite her, warum bei den typischen Landtieren, die vollauf im Licht leben, das Skelett größtenteils nach innen gezogen ist. Auch hierbei zieht sich der Kalk vom Licht zurück. In besonderem Grade ist das bei den Augenhöhlen der Fall.

Dem könnte man wieder das Gebiß gegenüberstellen, mit dem das Skelett aus der Haut heraustritt. Gerade da spielt wieder neben dem Calcium das Magnesium eine große Rolle.

Nach alledem müssen wir feststellen, daß *der Name Erdalkali für das Calcium gut getroffen* ist, aber daß *das Magnesium eigentlich «Lichtalkali» heißen müßte.*

Jetzt können wir auch die Struktur des Asbests näher begreifen. In der Natur gilt die allgemeine Regel: An Stellen, wo die Materie von Pflanze oder Tier durch ihre Lebensweise ganz dem Licht hingegeben ist, nimmt sie linienförmige oder sogar faserige Struktur an. Deutliche Beispiele sind die Samenfasern und Fruchtfasern bei Pflanzen, die hauchzarten Auswüchse der Planktontiere, usw. Im Asbest haben wir einen Stoff vor uns, der von selbst eine Struktur annimmt, als sei er vom Lichte geformt. Die Asbestfasern sind ebenso ein Ausdruck der Neigung des Magnesiums, sich den Lichteinwirkungen zu erschließen, als z. B. der Tropfstein ein Ausdruck der Neigung des Kalks ist, sich ganz von der Schwere regieren zu lassen. Diese Neigung des Magnesiums wird noch verstärkt durch die Kieselsäure. Wir können die faserige Struktur ganz exakt begreifen, wenn wir noch einmal den großen Gegensatz Licht – Schwere vor uns hinstellen. In den Fruchtfasern z. B. des Löwenzahns finden wir ein Minimum an Materie, das infolge seiner feinen Struktur sich doch ziemlich weit in den Raum erstreckt. Von Schwere ist dabei kaum die Rede, während es so aussieht, als folge die Materie in ihrem strahligen Bau dem Licht in seiner Ausbreitung. Außerdem fällt so ein Fruchtfaserschirmchen sehr ins Auge. Solche Strukturen bieten dem Auge viel, wenig aber dem Tastsinn.

Der Phosphor als Hersteller eines Gleichgewichts zwischen Himmel und Erde und als Wegbahner für den bewußten Geist.

Wir haben gesehen, daß der Phosphor meistens gemeinsam mit dem Kalk vorkommt. Das gilt für sein geologisches Auftreten wie auch für das in den Lebewesen. Der Phosphor bildet mit dem Kalk zusammen ein unlösliches Salz. Dies ist ein Ausdruck der Neigung beider Stoffe, sich aus dem fließenden, lebendigen Kreislauf abzusondern und im Erdenelement zu erstarren.

Wir erkennen dieselbe Neigung in der Rauchbildung beim Brennen von Phosphor. Die Phosphorflamme beginnt mit dem Aufstrahlen und Verfliegen, das kennzeichnend ist für das Feuer im allgemeinen, fast gleichzeitig setzt jedoch die Erstarrung ein, eine Art Sturz in die Tiefe. In diesem Aufflammen und sogleich wieder Zurückgeschlagenwerden spricht sich die Natur des Phosphors besonders deutlich aus. Besonders vielsagend ist, daß die Neigung zur Erstarrung sich bis in das Feuer fortsetzt.

Alchimistisch gesprochen, könnte man die Phosphorflamme bezeichnen als einen Sulfurprozeß, in welchen ein Salprozeß eindringt.

Das sich bildende Phosphorpentoxydpulver ist besonders hygroskopisch. Mit dem Wasser bildet es die verschiedenen Phosphorsäuren, die bei normaler Temperatur feste Stoffe sind. Das Phosphorpentoxyd zieht also auch das Wasser in die Sphäre des Erdenelements hinein.

Nun verstehen wir, daß auch die meisten Phosphate unlöslich sind und sich also nicht aus dem Erdenelement befreien lassen.

Wenn wir nun die Aufgabe, die der Phosphor in den Lebewesen zu erfüllen hat, noch eingehender betrachten wollen, müssen wir zuerst erkennen, wie der Phosphor beim Einzug in das Erdenelement seine Verwandtschaft mit dem Licht behält. Wichtige Tatsachen, die hier als Grundlage dienen können, sind schon beim Kalk besprochen worden. Wir mußten damals der wunderbaren Struktur der Knochen viel Aufmerksamkeit schenken, durch die es unserem Körper ermöglicht wird, mit den Erdenkräften umzugehen. Die kalkhaltigen Substanzen werden hier dazu benutzt, den Erdenkräften, denen sie eigentlich verwandt sind, Trotz zu bieten. In den Knochen sind zwei «irdische» Eigenschaften des Kalks auf harmonische Weise zum Ausgleich gebracht: einmal die Neigung, aus dem flüssigen Zustand in den festen Zustand überzugehen und sich dabei der Schwere auszuliefern, und zweitens die Fähigkeit, gewisse Strukturen kräftig festzuhalten und sich dadurch der Schwere zu widersetzen. Dadurch wird er für das Bewegungssystem der Tiere erst brauchbar, dadurch haben die Säugetiere ihre Meisterschaft in der Beherrschung mechanischer Kräfte erlangt, die Vögel ihre Fähigkeit, sich sogar von der Erde loszulösen.

Beim Menschen ist dieses Prinzip zum vollendeten Gleichgewicht gesteigert. Obwohl er sich mehr als manch andere Wesen nach den Gesetzen der Schwere richtet, feiert er in seiner aufrechten Haltung den größten Triumph über die Schwere. Und auch darin zeigt sich ein großartiges Gleichgewicht, daß er sich ebenso zum Licht wie zur Schwere hinwendet. Das menschliche Skelett ist nicht nur so gebaut, daß die ganze Gestalt zum Träger des Gehirns als Bewußtseins- und Denkorgan wird, sondern das Auge, das Sinnesorgan für das Licht, wird auch über allen anderen Organen und Teilen des Körpers getragen.

Man darf in diesen Erscheinungen die höchste Verwirklichung der Phosphornatur sehen. Es ist ja vor allem der phosphorsaure Kalk, mit dem solche Leistungen vollführt werden. Wo der kohlensaure Kalk vorherrscht, überwiegt dagegen mehr die Schwere. So sehen wir, daß der Phosphor sogar im am meisten irdischen Teil unserer Organisation als Vertreter des Lichts erscheint. Er steht sozusagen ein für die Interessen des Lichts im Erdenelement.

Mit denselben Mitteln, mit denen der Phosphor im Erdenelement dem Licht die Treue bewahrt, liefert er einen Beitrag zu der Fähigkeit des menschlichen Organismus, als Bewußtseins- und Gedankenträger zu dienen, denn auch hierfür ist die vertikale Haltung vonnöten. Der Phosphor steht also zugleich im Dienste des Lichts und im Dienste der Gedanken, ein Zusammenhang, der nicht im mindesten als zufällig angesehen werden darf.

Während der Phosphor im Skelett mehr oder weniger festgelegt ist, sind die Phosphorverbindungen im Nervensystem und vor allem im Gehirn fortwährend an Prozessen beteiligt. Und diese Prozesse stehen wieder aufs engste in Verbindung mit dem Bewußtwerden der Wahrnehmungen und mit dem Entwickeln der Gedanken. Der Phosphor ist so tiefgreifend mit unserem Wachbewußtsein verbunden, daß man sogar bestimmte Phosphorpräparate geben kann, um das richtige Aufwachen zu fördern.

Im allgemeinen besteht ein Widerspruch zwischen dem Auftreten stofflicher Prozesse und der Entfaltung des Bewußtseins: Wir nehmen gewöhnlich mit unserem Bewußtsein, und besonders mit unserem denkenden Bewußtsein, nicht teil an den Stoffwechselvorgängen in unserem Körper. Und doch tritt der stoffliche Bau unseres Körpers als Bewußtseinsträger und sogar als Geistträger auf. Man könnte das ein Wunder nennen. In seinem Körper hat der Menschengeist sich ein Werkzeug geschaffen, mit dem er nicht allein sein wahrnehmendes und erkennendes Bewußtsein entfalten kann, sondern das er sogar benutzen kann, um seine Ideen zu verwirklichen. Überall wo der Körper auf diese Art und Weise als Werkzeug des bewußten Geistes dienen muß, wird der Weg dazu mit Hilfe des Phosphors gebahnt. Das sieht man schon daran, daß bei jeder Muskelbewegung die stofflichen Prozesse, von denen sie begleitet sind, mit Umwandlungen der Phosphorverbindungen beginnen. Der Phosphor ist also ein Stoff, der uns nicht nur hilft, Einsicht zu gewinnen in die Ideen der Dinge, sondern der uns sogar hilft, diese Ideen zu verwirklichen. Der Phosphor ist also sozusagen der stoffliche Träger unserer Initiativkraft.

Was geschieht denn, wenn eine Idee in uns aufleuchtet? Wenn diese Idee sich bezieht auf einen Naturprozeß oder auf natürliche Wesen, können wir von einem Bewußtwerden der natürlichen Schöpfungskraft sprechen, die sonst ohne das Bewußtsein wirkt. Der Inhalt der natürlichen Schöpfungskraft tritt in unser Bewußtsein ein, wird aber dadurch aus dem Naturzusammenhang herausgelöst, entblößt von jeglicher Kraftwirkung. Die Gewalt der schaffenden Wirklichkeit verblaßt in unserem Wachbewußtsein zum Bild. Die Fähigkeit, das zu vollbringen, ist begründet in einer merkwürdigen Konstitution unseres Kopfes[1], die der Konstitution der Organe des Unterleibes entgegengesetzt ist. Während in der Eiweißbildung, wie sie sich im Stoffwechsel vollzieht, die anorganischen Strukturen durchbrochen und dadurch die Stoffe zugänglich gemacht werden für die höheren Gesetze des Lebens, findet im Kopfe gerade ein Zurückfallen des Stoffes ins Anorganische statt. Während im Stoffwechsel, in der Sphäre, wo der Schwefel eine Hauptrolle spielt, der Stoff aus dem Anorganischen gelöst und in den Bereich des Lebens hinaufgetragen wird, so daß die Lebenskräfte auf ihn einwirken können, werden im Kopf die Lebenskräfte gerade mehr oder weniger aus dem Stoff herausgelöst. Sie werden dadurch frei und stehen der Gedankentätigkeit zur Verfügung.

Auf Grund dieses Loslösens unserer eigenen Aufbaukräfte aus ihrer Gebundenheit an den Stoff ist es möglich, die Ideen aus dem schöpferischen Naturprozeß loszulösen und in Freiheit mit ihnen umzugehen.

Wenn der Mensch dann dazu übergeht, seine Ideen in die Tat umzusetzen, vollzieht er bewußt, was in der Schöpfung unbewußt geschieht. Ein Mensch, der sich zu einem souveränen Umgang mit den Ideen geschult hat, übernimmt das

[1] Vgl. Seite 145, Der Schwefel im Eiweiß.

Fortsetzen und Vollenden der Schöpfung. Er bleibt nicht ein Rädchen in dem großen Triebwerk der Natur, wie es die anderen Lebewesen doch in der Hauptsache sind, sondern er stellt sich an den Anfang einer ganz neuen Entwicklung der Geschehnisse.

Wenn wir alle Erscheinungen und alle Einsichten, die wir besprochen haben, nun zusammenfassen, so ergibt sich ohne weiteres, daß die stofflichen Eigenschaften des Phosphors in hohem Maße schon auf seine Aufgabe hinweisen. Wie beim weißen Phosphor das Auftreten des Lichts auf Kosten eines merkwürdigen Niederstoßens und Verhärtens des Stoffes geschieht, so ist Verhärtung und Niederschlagen des Stoffes in unserem Kopf die Voraussetzung für das geistige Aufleuchten der Ideen in unserem Bewußtsein.

Die Magnesiumflamme im Hinblick auf die Kohlensäureassimilation. Magnesium als Repräsentant der Sonne.

Es besteht ein enger Zusammenhang zwischen den Eigenschaften der Magnesiumflamme und der Aufgabe des Magnesiums bei der Kohlensäureassimilation. Wir haben hier wieder ein sehr sprechendes Beispiel für einen Prozeß, der einer der Hauptregeln der Chemie folgt. Wenn wir ein chemisches Element vor uns haben, so ist das im allgemeinen ein Stoff, der aus dem Naturbereich, in den er gehört, herausgelöst ist. Bringt man nun das Element dazu, wieder in den großen Naturzusammenhang einzutauchen, z. B. durch Oxydation, so erscheint ein Bild des Naturbereiches, aus dem es stammt. Das Natrium sammelt eine Wassermasse um sich herum an, das Calcium bildet erdige, weiße Krusten. Wir können nun hier das Magnesium einfügen und sagen: Mit dem Magnesium läßt sich besser als mit allen anderen Stoffen das Sonnenlicht nachahmen. Die wichtigste Aufgabe des Magnesiums ist die, im Blattgrün die Erde zu öffnen für das Auffangen und Verarbeiten des Sonnenlichts. Beim Verbrennen von Magnesium muß «also» das Bild der Sonne auftreten.

Wie immer findet man in der Technik die Verwirklichung solcher Einsichten, ohne daß die Techniker sie bewußt gefaßt hätten. Wenn man für Kriegszwecke ein großes Gebiet erleuchten will, läßt man eine Leuchtkugel schweben, eine Kunstsonne, und man bedient sich dabei des Magnesiums.

Wir haben schon zuvor gesehen, daß wir, indem wir einen Sauerstoffstrahl auf ein glühendes Stück Kohle (oder Holz) richten, auch ein deutliches Bild der Sonne erzeugen können. Die chemischen Elemente, die in erster Linie bei der Kohlensäureassimilation beteiligt sind, Sauerstoff, Kohlenstoff, Magnesium, sind also auch die Elemente, die sich am besten eignen, das Bild der Sonne erscheinen zu lassen.

Während man es jedoch beim brennenden Magnesium mit plötzlichen Übergängen, mit heftigem Aufleuchten zu tun hat, zeigen sich bei der brennenden

Kohle gerade sehr allmähliche Übergänge. Meistens wird die Kohle nicht einmal so heiß, daß sie weißglühend wird.

Wir haben zuvor festgestellt, daß beim Verbrennen von Kohlenstoff Erscheinungen auftreten, die an den Sonnenaufgang erinnern. Die grelle Glut der Magnesiumflamme ist dagegen vergleichbar der ungehemmten, prallen Glut der Sonne, die hoch über dem Horizont steht bei sehr klarer Atmosphäre.

Es ist höchst interessant zu verfolgen, welche «Technik» die Natur anwendet, um dieses grelle Magnesiumlicht zu erzeugen. Die Verbrennungswärme von Magnesium ist sehr groß, so daß viel Wärme entwickelt wird. Diese Wärme wird größtenteils den Magnesiumoxydteilchen mitgegeben. Diese sind ja sehr weiß und strahlen infolgedessen wenig Wärme aus. Außerdem sind sie sehr leicht erwärmbar durch ihre geringe spezifische Wärme. Infolgedessen kann die Temperatur schnell sehr hoch steigen.

In jeder Hinsicht liegt etwas Gewalttätiges im Wesen des Magnesiums, was sich in großen Gegensätzen und plötzlichen heftigen Äußerungen auslebt. Der Mangel an fließenden Übergängen äußert sich auch darin, daß weder im Licht, noch in den Verbindungen je Farbe zu entdecken ist.

Die Eigenschaften des Verbrennungsproduktes sind in diesem Zusammenhang auch höchst merkwürdig. Das Magnesiumoxyd ist sehr wenig löslich in Wasser und äußerst schwer schmelzbar (Schmelzpunkt 2800° C). Also ist es, vermischt mit anderen Stoffen oder unvermischt, das beste feuerfeste Material. Beim Verbrennen von Magnesium haben wir es also nicht nur mit diesem grellen Aufleuchten zu tun, sondern auch mit einem tief in den Erdenzustand Hinuntergestoßenwerden des Oxyds. Das Magnesium ist weitgehender als andere Stoffe eingespannt in die große Sonnen-Erdenpolarität. Das grelle Aufleuchten, vereint mit der Bildung eines wenig löslichen und kaum schmelzbaren Stoffs, ist ein Abbild des Gegensatzes zwischen Sonne und Erde.

Etwas ähnlich Gewalttätiges äußert sich auch in der außerordentlichen Reduktionsfähigkeit, aber darüber wird noch im einzelnen gesprochen werden.

Der Phosphor als Repräsentant der Sterne auf der Erde. Ergebnisse aus einem Vergleich mit dem Magnesium.

Vorher haben wir an einem sprechenden Beispiel gesehen, wie ein Element, das aus einem Naturbereich herausgelöst ist, unter bestimmten Umständen das Bild dieses Naturbereichs heraufführen kann. Wenden wir die Regel, die hieraus ersichtlich wird, auf den Phosphor an, dann sagt uns die Tatsache, daß wir bei den Versuchen immer wieder das Bild des Nachthimmels erscheinen sehen: der Phosphor muß ein Stoff sein, der einen besonderen Zusammenhang mit den Sternen hat und von dem wir vermuten dürfen, daß er in derselben Weise Sternenwirkungen empfängt und auf die Lebewesen überträgt, wie das beim Magnesium mit dem Sonnenlicht der Fall ist. Das wird vom gegenwärtigen Stand der Wissenschaft aus als etwas sehr Unwahrscheinliches betrachtet werden. Bei der Kohlensäureassimilation ist ja alles eindeutig. Dabei handelt es sich um stoffliche Umwandlungen und um energetisch verhältnismäßig leicht faßliche Prozesse. Bei den Sternenprozessen dagegen wird es sich in erster Linie um formgebende Einflüsse handeln. Solche Prozesse sind augenblicklich noch schwer zu belegen. Es scheint uns daher dringend nötig, daß versucht wird, hierfür experimentelle Methoden zu finden.

Auch aus einem anderen Gedankengang heraus ist anzunehmen, daß auf experimentelle Weise etwas zu finden sein muß. Das Leben setzt im allgemeinen Prozesse ins Werk, die Umkehrungen dessen sind, was auf anorganischem Gebiet geschieht. Was das Magnesium anbelangt, so sehen wir, daß derselbe Stoff, der auf eine so großartige Weise Licht ausstrahlen kann, im Blattgrün verwendet wird beim Auffangen und Verarbeiten der machtvollen Sonnenstrahlung. Wir dürfen auch erwarten, daß der Stoff, an dem immer wieder solche feinen, sternenartigen Erscheinungen auftreten, seinerseits sich dienstbar erweist beim Auffangen von Sterneneinflüssen auf die Lebewesen.

Während die von einer Magnesiumverbindung aufgefangene Sonnenkraft tief impulsierend bis in den Stoffwechsel und den stofflichen Aufbau und die räumliche Ausbreitung der Pflanze hineinwirkt, führen die vom Phosphor aufgefangenen Sternenimpulse in erster Linie zur Zusammenballung, zur Erstarrung und zum Auftreten von feinen, nach innen gerichteten Strukturen. Das ergibt sich zum mindesten aus dem speziellen Auftreten des Phosphors an Stellen wie unserem Skelett, dem Nervensystem, in Pflanzensamen und Zellkernen.

Wenn man einmal etwas von dem Zusammenhang weiß, der zwischen dem Phosphor und den Sternen besteht, dann kann man leicht einsehen, daß sogar das Leuchten eines Stückes Phosphor auf ihn hinweist. Wenn man ein solches Stück Phosphor liegenläßt, verschwindet es ganz langsam, während es Licht ausstrahlt. Es löst sich gewissermaßen auf in kaltes Licht. Das ist eine Eigenschaft, die den Erdenstoffen fremd ist, die aber gerade die Sterne besitzen. Ein Stern ist für unsere Wahrnehmung eine punktförmige Lichtquelle, also ein Ding, das als einzige Eigenschaft die Fähigkeit hat, Licht auszustrahlen.

Wenn wir auf das Besprochene zurückblicken, müssen wir als außerordentlich wichtig die Tatsache betrachten, daß der Stoff, der beim Hereintauchen in das Erdenelement deutlich auf seine Verwandtschaft mit den Sternen weist, auch der Stoff ist, der dem Menschengeist den Weg in die Stoffeswelt bahnt. Das ist ein Zusammenhang, über den man viel nachdenken sollte.

Magnesiumchemie.

In der Magnesiumchemie tritt das Verhältnis zum Sauerstoff besonders in den Vordergrund.

Die Heftigkeit der Magnesiumflamme beruht zum großen Teil auf der ungeheuren Affinität des Magnesiums zum Sauerstoff. In gewissem Widerspruch hierzu steht die Tatsache, daß das Magnesium bei gewöhnlicher Temperatur wenig von Sauerstoff angegriffen wird. Es beschützt sich davor mit einer dünnen Oxydschicht. Die Oxydation bei hoher Temperatur verläuft schneller und heftiger als die von anderen Metallen; diejenige bei niederer Temperatur, die typisch ist für Metalle, wird gerade unterdrückt. Man ersieht auch daraus, daß das Magnesium durch scharfe Gegensätzlichkeiten gekennzeichnet ist.

Entfernt man die dünne Oxydschicht, z. B. mit Jod, dann wirkt das Magnesium auch bei normaler Temperatur stark auf Wasser ein:

$$Mg + H_2O \rightarrow MgO + H_2 (\uparrow)$$

Das Magnesium hat eine so starke Reduktionsfähigkeit, daß man nahezu alle Oxyde damit reduzieren kann. Besonders schön ist folgender Versuch. Man bringt Wasser in einem Kolben zum Kochen. Dann zündet man ein Stück Magnesiumband an und steckt das brennende Ende durch den Hals des Kolbens in die Wasserdampfatmosphäre. Die Flamme wird jetzt womöglich noch greller. Außerdem steigt eine schwach sichtbare Wasserstoffflamme aus der Öffnung auf.

Sehr überraschend ist es, daß man ein Gemisch von Magnesium und ausgeglühter Kieselgur, im Verhältnis zwei zu eins, mit einem brennenden Streichholz anzünden kann. Das Gemisch brennt, als wäre Siliciumdioxyd ein Oxydationsmittel.

$$SiO_2 + Mg \rightarrow 2\,MgO + Si$$

Sogar den viel dichteren Sand kann man mit Magnesium reduzieren.

Ein Gemisch von Magnesiumpulver und Kohlensäureschnee kann man mit einem brennenden Stück Magnesium anzünden. Es brennt dann hell auf unter Ausscheidung von Kohlenstoff.

Auf den ersten Blick sieht es so aus, als besitze das Magnesiumoxyd eine besonders geringe chemische Aktivität. Es kann sich als sehr träger, unzugänglicher Stoff benehmen. Es verschließt sich allen möglichen Einflüssen. Ein Beispiel dafür, das wir schon gesehen haben, ist, daß es als der weißeste Stoff das Licht abwehrt. Auch die Wärme bekommt keinen Angriffspunkt. Es ist mit gewöhnlichen Mitteln (Schmelzpunkt bei 2800° C) kaum zu schmelzen, und es widersetzt sich dem Verdampfen aufs äußerste. Wenn man es stark erhitzt, nimmt seine Dichte und Unzugänglichkeit noch zu. Man kann auf diese Weise ein Material herstellen, das feuerfest und beständig gegen chemische Einflüsse ist. Man verwendet es z. B. für chemische Schmelztiegel. Weiterhin benutzt man es für die

Träger von Glühstrümpfen. Man kann es sogar anstelle von Platindraht verwenden, wenn man Salze in die Flamme halten will, um sie auf ihre Flammenfarbe hin zu untersuchen.

Aus Gemischen von Magnesiumoxyd mit bestimmten anderen Stoffen macht man feuerfesten Stein für elektrische Öfen und dergleichen.

Wenn man das Magnesiumoxyd, das gerade durch Verbrennen von Magnesiumband entstanden ist, in etwas kochendes Wasser fallen läßt, löst es sich zwar kaum auf, aber das Wenige, was gelöst wird, reagiert stark genug, um Lackmuspapier blau zu färben.

Die starken Säuren lösen Magnesiumoxyd leicht auf. Die Magnesiumsalze der starken Säuren reagieren neutral, was darauf schließen läßt, daß Magnesiumhydroxyd eine sehr starke Base ist.

Wegen seiner besonderen Eigenschaften eignet sich das Magnesiumoxyd sehr gut, überschüssige Säure aus dem Magen zu entfernen. Man kann es sogar anwenden zur Neutralisierung starker Säuren, die versehentlich hineingeraten sind. Es wird sich schnell lösen, bis die Säuren neutralisiert sind und dann ruhig bleiben, es greift also nicht die Schleimhäute des Magens an wie andere basische Stoffe.

Bei den besprochenen Erscheinungen begegnet man immer wieder etwas tief in dem Magnesiumcharakter Verankertem. Bei normalen Verhältnissen handelt es sich beim Metall sowohl als beim Oxyd, um Stoffe, die eine gewisse Trägheit und Unnahbarkeit zur Schau tragen. Sobald diese Stoffe in ein Bereich kommen, wo große Kraftwirkungen herrschen, dann entwickeln auch sie starke Aktivität und große Kraft.

Der Phosphor in Mythologie und Technik.

Wiederholt finden sich mythologische Namen in der Chemie. Das ist eine eigenartige Erscheinung in einem Gebiet, das im grellen Licht modernen wissenschaftlichen Denkens steht. Noch merkwürdiger ist, daß diese Namen oft übereinstimmen mit dem Wesen der Stoffe. Phosphorus heißt Lichtträger. Es ist auch der Name einer geistigen Macht, die gewöhnlich Luziferos, ebenfalls Lichtträger, genannt wird. Prometheus ist ein griechischer Name für dasselbe Wesen.

Die Macht, die mit diesem Namen angedeutet ist, hat nach der Überlieferung das Feuer vom Himmel gestohlen und den Menschen gebracht. In diesem Zusammenhang sind verschiedene Tatsachen höchst merkwürdig. Erstens entstehen durch den Phosphor fortwährend Abbildungen des «Himmelsfeuers», weiterhin wird in Friedenszeiten der Phosphor zum größten Teil für die Streichholzfabrikation verwendet, also für das Feuermachen. Auf holländisch heißen ja Streichhölzer «lucifers». Das Entzünden dieser «lucifers» beruht auf dem Vorhandensein von Phosphor. Bis in die Technik hinein können die mythologischen Namen vordringen. Zugleich haben wir hier wieder ein Beispiel dafür, daß in der Technik, insofern sie wirklich gut entwickelt ist, das Wesen der Stoffe klar zum Ausdruck kommt.

Nun bringt der Krieg ja einen Höhepunkt an Technik mit sich. Besonders im zweiten Weltkrieg, in dem noch eine besondere Höhe technischen Könnens erreicht wurde, hat man das Wesen des Phosphors auf merkwürdige Weise offenbart. Man hat ihn benutzt, um Feuer vom Himmel fallen zu lassen. Man verwendete ein Gemisch von Phosphor und Schwefel. Diese Masse ist flüssig und entzündet sich bei normaler Temperatur. Gegen sie hilft kein Löschen. Auch bei diesem technischen Glanzstück ist also Phosphor benutzt worden für das Entzünden von Feuer, also zu demselben Zweck, wozu es in den Streichhölzern verwendet wird. Durch die Vermittlung von Phosphor wurde mit Feuer vom Himmel Feuer auf der Erde entzündet.

Wie die Überlieferung berichtet, wurde das durch Prometheus gestohlene Himmelsfeuer von den Menschen nicht nur in Gebrauch genommen, sondern es bedeutete zugleich auch ein Wecken, ein erstes Entflammen des selbständigen Menschengeistes. Prometheus gab damit den Menschen geistig wie technisch die Fähigkeit, schöpferisch zu sein.

Wir tragen diese Fähigkeit u. a. in unserer Initiativkraft, denn mit ihr stehen wir immer wieder an einem ersten Anfang. Darin, daß der Phosphor oder bestimmte Phosphorverbindungen von sich aus zu brennen beginnen, sich selbst entzünden, haben wir Bilder der Initiativkräfte. Unsere Initiativkraft wirkt immer wieder von neuem als das Feuer, das zum erstenmal entzündet wurde. Aus all diesem wird es noch einmal recht verständlich, wie gerade der Phosphor die körperliche Grundlage für unsere Initiativkraft hergeben kann.

Stickstoff

Der Stickstoff als Bestandteil der Luft.
Die Atmosphäre als Umgebung für die Lebewesen und den Menschen.

Im Kapitel über den Sauerstoff haben wir die Gase, welche Bestandteile der Luft sind, in ihrer Beweglichkeit, ihrer Durchlässigkeit für allerlei Strahlungen, ihrer Leichtigkeit schon einigermaßen charakterisiert und gesagt, sie seien «allgegenwärtig». Das gilt natürlich in erster Linie für den Stickstoff, weil die Atmosphäre zu ungefähr vier Fünftel daraus besteht.

Wenn wir alle Eigenschaften der Luft, so wie sie uns umgibt, überschauen, könnten wir diese in einige positive und eine größere Anzahl negative ordnen. Wir werden sehen, daß vor allem beim Stickstoff die negativen Eigenschaften mindestens ebenso wichtig sind wie die positiven. Zu den positiven Eigenschaften der Luft können wir rechnen: Das Wahrnehmbarwerden bei starker Bewegung, das Ausüben von Druck, das Befördern und Unterhalten von vielen Prozessen, ganz besonders Atmung und Verbrennung. Als negative Eigenschaften können wir die aus der starken Durchsichtigkeit und der Farblosigkeit resultierende Unsichtbarkeit bezeichnen, die Form-, Geruchs- und Geschmacklosigkeit und die Leichtigkeit; infolge dieser «negativen» Eigenschaften ist die Luft kaum wahrnehmbar. Entfernt man nun den Sauerstoff aus der Luft, so daß in der Hauptsache der Stickstoff übrig bleibt, so verschwinden noch einige der wichtigsten positiven Eigenschaften: die Grundlage für das Atmen, das Antreiben und Unterhalten einer Verbrennung. Der Stickstoff ist chemischen Einflüssen kaum zugänglich.

Man findet einen merkwürdigen Widerspruch im Auftreten des Stickstoffs: Es ist der Stoff, der sich am meisten in unserer Umgebung hervortut und der sich zugleich den Sinnen verbirgt. Das bringt etwas Rätselhaftes in seinem Auftreten mit sich. Auf jeden Fall kann gesagt werden, daß der Stickstoff in hohem Grade tonangebend ist für die Atmosphäre. Alle anderen Bestandteile der Atmosphäre zeigen in verschiedener Hinsicht Ähnlichkeit mit dem Stickstoffgas. Wir werden im Laufe unserer Ausführungen auch noch das Umgekehrte sehen, daß sich beim Stickstoff, mehr als bei den anderen in der Atmosphäre auftretenden Stoffen, in der ganzen Art, sich zu äußern, ein Zusammenhang mit den Eigenschaften der Atmosphäre zeigt.

Hier ist es vielleicht angebracht, zu erwähnen, daß wir einen der seltenen Fälle, ja vielleicht sogar den einzigen Fall vor uns haben, wo ein Stoff, der hauptsächlich als Element auftritt, in dieser Form eine besonders große Rolle spielt.

Gewöhnlich vergegenwärtigt man sich viel zuwenig, daß die Gase, die sich in der Atmosphäre befinden, die Vermittler eines außerordentlich wechselnden Spiels von Licht und Farbe sind. Die Atmosphäre ist ein Gebiet, wo fortwährend Farben entstehen und vergehen, und zwar in größerem Ausmaße als sonst irgendwo in der Welt. Gäbe es keinen Luftraum um uns herum, so stände die Sonne als ein versengend greller Lichtofen an einem schwarzen Himmel. Dies Dämpfen der Glut zu einer gewissen Milde, das Vermischen des Hellen mit dem Dunklen zum Blau des Himmels, zum gelben Glanz und roten Glühen des Sonnenuntergangs, zum wunderbaren Gefunkel; das alles vollbringt die Atmosphäre. Wenn auf diese Weise ein wahrer Zauberpalast für das Licht gebaut wird, so ist der Stickstoff damit aufs engste verbunden.

Man kann den Eindruck dieser Naturerscheinungen durch einen Vergleich noch deutlicher sprechen lassen. Man läßt an einem strahlend sonnigen Tag einen großen Quarzkristall im Licht erglänzen. Man vertieft sich in seinen Innenraum voll kühler Schönheit. Diese Erscheinungen stehen in klar geprägter Form vor uns, und wir fühlen uns ganz außerhalb dessen stehen, was wir sehen. So bekommt man ein deutlich bewußtes Verhältnis zu einem sehr edlen Teil des Erdenelementes. Danach schaut man in die Atmosphäre hinaus. Da fühlt man sich aufgenommen in einen grenzenlosen Raum voll wunderbaren Funkelns und

Strahlens. Diese Erfahrung kann einen tiefen Eindruck von unserem Verhältnis zum Luftelement geben. Wir sind davon ganz umgeben und umspielt. Es ist das eigentliche Element, in dem wir leben.

Die Luft ist zwar Umgebung für das Licht, aber am allerwenigsten ein Träger des Lichtes. Das merkt man, wenn man einen Teil der Luft aus der Atmosphäre absondert. Wir behalten dann etwas zurück, was so lichtarm wie nur irgend denkbar ist. Ein Gas, für wissenschaftliche oder technische Zwecke isoliert, hat wirklich etwas Schemenhaftes, Schattenhaftes, verglichen mit seinem Zustand in der Atmosphäre. Beim Stickstoff ist diese Lichtarmut sogar so weit geführt, daß er bei der Verbrennung, die bei sehr hoher Temperatur vollzogen werden kann, Wärme aufnimmt und nicht Wärme oder Licht ausstrahlt.

Wir finden es ganz selbstverständlich, daß der Stickstoff farblos und sehr durchsichtig ist wie die anderen Gase in der Atmosphäre. Wir müßten das aber sehr erstaunlich finden! Wiederholt treten auch Zustände auf, wo es ganz anders ist. Durch Stürme werden oft dichte Staubwolken aufgewirbelt; Vulkane stoßen trübe, stechende Dämpfe aus; der Wasserdampf der klaren Luft kann sich zu leichter Trübe oder sogar zu undurchsichtigem Nebel verdichten. Aber glücklicherweise legt sich all das immer wieder und wir erleben dann erst, was uns gefehlt hat. Jetzt erst, nachdem alle trübenden Elemente fortgezogen sind, kann die Sonnenwirkung die Erde voll erreichen. Und außerdem können wir uns jetzt erst richtig freuen über die Art, wie unser Blick gewöhnlich in der Atmosphäre frei schweifen kann und über die herrliche weite Aussicht. Je mehr alles Dunstige, Trübe verschwindet, um so deutlicher beginnt das Bild der Dinge um uns herum und auch das der Himmelskörper sich abzuzeichnen.

Wir sehen also, daß die Durchsichtigkeit der Luftgase entscheidend für die Art der Verbindung der Erde mit dem Außerirdischen ist, und zwar in erster Linie mit der Sonne; doch ebenso für unser Bewußtsein, weil sie uns eine genaue Wahrnehmung unserer Umgebung ermöglicht. Wäre die Luft dichter, so hätte sich die Klarheit unseres Vorstellungslebens, die zum großen Teil mit der Konturiertheit unserer optischen Wahrnehmungen zusammenhängt, nie zu solcher Höhe entwickeln können.

Aber nicht nur auf diese Weise, sondern auch noch auf eine viel direktere trägt die Luft dazu bei, daß wir von dem wunderbaren Formenspiel, wie es uns in den Lebewesen entgegentritt, umgeben sind. Die Luft ist erfüllt von dem Drang, in die Weite zu streben. In der Nähe der Erdoberfläche ist selten genügend Raum für solche Ausbreitung, weil zu wenig freie Fläche da ist. Die Luft schwankt darum fortwährend um das Gleichgewicht zwischen dem Drang sich auszubreiten und dem Zurückgestautwerden. So entsteht der Luftdruck. In dem Drang sich auszubreiten, ist die Luft überall da, wo nichts anderes ist. Sobald irgendwo Leere entsteht, stürzt die Luft hinein; braucht ein Ding mehr Raum, so muß die Luft ausweichen. Man muß sich vorstellen, daß eine wachsende Pflanze nicht nur positive Formen, erfüllt mit Pflanzensubstanz, entwickelt, sondern auch negative

Formen in der Luft. Und wie es bei der Pflanze ist, ist es bei jedem Geschöpf, sei es nun ein Stein, ein Tier oder ein Mensch, immer läßt es eine negative Luftform entstehen.

Dieses Verhalten der Luft ist wieder von der größten Bedeutung für das Verhalten des Wassers. Im Wasser entsteht, sobald es von Wärme durchzogen ist, ein unbändiger Ausdehnungsdrang, der sich erst offenbart, wenn die darüber befindliche Luft weggenommen wird – dann beginnt die Flüssigkeit heftig zu brausen und verflüchtigt sich. Nehmen wir nur die Feuchtigkeit aus der Luft weg, während der Druck gleichbleibt, so tritt zwar eine verstärkte Verdampfung auf, aber sie vollzieht sich nur an der Oberfläche und geht ruhig vor sich. Wir sehen also, daß die Luft dämpfend und hemmend auf den Drang des Wassers, sich zu verflüchtigen, wirkt.

Dieselbe Erscheinung ist auch für die Lebewesen von besonderer Bedeutung. Bringt man sie in einen Raum mit stark vermindertem Luftdruck, so werden sie durch das Aufbrausen ihrer Flüssigkeiten schwer beschädigt. Jede Pflanze ist ja einer zarten Wassersäule vergleichbar, die von festeren Teilen umschlossen wird. Mensch und Tier tragen sogar eine Flüssigkeitsmenge mit sich herum, die durch die Haut nicht allzusehr abgeschlossen ist. Wenn diese Wesen nicht von der Luft umgeben wären und ihre Flüssigkeit nicht durch den Luftdruck in Schach gehalten würde, könnte sich das reiche Formenspiel des Lebens niemals entwickeln.

Hier müssen wir wieder darauf aufmerksam sein, daß der Stickstoff bei diesen Vorgängen eine Hauptrolle spielt.

Man kann nun noch allmählich den Stickstoffgehalt der Luft verringern, ohne den Druck zu vermindern. Man wird bemerken, daß dann alle Feuer immer heftiger brennen. Je mehr der Stickstoffgehalt erhöht wird, desto mehr werden dagegen die Verbrennungen gedämpft. Man sieht hieraus, wie der Stickstoff in der Atmosphäre die Wirkung des Sauerstoffs regelt, indem er sie zurückhält.

So bekommen wir Schritt für Schritt ein Bild von der Bedeutung des Stickstoffs in der Natur.

Wir verdanken es vor allem den Eigenschaften des Stickstoffs, daß die Natur uns mit einem solchen Reichtum entgegentritt. Nicht nur macht er es uns möglich, alles um uns herum frei sehen zu können, sondern er trägt auch zum Schmuck der Himmelsfarben bei, und er gibt den Lebewesen die Möglichkeit, in fein differenzierten Gestalten mit den Formgebärden aufzutreten, die ihnen eigen sind. Das Stickstoffgas wirkt wie ein äußerst tüchtiger, besonnener Regisseur. In gewissem Sinne drängt es sich kräftig in den Vordergrund und begleitet und umringt alles, was geschieht. Dadurch mäßigt es eine Reihe von Prozessen, die sonst zu explosiv verlaufen würden; es trägt dazu bei, daß ein Gleichgewicht bestehen bleibt. Andererseits ist es immer bereit, auszuweichen und zurückzutreten. Jedes Wesen, das sich bewegen oder sich verwirklichen will, bekommt dazu vollauf Platz; jeder Prozeß kann sich entfalten. Während es sich selbst unbemerkbar macht, läßt es gerade alles andere so glänzend und bildhaft wie möglich erscheinen.

Der Stickstoff im Boden.

Im allgemeinen findet sich sehr wenig Stickstoff in der festen Erdrinde. Man könnte sagen, der Stickstoff paßt sich dem Erdenelement schlecht an. Es ist eigentlich nur die Schicht des Bodens, die in enger Wechselwirkung mit dem Pflanzenwachstum steht, in der man einen nicht unansehnlichen Stickstoffgehalt findet.

Während der Stickstoff in der Atmosphäre in verschiedener Hinsicht eine dämpfende, verlangsamende Wirkung ausübt, scheint dieser Bodenstickstoff genau umgekehrt zu wirken. Wir kennen sie in Holland nur allzugut, die stickstoffarmen Sandböden, wo vor allem Heide wächst oder wo sich Hochmoore bilden. Wir finden da einseitiges, dürftiges Pflanzenwachstum. Manchmal begegnen wir auch insektenfressenden Pflanzen wie dem Sonnentau, dem Fettkraut und dem Wasserschlauch. Eigentlich sind das Pflanzen, die sich nicht ganz vollständig mit dem Boden verbinden, sondern auf ungewöhnliche Weise eine Verbindung mit der Luft suchen. Auf andere Art ist das auch beim Ginster der Fall, der den Stickstoff aus der Luft mit Hilfe von Bakterien aus seinen Wurzelknöllchen direkt zu verarbeiten versteht. Selbst auf den ärmsten Böden sieht man diese Pflanze noch zu lodernder Blüte aufflammen. Aber im allgemeinen wird das Leben auf einem stickstoffarmen Boden nicht gedeihen. Will man einen solchen Boden beleben, so ist der erste Schritt das Wecken der Stickstoffaktivität, wie man das mit Hilfe von Lupinen zustande bringen kann.

Wir wissen erst seit Ende des letzten Jahrhunderts, daß ein fruchtbarer Boden seinen eigenen Stickstoffhaushalt hat. Ist ein Boden zu arm an Stickstoff, so wird dieser aus der Luft aufgenommen und zu allerlei Verbindungen verarbeitet. Gibt es dagegen ein Übermaß an Stickstoffverbindungen wie an Stellen, auf die Exkremente gefallen sind oder wo eine Leiche verwest, so verfliegt der Stickstoff in Gasform oder als Ammoniak.

Die Tatsache, daß der Stickstoff die Lebensprozesse im Boden kräftig fördert, ist eigentlich etwas sehr Überraschendes. Derselbe Stoff, der in der Atmosphäre die Wirkung des Sauerstoffs, des großen Lebensträgers, hemmt, ist auch wieder der Stoff, der im Boden das Leben weckt. Dies Hemmen geht vom Stickstoff aus, wenn er im Zustand des chemischen Elementes und losgelöst vom Sauerstoff ist. Das Fördern von Lebensprozessen geht vor allem von Verbindungen zwischen Stickstoff und Sauerstoff aus. Es scheint, als würde dabei die Sauerstoffwirkung vom Stickstoff geradezu angetrieben.

In der Tatsache, daß der Stickstoff sich im Boden und in der Atmosphäre so entgegengesetzt verhält, begegnen wir zum erstenmal einem Beispiel für etwas, was uns immer wieder auffallen wird: der Stickstoff lebt sich auf mancherlei Gebieten in zwei entgegengesetzten Tendenzen aus. Er bewegt sich immer zwischen zwei Extremen.

Der Stickstoff im Eiweiß und in der Atmosphäre.

Wenn wir in den Lebewesen nach Stoffen suchen, aus denen man Stickstoff analysieren kann, so treten die Eiweiße als wichtigste hervor. In den Eiweißen kann man in stärkerem Maße als in anderen Stoffen die eigentlichen Lebensträger finden[1]. Je lebendiger das Eiweiß ist, desto formloser und veränderlicher ist es auch. Sehr deutlich sehen wir dies beim Protoplasma der Pflanzenzellen, das größtenteils aus Eiweißen besteht. Manchmal sieht man es sich bewegen, auf jeden Fall beteiligt es sich an kräftigen Stoffumwandlungen und baut außerdem die festeren, geformteren Teile. Aus beinahe allen organischen Stoffen kann man durch Analyse Kohlenstoff, Sauerstoff und Wasserstoff freimachen. In den Zersetzungsprodukten der Eiweiße, der unruhigsten, beweglichsten Stoffe, findet man außerdem Stickstoff. Das weist auf einen Zusammenhang zwischen der Beweglichkeit und dem Stickstoffgehalt hin. Damit stimmt es auch überein, daß die Tiere, für die Beweglichkeit kennzeichnend ist, mehr Stickstoff in ihrer Substanz haben als die Pflanzen.

Nun ist es höchst überraschend zu sehen, daß die Eiweiße bei der Analyse gerade die Stoffe ergeben, die auch Hauptbestandteile der Atmosphäre sind – Kohlenstoff, Wasserstoff, Sauerstoff, Stickstoff – und außerdem eine kleine Menge Schwefel. An der Stelle im Lebewesen, an der der Stickstoff eine große Rolle spielt, wird man wieder an die Atmosphäre erinnert. So trägt der Mensch, ebenso wie die anderen Lebewesen, die gleichen Stoffe, von denen er umgeben ist, in seinem Körper, sogar an zentraler Stelle.

Aber in welch verschiedenen Zuständen treten die Stoffe auf: Innen werden sie von den antreibenden ganzheitbildenden Kräften des Lebens getragen; draußen sind sie so losgelöst von den ganzheitbildenden Kräften, daß sie zum größten Teil sogar als chemische Elemente nebeneinanderstehen und voneinander getrennt sind. Die Atmosphäre erinnert in ihrer Zusammensetzung also an das Eiweiß, aber auf solche Weise, daß das Charakteristische des Eiweißes, das Ansatzpunkt-Bilden für aufbauende Kräfte, ganz und gar verlorengegangen ist. Es ist eigentlich nach allem, was wir schon besprochen haben, selbstverständlich, daß hier der Schwefel als Bestandteil fehlen muß.

Es kennzeichnet also die eiweißbildenden Stoffe, daß sie in der Natur als Element vorkommen. Dadurch unterscheiden sie sich von den anderen Elementen, die zu den Bestandteilen der Lebewesen gehören und die fast nur in Verbindungen, so gut wie nie als chemisches Element auftreten.

Wir haben jetzt den Stickstoff gemeinsam mit den anderen Stoffen, die auch als atmosphärische Gase auftreten, in der Tiefe unseres Stoffwechsels im Zustand intensiver Verbundenheit mit den aufbauenden Lebenskräften gefunden. Das stimmt ganz mit dem Auftreten von Stickstoff im fruchtbaren Boden überein.

[1] Vgl. Seite 145, Der Schwefel im Eiweiß.

Was bedeutet nun der Stickstoff in der Atmosphäre für die menschliche Organisation? Es könnte zuerst so scheinen, als ob dieser den Prozessen im Körper neutral oder gar feindlich gegenübersteht, weil er die lebenweckenden Wirkungen des Sauerstoffs hemmt. Wenn man jedoch eingehender darüber nachdenkt, wird man einsehen, daß er ebenso wichtig ist für die Sinnesorgane wie der gebundene Stickstoff wichtig ist für den Stoffwechsel. Dasselbe kann für die anderen Luftgase gesagt werden, insofern sie dem Stickstoffgas gleichen. In bezug auf das Auge haben wir dieser Behauptung bereits eine Grundlage geschaffen, als vom Stickstoff als Regisseur gesprochen wurde. Unser Auge ist in seiner gegenwärtigen Form und Wirksamkeit undenkbar ohne die Durchsichtigkeit der Luftgase. Die Luftgase und also besonders das Stickstoffgas sind aber auch die Vermittler des Klanges. Und die Wärmestrahlung wird beinahe ungehindert durchgelassen, so daß wir z. B. die Wärme eines Feuers von weitem fühlen können. Und schließlich kann die Luft, weil sie selbst unser Geruchsorgan nicht reizt, Düfte zu uns tragen.

In jedem Lebewesen findet sozusagen eine Begegnung lebendigen und toten Stickstoffs statt. Der lebendige Stickstoff im Eiweiß hat Anteil an der Entfaltung stets neuer Formen. Der tote Stickstoff umspielt diese Formen und hüllt sie ein, hält sie zusammen. Außerdem dient den Menschen und den Landtieren das Stickstoffgas, das den Organismus umgibt, als Feld für ihr Bewußtsein, insofern es auf der Wirkung der Sinne beruht. Wieder haben wir also den Stickstoff in einander entgegengesetzten Zuständen angetroffen: der Stickstoff, der teil hat an unserer Bewußtseinsentfaltung, und der Stickstoff, der mithilft, unseren Organismus aufzubauen. Im ersten Fall ist der Stickstoff in einem Zustand, dem die ganzheitbildenden Kräfte des Lebens fehlen. Wo die ganzheitbildenden Kräfte wirken, fehlt das Bewußtsein.

Wir verdanken der Tatsache, daß es einen Bereich gibt, wo die Stoffe von den ganzheitbildenden Lebenskräften gleichermaßen verlassen und weitgehend zerfallen sind, die Möglichkeit unserer Bewußtseinsentfaltung.

Der Stickstoff in der Natur zwischen Sauerstoff und Wasserstoff.

Im fruchtbaren, gut gepflegten Boden entwickeln die Stickstoffverbindungen die Neigung, in den am meisten oxydierten Zustand, in die Nitratform, überzugehen (z. B. KNO_3). Sowohl die Ammoniumverbindungen als auch die Nitrite (z. B. KNO_2) werden unter günstigen Bodenverhältnissen oxydiert. Außerdem kann ein Boden unter diesen Umständen Stickstoff aus der Luft aufnehmen und verarbeiten. Es handelt sich hier um Prozesse, die sich unter dem Einfluß von Bakterien vollziehen.

In bestimmten Ausnahmefällen treten diese Prozesse so stark auf, daß der Salpeter aus dem Boden aufsteigt. Das kann in Gebieten vorkommen, wo der Boden viel Kalk oder Kali enthält. In Bengalen tritt diese Erscheinung beim

Übergang von der Regenzeit zur Trockenzeit auf. Nimmt man ein Stück glühendes Holz und berührt man damit die Salzschicht, so wird man sehen, daß es heftig aufflammt. Das weist auf eine kräftige Wirksamkeit des Sauerstoffs hin.

Unter bestimmten weniger günstigen Umständen treten im Boden Reduktionsprozesse auf, wobei die Nitrate in Nitrite und diese sogar in Ammoniak übergehen können. Die Formel für Ammoniak NH_3 zeigt dieses Reduziertsein besonders deutlich. Nicht nur enthält dieser Stoff keinen Sauerstoff, sondern er enthält sogar Wasserstoff in ansehnlicher Menge. Der Wasserstoff ist einer der am besten oxydierbaren Stoffe. Hat man irgendwo eine Anhäufung stickstoffhaltiger Stoffe wie im Pferdemist, so kann man oftmals den Ammoniakgeruch wahrnehmen. Dieser muß auch auf den Guano-Inseln sehr auffallend sein.

Wenn ein Boden Nitrate bildet, so bedeutet das eine Erhöhung der Fruchtbarkeit oder, anders ausgedrückt, eine Belebung des Bodens. Hier wird der Stickstoff dichter in die Sphäre des Lebensträgers, des Sauerstoffs, hineingezogen und dadurch aktiviert. Der Sauerstoff und damit das Bodenleben werden wiederum durch den Stickstoff aktiviert. Es versteht sich eigentlich von selbst, daß die Pflanzen den Stickstoff am besten in Nitratform, also in diesem dem Leben vom Sauerstoff nahegebrachten Zustande aufnehmen können.

Sobald z. B. im Mist oder in Tierleichen der flüchtige Ammoniak gebildet wird, setzt eine Verarmung an Stickstoffverbindungen ein. Der Stickstoff, verbunden mit dem Wasserstoff, wird dem Sauerstoff und damit der Lebenssphäre entzogen.

Stickstoffchemie.

Die Stickstoffchemie ist sehr differenziert, aber wenn man sie überschaut, kann man doch in der Hauptsache zwei Gruppen von Verbindungen unterscheiden; solche, die von Ammoniak abgeleitet sind, und solche, die von Salpetersäure oder Stickstoff-Sauerstoffverbindungen herrühren. Auch hier finden wir also ein Schwanken zwischen dem Sauerstoff und dem Wasserstoff.

Wir richten unsere Aufmerksamkeit nun zuerst auf die Verbindungen, denen eine Verbindung von Stickstoff und Sauerstoff zugrunde liegt. Die wichtigsten davon sind die Salpetersäure und die Nitrate. Die Salpetersäure (HNO_3) müßte man eigentlich Stickstoffsäure nennen, wenn die chemische Namengebung konsequent wäre. Sie ist aufgebaut auf dem Stickstoff, der von Sauerstoff und Wasser aufs höchste aktiviert ist. Das Anhydrid ist ja Stickstoffpentoxyd (N_2O_5), das höchste Stickstoffoxyd. Die Salpetersäure ist eine außerordentlich wirksame Säure.

Das beruht auf drei Faktoren:

1. Ihre Salze sind alle löslich
2. Sie ist eine sehr starke Säure
3. Sie wirkt stark oxydierend.

Daß ihre Salze alle löslich sind, ist eigentlich selbstverständlich. Selbst in der Form eines Salzes läßt sich der Stickstoff, der ja in erster Linie ein Luftgas ist, nicht ganz zur Erstarrung bringen. Wir sehen auch hier, daß der Stickstoff sich kaum an die Erde binden läßt.

Daß die Salpetersäure eine starke Säure ist, gibt der Stickstoffchemie eine beinahe dramatische Note. Das Stickstoffgas ist ja auf chemischem Gebiet ungewöhnlich passiv, dadurch wird die große Aktivität der Salpetersäure um so auffallender. Die Salpetersäure wirkt so stark oxydierend, daß sie sogar Metalle wie Kupfer, Quecksilber und Silber auflösen kann.

Ihrer chemischen Zusammensetzung nach könnte man die Salpetersäure auch die «Luftsäure» nennen, da man durch Analyse aus ihr die drei wichtigsten Luftgase, die in Form von chemischen Elementen auftreten – Wasserstoff, Stickstoff, Sauerstoff – gewinnen kann. Wegen seiner Verbindung mit dem Sauerstoff kann sich der Stickstoff in der Salpetersäure an allen möglichen Prozessen beteiligen und alle möglichen Verbindungen eingehen. Dabei bringt er immer etwas mit von jenem Beweglichen, Veränderlichen, das zum Wesen der Luft gehört. Andererseits wird der Sauerstoff vom Stickstoff aktiviert, so daß er bei gewöhnlicher Temperatur viel stärker oxydierend wirkt als der Luftsauerstoff. Außerdem tritt der Stickstoff als Wegbahner für den Sauerstoff auf. Mit Hilfe der Salpetersäure kann man den Sauerstoff auf eine solche Weise in die innere Struktur mancherlei Stoffe einführen, daß von einem inneren Sauerstoffvorrat gesprochen werden kann. Als Folge davon erhalten einige dieser Stoffe explosive Eigenschaften: es kann eine Verbrennung von innen heraus stattfinden. Man kann dies sehr leicht an der Schießbaumwolle demonstrieren. Wenn man einen Wattebausch nach dem Rezept mit rotrauchender Salpetersäure und starker Schwefelsäure imprägniert – ein Prozeß, den man Nitrieren nennt –, erhält man etwas, was sich scheinbar nur dadurch von Watte unterscheidet, daß es sich rauher anfühlt. Wenn man gewöhnliche Watte anzündet, bekommt man ein stilles Flämmchen, während die Masse langsam verkohlt und lange Zeit nachglüht. Zündet man einen solchen imprägnierten Wattebausch an, so ist alles im Nu vorbei. Die ganze Masse ist in einer großen, nach allen Seiten ausschlagenden Flamme aufgegangen. Nichts, oder beinahe nichts, ist übriggeblieben als ein Gasgemisch, bestehend aus Stickstoffgas, Kohlensäuregas und Wasserdampf. Die Watte ist ganz wörtlich «in die Luft gegangen». Ein Prozeß, der eigentlich in den Bereich der Luft gehört, die Verbrennung, hat sich im Erdenelement vollzogen. Man könnte auch sagen, diese Explosion ist eigentlich ein Protest gegen den festen Zustand als solchen.

Man kann bei diesen Vorgängen eine Parallelität mit dem Verhältnis des Stickstoffs zum lebendigen Boden entdecken. Auch da ist der Stickstoff der Promotor des Sauerstoffs, nun aber so, daß dabei die Lebensaktivität aufgerufen wird.

Die Salze der Salpetersäure, die Nitrate, haben die oxydierenden Eigenschaften der Salpetersäure voll und ganz mitbekommen. Das Salz, das in diesem

Zusammenhang am häufigsten verwendet wird, ist das Kaliumnitrat oder der Kalisalpeter. Man kann besonders schöne Versuche damit machen. Man nimmt z. B. ein Reagenzglas mit etwas Kaliumnitrat und hängt es auf ein Stativ. Dann erhitzt man das Glas vorsichtig mit der Bunsenflamme. Wenn das Salz geschmolzen ist, wirft man ein Stückchen glühende Holzkohle hinein. Es flammt heftig auf, sobald es die Oberfläche berührt, beginnt zu knattern und hin und her zu springen. Wirft man jetzt ein Stückchen Schwefel dazu, dann flammt es hell auf, so daß das ganze Glas wie eine Lampe leuchtet. Nach einiger Zeit wird das Glas so heiß, daß es schmilzt und der untere Teil sich loslöst und herabfällt. Macht man den gleichen Versuch mit Salpeter in einem eisernen Tiegel, so kann man sogar einen kleinen Holzstab von der glühenden Salzmasse verzehren lassen. Alchimistisch betrachtet, stehen wir hier vor der merkwürdigen Erscheinung, daß ein Salz Verwandtschaft mit dem Feuer zeigt. Man hat hier also Sulfur-Wirkungen im Salzgebiet[1].

Von alters her benutzte man ein Gemisch von Salpeter, Schwefel und Kohle als Schießpulver. Weiterhin benutzt man den Salpeter, um ein Feuerwerk in Gang zu bringen. Der Kalisalpeter hat also immer in der Feuer- und in der Explosionstechnik eine große Rolle gespielt.

Wir haben schon besprochen, daß alle Nitrate in Wasser gut löslich sind. In diesem Fall läßt das nicht auf eine besondere Verwandtschaft mit dem Wasser schließen, wohl aber gilt das folgende: Insofern die Nitrate auskristallisiert sind, sind sie in das Erdenelement hineingezogen. Zugleich sind sie als Stickstoffverbindungen ganz Protest gegen das Erdenelement. Das Lösen in Wasser bedeutet in diesem Falle also vor allem ein Sich-Befreien von der Erde. Beim Kaliumnitrat nimmt außerdem noch die Löslichkeit zu, wenn die Temperatur erhöht wird. Hierin zeigt sich eine doppelte Verwandtschaft mit dem Feuerelement, die auch bei den Feuerversuchen hervortritt. Vom Kalium haben wir ja schon früher erkannt, daß es eine gewisse Verwandtschaft mit dem Feuerelement hat, und von den Nitraten haben wir das soeben gesehen.

Was den Aufbau des Unterrichts anbelangt, scheint es mir noch immer richtig, von den Nitraten und besonders vom Chilesalpeter und dem Kalisalpeter auszugehen. Die Schüler kennen diese Stoffe schon, und außerdem ist es der historische Weg, auf dem die Menschheit die Stickstoffverbindungen kennen und herstellen lernte. Und was vielleicht ebenso wichtig ist: Es ist der natürlichere Weg.

Man stellt heute zwar Stickstoffverbindungen aus dem Luftstickstoff her, so daß man z. B. über die Stickstoffoxyde zur Salpetersäure und endlich zu den Nitraten kommt, aber dieser Weg, obwohl er auch in der Natur gegangen wird, spielt doch eine geringere Rolle in der Welt. Aus Salpeter kann man dann die Salpetersäure und hieraus wieder die Stickstoffoxyde herstellen. Wenn man danach

[1] Vgl. Seite 192, Phosphorflamme: Salzwirkungen im Sulfurgebiet.

die technische Verarbeitung des Luftstickstoffs behandelt, wird der Aufbau dieser Stoffe besonders deutlich.

Schlägt man den anderen Weg ein, baut man die Verbindungen nach und nach aus dem Stickstoff auf, so bekommt man zwar ein sehr klares Gedankenbild, aber es wird Gefahr laufen, dürftig zu bleiben, während das Charakteristische, Eigenartige der verschiedenen Stoffe weniger zu seinem Recht kommt.

In großen Zügen kann man sagen, daß der Stickstoff vom Sauerstoff immer zur Erde hingezogen wird. Die Oxyde, insofern sie gasförmig sind, haben eine größere Dampfdichte als der Luftstickstoff. Einige treten als Flüssigkeiten und eines sogar als fester Stoff auf. Die Salpetersäure ist eine Flüssigkeit. Die Nitrate sind alle gut kristallisierende Salze.

Unter dem Einfluß des Wasserstoffs bekommt der Stickstoff hingegen die Neigung, der Erde zu entfliehen. Das drückt sich in erster Linie in der Dampfdichte des Ammoniaks (NH_3) aus, die kaum die Hälfte von der der Luft beträgt.

Das Ammoniak ist einer der Stoffe, die sich entwickeln, wenn lebendige Substanz in Zersetzung übergeht. Früher gewann man das Ammoniak aus dem faulenden Urin der Tiere und Menschen. Später konnte man das Ammoniakgas in größeren Mengen bei der Reinigung des rohen Steinkohlengases gewinnen. Und da haben wir es wieder mit einem Produkt aus Stoffen zu tun, die beim Verwesen von Pflanzenresten entstehen.

Das Ammoniakgas ist außerordentlich gut in Wasser löslich. Das ist an sich schon überraschend, aber noch viel überraschender ist die Tatsache, daß diese Ammoniaklösung ziemlich starke basische Eigenschaften hat. Man nimmt an, daß Ammoniak und Wasser zusammen eine unbeständige Base bilden, das Ammoniumhydroxyd (NH_4OH). Genauso leicht, wie es aufgenommen wird, kann das Ammoniakgas auch wieder aus dem Wasser verfliegen. Fügt man der Lösung etwas Säure bei, so verschwindet der starke Geruch. Das Ammoniak ist dann in Form von Ammoniumsalzen festgehalten, wie z.B. Ammoniumsulfat ($(NH_4)_2SO_4$).

Diese Tatsachen werden noch erstaunlicher, wenn wir bedenken, daß das Ammoniak auf dem Element aufgebaut ist, welches alles luftig, durchsichtig, löslich, beweglich macht. Das sind für das Bilden einer festen Basis wenig geeignete Eigenschaften. Die typischen Basen sind ja doch undurchsichtig, unlöslich und schwer. Die wenigen gut löslichen Basen und einzelne, die sogar gut schmelzbar sind, sind jedenfalls wenig flüchtig. Das Ammoniakgas hat, da es gasförmig ist, eher eine Ähnlichkeit mit den Säuren als mit den Laugen. Wenn man einen solchen Stoff wie Ammoniumsulfat im kristallisierten Zustand mit festem Ätznatron mischt und dann die Masse ein bißchen befeuchtet, wird sich wieder Ammoniak in gasförmigem Zustand bilden. Dieser Prozeß beruht auf einer Basenverdrängung, die in Form einer Säureverdrängung verläuft.

In diesen merkwürdigen Widersprüchen kommt der Charakter des Stickstoffs besonders deutlich zum Vorschein. Wieder sehen wir hier ein Sich-Ausleben in zwei entgegengesetzten Zuständen. Der Stickstoff wäre kein Stickstoff, wenn nicht der kräftigen Salpetersäure eine andere Stickstoffverbindung gegenüberstünde mit wenigstens ziemlich ausgeprägten basischen Eigenschaften.

Bläst man Ammoniakgas in oder dicht neben eine Gasflamme, so wird es mit einem gelben Flämmchen brennen. Sobald man die Gasflamme wegnimmt, geht das Flämmchen aus. Wir stehen hier wieder vor solchem Gegensatz in der Stickstoffchemie: Die Salpetersäure und die mit ihr zusammenhängenden Stoffe haben oxydierende Eigenschaften. Das Ammoniak ist brennbar und bringt reduzierende Eigenschaften in seine Verbindungen hinein. Die oxydierenden Eigenschaften der Salpetersäure sind jedoch sehr stark entwickelt, während das Ammoniak nur mühsam brennt.

Ähnliches zeigt sich, wenn man die Stärke der basischen Eigenschaften des Ammoniakwassers mit der Stärke der sauren Eigenschaften der Salpetersäure vergleicht; obgleich Salpetersäure und Ammoniak einander entgegengesetzt sind, halten sie sich nicht die Waage. Die Salpetersäure hat sozusagen immer das Übergewicht.

Man kann jedoch mit Hilfe von Ammoniak auch sehr kräftige Basen erzeugen, die sogenannten Ammoniumbasen. Man muß dann den Wasserstoff des Ammoniaks (oder der Ammoniumgruppe) teilweise oder ganz durch Kohlenwasserstoffe ersetzen. Interessant ist, daß dann mit der Stärke der Base auch die Brennbarkeit zunimmt. Bisher haben wir gesehen, wie Basen durch das Rosten entstehen und Säuren durch das Verbrennen; hier haben wir nun gut brennbare basische Stoffe vor uns.

Die Ammoniumsalze haben recht merkwürdige Eigenschaften, das wird aus dem Gesagten schon klargeworden sein. Der Salmiak (oder Ammoniumchlorid) verfliegt als weißer Rauch, wenn man ihn erhitzt. Das Hirschhornsalz (oder Ammoniumkarbonat) verfliegt schon bei Zimmertemperatur und zerfällt dabei in Ammoniak, Wasserdampf und Kohlensäuregas. Aus dem Ammoniumsulfat entstehen bei der Erhitzung gasförmige Produkte. Diese Erscheinungen beruhen darauf, daß die «Base» diesen Salzen keine feste «Basis» geben kann.

Die Ammoniumsalze sind natürlich alle gut löslich.

Aus all dem ist die auffallende Verwandtschaft der Ammoniumsalze mit Luft abzulesen.

Das Ammoniak ist bis zu einem gewissen Grade brennbar. Bildet es ein Salz, so nimmt es die Fähigkeit, oxydierbar zu sein, in diese Verbindung mit. Also müssen sehr interessante Erscheinungen bei Ammoniumsalzen von Säuren mit oxydierenden Eigenschaften wie z. B. Chromsäure oder Salpetersäure auftreten. Besonders merkwürdig verhält sich das Ammoniumbichromat. Man legt z. B. ein Häufchen der zerkleinerten orangeroten Kristalle auf eine feuerfeste Unterlage und zündet es mit der Gasflamme an der Spitze an. Es beginnt zischend und Funken sprühend zu brennen, gleichzeitig anwachsend zu einer lockeren fahlgrünen Chromioxyd-Masse. Das Ganze erinnert stark an einen ausbrechenden Vulkan.

Sehr merkwürdige Stoffe sind auch Ammoniumnitrat (NH_4NO_3) und Ammoniumnitrit (NH_4NO_2). Normalerweise entsteht ein Salz aus einer Base und einer Säure, die ihrerseits zusammenhängen mit einem rostenden Metall und einem brennbaren Nichtmetall. Ein Salz ist also eigentlich die Harmonisierung zweier entgegengesetzter Stoffzustände. Das Ammoniumnitrat ist auch aus einer Säure und einer Base entstanden, die aber beide aus dem gleichen Stoff abgeleitet sind. Der Stickstoff bildet saure und basische Stoffe, und so, wie die Naturordnung nun einmal ist, müssen also auch Salze aus diesen entstehen können. Diese Salze sind jedoch nicht, wie die meisten anderen, in einem ausgeglichenen, zur Ruhe gekommenen Zustand. Nein, wie sooft in der Stickstoffchemie liegen die Dinge wieder gerade umgekehrt als gewöhnlich. Das Ammoniumnitrit ist außerordentlich unbeständig und verfliegt beim geringsten Anlaß. Das Ammoniumnitrat geht in Flammen auf, wenn es erhitzt wird, und kann dadurch sogar als Sprengstoff verwendet werden. Diese Salze stehen gleichermaßen unter einer starken Spannung, während das chemische Element, von dem sie ausgehen, gerade sehr ausgewogen und unangreifbar ist.

Man kann diese Eigenschaften mit Hilfe einiger eindrucksvoller Versuche vorführen. Man kann z. B. in einem Eisentiegel etwas Kaliumnitrit schmelzen und von Zeit zu Zeit ein wenig Ammoniumchlorid hineinwerfen. Flammendes Brausen erhebt sich, und man erlebt eine Art Miniaturgewitter. Das durch doppelte Umsetzung gebildete Ammoniumnitrit zerfällt in Stickstoff und Wasser. Läßt man etwas Ammoniumnitrat auf eine stark erhitzte Eisenplatte fallen, so zerfällt es zischend unter Flammenerscheinung.

Bei der eigentlichen Explosion, die durch noch höhere Temperatur oder durch eine Knallquecksilberexplosion verursacht wird, wird das Salz in Stickstoff, Sauerstoff und Wasserdampf, also in Luftbestandteile zerfallen.

$$2\,NH_4NO_3 \rightarrow 2\,N_2 + 4\,H_2O + O_2$$

Zum Schluß noch ein sehr eindrucksvoller Versuch. Bei der Einwirkung von Salpetersäure geht es oftmals sehr stürmisch her. Man kann z. B. etwas verdünnte Salpetersäure über einige Zinkstückchen in ein Schälchen gießen. Sofort braust die Masse auf und entwickelt Wolken braunen Dampfes (Stickstoffdioxyd NO_2). Stülpt man ein großes Zylinderglas darüber, so füllt es sich schnell mit einem tiefbraunen, durchsichtigen Gas. Gießt man nun, sobald der Prozeß zu Ende ist, auf den Tisch um das Zylinderglas herum etwas Ammoniaklösung, so bilden sich undurchsichtige weiße Wolken im Glas. Läßt man sie vorsichtig durch einen Spalt entweichen, so zieht ein schwerer milchiger Nebel über den Tisch hin und bildet die wunderlichsten Wirbel.

Aluminium

Das Aluminium als Element.

Bei der Behandlung des Aluminiums kann man gut vom Metall selbst ausgehen, obwohl es nirgends als Element vorkommt, denn es ist ja allgemein bekannt und hat sehr charakteristische Eigenschaften. Zunächst ist seine Leichte im Vergleich zu den «Schwermetallen», die man früher allein kannte, sehr auffällig. Sein spezifisches Gewicht läßt sich mit dem durchschnittlichen spezifischen Gewicht von Gesteinen, z. B. Marmor, vergleichen. Da das Aluminium also zu den Leichtmetallen gehört, müßte es eine beträchtliche chemische Aktivität haben, ähnlich Natrium, Kalium und dergleichen; davon kann man auf den ersten Blick jedoch wenig bemerken. Es ist sogar auffallend beständig gegenüber Einflüssen aus der Atmosphäre. Man verwendet Aluminiumpulver, zu Farbe verarbeitet, als Anstrich für Laternenpfähle, Zäune, Ballons, die solcherart mit einer gut schützenden, mattglänzenden Metallschicht überzogen werden.

Aluminium kann zu einem leichten, aber widerstandsfähigen Material verarbeitet werden, zu dem geeigneten Stoff für Luftschiffahrt und Schnellverkehr. Für die Luftschiffahrt braucht man vor allem das geringe Gewicht, beim Schnellverkehr die geringe Masse, die schnelles Bremsen und schnelles Anfahren zuläßt.

Sehr viel wird das Aluminium auch zu Gefäßen, kleinen Gebrauchsgegenständen und wissenschaftlichen Instrumenten gebraucht.

Man hat natürlich auch versucht, es für Schiffswände zu verwenden; dabei stieß man jedoch auf eine überraschende Schwierigkeit: Aluminium wird von Salzlösungen angegriffen.

Mit derselben Eigenschaft muß man auch bei seiner Verwendung zu Töpfen rechnen. Mancher frühere Aluminiumtopf ist unbrauchbar geworden, wenn gesalzenes Essen darin stehenblieb. Durch Legierung mit anderen Metallen hat man das weitgehend überwinden können.

Chemische Eigenschaften.

Um die zuletzt genannte Erscheinung zu zeigen, kann man folgenden Versuch machen: Man stelle drei Bechergläser nebeneinander, gieße in A verdünnte Salzsäure, in B eine Kochsalzlösung, in C etwas Natronlauge. Dann streue man in jedes Glas etwas Aluminiumpulver, das man erst entfettet hat, indem man es in Alkohol kochte. Die Flüssigkeit in A beginnt sofort zu schäumen, weil sich Wasserstoff entwickelt; das Aluminiumpulver wird aufgelöst. Dieser Vorgang braucht uns nicht zu überraschen, weil er auch bei anderen Metallen auftritt. Sehr überraschend ist jedoch, was im Glase C vor sich geht. Äußerlich gesehen, spielt sich dasselbe ab wie in A. Aluminiumpulver löst sich also in Natronlauge ebensogut auf wie in Salzsäure.

Nun ist es auch begreiflich, daß ein Stoff, der sowohl von Natronlauge als von Salzsäure angegriffen wird, auch von Kochsalz angegriffen werden kann. Dieser Prozeß verläuft jedoch viel langsamer als der mit Base und Säure.

Man findet in diesen Versuchen eine deutliche Charakteristik des Aluminiums. Es ist ein Metall, das sich nicht ausschließlich auf die Seite der Base stellt und sich damit nicht nur der Einwirkung der Säure öffnet, sondern das der Einwirkung sowohl der Säure als auch der Base zugänglich ist.

Es zeigt einigen Säuren gegenüber sogar eigenartige Hemmungen. Durch Salpetersäure und Schwefelsäure z. B. wird es bei gewöhnlicher Temperatur wenig angegriffen.

Die Passivität, die das Aluminium als Metall zeigt, ist einer sehr dünnen, durchscheinenden und dadurch unsichtbaren Oxydschicht zuzuschreiben, die sich bildet, sobald das blanke Metall der Luft ausgesetzt wird. Diese Schicht können wir entfernen, indem wir das Metall mit Quecksilber oder Sublimat ($HgCl_2$) einreiben. Noch einfacher kommt man zum Ziel mit einem Tropfen Wasser und ein paar Körnchen Sublimat. Dadurch bildet sich etwas Quecksilber. Das Wasser kann man durch vorsichtiges Erhitzen entfernen. Jetzt beginnt ein höchst merkwürdiger Prozeß. Es sieht so aus, als wachse eine dichte, faserige Schimmelmasse aus dem Metall heraus. Das kann so schnell gehen, daß man es mit dem Auge verfolgen kann. Man hat es hier mit einem sehr schnellen Rostprozeß zu tun. Aluminiumoxyd wird gebildet (Al_2O_3).

Hätte man dasselbe Stückchen aktivierten Aluminiums ins Wasser gebracht, so hätte es kräftig darauf eingewirkt, und Wasserstoffbläschen wären aufgestiegen.

Aluminiumpulver, in eine Flamme gestreut, verbrennt zu Oxyd, indem es ziemlich grelle Funkenstreifen hervorruft. Blattaluminium brennt mit grellem Licht.

Aluminiumpulver, im richtigen Verhältnis mit Oxyden von Schwermetallen gemischt, kann sehr stark reduzierend wirken. Zündet man das Gemisch an, so wird das Schwermetall frei, während eine äußerst heftige Glut entwickelt wird. Früher benutzte man ein Gemisch von Eisenoxyd und Aluminium, um Straßenbahnschienen zu schweißen. Man hat es auch zu Brandbomben verwendet.

Aus solchen Erscheinungen sieht man, daß Aluminium als Element mit Spannung und Energie geladen ist.

Das Aluminiumoxyd, wie es aus Aluminium mit Hilfe von Quecksilber entsteht, könnte man als vollkommen charakterlose Substanz bezeichnen. Es ist formlos und farblos. Es löst sich gut in Säure und fast ebensogut in Basen. Mit Säuren bildet es Aluminiumsalze, mit Basen Aluminate, d. h. Salze der Aluminiumsäure. Dieses Verhalten des Oxyds nennt man amphoter «zwitterhaft», womit man ausdrückt, daß es sich gegenüber Säuren als Base und gegenüber

Basen als Säure verhält. Das Verhalten wird also durch die Umstände und nicht durch den Stoff selbst bestimmt.

Sobald man das Aluminiumoxyd stark erhitzt, verliert es seine Offenheit für Einflüsse, seine Schmiegsamkeit. Wenn man die kegelförmige Spitze eines feuerfesten Stäbchens in die heftige Glut einer Knallgasflamme bringt und dann Aluminiumoxydpulver daran bläst, so kann dieses sich sogar zu Edelsteinen verdichten, zu Korund, Rubin, Saphir. Die Härte wird vom Aluminiumoxyd verursacht, die Farbe rührt von kleinen Mengen beigemischter Metalloxyde her. Wir sehen an diesem Prozeß, daß das Aluminiumoxyd vom Feuer tief in das Erdenelement hinabgestoßen wird. Sehr überraschend ist es, daß ein Stoff, der zuerst so vollkommen passiv zu sein schien, plötzlich alles, was an Form und Farbe hineingelegt wird, mit großer Kraft festhält.

Solche Erscheinungen werden wir bei den Aluminiumverbindungen immer wieder antreffen.

Die Schmiegsamkeit, das Schwanken zwischen Säure und Base tritt sehr deutlich hervor, wenn man von einer Aluminiumsulfatlösung ausgeht und da hinein erst Natronlauge und später Salzsäure gießt. Nimmt man nicht zuviel Natronlauge, so bildet sich anfangs ein geleeartiger Niederschlag. Beim Überschuß von Natronlauge wird dieser wieder gelöst. Man kann ihn wieder zurückbekommen durch Beifügung einer Säure wie Salzsäure. Bei mehr Säure wird er wiederum aufgelöst. Der auftretende Niederschlag hat immer wieder die gleiche Zusammensetzung: Aluminiumhydroxyd oder $Al(OH)_3$. Es kann nicht nur mit Säuren, sondern auch mit Basen salzartige Stoffe bilden. Daher kann man es auch Aluminiumsäure nennen oder H_3AlO_3. Das wechselnde Verhalten läßt sich wie folgt ausdrücken:

$$\text{Aluminiumhydroxyd} = \text{Aluminiumsäure}$$
$$Al(OH)_3 \rightleftarrows H_3AlO_3$$

Diese Prozesse kann man gut verfolgen, wenn man der Lösung etwas Lackmus beifügt. Dann erzielt man noch eine Wirkung, die für die Farbtechnik wichtig ist. Sobald ein Hydroxydniederschlag gebildet wird, wird die Flüssigkeit ganz oder beinahe ganz entfärbt, weil der Niederschlag alle Farbe an sich nimmt. Man kann sogar sagen, daß diesem gleichermaßen vorbestimmt ist, Farbe aufzunehmen. Von sich aus ist er farblos und ziemlich durchsichtig. Dadurch ist er sehr wenig auffallend (im Gegensatz zu den blendend weißen Kalkniederschlägen). Technisch kann man diese Erscheinung verwenden, um lösliche pflanzliche Farbstoffe in einem zu färbenden Gewebe festzulegen. Man nennt diesen Prozeß: beizen. Vor allem Aluminiumsulfat wird als Beizmittel verwendet. Die normale Hydrolyse ist hierfür schon hinreichend.

Auch bei diesen letzten Prozessen finden wir wieder ein Hin- und Herschwanken zwischen zwei Zuständen, dem ein Sich-Festlegen in einem dritten Zustand folgt. Beim Aluminiumoxyd sahen wir hiervon das erste Beispiel.

Das Aluminium in der Erdrinde. Der Ton.

Wenn wir die Erdrinde analysieren, sehen wir, daß das Aluminium unter den Analyseprodukten eine hervorragende Stelle einnimmt. Es kommt gleich nach Sauerstoff und Silicium (O 47 %, Si 28 %, Al 7,9 %). Es gehört neben Calcium und Silicium zu den wichtigsten erdrindebildenden Elementen. Calcium und Silicium vertreten sowohl in der Chemie als in der Erdrinde beide eine Einseitigkeit, durch welche sie sich gegensätzlich gegenüberstehen. Das Aluminium nimmt zwischen beiden ziemlich genau die Mittelstellung ein, kann sich basebildend verhalten wie das Calcium und säurebildend wie das Silicium. Im Gestein bildet es oftmals eine Art Zentrum für komplizierte Strukturen. Im Feldspat z. B. steht es zwischen einem basischen und einem sauren Bestandteil (z. B. Na_2O und SiO_2).

Wenn Granit oder damit verwandtes Gestein verwittert und zerfällt, schlagen die Aluminiumverbindungen einen Weg ein, der wieder ein Mittelweg ist zwischen denen zweier entgegengesetzter Stoffe oder Stoffgruppen. Die alkalischen Bestandteile werden in gelöstem Zustand vom Regenwasser mitgeführt, die Kieselsäure wird hauptsächlich zerrieben und bleibt bald als Sand liegen. Das Aluminiumsilikat wird in Form feiner Teilchen im Wasser schwebend mitgeführt und schließlich irgendwo als Ton abgesetzt.

Es ist wohl eine der charakteristischsten Eigenschaften des Aluminiums, daß es nicht oder kaum in gelöstem Zustand in natürlichen Wassern zirkuliert, obwohl es sehr lösliche Verbindungen bilden kann.

Die guten Tonböden (Klei) gehören zu den fruchtbarsten Bodensorten. Sie haben die günstige Eigenschaft, daß sie nicht nur das Wasser, sondern ebenso manche anorganischen und organischen Stoffe zäh festhalten, sogar wenn diese gut löslich sind. Indem solche Stoffe also kaum vom Regen weggespült werden, können die Pflanzen vollauf ihren Nutzen daraus ziehen. Diese merkwürdige Eigenschaft des Tons ist der des Aluminiumhydroxyds in bezug auf pflanzliche Farbstoffe vergleichbar.

Während Kieselsäure und Kalk zu den Stoffen gehören, die von den Pflanzen in deutlichen Mengen aufgenommen und verarbeitet werden, ist das bei den Aluminiumverbindungen im allgemeinen kaum der Fall. Auch hierin hält das Aluminium an seiner Vermittlerrolle fest. Nicht die Aluminiumverbindung wird aufgenommen, sondern diese hält die Stoffe, die aufgenommen werden sollen, fest und in Bereitschaft.

Da wir nun einmal den Stoffkreis als Hintergrund haben, bedeutet er für uns eine Anregung, immer wieder bestimmte Einsichten aus dem Vergleich der Stoffe miteinander zu suchen und zu erwerben. In diesem Fall gibt er Anlaß, den Zustand, in dem die Stoffe in tonigen Böden sind, mit dem in der Atmosphäre zu vergleichen. Die Luft zeigt große Durchlässigkeit für Licht, Wärmestrahlung und dergleichen. Der Ton ist sehr wenig durchlässig für solche Strahlungen. In der

Luft hat jeder Stoff die Neigung, sich in den dünnsten, beweglichsten Zustand hinein auszubreiten. Der Wasserdampf wird von der Luft ohne Widerstand losgelassen, nachdem er sich zu Wasser verdichtet hat. Der Ton saugt das Wasser gerade auf und hält es fest, so daß wenig Bewegung mehr möglich ist. Auch andere Stoffe werden mit dem Wasser angenommen und mehr oder weniger festgehalten.

Wenn man den Klei auf bestimmte Art bearbeitet, kann man aus ihm den sehr knetbaren bildsamen Töpferton herstellen. Auch darin kommt der «Charakter» des Aluminiums besonders gut zum Ausdruck, der sich Einflüssen fügt, sich von außen bestimmen läßt. Lassen wir den Ton dann eintrocknen, so wird die Masse hart, und die eingeprägten Formen bleiben erhalten. Wird der Ton nun noch stark erhitzt, so erreicht er einen sehr beständigen, steinähnlichen Zustand, wie wir ihn vom Ziegelstein und Tongeschirr her kennen. Damit ist die Beeinflußbarkeit aufgehoben, der Abdruck von früheren Einwirkungen jedoch bewahrt geblieben.

Alchimistische und mythologische Gesichtspunkte bei der Töpferei und bei der Porzellanherstellung.

Der Herstellung von Tongeschirr, aber noch mehr der von Porzellan, liegen merkwürdige, tiefe Gesetze zugrunde, die sich erst dann klar herausstellen, wenn wir bestimmte Überlieferungen ins Auge fassen. Die erste Überlieferung ist die von den vier Elementen. In der Ziegelei und der Töpferei kommt diese schon weitgehend zum Ausdruck. Der wichtigste Grundstoff ist *Erde.* Dieser wird unter Mitwirkung des *Wassers* knetbar gemacht. Die geformten Stücke werden der *Luft* ausgesetzt, um zu trocknen. Der Prozeß wird abgeschlossen durch die Einwirkung des *Feuers* beim Brennen.

Die zweite Überlieferung findet sich in mehreren Erzählungen von der Erschaffung des Menschen. Sehr vielsagend ist die Prometheusgeschichte. Wir beschränken uns hierbei auf die technische Seite. Prometheus knetete die menschliche Gestalt aus feuchtem Lehm. Darauf blies ihr Pallas Athene den Atem ein und schenkte ihr so Leben und Bewegungsfähigkeit. Schließlich stahl Prometheus das Feuer vom Himmel und gab es dem Menschen, so daß sein Geist geweckt wurde. Auch hierbei zeigt sich in der Bearbeitung des Lehms ein Gang durch die vier Elemente. Aber das Endresultat ist der Mensch als Geistträger. Das läßt darauf schließen, daß die Töpferei ursprünglich eine eigenartige Nachahmung der Inkarnation ist. Eigentlich ist es nichts Absonderliches, daß man beim Herstellen von Werkzeugen oder Maschinen etwas aus dem menschlichen Organismus nachahmt. In irgendeiner Hinsicht ist das wohl immer der Fall, wenn es auch meistens nicht bewußt geschieht. Alte Vasen und hohe Gefäße aber zeigen, daß die Töpferei die ganze menschliche Gestalt nachahmte. In diesem Zusammenhang ist es sehr interessant, daß man in warmen Gegenden das Wasser in unglasierten irdenen Gefäßen aufbewahrt, damit es kühl bleibt. Das durch die poröse Wand dringende Wasser verdunstet und läßt Kühle entstehen. So wird das Schwitzen nachgeahmt.

Ein wichtiger Hinweis auf den Zusammenhang zwischen Töpferei und Menschwerdung ist, daß man beim Brotbacken denselben Gang durch die Elemente verfolgt. Nur läßt man das Brot nicht an der Luft trocknen, sondern das Luftelement dringt hinein beim Aufgehen des Teiges. Wir haben früher gesehen, daß das wahre Brotrezept auf den Aufbau des menschlichen Leibes abgestimmt ist[1]. Es finden sich sogar Andeutungen, daß bei der Zubereitung des Brotes versucht wurde, Gesetze zu verwirklichen, die für den idealen Menschenleib gelten. Man sollte beim Brotbacken immer das Wort des Evangeliums vor sich haben: «Nehmet hin und esset, dies ist mein Leib.»

Bei der Porzellanherstellung muß man nach einem idealen Stoff gesucht haben. Etwas wie ein Streben, die Erde zu ihrer höchsten Höhe zu führen, muß dem zugrunde liegen. Man kann das an einem eigenartigen Stadium des Prozesses ablesen. Wenn man die Rohstoffe, Kaolin, das ist ein sehr reiner weißer Ton, und weißen Feldspat gemahlen hat und sodann mit Wasser zu mischen beginnt, werden außerdem noch Stoffe, die sich zersetzen können, beigefügt. Dann wird das Material sich selbst überlassen. Man tut das, um die Plastizität der Masse zu erhöhen. Nun wird erzählt, die Chinesen hätten die Masse in Form von Ballen in unterirdische Räume gebracht und sie da Jahrzehnte lang liegen lassen. Durch Fäulnis geht die weiße Farbe vorübergehend in schwarz über und schließlich kommt ein sehr edles weißes Material zustande. Was ist der Grund so vieler Mühe und Sorgfalt, die auf solchen Prozeß verwendet werden? In der Zeit, zu der sich die Porzellanherstellung entwickelte, standen die Richtlinien für die Technik noch in engstem Zusammenhang mit den religiösen Einsichten. Nun finden wir bei allen bedeutenden Gottesdiensten in dieser oder jener Form die Geschichte eines Falles, den der Mensch und mit ihm der irdische Stoff durchgemacht haben soll. Das höchste Streben mußte also darauf gerichtet sein, diesen Fall zu überwinden. Bei der Herstellung des Porzellans ahmte man bewußt diesen Fall, diesen Gang durch die Tiefe, nach, um dann um so stärker die Überwindung der Finsternis feiern zu können. Die Herstellung von Porzellan ist ein Prozeß, der ursprünglich gleichsam prophetischen Charakter hatte. Man konnte daran üben, was man zu erreichen hoffte: die Erhebung des irdischen Stoffes.

Aus der Tatsache, daß die Chinesen das körnige Kaolin den «Knochen» und den halb durchsichtigen Feldspat das «Fleisch» des Porzellans nannten, geht hervor, daß dieses Suchen nach dem idealen Stoffzustand mit dem Suchen nach dem Ideal der menschlichen Leibessubstanz verbunden war.

Wir kommen nun zu folgendem merkwürdigem Schluß: Die Stoffe des Stoff-

[1] Vgl. Stoffeswelt I, Der Unterricht in der 8. Klasse, Seite 56.

kreises sind alle von unmittelbarer Wichtigkeit für den menschlichen Körper und für das Ganze der Natur. Das Aluminium dagegen spielt, stofflich betrachtet, scheinbar nicht die Rolle in unserem Körper, die man nach seiner Stellung in der Natur erwarten sollte. Die Mythologien dagegen bringen das Aluminium in Form von Lehm in einen engeren Zusammenhang mit dem ganzen menschlichen Körper als alle anderen Stoffe aus dem Stoffkreis.

Stickstoff und Aluminium

Gegensätzlichkeit und Übereinstimmung auf vielerlei Gebieten.

Wenn man Stickstoff und Aluminium vergleicht, ergibt sich immer wieder ihre starke Gegensätzlichkeit, die jedoch manchmal von einer ebenso auffallenden Übereinstimmung begleitet ist. Immer wieder findet man eine gleichartige Eigenschaft, die sich auf gegensätzliche Weise äußert.

Vor allem wenn man ihre chemischen Eigenschaften vergleicht, findet man Gemeinsames und Gegensätzliches vereint. Ihre Übereinstimmung besteht im Hin- und Herschwanken zwischen basischen und sauren Neigungen. Aber wie verschieden ist die Art dieses Schwankens bei beiden! Bei den Aluminiumverbindungen ist es immer derselbe Stoff, der sich basisch oder sauer verhalten kann. Die basisch und sauer reagierenden Stickstoffverbindungen sind dagegen ganz verschiedene Stoffe. Das Aluminium ist ein Metall, von dessen Verbindungen sich einige sowohl sauer als basisch verhalten können. Der Stickstoff ist ein Nichtmetall, das nicht nur stark sauer reagierende, sondern auch stark basische Verbindungen bilden kann. Hier ist kein unbestimmtes Schwanken, sondern ein kräftiges Ausschlagen nach beiden Seiten. Aus dem Stickstoff ergeben sich Säuren durch die Verbindung mit Sauerstoff, Basen durch die Verbindung mit Wasserstoff.

In der Art des Auftretens und Zirkulierens beider Stoffe finden wir nur die große Gegensätzlichkeit. Der Stickstoff kommt vor allem als wichtigstes Luftgas in der Atmosphäre vor. Man findet ihn auch noch in der Wassersphäre als eines der gelösten Luftgase, aber in der Erdrinde kommt er nur in geringem Maße vor. Im allgemeinen hat der Stickstoff die Neigung, sich seinen Verbindungen zu entziehen und wieder in seinen elementaren Zustand zurückzufallen, d. h. sich zu verflüchtigen als Luftgas. Mit dieser Neigung, als zwar äußerst bewegliches, aber kaum angreifbares chemisches Element aufzutreten, ist der Stickstoff in größtmöglicher Übereinstimmung mit dem Charakter der Luft. Hier sind ja die Stoffe besonders innig vermischt wegen ihrer großen Beweglichkeit, aber zugleich sind sie auch als Träger chemischer Eigenschaften besonders unabhängig voneinander. In der Luft findet man also Stoffe, die nebeneinander stehen, obwohl sie den gleichen Raum einnehmen.

Die Aluminiumverbindungen beschränken sich beinahe ganz auf die feste Erdrinde. Obwohl es eine Reihe gut löslicher Aluminiumverbindungen gibt, findet man sie kaum oder gar nicht in natürlichen Gewässern. Auf diese Erscheinung wird man eigentlich nie aufmerksam gemacht, während sie doch höchst kennzeichnend für das Aluminium und sehr wichtig für das Ganze der Natur ist. Viele Aluminiumverbindungen werden zwar von Wasser und Wind mitgeführt, aber es handelt sich dabei um kleine Teilchen, die wieder niedersinken, sobald die Bewegung zum Stillstand kommt. So entstehen die Ton- und Lößablagerungen.

Außerdem hat das Aluminium nicht die geringste Neigung, sich als Element abzusondern oder sich anderen Stoffen gegenüberzustellen. Im Gegenteil, man sieht das Aluminium in der Gesteinssubstanz sehr oft einen Kern bilden, um den sich die anderen Stoffe herumgruppieren, auffallende Beispiele dafür sind die Feldspate. Eine ähnliche Rolle spielt das Aluminium in den Alaunen.

Höchst interessante Gegensätze kommen zum Vorschein, wenn man die Stickstoffverbindungen und die Aluminiumverbindungen dem Feuer aussetzt. Viele Stickstoffverbindungen werden verdampfen, wenn sie nicht schon von vornherein flüchtig sind. Einige werden in verschiedene Gase zerfallen, oft sogar unter heftigen Flammenerscheinungen. Einige typische Aluminiumverbindungen verhalten sich genau umgekehrt; sie gehen bei der Erhitzung in einen steinähnlichen oder sogar edelsteinähnlichen Zustand über. Die meisten Aluminiumverbindungen lassen sich nur sehr schwer verdampfen.

Die Gegensätzlichkeiten gehen wirklich bis in jede Einzelheit. Während eine Reihe von Stickstoffverbindungen hervorragende Oxydationsmittel sind, kann man Aluminiumpulver als außerordentlich starkes Reduktionsmittel verwenden. Man benutzt es vor allem, um Metalle aus Metalloxyden zu gewinnen. Ein Gemisch von Aluminium und Eisenoxyd wurde früher beim Schweißen von Straßenbahnschienen verwendet. Es entwickelt beim Entzünden eine solche Hitze, daß man es auch mit viel Erfolg zu Brandbomben verwendet hat. Die Luftbombardements haben also hauptsächlich auf einer brüderlichen Zusammenarbeit der Stickstoffverbindungen in den Sprengbomben und eines Aluminiumgemisches in den Brandbomben beruht.

Wer sich ernsthaft mit dem Zusammenhang von Technik und Natur befaßt hat, für den ist sogar folgendes von Wichtigkeit. Wenn man unter Zuhilfenahme von Salpetersäure Sprengstoffe herstellt, gibt man festen Stoffen Eigenschaften, die eigentlich zum Luft- und Feuerelement gehören. Verwendet man dagegen das Aluminium bei der Luftfahrt, so verleiht man der Luft Eigenschaften, die eigentlich zum Wasser- und Erdenelement gehören. Bei der Explosion werden feste Stoffe auseinandergetrieben und dann Gasen ähnlich gemacht; beim Fliegen entwickelt die Luft Tragekraft für schwere Körper, wie man sie sonst nur bei festen Stoffen oder Flüssigkeiten findet. Wie es durch das Aluminium möglich geworden ist, technisch in den Luftraum einzudringen, so hat man mit den explosiven Stickstoffverbindungen sich Wege ins Erdinnere bahnen können.

Sehr überraschend ist der letzte Gegensatz, den wir anführen wollen. Wir haben schon besprochen, wie wichtig die Tatsache ist, daß die Luft und vor allem der Stickstoff alle Formen der leblosen Körper und der Lebewesen mit einer Art negativer Plastik umgibt. Die Lebewesen werden vom Luftdruck sogar zusammengehalten. Dahingegen ist es kennzeichnend für das Aluminium, daß man es im Ton für die Töpferei und zum Plastizieren verwendet. Beim Vergleich von Aluminium und Stickstoff ergibt sich uns daraus noch einmal das Motiv, das uns schon bei den chemischen Eigenschaften entgegentrat: eine Übereinstimmung, die Hand in Hand geht mit einem Gegensatz. Bei beiden Stoffen tritt die Plastik hervor, bei dem einen jedoch in positiver, raumerfüllender Art, beim andern auf negative, Raum aussparende Weise.

Dieses Motiv von Übereinstimmung, Hand in Hand gehend mit einem Gegensatz, das uns zu Anfang dieses Kapitels beschäftigte und das nun hier am Ende wieder auftaucht, muß als im engsten Zusammenhang mit den Stellungen der beiden Stoffe im Elementenkreis betrachtet werden. Beide Stoffe stimmen darin überein, daß sie am Übergang zwischen den zwei entgegengesetzten Hälften des Kreises stehen. Auf der linken Hälfte finden wir die starken Laugenbildner, auf der rechten die Säurebildner. Das Hin- und Herschwanken zwischen Säure und Base, das beide Stoffe kennzeichnet, kommt in dieser Stellung deutlich heraus. Im Gegenüberstellen kommen die vielen Gegensätze, die man entdecken kann, gut zum Ausdruck[1].

Etwas aus der Geschichte der Gewinnung von Stickstoffverbindungen. Die Aluminiumgewinnung im Vergleich dazu.

Bei diesen Gegenständen müssen wir uns mit Andeutungen begnügen, obwohl es verlockend wäre, tiefer auf sie einzugehen.

Zu den größten technischen Leistungen dieses Jahrhunderts gehört die Herstellung von Stickstoffverbindungen aus dem Luftstickstoff. Es sind in der Hauptsache zwei historische Linien, die zu diesen Leistungen führten. Die eine ist die Geschichte der Düngemethoden, die andere die Entwicklung der Sprengtechnik.

Beim Düngen ergreift man Maßregeln, die tief in den Stickstoffhaushalt des Bodens einwirken. Früher geschah dies mehr instinktiv. Man verwendete Stallmist oder Kompost. Man ließ das Land von Zeit zu Zeit brachliegen. Sobald man den Boden intensiver auszubeuten anfing, ergaben sich Probleme, die man bewußt lösen mußte. Eine Zeitlang konnte man durch Anfuhr von Guano dem Mangel an Dünger steuern. Liebig machte den Anfang mit systematischer Untersuchung der chemischen Zusammensetzung des Bodens und der Pflanzen, die geerntet werden. Bei ihm als einem Chemiker der ersten Hälfte des vorigen Jahr-

[1] Vgl. Seite 234, Säure und Base im Elementenkreis.

hunderts lag das Hauptgewicht auf den Mengenverhältnissen der chemischen Elemente. Sein Werk war ein Impuls für den Gebrauch von Kunstdünger. Man handelte hierbei anfänglich nach der Regel: Was durch die Ernte dem Boden entzogen wird, muß wieder angefüllt werden. Für das Anfüllen der Stickstoffverbindungen verwendete man in erster Linie Chilesalpeter. Erst gegen Ende des Jahrhunderts entdeckte man, daß der Boden einen eigenen Stickstoffhaushalt hat, und daß er selbst Stickstoff aus der Luft aufnehmen kann. Man lernte sogar die Zufuhr von Stickstoffverbindungen auf biologischem Wege zielbewußt handhaben, indem man von den Schmetterlingsblütlern mit ihren Wurzelknöllchen und besonders von den Lupinen Gebrauch machte. Durch den Kunstdünger hat man eine große Zunahme des Bodenertrages erreicht und weite unfruchtbare Gebiete urbar gemacht. Aber gerade dadurch entstanden neue Probleme. Die natürlichen Vorräte an Guano und Salpeter erschöpften sich. Die biologischen Methoden schienen nicht ausreichend, den Mangel auszugleichen. In dieser Notlage waren die Methoden zur Bindung des Luftstickstoffs eine scheinbare Rettung.

Für die Herstellung von Schießpulver benötigte man schon viel früher Salpeter als für die Düngung. Den Kalisalpeter, den man brauchte, konnte man an manchen Stellen finden. Eine andere Möglichkeit war die, ihn durch doppelte Umsetzung aus Mauersalpeter und Pottasche zu gewinnen.

Calciumnitrat + Kaliumkarbonat → Calciumkarbonat + Kaliumnitrat

Um den Bedarf an Mauersalpeter zu befriedigen, hatte man z. B. in Frankreich die sogenannten Salpeterkratzer, das waren Soldaten, die das Recht hatten, in die Häuser und Ställe der Landbevölkerung zu gehen und den Salpeter von den Mauern zu kratzen.

Lavoisier machte dem ein Ende. Er arbeitete eine Verbesserung der Methoden zur Salpetergewinnung aus, die sogenannten «Salpeterplantagen». Man übergoß einen Schutthaufen mit Urin und anderen faulenden organischen Stoffen. Nach einer gewissen Zeit konnte der gebildete Salpeter in Wasser gelöst und so gewonnen werden.

Später, als nicht nur der Garten- und Landbau, sondern auch die Kriegführung und die chemische Industrie intensiver wurden, waren solche Methoden nicht mehr ausreichend. Da wurde man auch für die Kriegführung größtenteils abhängig von dem beschränkten Salpetervorrat in den Wüsten von Chile.

In dieser Situation war der erste technisch brauchbare Prozeß einer Gewinnung von Stickstoffverbindungen aus Luft (der Prozeß von Birkland und Eyde) ein Ausweg. Man konnte jetzt mit Hilfe der hohen Temperatur des elektrischen Flammenbogens den Stickstoff der Luft in großen Mengen verbrennen und aus dem gewonnenen Stickstoffdioxyd Salpetersäure und Calciumnitrat, jetzt Norgesalpeter genannt, herstellen.

Später gelang es Haber, in großem Maßstab aus Stickstoff und Wasserstoff

Ammoniak herzustellen. Aus dem gewonnenen Ammoniakgas konnte man durch Oxydation nach dem Prozeß von Ostwald wieder Stickstoffdioxyd herstellen. Die technischen Einzelheiten dieser Prozesse sind hier nicht zu schildern, man kann sie in den Lehrbüchern nachschlagen. Aber es muß darauf hingewiesen werden, daß man in der Technik wie immer der Naturordnung folgen mußte, und daß man also bestrebt war, sowohl die Richtung der Stickstoff-Sauerstoffverbindungen als die der Stickstoff-Wasserstoffverbindungen einzuschlagen. Der Prozeß von Ostwald z. B. ist eine grobe technische Nachahmung von Prozessen, die im gesunden Boden stattfinden.

Gegenwärtig ist man wegen des großen Elektrizitätsverbrauchs von dem Prozeß von Birkland und Eyde wieder abgekommen. Dagegen gibt es jetzt noch eine dritte Methode, die Bindung des Stickstoffs durch Calciumkarbid, die Bildung von Kalkstickstoff. Man überläßt das Bilden von Ammoniak und von Nitraten dann dem Boden.

Es wäre der Mühe wert, die Geschichte der Aluminiumgewinnung neben die der Stickstoffbindung zu stellen. Man könnte dann wieder eine gewisse Parallelität und zugleich den größten Gegensatz sehen.

In erster Linie besteht eine rein historische Parallelität.

In der Aluminiumgewinnung liegen die Probleme selbstverständlich genau umgekehrt. In der modernen Stickstoffindustrie hat man mit der Schwierigkeit zu kämpfen: Wie überwinde ich die Neigung des Luftstickstoffs, im Zustand des chemischen Elements bleiben zu wollen? Für die Aluminiumindustrie hat es dagegen Jahrzehnte der Forschung gekostet, bis man Methoden fand, wie man das Aluminium als Element auf billige Art freimachen konnte.

Die Struktur des Elementenkreises als Abbild der Naturordnung

Der Elementenkreis und die Schaubühne unseres Lebens

Oben sahen wir bereits, daß jeder Stoff aus dem Elementenkreis ein eigenes Naturgebiet vertritt und daß alle die dargestellten Gebiete zusammen die Gesamtheit unserer natürlichen Umgebung bilden. Das erinnert uns an die Erzählungen, nach denen die Welt durch das Auseinanderfallen einer mächtigen Menschengestalt entstanden sei. Jedoch auch die Überlieferung, nach der die Welt der Makrokosmos und der Mensch der Mikrokosmos genannt wurde, erhält hierdurch eine exakte Grundlage. Der Mensch trägt in sich selbst eine wohlausgeglichene Zusammenfassung der ganzen Weltumgebung. An einem Punkt ist jener Zusammenhang zwischen Welt und Mensch sogar besonders klar. Das Blutsalz zeigt — trotz einiger charakteristischer Unterschiede, die es auch gibt – im Hinblick auf die Zusammensetzung und das Mengenverhältnis zwischen den verschiedenen Salzen eine große Ähnlichkeit mit dem Meeressalz. Die Salzkonzentration der Blutflüssigkeit ist dabei natürlich viel geringer als die des Meereswassers. In beiden Fällen finden wir Natrium, Kalium, Magnesium und Calcium als die Elemente, die die wesentliche Grundlage der Salzmischung bilden.

Ausbalancierte Gegensätze innerhalb des Elementenkreises

Wir haben die verschiedenen Stoffe aus dem Elementenkreis beschrieben und charakterisiert. Bei jedem Stoff war es möglich, dessen Eigenschaften mit seiner Hauptaufgabe in einem bestimmten Naturgebiet im Zusammenhang zu sehen. Je mehr Material man auf diesem Gebiet zusammenträgt, um so klarer wird es, daß man die Eigenschaften sogar aus jener Hauptaufgabe herleiten muß, wenn man sie wirklich verstehen will. Bei einer solchen Charakterisierung sind wir wiederholt davon ausgegangen, daß wir zwei einander gegenüberstehende Stoffe miteinander verglichen haben. Tut man dies, so ergibt sich, daß zwischen den Aufgaben und somit auch zwischen den Eigenschaften eines jeden Paares von Stoffen ein scharf ausgeprägter Gegensatz besteht.

Es lohnt sich, das besonders intensiv zu berücksichtigen, denn jedes Polaritätenpaar läßt sich der Art und dem Charakter nach wiederum von jedem anderen unterscheiden. Man lernt sozusagen das Mitdenken mit den großen Ideen, die der Natur zugrunde liegen. Jedes Prinzip, wie hier das Prinzip des Gegensatzes, erscheint nicht starr, sondern in zahllosen Metamorphosen. Und in dem

Maße, wie man sich solche grundlegenden Ideen zu eigen macht, lernt man immer tiefer in die Erscheinungen einzudringen. Man kann sogar sagen: je besser man die Sprache der Natur übersetzt, auf um so mehr Erscheinungen wird man aufmerksam. Man sieht Dinge, findet Wege, die man früher unbeachtet gelassen hätte. Man lernt von der Natur selbst, was ein Gegensatz in seiner Wirklichkeit ist, man lernt die ordnenden Prinzipien in der Welt kennen und in den Gedanken handhaben.

Es wird dann immer klarer, daß jeder Stoff aus dem Stoffeskreis nach seinen Eigenschaften eine bezeichnende Einseitigkeit vertritt, und daß alle diese Einseitigkeiten nur dadurch in einem Weltgebäude vereinigt sein können, daß jede von ihnen in genauem Gleichgewicht gehalten wird durch die entsprechende entgegengesetzte Einseitigkeit auf der anderen Seite. Nur dank dieser weisheitsvollen Anordnung ist es der ganzheitbildenden Macht des Lebens möglich, die auseinanderstrebenden Kräfte dieser Elemente zu bezwingen und zu harmonisieren.

Hier begegnen wir aufs neue, jetzt jedoch in ganz anderer Art und Weise als früher, der Waage. Zwischen den Elementen herrschen nicht nur den Quantitäten nach, in denen sie zur Wechselwirkung kommen, sondern auch den Qualitäten nach streng geregelte Verhältnisse. Auch auf dem Gebiete der Qualität herrscht strenges Gleichgewicht. Auch hier ist alles geregelt durch ein Prinzip, für welches die Waage das bezeichnendste Bild ist.

Es ist selbstverständlich, daß diese Zusammenhänge auf der Grundlage des Gegensatzes nicht die einzigen Zusammenhänge zwischen den Qualitäten der verschiedenen Stoffe sind. Gerade wie bei den Quantitätsverhältnissen bilden die Zusammenhänge auch hier eine Art von Netz und Gewebe.

So lernen wir die Welt bis in den Stoff hinein als ein gewaltiges, harmonisch gebildetes Ganzes kennen, dessen Mittelpunkt der Mensch ist. In seinem Leib überwiegt während seines Lebens die ganzheitbildende Kraft des Lebens durchaus die auseinanderstrebenden Kräfte des Stoffes, sonst könnte er nie eine Zusammenfassung der ganzen Natur sein. Eigentümlich ist, daß, während die Bewußtseinstätigkeit des modernen Menschen sich auf das Gebäude seiner Leiblichkeit stützt, er gerade mit seiner Erkenntnis die ganzheitbildende Macht seiner eigenen Lebensprozesse nicht durchdringen kann. Was er ergründen kann und worauf er mit seiner Bewußtseinstätigkeit gerichtet ist, ist der Teil der Umwelt, in dem das Auseinanderstrebende, das Zerstörende sich schärfer abhebt als das Zusammenfassende, Aufbauende. Und gerade weil er sich also auf einem Gebiet betätigt, aus dem das Leben sich so weitgehend zurückgezogen hat, kann er seine eigene Tätigkeit ungehindert entfalten. Es gibt da nichts, was ihn zwingt. Die Welt ist bis in den Stoff so eingerichtet, daß der Mensch sich zu einem freien Wesen entwickeln kann.

Säure und Base im Elementenkreis

Teilt man den Elementenkreis in zwei Hälften, indem man eine Linie vom Aluminium zum Stickstoff zieht, so zeigen beide Teile einen streng gesetzmäßigen Aufbau. In der linken Hälfte stehen vier basenbildende Stoffe unter dem Sauerstoff, in der rechten vier säurebildende Stoffe unter dem Wasserstoff. Stickstoff beschreitet den Weg zur Säurebildung, indem er sich mit dem Sauerstoff verbindet und begibt sich, überraschenderweise, auf den Weg zur Basebildung, indem er sich mit dem Wasserstoff verbindet. Die Aluminiumverbindungen schwanken zwischen Säure und Base.

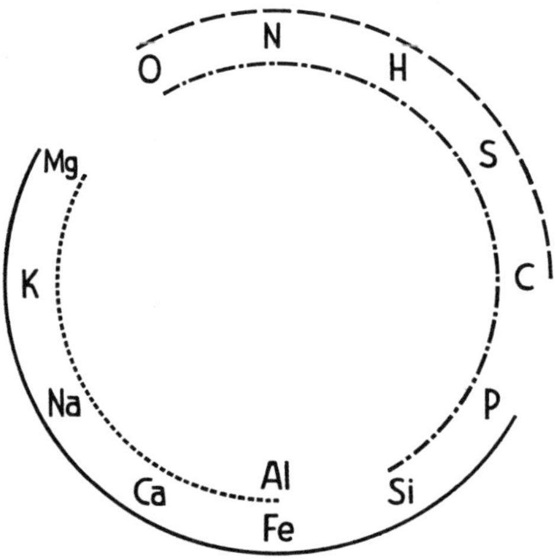

——— sieben Stoffe treten niemals als Element auf

– – – fünf Stoffe treten oft als Element auf

–·–·– sieben Nichtmetalle

········· fünf Metalle

Merkwürdige Zahlenverhältnisse. Luft und Eiweiß

Man findet im Elementenkreis links unten fünf metallartige Stoffe und rechts oben sieben Nichtmetalle. Man findet rechts oben fünf Stoffe, die oft als Element in der Natur auftreten und links unten sieben Stoffe, bei denen dies nie der Fall ist.

Es ist eine besonders auffällige Tatsache, daß gerade die Stoffe, die als Element auftreten: Sauerstoff, Stickstoff, Wasserstoff, Kohlenstoff und Schwefel, auch die hauptsächlichen Abbauprodukte des Eiweißes sind. Mit Ausnahme des Schwefels sind es auch die Stoffe, die als die hauptsächlichen Luftgase: Wasserstoff, Stickstoff, Sauerstoff, Kohlensäuregas, auftreten. Die Luft erinnert in ihrer Zusammensetzung somit an zerlegtes Eiweiß.

Metamorphosen im Elementenkreis im Zusammenhang mit der Sonnenbewegung im Jahreslauf. Jahreslauf und menschlicher Organismus.

Man kann im Elementenkreis nicht nur schroffe Gegensätze, sondern auch allmähliche Umbildungen und Übergänge finden. Das wird jedoch erst recht klar, wenn man insbesondere die natürlichen Zirkulationen der Stoffe ins Auge faßt und sie miteinander vergleicht. Man kann z. B. vom Aluminium über das Calcium und die nächsten Stoffe nach dem Stickstoff und über den Wasserstoff auf der anderen Seite zurückgehen. Man kann dann feststellen, daß die ersten Zirkulationen, denen man begegnet, sich stufenweise mehr und mehr aus der Bindung an die Erde loslösen bis zum Stickstoff, der nur noch wenige Berührung mit der Erdkruste zeigt, und wie die Zirkulationen, die darauf folgen, eine immer größere Bindung an die Erde aufweisen. Auf diesem Wege erhält man in großen Zügen eine Erklärung für den Grad der Löslichkeit und der Flüchtigkeit der Verbindungen dieser Elemente. Zieht man eine Linie von einem Punkt zwischen dem Magnesium und dem Sauerstoff nach einem Punkt zwischen dem Phosphor und dem Silicium, dann liegen darunter die Stoffe, die selbst wenig flüchtig und deren Verbindungen sogar sehr wenig flüchtig sind, und darüber die Stoffe, die entweder selber gasförmig oder flüchtig sind oder die wenigstens einige flüchtige Verbindungen haben.

Möchten wir noch auf eine andere Weise zu dem Sinn dieser merkwürdigen Naturordnung vordringen, so können wir die Kohlenstoffzirkulation als einen Schlüssel verwenden. Diese ist die erste augenfällige Stoffzirkulation, die mit modernen Mitteln entdeckt worden ist. Bei den Alchimisten gibt es schon viel früher Andeutungen in bezug auf ein Wissen von großen Zirkulationen. Das Eigentümliche der Kohlenstoffzirkulation ist, daß die Sonne auf die Kohlensäureassimilation ungewöhnlich tief einwirkt. Wir haben im Zusammenhang damit besprochen, daß in dieser Zirkulation als Ganzem ein deutliches Abbild des wechselnden Verhältnisses zwischen Sonne und Erde während des Tagesverlaufes ersichtlich ist. Hat man so erfahren, auf welche Art und Weise die Vorgänge in der Stoffeswelt zum Abbild der kosmischen Vorgänge werden, so wird man auch in den Zirkulationen der anderen Stoffe solche Abbilder entdecken, wenn diese auch nicht überall gleich deutlich sind. Vergleicht man nun eine Zirkulation, die weitgehend erdenfrei ist, mit einer ziemlich erdgebundenen, so ergibt sich zwischen diesen ein ähnliches Verhältnis wie zwischen der Sonnen-Erden-Konstellation während eines Sommertages und jener während eines Wintertages. So gelangt man zu der Erkenntnis, daß in dem Elementenkreis als Ganzem ein Abbild der wechselnden Sonnen-Erden-Konstellation während eines Jahres vorliegt, während jeder einzelne Stoff in seiner besonderen Zirkulation ein Bild der wechselnden Sonnen-Erden-Konstellation an einem Tag zu einer bestimmten Zeit des Jahres zeigt.

Ich möchte das nicht weiter ausführen. Es sind in diesem Buch genügend Einzelheiten angeführt worden, die, falls man sich die erforderliche Mühe gibt, zu einem Bilde führen können.

Gibt man sich diese Mühe, so bedeutet das zugleich wiederum eine Schulung. Man lernt erblicken, auf welche Art und Weise die Bilderschrift der irdischen Erscheinungen kosmische Verhältnisse und Vorgänge darstellt. Man lernt im Denken immer besser der verborgenen Logik der Natur zu folgen. Man wird auf diesem Wege vielen Überraschungen und unerwarteten Erfahrungen, sogar mit alltäglichen Erscheinungen begegnen.

Es wird inzwischen wohl klar sein, daß es sich hier um die Sonnenbewegung handelt, wie diese sich dem Auge zeigt. Das mag auf den ersten Blick als eigentümlicher Ausgangspunkt erscheinen, weil wir daran gewöhnt sind, im Zusammenhang mit dem Verhältnis der Sonne zur Erde immer das heliozentrische System ins Auge zu fassen. Eine kurze Überlegung zeigt jedoch, daß jede Pflanze, jedes Tier und sogar jeder Stein auf der Oberfläche der Erde es nur mit der Sonne und der Sonnenbewegung zu tun hat, wie wir diese wahrnehmen. Und nicht nur die Naturwesen, unsere eigene Lebenspraxis und sogar große Gebiete, die wissenschaftlich bearbeitet werden: die Meteorologie, die Astronomie, insofern diese auf der Wahrnehmung beruht, gehen von diesem naiven Standpunkt aus.

Die Annahme dieses Ausgangspunktes wird tatsächlich dadurch erschwert, daß dieser eigentümliche Wechsel im Verhältnis zwischen der Sonne und der Erde nur für die gemäßigten Zonen gilt. Die Sonnenbewegung und im Zusammenhang damit die Vorgänge auf der Erde zeigen am Pol und am Äquator einen durchaus anderen Verlauf. Wir können diese Schwierigkeit beseitigen, indem wir bedenken, daß am Pol und am Äquator sehr einseitige und einander völlig entgegengesetzte Zustände herrschen, die in den gemäßigten Zonen sozusagen ins Gleichgewicht gebracht werden. Am Pol herrscht einseitig das Bestreben, alles in den kristallisierten Zustand zu überführen; am Äquator herrschen Wärmeprozesse, die den Stoff in die Bewegung überführen und Lebensprozesse stark anfachen. Hier liegt wiederum der Gegensatz vor, der durch die Prinzipien Sal und Sulfur ausgedrückt wird, während in den gemäßigten Zonen mehr das Merkuriale wirkt oder der harmonische Wechsel zwischen Sal- und Sulfurprozessen.

Es handelt sich bei der im Elementenkreis zum Ausdruck kommenden Ordnung ebenfalls an erster Stelle um das Harmonisierende, Gleichgewichtschaffende, das Merkuriale. Die Ordnung im Elementenkreis entspricht der Sonnenbewegung in den gemäßigten Zonen, weil bei beiden das merkuriale Prinzip vorherrscht.

Der Winterzustand der Erde, wobei die Natur erstarrt und die Sonne ihren Kreislauf größtenteils unter der Erde beschreibt, finden wir in der Natur jener Stoffe ausgedrückt, die vorzugsweise die Erdkrustebildenden sind, und die im Zusammenhang damit wenig oder gar nicht in gelöstem Zustand vorkommen. Den Sommerzustand der Erde, in dem die ganze Natur in eine überschwengliche Bewegung gerät und die Sonne ihren Kreislauf größtenteils über der Erde und nur zum kleinsten Teil unter der Erde beschreibt, finden wir in der Daseinsform der Luftgase ausgedrückt, die hoch über die Erdkruste hinausreichen.

Die steigende Sonnenbewegung kommt in Stoffesprozessen wie in dem Auflösen und in dem zu Gas- oder Dampf-Werden zum Ausdruck; sinkende Sonnenbewegung als Verdichtung und Festwerden von Stoffen, als Kondensation, Niederschlagen, Gerinnen, Kristallisieren.

Rudolf Steiner hat vor allem gegen Ende seines Lebens immer wieder darauf hingewiesen, daß das Studium des Jahreslaufes, verbunden mit einem intensiven Miterleben desselben, eine der wichtigsten Grundlagen jeder Art des Studiums der Natur sein sollte. Ein Vorgang, der sich in der Natur abspielt, sei er winzig oder sogar ungeheuer groß, ist nie ein Ganzes. Er ist immer nur ein Teil eines alles umfassenden Ganzen, das erst im Verlaufe eines ganzen Jahres ersichtlich wird[1]. Um solches zu verdeutlichen, weist er auf bestimmte Prozesse hin, die im menschlichen Organismus zu gleicher Zeit stattfinden, während die entsprechenden Prozesse im Jahreslauf nacheinander und somit in gewissem Sinne unabhängig voneinander vor sich gehen. Der Jahreslauf ist im Hinblick auf die Naturprozesse in demselben Sinne ein Ganzes, wie die lebendige Menschengestalt es im Hinblick auf die verschiedenen Prozesse ist, die sich in ihr abspielen.

Als wir uns auf den Weg machten, die Natur der wichtigsten Stoffe zu ergründen, sind wir vom menschlichen Leib ausgegangen. Wir sind, nachdem wir einen langen Weg zurückgelegt haben, schließlich beim Jahreslauf angelangt. Während wir damit anfangen mußten, die Gestalt auseinanderzulegen und wir dadurch in die Vielheit der großen Natur hineinkamen, wird diese Vielheit wiederum im Jahreslauf zusammengefaßt, den wir jetzt als einer weltumfassenden Menschengestalt vergleichbar kennengelernt haben.

1 Rudolf Steiner, Vorträge in Dornach, 26. 11.–31. 12. 1923, «Das Verhältnis der Sternenwelt zum Menschen und des Menschen zur Sternenwelt. – Die geistige Kommunion der Menschheit. GA 1955. Siehe vor allem den 10. Vortrag.

Die Halogene

Fluor, Chlor, Brom, Jod. – Eine Charakteristik

Wenn wir nun zu den Halogenen übergehen, so bedeutet das, daß wir uns mit Elementen beschäftigen, die ganz anderen Gesetzen unterliegen als die Stoffe des Elementenkreises. Es ist, als beträte man ein ganz und gar andersartiges Gebiet. Das schließt nicht aus, daß man in der Natur Stoffe aus beiden Gruppen beieinander findet, und daß sie in gegenseitiger Wechselwirkung stehen, die vor allem von seiten der Halogene sehr intensiv ist. Diese können ja untereinander kaum Verbindungen eingehen, und sie treten nur in geringem Maße als chemische Elemente auf. Man findet sie also meist in Verbindung mit Stoffen aus dem Elementenkreis.

Die Halogene haben so auffallend übereinstimmende Eigenschaften, daß man geneigt ist, von Verwandtschaft zu sprechen. Sie bilden gewissermaßen eine «Stoff-Familie». Man hat um so mehr Anlaß zu einer solchen Betrachtungsweise, als ihre Unterschiede einer ganz bestimmten gesetzmäßigen Ordnung entsprechen. Die vier Halogene zusammen bilden ein Ganzes, das eine geschlossene Struktur zeigt.

Um mit diesen Stoffen bekanntzumachen, können wir erst einmal einige ihrer wichtigsten Salze vorführen: Flußspat (CaF_2), einen schön ausgebildeten Kochsalzkristall (NaCl), einige Natriumbromid-(NaBr) und Kaliumjodid-(KJ) Kristalle.

Das erste, was auffällt, ist die Kubusform oder zumindest rechteckige Form, die diese Kristalle haben. Da diese Form den eindeutigsten irdischen Gesetzen entspricht, können wir erwarten, daß die Halogene ein stark hervortretendes Verhältnis zur Erde haben und nur eine schwache Beziehung zum Außerirdischen.

Weiterhin auffallend ist die Weiße dieser Kristalle. Das Kochsalz wurde früher als Muster der Reinheit betrachtet. Findet man diese Stoffe manchmal zart gefärbt, so lassen sich immer Beimengungen nachweisen.

Als weiteren Schritt könnte man die Halogene als Elemente vorführen.

Jod nimmt bei Zimmertemperatur die Form von schwarzbraunen, glänzenden Plättchen an. Diese strömen einen starken unangenehmen Geruch aus. Legt man sie auf die Handfläche, so färbt sich die Hand rings herum braun. Man bemerkt an diesen Erscheinungen, daß das Jod flüchtig ist und sich leicht als Dampf verflüchtigt, aber doch gleich wieder zur Erde zurückkehrt und sich am Boden ausbreitet.

Brom, in einem Fläschchen oder Schälchen, ist eine dunkelbraune undurchsichtige Flüssigkeit, über der ein tiefbrauner Dampf schwebt. Will man die Flüssigkeit ausgießen, so kommt zuerst der Dampf heraus, der nach unten sinkt. Gießt man etwas Brom in Wasser, so sieht man einige ölige Tropfen ziemlich schnell zu Boden sinken. Das über dem Brom befindliche Wasser färbt sich braun von gelöstem Brom, so daß es aussieht, als verdampfe das Brom unter Wasser.

Chlor ist ein schmutzig grüngelbes Gas mit unangenehm stechendem Geruch. Läßt man es aus einem Gefäß entweichen, so sinkt es nieder und breitet sich am Boden aus. Wegen dieser Eigenschaft und weil es zerstörend auf die Lungen wirkt, wurde es als erstes Giftgas militärisch verwendet.

Fluor wird man im allgemeinen nicht zeigen können, weil es sehr schwer herzustellen und ebensoschwer im Zustand eines Elementes festzuhalten ist. Es ist ebenfalls ein Gas, aber heller und leichter als Chlor. Es läßt die meisten Stoffe, die man hineinbringt, unmittelbar aufflammen.

Ohne Zweifel bilden diese Stoffe eine Reihe. Jod ist ein fester Stoff, Brom eine Flüssigkeit, Chlor ein Gas (oder streng genommen ein Dampf), Fluor ein Gas, das jedoch Feuererscheinung verursacht, sobald es mit anderen Stoffen in Berührung kommt. Hier herrscht die Ordnung der vier Elemente, aber auf solche Weise, daß eine besondere Zuneigung zur Erde hervortritt. Das zeigt sich zuerst am Gewicht des Dampfes. Die stark gefärbten Dämpfe von Jod und Brom sind so schwer, daß sie beim Freiwerden schnell nach unten sinken und sich am Boden ausbreiten. Auch das Chlor ist mehr als doppelt so schwer wie die Luft. Das Fluorgas ist das leichteste der vier, ist aber doch noch schwerer als die Luft.

Es ist schwierig, die Eindrücke treffend zu schildern, die diese Stoffe auf uns machen. Man müßte Worte wählen, durch welche man sich den Vorwurf der Übertreibung und Überschwenglichkeit zuzöge. Vielleicht läßt sich folgender Ausweg finden: Man gewinnt das Chlor zugleich mit dem Natrium oder der Natronlauge aus dem Kochsalz. Das Kochsalz ist vor kürzerer oder längerer Zeit aus dem Meerwasser abgeschieden worden. Wir stellen uns vor, daß wir Meerwasser eintrocknen lassen. Langsam sahen wir eine weiß glitzernde Kristallmasse sich absetzen. Nehmen wir nun einmal an, daß wir das Natrium veranlassen könnten, in seiner Fähigkeit das Chlor zu binden, zu erlahmen, so würde aus der klaren Masse plötzlich ein trüber Qualm aufsteigen, der jedes Lebewesen auf seinem Wege sofort abtötet, schnell entfärbt und schließlich bis in die festere Substanz hinein zerfrißt und mürbe macht. Wir selbst hätten zuerst eine entsetzliche Geruchsempfindung, als kämen wir mit dem kalten, vernichtenden Bösen in Berührung, und gleich darauf würde sich ein heftiger Abwehrkrampf in unserem Atmungssystem einstellen, Keuchen und Atemnot. Könnten wir uns dann nicht schnell retten, so würden unsere Lungen bald völlig zerstört sein und sich mit Blutwasser füllen (Lungenödem), was den Erstickungstod bedeutet.

Die Empfindung, die Bromdampf hervorruft, ist womöglich noch schlimmer, und seine Wirkung beinahe ebenso vernichtend. Ein Tropfen Brom auf der Haut frißt eine tiefe Wunde. Und es ist nicht einmal möglich, diesen Tropfen mit Wasser wieder zu entfernen. Nur Petroleum kann Abhilfe schaffen.

Joddämpfe sind zwar giftig, man kann jedoch ruhig einmal daran riechen, ohne merklichen Schaden davonzutragen. Der Geruch ist mit dem der anderen Halogene verwandt, nur ist er viel weniger aggressiv.

Der chemische Charakter der Halogene kommt am besten zum Ausdruck, wenn man ihre Beziehung zum Sauerstoff ins Auge faßt.

Das Fluor ist chemisch betrachtet der aktivste Stoff, den wir kennen. Chlor und Brom gehören auch noch zu den Stoffen mit der stärksten chemischen Aktivität. Das Jod ist, obschon es sich etwas ruhiger verhält, doch noch sehr aktiv. Es gibt kaum Sauerstoffverbindungen von Fluor; die von Chlor und Brom sind unbeständig; nur die von Jod sind so beständig, daß sie sogar in der Natur auftreten.

Die hier herrschende Ordnung ist dem Üblichen völlig entgegengesetzt. Gewöhnlich kommt die chemische Aktivität eines Elementes ja erst gut zum Durchbruch, wenn es oxydiert wird. Außerdem verbindet sich der Sauerstoff meist um so leichter mit einem Element, je aktiver es ist oder je aktiver die Verbindungen sind, die es eingehen kann[1].

Die Halogene haben also schon als Elemente eine Aktivität, die bei anderen Stoffen erst durch den Sauerstoff geweckt wird. Wir haben den Sauerstoff als Abgesandten der Sonne kennengelernt, und gerade das Wecken der Aktivität und das Fördern der Wechselwirkung zwischen den Stoffen muß als eine fortgesetzte Sonnenwirkung betrachtet werden. Das Abwehren der Sauerstoffwirkung aus übermäßiger Eigenaktivität deutet also auf ein Zurückweisen der Sonnenimpulse hin. Das ist das Hauptcharakteristikum der Halogene.

Die Halogene wehren nicht nur den Sauerstoff ab, sondern sie treten sogar als Konkurrenten und Gegner des Sauerstoffs auf. Beim Chlor kann man am besten von einer Konkurrenz sprechen, weil es ungefähr die gleiche chemische Kraft hat wie der Sauerstoff. Einmal verdrängt das Chlor den Sauerstoff, dann wieder der Sauerstoff das Chlor. Das Fluor tritt eindeutig als Gegner auf. Es verdrängt den Sauerstoff ohne weiteres aus beinahe jeder Verbindung und verbindet sich selbst mit dem reduzierten Stoff.

Das Chlor

Der wichtigste Rohstoff für die Gewinnung von Chlor ist das Meersalz oder Kochsalz, Natriumchlorid ($NaCl$). Das deutet darauf hin, daß eine Verwandtschaft zwischen dem Chlor und dem Meerwasser besteht. Bei der Gewinnung von Chlor, wie man sie früher bewerkstelligte, wurde das Salz erst mit Schwefelsäure gemischt, wodurch ein scharfer Dampf, das Salzsäuregas, entwickelt wurde. Dieses Gas ist sehr gut löslich in Wasser und verleiht ihm eine starke saure

[1] Vgl. Seite 254, Strukturverhältnisse in der Gruppe der Halogene.

Reaktion. Man nennt die Lösung Salzsäure. Riecht man den Dampf oder schmeckt man die Flüssigkeit, so nimmt man kaum etwas Spezifisches wahr. Bei diesem Stoff tritt nämlich in erster Linie das «Sauersein» hervor, wie beim Kochsalz das «Salzigsein». Die anderen Eigenschaften sind weniger auffallend. Von den ekelerregenden Chlorqualitäten ist nichts zu bemerken.

Behandelt man nun das Salzsäuregas oder dessen Lösung mit einem Oxydationsmittel wie z. B. Kaliumpermanganat oder Braunstein, so geschieht etwas höchst Eigenartiges: Der farblose Dampf wird schmutzig gelbgrün, und der üble Chlorgeruch tritt auf. Wir stehen hier vor dem sehr ungewöhnlichen Vorgang, durch Einwirkung von Sauerstoff auf eine Verbindung ein Element frei bekommen zu haben. Außerdem hat sich beim Übergang von Verbindung zu Element die Aktivität verstärkt, während das Salzsäuregas doch schon zu den stärksten Säuren gehört. Das Chlor ist ein Stoff, der als Element chemisch aktiver ist als seine wirksamsten Verbindungen. Selbst ein solcher Riese auf dem chemischen Forschungsgebiet wie Berzelius hat sich dadurch verwirren lassen. Er betrachtete eine Zeitlang das Chlor als Oxyd. Er konnte nicht annehmen, daß auf diese Weise ein Element entstehen und sich so darleben könnte.

Das Chlor greift beinahe alle Elemente an. Meist wird bei der Verbindung beträchtlich viel Wärme entwickelt. Bei vielen Verbindungen kann man jedoch den Eindruck bekommen, als habe das Chlor einen Seitenweg eingeschlagen, weil sie z. B. mit Wasser sehr leicht in andere, beständigere Verbindungen übergehen. Dies gilt nicht für die Metallverbindungen und die Wasserstoffverbindung von Chlor, denn sie sind stabil.

Eine Wasserstoffflamme brennt ruhig weiter, wenn sie in eine Chloratmosphäre gebracht wird, nur zeigt sich eine Farbveränderung. Ungefähr dasselbe gilt für die Leuchtgasflamme, die ja zum großen Teil aus Wasserstoff besteht. Auch eine Kerzenflamme wird in Chlor weiterbrennen, nur wird sie kleiner und geht in Orange über, während eine dichte Rußsäule aufsteigt. Hierbei bemächtigt sich das Chlor des Wasserstoffs aus den Kohlenwasserstoffverbindungen, aus denen die Kerze besteht, und läßt den Kohlenstoff frei.

Die Metalle werden ausnahmslos schon bei Zimmertemperatur vom Chlor angegriffen, ob es sich nun in gelöstem Zustande oder in Gasform befindet. Ein Stückchen Natrium, nicht erwärmt, wird sogar in einer Chloratmosphäre aufflammen. Ein Stück Blattgold, das für beinahe jeden Stoff unangreifbar ist, auch wenn es noch so dünn ist, verändert sich rasch in der Chloratmosphäre.

Von besonderer Bedeutung ist die Tatsache, daß das Chlor mit den Metallen, die es angreift, gleich richtige Salze, die Chloride, bildet (z. B. $AuCl_3$, NaCl). Das ist der Grund, warum man das Chlor und seine drei Verwandten Halogene oder Salzbildner nennt. Der Name Salzbildner trifft das Wesen dieser Stoffe, denn man findet sie in der Natur hauptsächlich in Form von Salzen.

Die einzigen Elemente, mit denen man keine Chlorverbindungen zuwege bringt, sind das Fluor und die Edelgase. Außerdem kann das Chlor sich nicht direkt mit Sauerstoff, Kohlenstoff und Stickstoff verbinden, auch nicht bei hoher Temperatur. Auf Umwegen können jedoch auch mit diesen drei Stoffen Verbindungen erzielt werden.

Den Erscheinungen, die durch Wechselwirkung von Chlor und Wasserstoff auftreten, müssen wir noch einmal unsere besondere Aufmerksamkeit zuwenden. Läßt man Wasserstoff in einer Chloratmosphäre verbrennen, so kann man die chemischen Veränderungen gut mit einem Stück feuchtem blauem Lackmuspapier verfolgen. In einer reinen Chloratmosphäre wird solch ein Papierchen schnell seine Farbe verlieren, aber nicht rot werden. Läßt man nun die Wasserstoffflamme eine Weile brennen, so wird das blaue Lackmuspapier sofort rot. Also ist eine Säure entstanden, der Chlorwasserstoff oder das Salzsäuregas (HCl). Aus der Verbindung von Wasserstoffgas und Chlorgas entsteht sogleich eine echte Säure, wie aus Chlor und einem Metall unmittelbar ein echtes Salz entsteht. Im Salzsäuregas haben wir eine starke Säure ohne Sauerstoff vor uns und in den Chloriden Salze ohne Sauerstoff. Auch das Wasser, das bei anderen Säuren meistens zu den aufbauenden Bestandteilen gehört, fehlt beim Salzsäuregas.

Diese Entstehungsweise einer Säure ist ungewöhnlich. Die zuerst beschriebene Herstellungsweise von Salzsäure aus Kochsalz und Schwefelsäure dagegen stimmt ganz und gar überein mit der gebräuchlichen Art, flüchtige Säuren durch Freimachen aus Salzen herzustellen.

Bei der Verbrennung von Wasserstoff in Chlor oder von Chlor in Wasserstoff, was ebenso gut möglich ist, wird ein bestimmtes Volumen Chlor durch ein gleiches Volumen Wasserstoff gebunden. Der Prozeß verläuft nach folgender Gleichung:

$$H_2 + Cl_2 \rightarrow 2\,HCl$$

Also liegt es nahe zu untersuchen, welche Eigenschaften ein Gasgemisch aus gleichen Teilen Chlor und Wasserstoff hat. Im Dunkeln, bei Zimmertemperatur bleibt dies Gemisch unverändert. Zündet man es an, so explodiert es, während eine Quantität Salzsäuregas gebildet wird, die nach Abkühlung denselben Raum einnimmt wie das Gemisch selbst. Man nennt das Gemisch Chlorknallgas.

Stellt man Chlorknallgas in diffuses Tageslicht, so findet eine allmähliche Umwandlung in Salzsäure statt. Durch direktes Sonnenlicht oder durch Magnesiumlicht wird das Gemisch entzündet und zur Explosion gebracht. Man kann z. B. einen mit Clorknallgas gefüllten Gaskolben aus dem Schatten in die pralle Sonne werfen; sobald das Glas die Schattengrenze erreicht, zerspringt es in der Luft.

Durch die Bezeichnung Chlorknallgas macht man einen Vergleich mit dem eigentlichen Knallgas, dem Gemisch aus zwei Teilen Wasserstoff und einem Teil Sauerstoff, das zu Wasser verbrennt. Man sollte tatsächlich immer wieder die Reaktionen von Chlor mit denen des Sauerstoffs vergleichen. Die Verbrennung von Wasserstoff im Chlor z. B. mit der von Wasserstoff im Sauerstoff. Im ersten Fall entsteht das scharfe einseitige Salzsäuregas, im anderen das milde, allseitige, vermittelnde Wasser. In gewissen Fällen drängt sich uns solch ein Vergleich sogar auf. Wir haben schon gesehen, daß wir mit Hilfe eines starken Oxydationsmittels Chlor aus der Salzsäure entwickeln können:

$$2\,HCl + O \rightarrow H_2O + Cl_2$$

Man kann jedoch ebenso gut den Sauerstoff freimachen, indem man Chlor auf Wasser einwirken läßt. Hierbei muß man zuerst das Chlor in Wasser leiten, das nun eine gelbe Farbe annimmt und den bekannten fragwürdigen Geruch verbreitet. Diese Lösung, die man Chlorwasser nennt, bleibt im Dunkeln unverändert. Unter dem Einfluß des Lichtes beginnt sich das Chlorwasser jedoch zu verändern. Farbe und Geruch verschwinden und eine saure Reaktion tritt auf. Außerdem wird Sauerstoffgas entwickelt. Man kann diesen Versuch sehr anschaulich machen, indem man ihn in einer umgedreht aufgestellten Retorte verlaufen läßt. Stellt man sie vor das Fenster, so wird man oben in der Kugel eine Sauerstoffblase sich bilden sehen. Den ganzen Prozeß kann man in folgende Reaktionsgleichung bringen:

$$2\,H_2O + 2\,Cl_2 \rightarrow 4\,HCl + O_2$$

Man sieht: Einmal wird das Chlor durch den Sauerstoff aus einer Verbindung freigemacht, das andere Mal der Sauerstoff durch das Chlor. Auf solche Art kann man die Rivalität zwischen den beiden am deutlichsten demonstrieren.

Frappant ist es auch, daß der Sauerstoff, ebenso wie bei der Kohlensäureassimilation, unter dem Einfluß des Lichtes zum Vorschein kommt, während es schon der zweite Fall ist, wobei das Chlor unter dem Einfluß des Lichtes verschwindet. Diese Vorgänge können den Eindruck erwecken, als bewirke das Licht hier eine Art Reinigung, eine Bekämpfung von etwas äußerst Düsterem. Mit solchen Schlüssen muß man jedoch vorsichtig sein, denn es gibt auch Prozesse, von denen noch die Rede sein wird, wobei das Chlor gerade unter dem Einfluß des Lichtes frei wird. (Zersetzung von Silberchlorid.)

Eine sehr vielsagende Charakteristik des Chlors in seinem Gegensatz zum Sauerstoff ergibt sich aus der Art und Weise, wie beide Stoffe Basen, Säuren und Salze bilden. Beim Chlor liegt alles einfach. Stößt es auf ein Metall, so geht es ungehemmt auf das letzte Ziel, die Salzbildung, los. In einem Ruck wird der große Übergang vollzogen vom geschmeidigen, undurchsichtigen, spiegelnden Metallzustand zu dem durchsichtigen streng geformter Kristalle. Mit dem Wasserstoff bildet das Chlor sofort eine starke Säure.

Nimmt man das alles zusammen, so sieht es danach aus, als folge der Sauerstoff einem ausführlichen Zeremoniell. Will man z. B. aus Schwefel und Kupfer das Kupfersulfatsalz bilden, so muß man erst den Schwefel mit Hilfe von Sauerstoff gründlich verbrennen und das Verbrennungsprodukt in Wasser leiten, um Schwefelsäure zu bekommen. Dann muß man das Metall oxydieren, um eine Base zu erhalten, und endlich muß man das Metalloxyd mit Schwefelsäure behandeln, um zum Salz zu kommen.

Wir haben im Zusammenhang mit dem Lehrstoff der 10. Klasse besprochen, wie diese Prozesse nach einer Ordnung verlaufen, in der eine Spiegelung der großen Naturordnung sichtbar wird. Der Sauerstoff ist weitergehend als andere chemischen Elemente mit der Ganzheit der Welt verbunden und spiegelt sie in den Prozessen, an denen er teilnimmt, wider. Das Chlor hat, ebenso wie die anderen Halogene, die Neigung, sich abseits von der Sauerstoffwelt zu halten, so daß die Prozesse, an denen es beteiligt ist, nichts von dem Gleichmaß und der Harmonie, die dort zu Hause sind, aufweisen.

Es ist im Zusammenhang mit dem Vorigen höchst interessant, daß das Chlor sich doch den Gesetzen der Sauerstoffchemie fügen kann. Es gibt ja Chlorsäuren, wie die Chlorsäure $HClO_3$, die Über-(bzw. Per-)Chlorsäure, mit den dazugehörigen Salzen, den Chloraten bzw. Perchloraten, die ihrem Aufbau nach mit Säuren wie der Schwefel- und Phosphorsäure zu vergleichen sind.

Während man jedoch die letzteren bilden kann, indem man zuerst aus Schwefel und Phosphor die Oxyde entstehen läßt und dann die Säuren, so ist es beim Chlor wieder gerade umgekehrt. Man kann die Oxyde nicht anders bekommen, als indem man die Säuren oder die Salze zuerst entstehen läßt und daraus die Oxyde gewinnt. Das Kaliumchlorat z. B. erhält man, indem man Chlor in warme Kalilauge leitet. Nimmt man ein wenig von dem kristallisierten Salz und übergießt es mit starker Schwefelsäure, so bildet sich ein gelbes Gas, ClO_2 oder Chlordioxyd. Dieses hat die merkwürdige Eigenschaft, daß es beim geringsten Anlaß explodiert ohne eingeschlossen zu sein. Man kann das am leichtesten demonstrieren, indem man eine Flamme hinhält. Mit einem Knall oder Geknatter gehen Sauerstoff und Chlor auseinander.

Die Chlorsäure $HClO_3$ gehört zu den stärksten Säuren. Die Perchlorsäure $HClO_4$ scheint sogar stärker zu sein als die Schwefelsäure.

Weiterhin liegt es deutlich auf der Hand, daß wir es hier mit Stoffen zu tun haben, die stark oxydierende Eigenschaften besitzen. Bei trockener Erhitzung stößt z. B. das Kaliumchlorat seinen Sauerstoff gänzlich aus.

$$2\,KClO_3 \rightarrow 2\,KCl + 3\,O_2$$

Man wird gut daran tun, im Unterricht der elektrolytischen Chlorgewinnung und damit im Zusammenhang den Hyperchloriten, die eine so große Rolle als Reinigungsmittel (z. B. Chlorkalk $CaOCl_2$) und als Bleichmittel (NaOCl) spielen, genügend Aufmerksamkeit zuzuwenden. Hier müssen wir an ihnen vorübergehen, um uns nicht zu sehr an Einzelheiten zu verlieren.

Unter den Analyseprodukten der Erdrinde nimmt das Chlor, was sein Gewicht betrifft, nur einen kleinen Raum ein. Doch findet man es überall. Bei der Verwitterung des Gesteins wird es fortgespült und in Form von Chloriden ins Meer mitgeführt. Es folgt also derselben Richtung wie Natrium und Kalium. Und tatsächlich finden wir es in der Natur wie in unserem Körper meistens zusammen mit dem Natrium, also als Kochsalz (NaCl). Gemeinsam mit dem Natrium hat das Chlor eine spezifische Beziehung zu den Flüssigkeitskreisläufen, sowohl zu den großen der Meeresströmungen rund um die Erde als auch zu den kleinen des Blutes im Menschen und im Tier.

Das Kochsalz (NaCl) ist der einzige anorganische Stoff neben dem Wasser und dem Sauerstoff, den wir direkt aufnehmen. Auch diese Tatsache ist wichtig, um die Rolle des Chlors zu verstehen.

Man hat in früheren Zeiten das Kochsalz als *das Salz* angesehen. Immer wieder wurde es als ein Symbol der Reinheit und Festigkeit hervorgehoben. Und in der Tat, sogar unserem Blut, das ganz Bewegung ist und worin es sich in gelöstem, beweglichem Zustand befindet, liefert es durch seinen streng geregelten Gehalt eine feste Basis. Die Reinheit des Kochsalzes hat wohl darum eine so besonders große Bedeutung, weil sie auf einer Art Kampf beruht, auf einem Im-Zaum-Halten der starken düsteren Kräfte des Chlors. Im Magen wird das Chlor von unserem Körper halb freigelassen. Da tritt es auf in Form von Salzsäure. Diese wirkt tötend auf alles, was in den Magen kommt, und bereitet den Beginn der Verdauung vor. Unser Stoffwechsel verläuft also nicht nur auf der ruhigen Basis des im Blutsalz ganz bezwungenen Chlors, sondern er benützt auch dessen halb freigelassene agressiv tötende Eigenschaften.

Es ist charakteristisch für unsere Zivilisation, daß immer mehr Chlor hergestellt wird und daß man dessen vernichtende Eigenschaften immer mehr benützt. In der Natur tritt das Chlor ja nie als Element auf, da kann es also auch nie seine tötenden, verwüstenden Eigenschaften ganz entfalten. Es ist eingebaut in die Fundamente der Natur, und zwar besonders in das Gestein und den Salzgehalt des Wassers. Was so von der weisheitsvollen Naturordnung in Bann gehalten wird, dessen bedient sich der moderne Mensch, nachdem er es daraus befreit hat. Besonders symptomatisch war die Verwendung von Chlorgas im Krieg als eines der ersten Giftgase. Es ist so schwer, daß es sich am Boden verbreitete und die Schützengräben und Granatentrichter füllte, wo es vernichtend auf die Lungen der darin befindlichen Menschen wirkte.

Auch in den späteren, mehr zusammengesetzten Gasen, die noch viel greulicher wirken, findet sich in der Regel Chlor als ein wichtiger Bestandteil.

Auch die Insektizide, die sehr gefährlichen Giftstoffe, die man gegen Insektenplagen gebraucht, enthalten oft als wesentlichen Bestandteil Chlor. Ihre Entwickelung hängt zusammen mit der der Giftgase.

Da man Chlor benutzt, um Schwimmbäder zu desinfizieren und um das Leitungswasser keimfrei zu machen, sind die meisten Menschen heutzutage einer andauernden Einwirkung von Chlor ausgesetzt.

Anhand dieser Tatsachen muß noch einmal der Vergleich zum Sauerstoff gemacht werden. Der Sauerstoff ist *das* Atmungsgas. Das Chlor greift besonders die Lungen an. Der Sauerstoff wirkt allen Giftwirkungen entgegen. Das Chlor ist der maßgebende Bestandteil einer Menge synthetischer Giftstoffe, besonders der Atemgifte. Es besteht ein Verhältnis zwischen Sauerstoff und Chlor wie zwischen Leben und Tod.

Das Fluor

In vieler Hinsicht zeigt sich das Fluor als eine übertriebene Form von Chlor. Das Chlor wirkt auf beinahe alle Elemente ein, was in einer Reihe von Fällen mit spontanen Feuererscheinungen verbunden ist. Außerdem zerstört es die Lebewesen oder deren Reste schneller oder langsamer. Das Fluor tut dies alles auch, nur rascher und heftiger. Beinahe immer ist seine Einwirkung auf andere Stoffe mit Feuererscheinung oder gar mit Explosion verbunden.

Die wenigen Stoffe, mit denen das Fluor sich nicht verbindet, sind Sauerstoff, Chlor, Stickstoff und die Edelgase.

Auch in seiner negativen Beziehung zum Sauerstoff übertreibt das Fluor noch das Verhalten des Chlors. Kommt das Fluor mit einer Sauerstoffverbindung in Berührung, so reißt es deren Bestandteile auseinander, stößt den Sauerstoff heraus und verbindet sich mit dem Rest.

Es kommt vor, daß das Fluor, in ziemlich komplizierten Verbindungen den Platz des Sauerstoffes einnimmt. Dies sollte man nicht, wie öfter geschieht, als eine Art Verwandtschaft mit dem Sauerstoff betrachten, sondern als eine konsequent durchgeführte Gegnerschaft.

Sehr auffallend ist die Erscheinung, daß das Fluor sogar den Kohlenstoff in Form von Ruß oder Holzkohle bei normaler Temperatur angreift und zum Glühen bringt.

Die Affinität zu Wasserstoff ist so außerordentlich groß, daß man das Fluor einen «Wasserstoffjäger» nennen möchte. Läßt man Wasserstoff in eine Fluoratmosphäre strömen, so entflammt er sofort und es entsteht Fluorwasserstoffgas (HF). Sogar durch Temperaturverringerung kann man die Affinität des Fluors zu Wasserstoff nur wenig zügeln. Fluor, das man durch Abkühlung bis — 210° C verflüssigt hat, verbrennt sofort in Wasserstoff. Das Zusammenbringen festen Fluors und flüssigen Wasserstoffs hat eine Explosion zur Folge, selbst wenn es nahe dem absoluten Nullpunkt geschieht (— 253° C).

Aus solchen Beobachtungen geht hervor, daß das Fluor von sich aus eine Aktivität besitzt, die bei anderen Stoffen erst durch starke Temperaturerhöhung geweckt wird. Wir haben schon früher das Wasserstoffgas als einen Stoff kennengelernt, der in hohem Maße der Wärme in seinem Verhalten ähnlich ist. Die außerordentliche Leichtigkeit und die Geschwindigkeit, womit es sich ausbreitet, haben wir sozusagen als Wärme-Ideale ansehen gelernt. Solche Eigenschaften entwickeln andere Stoffe erst bei viel höheren Temperaturen. Im Wasserstoffgas haben wir also einen Stoff, der sich bei normaler Temperatur so verhält wie andere Stoffe bei viel höherer. Etwas Ähnliches finden wir beim Fluorgas, hier aber speziell in bezug auf die chemischen Eigenschaften.

Leitet man Fluorgas in Wasser, so entsteht augenblicklich der Fluorwasserstoff, während der Sauerstoff ausgestoßen wird. Dieser Sauerstoff ist dann gemischt mit Ozon und daher stark aktiviert.

Wirkt das Fluor auf Chlorwasserstoff ein, so wird das Chlor mit explosiver Kraft freigemacht.

Im allgemeinen kann man sagen, daß das Fluorgas beinahe jede Verbindung, mit der es in Berührung kommt, zerschlägt und mit den freigewordenen Elementen neue einfache Verbindungen bildet.

Aber das Fluor ist nicht nur ein Stoff, bei dem die Chloreigenschaften sehr verstärkt auftreten. In bestimmten Punkten hat es eigene charakteristische Eigenschaften, wodurch es sich entschieden von den anderen Halogenen unterscheidet.

Sehr eigenartig ist z. B. seine Beziehung zum Calcium. Das Calciumchlorid ist sehr gut löslich in Wasser und sogar sehr hygroskopisch. Man darf es wohl als eines der typischen Meersalze betrachten. Calciumbromid und Calciumjodid sind auch sehr gut löslich. Das Calciumfluorid (CaF_2) dagegen ist unlöslich. Das bedeutet nicht mehr und nicht weniger, als daß man in den natürlichen Gewässern, die immer Kalk enthalten, kaum Fluoride finden wird. *Das Fluor meidet die Wassersphäre.* Man findet es dagegen als Bestandteil einiger sehr charakteristischer Gesteinsarten. In Gesteinen wie Granit und den damit verwandten findet man es als Apatit ($Ca_5F(PO_4)_3$) in geringem Prozentsatz. Der Apatit ist ziemlich hart. Calciumfluorid findet man in Form von Flußspat. Dieser kann große würfelförmige halbdurchsichtige Kristalle bilden. Für die Aluminiumgewinnung ist der Kryolith oder Eisstein ($Na_3Al\,F_6$) sehr wichtig geworden.

Aus dem eben Gesagten geht hervor, daß das Fluor in seinen Verbindungen eine ebenso spezielle Verbindung mit dem *Erdenelement* hat wie das Chlor mit dem *Wasserelement.*

Diese Verbindung mit dem Erdenelement ist von solch prinzipieller Bedeutung, daß der menschliche und der tierische Körper sich des Fluors zum Aufbau ihrer härtesten Teile bedienen. Man findet es in kleinen Mengen im Skelett, vor allem aber im Zahnschmelz.

Wo das Menschenwesen sich am tiefsten mit dem Erdenelement verbindet, wo sein Körper beinahe bis ins letzte mineralisiert wird und die am meisten eingreifenden mechanischen Wirkungen ausübt, da findet man das Fluor.

Während das Chlor sich vor allem zum Natrium hält und immer der Blutzirkulation folgt, hält sich das Fluor vor allem zum Calcium, insofern dieses die Neigung hat, in einer festen Form zu erstarren.

Höchst merkwürdig und überraschend ist die Beziehung des Fluors zum Silicium und zum siliciumhaltigen Gestein. Wenn man Silicium in elementarem Zustand mit dem Fluor in Berührung bringt, flammt es heftig auf, während es gänzlich unsichtbar wird. Es bildet sich eine flüchtige Verbindung, Siliciumfluorid (SiF_4). Zwei Stoffe, die sich beide durch ihre gesteinbildende Fähigkeit auszeichnen, ergeben zusammen eine flüchtige Verbindung! Die Flüchtigkeit des Siliciumfluorids, zusammen mit der Löslichkeit in Wasser, sind von großer Bedeutung für die Technik.

Man kann mit Fluorwasserstoff Glas ätzen, weil das Glas sich unter Bildung von Siliciumfluorid zersetzt. Läßt man gasförmigen Fluorwasserstoff auf Glas einwirken, so läßt er eine trübe Oberfläche zurück; läßt man ihn in gelöstem Zustand einwirken, so nimmt er auch einen Teil vom Glas weg, die Oberfläche aber bleibt glatt. Auch andere Silikate greift der Fluorwasserstoff an.

Das Fluor selbst greift das Glas nicht an, solange es trocken ist. Ist es nur im geringsten feucht, so wirkt es auf das Glas ein. Der Quarz bietet dem Fluor einen ziemlich großen Widerstand. Erst über 250° C wird er angegriffen. Er geht dann ganz und gar in den gasförmigen Zustand über.

Man muß diese Erscheinungen zweifellos wieder im Zusammenhang mit dem Gegensatz sehen, der zwischen den Halogenen und dem Sauerstoff besteht. Hier wird er zu einer Art absoluten Widerspruchs. Den Quarz kann man ja als das Gestein betrachten, worin der Sauerstoff ganz entspannt und zur Ruhe gekommen ist und das Silicium als den Stoff, der weitergehend als andere Stoffe beim Bilden von Gestein auf die Hilfe des Sauerstoffs angewiesen ist. Wir haben beim Quarz den Sauerstoffprozeß in sehr hoch entfaltetem Endstadium angetroffen. Das Resultat ist ein Stoff, in dem sich die Erde vollkommen öffnet und für die Sonne empfänglich zeigt. Und gerade an diesem Punkt greift das Fluor auf die überraschendste Art und Weise ein. Die Eigenschaften des am edelsten gebildeten beständigsten Teiles der Erde werden in ihr Gegenteil verkehrt. Die Form wird aufgehoben, die basisgebende Kraft weggenommen. Eine Art Umkehrung der Erdenentwickelung findet statt; etwas vom Besten, was während der Erdenentwickelung zustande gekommen ist, wird vernichtet und geht in den Zustand chaotischer Formlosigkeit über, die eher an den Beginn der Entwickelung erinnert.

Wenn das Fluor an der Gesteinsbildung teilnimmt, ist es mit Aluminium und vor allem mit Calcium verbunden. Das weist darauf hin, daß es wohl die starke Verbindung mit dem Erdenelement hat, über die gesprochen wurde, aber nur insofern sich die Erde unter dem Einfluß der Schwere vom Kosmos abschließt. Das Fluor wendet sich nur gegen die Erde, insoweit sie sich der Sonne öffnet.

Zum Schluß muß noch mitgeteilt werden, daß eine Reihe Fluorverbindungen sehr giftig sind. Manche werden als Mittel gegen Fäulnis und Gärung gebraucht.

Das Jod

Zunächst müssen wir an das zu Anfang dieses Kapitels Gesagte erinnern[1].

Wir kennen das Jod als Element vor allem in Form ziemlich dünner, schwarzbraun gefärbter glänzender Plättchen. Diese verbreiten einen starken, unangenehmen Geruch, der dem von Chlor verwandt aber soviel weniger agressiv ist, daß man ihn gut eine Weile ertragen kann. Legt man ein solches Kriställchen in die hohle Hand, so wird die Haut rundherum sogleich braun. Entfernt man das Jod wieder, so verschwindet auch die Farbe allmählich. Ein Jodkristall bleibt, obwohl es aus einem festen Stoff besteht, nicht ruhig auf seinem Platz liegen, sondern breitet sich fortwährend in Dampfform aus. Der Dampf ist sehr schwer und sinkt daher sogleich zu Boden. Außerdem hat das Jod eine gewisse Affinität zu unserer Haut, so daß es unmittelbar in sie eindringt.

Will man den Joddampf gut sehen, so muß man etwas Jod langsam erhitzen. Dann schwebt eine tiefviolette Farbe aus den dunklen Kriställchen hervor. Sehr schön wird diese Erscheinung, wenn man eine gläserne Retorte mit Jod vorsichtig von allen Seiten mit der Bunsenflamme erhitzt. Der ganze Innenraum wird dann violett gefärbt. Beim Abkühlen verblaßt die Farbe, während an den Wänden dunkle, sternförmige Kristallgrüppchen zurückbleiben.

Wenn man Chlorgas in eine farblose Lösung von Kaliumjodid leitet, so tritt eine tiefbraune Farbe auf. Das Jod ist freigeworden, während an seiner Stelle das Chlor mit dem Kalium eine Verbindung eingegangen ist. Im allgemeinen ist es eine kennzeichnende Eigenschaft des Jods, daß es leicht in Form eines chemischen Elementes abgeschieden werden kann. Auch durch das Brom wird es ohne weiteres verdrängt. Auch durch Oxydationsmittel kann das Jod aus Jodwasserstoff oder Jodiden befreit werden.

Man findet in der Natur Quellen, deren Wasser durch Jod braun gefärbt ist.

Das Jod läßt sich nicht nur leicht absondern, es ist sogar ziemlich beständig als chemisches Element. Damit hängt es auch zusammen, daß man Jodwasserstoffgas nicht rein aus einem Jodid und starker Schwefelsäure herstellen kann. Man bekommt einen violetten Dampf, während sich kaum Jodwasserstoffgas bildet, weil es von der Schwefelsäure oxydiert wird, so daß das Jod wieder frei ist.

Trotz dieser Neigung des Jods, sich sogar aus einer Verbindung wieder freizumachen, die bei den anderen Halogenen zu den beständigsten gehört, ist es sehr wohl imstande, sich mit den allerverschiedensten Stoffen zu verbinden. Es unterscheidet sich hierin nicht von den anderen Halogenen, aber die Verbindung verläuft in der Regel unter viel geringerer Energieentfaltung; Feuererscheinungen treten kaum auf.

Als Beispiel sei das Verhalten eines Gemisches Joddampf und Wasserstoff angeführt. Man kann dieses Gemisch nicht anzünden. Bei Temperaturerhöhung

[1] Vgl. Seite 238.

bildet sich zwar eine bestimmte Menge Jodwasserstoffgas, die Umsetzung ist jedoch nie vollständig und außerdem verläuft der Prozeß verhältnismäßig langsam.

Wir haben ausführlich besprochen, wie sehr kennzeichnend es für die Halogene ist, daß sie keine oder eine nur sehr schwache Affinität zum Sauerstoff haben. Wir mußten die Tatsache, daß es Stoffe gibt, die schon als Elemente eine vielseitige große chemische Aktivität zeigen und doch keine Affinität zum Sauerstoff haben, als eine merkwürdige Ausnahme ansehen. Das Jod, das weitaus die geringste chemische Aktivität unter den Halogenen entwickelt, ist nun gerade das einzige, dessen Sauerstoffverbindungen so beständig sind, daß sie in der Natur vorkommen. Man findet z. B. Natriumjodat ($NaJO_3$) als eine Beimischung im Chilesalpeter.

Es ist sogar möglich, Jod direkt zu oxydieren z. B. mit Ozon oder Salpetersäure. Mit Salpetersäure bekommt man Jodsäure (HJO_3). Daraus kann man wieder Jodpentoxyd (J_2O_5) bilden, eine ziemlich beständige Verbindung.

Da Jod eine größere Affinität zum Sauerstoff zeigt als die anderen Halogene, ist es imstande, diese aus ihren Sauerstoffverbindungen zu verdrängen, während es durch dieselben wieder aus seinen Wasserstoff- und Metallverbindungen verdrängt wird.

Besonders interessant ist in diesem Zusammenhang, was Vernadsky in seiner Geochemie über die natürliche Verbreitung des Jods berichtet. Das erste was auffällt ist, daß das Jod wenig gesteinbildende Eigenschaften hat und also kaum als Mineral in der Erdrinde vorhanden ist. Man findet daher einen viel größeren Jodgehalt in den natürlichen Gewässern als in der Erdrinde, und zwar in Form von Jodiden und Jodaten. Mancherlei Meerestiere und -pflanzen sammeln und konzentrieren Jod. Die Tange tun es sogar in so großem Ausmaß, daß ihre Asche eine der Hauptquellen für die Jodgewinnung ist. Einen bedeutenden Teil des Jods findet man jedoch fein verteilt in allem möglichen Gestein. Da kein strenges Verhältnis der Menge Jods und der Mengen anderer Elemente besteht, muß man annehmen, daß es in freiem, im sogenannten dispersen Zustand vorkommt. Man nimmt weiterhin an, daß die Organismen Jod in diesem Zustand aufnehmen und ansammeln können, und daß es auch wieder in diesen Zustand zurückfallen kann. Sogar in der Luft findet sich etwas Jod, vermutlich jedoch gebunden an organische Stoffe wie bestimmte Sporen[1].

Im Vergleich mit den anderen Halogenen liegt beim Jod etwas Eigenartiges vor, was man vielleicht am besten folgendermaßen charakterisieren kann. Das Jod hat mehrere Eigenschaften, die den Anschein erwecken, als ob es sich aus der Reihe der Halogene herauszulösen beginne. Es zeigt eine gewisse Verwandtschaft mit brennbaren Stoffen wie Schwefel, Kohlenstoff und Phosphor. Die erste derartige Eigenschaft ist seine Oxydierbarkeit und als deren Folge die Bildung be-

[1] Vernadsky a. a. O. Kapitel II, 3.

ständiger Sauerstoffsäuren und saurer Oxyde. Die zweite Eigenschaft ist das natürliche Vorkommen als chemisches Element, trotz eines beträchtlichen Grades chemischer Aktivität. Die dritte Eigenschaft ist die ziemlich geringe Löslichkeit in Wasser, verbunden mit einer vorzüglichen Löslichkeit in Alkohol, Schwefelkohlenstoff, Benzin, Benzol und ähnlichen brennbaren Stoffen. Wenn ein Stoff sich in einem anderen Stoff lösen läßt, weist das ja auf eine gewisse Verwandtschaft mit ihm hin. Nun kann man, wie wir gesehen haben[1], allgemein von drei solchen Verwandtschaftsgruppen sprechen. Metalle lösen sich meist gut in Quecksilber oder anderen Metallen in flüssigem Zustand. Brennbare Stoffe lösen sich öfters in brennbaren Stoffen; Stoffe, die chemisch aktiviert sind, z. B. durch Einwirkung von Sauerstoff, sind in der Regel gut in Wasser löslich. Wir sehen nun, daß ein Zusammenhang besteht zwischen der, mit den anderen Halogenen verglichen, geringeren chemischen Aktivität des Jods und der geringeren Löslichkeit in Wasser. Dem steht gegenüber, daß es durch seine Löslichkeit in Schwefelkohlenstoff eine Übereinstimmung mit Schwefel und Phosphor zeigt.

Dann gibt es noch die merkwürdige Tatsache, daß das Jod in den Lebewesen manchmal in den Eiweißen enthalten ist. Das ist auch der Fall bei dem Jod, das in der menschlichen Schilddrüse eine so bedeutende Rolle spielt. In dieser Art des Vorkommens unterscheidet sich das Jod von Chlor und Fluor, die in unserem Organismus hauptsächlich in Form von Salzen auftreten, aber es zeigt auch wieder seine Übereinstimmung mit Stoffen wie Kohlenstoff, Schwefel und Phosphor, die eine wichtige Rolle in den Eiweißen spielen.

Daß das Jod in die Eiweiße aufgenommen wird, weist auf einen merkwürdigen Zusammenhang mit der tieferen Schicht des Stoffwechsels hin. Nimmt man Jod in Form eines Jodids ein, so bewirkt das denn auch eine Beschleunigung des Stoffwechsels.

Aber das Jod zeigt nicht nur durch seine Übereinstimmung mit den brennbaren Stoffen eine Verwandtschaft mit der Wärme. Wir haben auch andere Eigenschaften besprochen, die zeigen, daß das Jod den Wärmeimpulsen folgt. Die erste Erscheinung in dieser Richtung ist die starke Neigung der Kristalle, sich in Dampfform auszubreiten. Sogar beim Erhitzen wird das Jod kaum in den flüssigen Zustand übergehen, sondern diesen überspringend, sich sogleich in Dampfform verflüchtigen. Eine zweite Erscheinung, die wir wahrscheinlich damit in Zusammenhang bringen dürfen, ist das Auftreten in disperser Form. Das Jod verhält sich dabei mehr oder weniger wie ein Gas innerhalb des Gesteins.

Zum Schluß müssen wir noch die eigenartige Beziehung des Jods zu Licht und Farbe besprechen. Man kann mit einer Jodlösung als Lichtfilter die Lichteffekte aus dem Sonnenlicht herausnehmen, während die Wärmeeffekte und chemischen Effekte bestehen bleiben. Entwirft man zuerst ein Spektrum und läßt man sodann das Licht durch immer konzentriertere Jodlösungen fallen, so sieht man den

[1] Vgl. Seite 86, Der Begriff der Löslichkeit.

sichtbaren Teil des Spektrums allmählich verschwinden, während der ultraviolette und der infrarote Teil beinahe ungestört bleiben.

Jodlösungen zeigen eine außergewöhnlich starke Farbe, tiefbraun, tiefrot, dunkelviolett je nach dem Lösungsmittel.

Jodverbindungen haben manchmal prächtige Farben: Quecksilberjodid ist hellgelb bis gelbrot, Bleijodid dottergelb, usw.

Man erhält aus solchen Erscheinungen den Eindruck, als gehe vom Jod eine sehr starke Finsterniswirkung aus. Manchmal wirkt es vernichtend auf das Licht, dann wieder ruft es starke Farbwirkungen hervor.

Das Brom

Wir wiederholen zuerst wieder das zu Anfang des Kapitels Gesagte[1].

Das Brom steht, was seine Eigenschaften anbelangt, gerade in der Mitte zwischen Chlor und Jod. Als Element ist es bei Zimmertemperatur eine tiefbraune Flüssigkeit, die sich selbst mit einer schönen braunen Dampfschicht bedeckt. Gießt man es aus, so kommt zuerst der Dampf heraus, der schnell sinkt. Läßt man einen Strahl Brom ins Wasser fallen, so bildet es, wie eine ölige Flüssigkeit, kleine Kügelchen, die aber schnell sinken. Es sammelt sich zu einer Schicht am Boden, die aussieht, als bedecke sie sich wiederum mit einer Dampfschicht. Es löst sich nämlich besser als das Jod und färbt das Wasser braun. In Schwefelkohlenstoff und dergleichen brennbaren Lösungsmitteln löst es sich jedoch viel besser als in Wasser.

Der Eindruck, den der Bromdampf auf unser Geruchsorgan macht, ist einfach entsetzlich. Er gibt dem Chlor nichts nach. Die schädigende Wirkung auf unsere Lungen ist kaum schwächer als die des Chlor. Ein Tropfen Brom, der auf unsere Haut fällt, verursacht sogleich eine tiefe, schmerzhafte Wunde. Abwaschen mit Wasser hilft wenig, besser ist Petroleum.

Die Chemie des Brom ist der des Chlor sehr ähnlich. Obwohl die Energie, mit der die Umsetzungen verlaufen, merklich geringer ist, wird das Brom doch manchmal noch beim Angreifen anderer Stoffe Feuererscheinungen oder sogar Explosionen verursachen.

Wenn in der Natur das Chlor in Form von Chloriden auftritt, ist es immer begleitet von Brom in Form von Bromiden, wenn auch in viel kleineren Mengen.

Das Brom zeigt in seinem Vorkommen jedoch auch Übereinstimmung mit dem Jod. Man findet es in disperser Form im Gestein. Auch wird es durch Meerespflanzen und -tiere angereichert. In beiden Fällen findet man es in größeren Mengen als das Jod.

[1] Vgl. Seite 238.

Das Brom hat genau wie das Jod die Neigung, Verbindungen mit prächtigen Farben zu bilden. Es ist verständlich, daß es in diesem Punkt jedoch vom Jod übertroffen wird. Das berühmte Purpur der Purpurschnecke ist eine Bromverbindung.

Das Brom, das in Form eines Bromids eingenommen wird, hat in unserem Organismus eine spezifische Wirkung auf das Nervensystem. Es wirkt nervenberuhigend und kann sogar als Schlafmittel gebraucht werden.

Strukturverhältnisse in der Gruppe der Halogene

Es ist aus dem bisher Behandelten wohl deutlich geworden, daß die Eigenschaften der Halogene in einem strengen Zusammenhang untereinander stehen. Dies gilt nicht nur für die physikalischen und chemischen Eigenschaften, sondern auch für das Auftreten in der Natur und im menschlichen Organismus.

Vieles von diesem Zusammenhang kann man aus folgendem Schema ersehen:

Chemische Aktivität
Löslichkeit in Wasser

nimmt ab

Fluor	— Feuer
Chlor	— Luft
Brom	— Wasser
Jod	— Erde

nimmt ab

Affinität zu Sauerstoff
Farbgebungsvermögen
Löslichkeit in brennbaren Stoffen

Wenn man bei diesen Stoffen von den Eigenschaften ausgeht, die sie als chemische Elemente haben, findet man eine deutliche Ordnung nach den vier Elementen.

Studiert man sie in ihrem natürlichen Vorkommen, so zeigen sich wichtige Phänomene, die darauf hinweisen könnten, daß auch die umgekehrte Beziehung zu den Elementen besteht. Das Fluor hat eine besondere Verbindung mit der Erdrinde, das Chlor mit dem Wasser. Das Jod zeigt eine gewisse Verwandtschaft mit dem Feuer. Ich glaube jedoch, daß man mit dem folgenden Schema der Wirklichkeit näher kommt.

Jod }
Brom } Sulfur
} Merkur
Chlor }
Fluor } Sal

Fluor und Chlor kommen eigentlich nur im Salzzustand vor. Chlor und Brom sind vor allem an die zirkulierende Flüssigkeit gebunden. Brom und Jod entwickeln eine gewisse Verwandtschaft mit den brennbaren Stoffen.

Daß man es bei diesen vier Stoffen wirklich mit einem Ganzen zu tun hat, geht auch aus der Tatsache hervor, daß Fluor und Jod in vieler Hinsicht ganz entgegengesetzte Eigenschaften haben. Wir nennen eine Reihe solcher Gegensätze. Jod ist das einzige Halogen, das beständige Sauerstoffverbindungen bildet. Das Fluor bildet keine Sauerstoffverbindungen.

Das Fluor widersetzt sich aufs äußerste dagegen, in den elementaren Zustand überzugehen. Das Jod wird leicht als Element frei.

Das Fluor verdrängt alle anderen Halogene aus ihren Verbindungen, vor allem aus denen mit Wasserstoff und den Metallen. Das Jod kann die anderen Halogene aus ihren Sauerstoffverbindungen vertreiben.

Das Fluor ist der Gesteinsbildner. Das Jod beteiligt sich nur sehr wenig am Bilden von Gestein.

Beim Fluor treten bei der Verbindung mit anderen Stoffen meistens Feuererscheinungen auf. Das Jod ist das einzige Halogen, bei dem kaum Feuererscheinungen auftreten.

Die wichtigsten Schwermetalle

Einleitung. – Vergleich mit den Stoffen des Elementenkreises

Wir müssen nun zu einer gewissen Abrundung des Naturbildes kommen, soweit es in diesem Buche behandelt werden kann, indem wir noch den schweren Metallen ein Kapitel widmen. Aus verschiedenen Gründen ist es nicht notwendig, dabei so vollständig vorzugehen wie bisher. Erstens steht uns die vortreffliche Veröffentlichung von Wilhelm Pelikan, «Sieben Metalle[1]» zur Verfügung, die auch für Pädagogen zu einer unerschöpflichen Quelle werden kann. Ferner ist es nicht ganz festgelegt, welche der Metalle zu behandeln sind und in welcher Klasse. Es sind verschiedene Stellen denkbar, wo die Metalle mehr oder weniger ausführlich besprochen und demonstriert werden können.

In diesem Kapitel wollen wir also vor allem einmal einen Weg zeigen, wie man auch an den einfachsten Erscheinungen vieles ablesen kann über Stellung und Aufgabe solcher Stoffe wie die Metalle im großen Naturganzen. Wir wollen versuchen, die phänomenologische Methode bis zum Äußersten durchzuführen und damit jedem, der einen Forschungsweg in die Tiefen der Natur sucht, zu dienen.

Bis jetzt haben wir nur solche Stoffe behandelt, die sich durch ihr häufiges Vorkommen in der Natur und in unserem Körper herausheben. Die schweren Metalle dagegen kommen nur in verhältnismäßig geringen Mengen vor, sowohl in der Erdrinde wie in unserem Körper. Das deutet schon darauf hin, daß sie eine ganz andere Bedeutung für unseren Organismus und für die ganze Natur haben.

Wenn wir eine Übersicht erhalten wollen über die Gesetze und Verhältnisse, die im Gebiete der Metalle herrschen, so dürfen wir nicht von der Zwölfzahl, sondern von der Siebenzahl ausgehen. Wir wollen uns hier sogar auf die sieben wichtigsten, von altersher bekannten Metalle beschränken, weil in ihnen das Metallwesen am deutlichsten hervortritt. Jedes der sieben Metalle hat sehr charakteristische Eigenschaften, die bestimmten in der Natur und in uns wirkenden Prinzipien verwandt sind. Man muß aber völlig anders vorgehen, um diese Prinzipien zu ergründen, als beim Ergründen der Aufgabe der zwölf Elemente.

Wir können vielleicht am besten an einem Beispiel den Unterschied zwischen Art und Bedeutung der zwölf Stoffe aus dem Elementenkreis und der sieben Metalle zeigen. Wir wenden unsere Aufmerksamkeit dem Quecksilber zu, weil damit eine auffallende Tradition verbunden ist, auf die wir bereits öfter hin-

[1] Wilhelm Pelikan, Sieben Metalle. 2., erw. Aufl. Dornach 1959.

gewiesen haben. Die Alchimisten betrachteten das Quecksilber als einen Vertreter ihrer Tria Principia. Das Merkurprinzip tritt in der Natur besonders deutlich beim Wasser hervor. Dort finden wir den fortwährenden Übergang von einem Zustand in den anderen, das Zirkulieren, das In-Wechselwirkung-Bringen anderer Stoffe, das Aufsteigen und Niederfallen. Beim Quecksilber nun haben wir ein Glied einer Stoffamilie, der Metalle, die vor allem Schwere, Trägheit, Dichte und, im Zusammenhang damit, Bindung an die Erde zeigen. Das Quecksilber hat einige auffällige Metalleigenschaften: eine spiegelnde Oberfläche, großes Gewicht, aber daneben eine wasserartige Beweglichkeit und sogar Flüchtigkeit bei normaler Temperatur, die völlig im Gegensatz zum Metallwesen zu stehen scheinen. Alle Eigenschaften, die es dem Wasser möglich machen, seine spielerisch verbindende Rolle in der Natur zu spielen, hat auch das Quecksilber. Aber gerade weil das Merkurialische im Quecksilber im Metallkleid erscheint, wirkt es besonders eindrucksvoll. Es ist also nicht Willkür, wenn man das Merkurprinzip mit dem Namen des Quecksilbers bezeichnet, man hat vielmehr einer Realität damit einen prägnanten Namen gegeben. Es könnte leicht so scheinen, als ob man das Natrium auf eine übereinstimmende Weise charakterisieren könnte. Wir haben ja gesehen, daß es darauf hin tendiert, die ganze Erde in eine zirkulierende Flüssigkeitsmasse zu verwandeln. Im Gegensatz zum Quecksilber beteiligt sich das Natrium jedoch selber als Stoff dabei mit. Es verschwindet so schnell wie möglich aus dem Metallzustand und taucht ins Wasser oder sammelt sogar Wasser um sich herum an. Bei erstbester Gelegenheit gibt es seine Abgeschiedenheit preis und verliert seine Selbständigkeit in der Wassersphäre. Quecksilber hingegen ist als Stoff in der Natur nur in kleinen Mengen vorhanden. Auf stofflichem Niveau macht es kaum mit, dagegen bringt es aber das Merkurialische schon im Metallzustand, den es nachdrücklich wahrt, in Erscheinung. Es demonstriert sozusagen die Kennzeichen des Merkurialischen, ohne den Metallzustand zu verlassen. Damit übereinstimmend sind die anderen Metalle jeder Träger eines bestimmten Prinzips.

Bis zu einem gewissen Grade bildet das Eisen eine Ausnahme von den andern Metallen. Es kommt zum Beispiel in Mengen gleicher Größenordnung wie die Stoffe des Elementenkreises vor. Auch in unserem Körper ist es in einer gut wägbaren Menge vorhanden. Ja, man kann sogar sagen, daß Eisen seine Anwesenheit auf außerordentlich auffällige Weise kundtut: die Farbe des Blutes wird unter anderem durch das Eisen bestimmt. In der Erdrinde sind es die roten und rotbraunen Farben, die meistens durch Eisen hervorgerufen werden. Andere Gesteine werden durch Eisenverbindungen grünlich gefärbt. In ganz anderer Weise, doch nicht weniger auffällig, tritt das Eisen hervor, wenn die Meteore ihre Lichtlinien längs dem Nachthimmel ziehen. Meteore bestehen zu einem großen Teil aus Eisen. Eisen hat also einen überraschenden Anteil an der äußeren Erscheinung der Natur. Die Erde und unser Körper sind beide zu einem guten Teil vom Eisen tingiert. Es steht in dieser Hinsicht in der Mitte zwischen den zwölf Stoffen und den Metallen. Es nimmt viel mehr als die anderen Schwermetalle an der Gestaltung bestimmter Naturgebiete teil. Es hat den Anschein, als ob das Eisen sich zum Teil auf einen Platz gedrängt hat, wo eigentlich das Aluminium zu Hause ist, denn von der Erdrinde aus gesehen gehört das Aluminium zum Kreis der zwölf Elemente, während es in unserem Körper kaum vorhanden ist. Das Eisen hingegen sollte als Schwermetall in unserem Körper kaum vorhanden sein.

Aus dem bis jetzt Behandelten zeigt sich, daß es nötig ist, eine scharfe Trennung zu machen zwischen den leichten Metallen des Elementenkreises und den schweren Metallen. Obwohl es auch Übereinstimmungen gibt, gehören sie doch zu ganz verschiedenen Gruppierungen der Stoffeswelt, und dementsprechend unterliegen sie auch völlig verschiedenen Regeln und Gesetzen.

Da man das bisher nicht eingesehen hat oder nicht als wichtig betrachtet, werden in den Lehrbüchern die leichten Metalle meist viel zu spät behandelt. Man muß sie fortwährend zu Hilfe rufen, um andere Stoffe zu besprechen, noch ehe sie selber behandelt sind. Gleichgültig, ob man den grundsätzlichen Unterschied zwischen leichten und schweren Metallen anerkennt oder nicht, die Didaktik der Chemie wird viel übersichtlicher, wenn man die leichten Metalle früher und die schweren Metalle später behandelt, wie es in diesem Buche geschehen ist.

Charakteristik des Metallzustandes des Stoffes. – Kristall und Metall

Wir müssen nun zuerst den Metallzustand als solchen charakterisieren. Es scheint fast, als ob man dabei etwas wie eine Art Uniform vor sich hat, eine Art zeremoniellen Kostüms, in welches viele Stoffe sich beim Übergang in den Zustand des chemischen Elementes kleiden. Um zu einer Charakteristik zu kommen, muß man die Erscheinungen zusammentragen, die auftreten, wenn man ein Metall mit verschiedenen Naturkräften in Berührung bringt.

Im allgemeinen ist besonders das Verhältnis zum Lichte von Bedeutung, wenn man das Wesen eines Stoffes ergründen will. Es muß eine Zeit gegeben haben, in welcher der Stoff selber leuchtend war. Ob man sich nun vorstellt, daß in jener Erdepoche der Stoff in Form von glühenden Gasen vorhanden war, oder ob man an einen ganz anderen, mehr lebendigen Zustand der Erde in ferner Vergangenheit denkt, ist in diesem Zusammenhang nicht so wichtig. Auf jeden Fall haben die meisten Stoffe, aus denen die Erde besteht, einen Übergang vom leuchtenden zum nicht-leuchtenden, zu einem vom Lichte verlassenen Zustand durchgemacht. Manche Stoffe haben bei diesem Übergang eine deutliche Verbindung zum Licht behalten, aber auf sehr verschiedene Weise. In bestimmten Fällen treten die darauf hinweisenden Eigenschaften so stark hervor, daß man von einem auf das Licht Orientiertsein sprechen kann. Besonders auffallend ist das bei den Metallen. Wenn man eine Metalloberfläche poliert, wird sie starken Spiegelglanz zeigen. In diesem Zustand wirft sie das Licht sehr kräftig zurück. Die Metalle sind zudem besonders undurchsichtig. Jedes Stück Metall verdunkelt somit völlig einen Teil des Raumes. Wenn wir einen Metallklumpen in die Hand nehmen, fühlen wir einen starken Druck. Das Gewicht ist viel größer als das eines gleichgroßen Steines. Metall sucht also mit großer Kraft die Erde, während es sich vom Licht, das aus dem Kosmos kommt, abwendet. Man könnte auch sagen: Stärker als die Nichtmetalle verdichtet es das Erdenhafte in sich selbst, während es an seiner Oberfläche ein Bilderspiel mit dem Außerirdischen entfaltet.

Nun ist es besonders interessant, daß es auch durchsichtige feste Stoffe gibt. Durchsichtigkeit ist natürlich an erster Stelle eine Eigenschaft der Atmosphäre. Auch das Wasser hat diese Eigenschaft in hohem Grade, obwohl sie hier schon viel leichter verlorengeht. In der Atmosphäre wie im Meer entfaltet das Licht ein großartiges Spiel. Sie sind wie Paläste, in denen das Licht unbehindert wohnen und wirken kann. Die Erdrinde hingegen hat sich am meisten aus der Lichtsphäre zurückgezogen und sich am stärksten der Schwere ergeben. Zum größten Teil ist die Erdrinde denn auch undurchsichtig. Und doch finden wir inmitten der Gesteine Stoffe, die sich dem Spiele des Lichtes vollständig öffnen, sobald man sie aus der Erde nimmt. Diese Stoffe tragen meist als Kennzeichen eine strenge Kristallform.

Bei Metallen und durchsichtigen Stoffen findet man zu gleicher Zeit merkwürdige Übereinstimmungen und große Gegensätze in bezug auf das Licht. Schaut man in eine polierte ebene Metalloberfläche, so sieht man die Bilder des Davorstehenden unverzerrt. Schaut man durch einen beiderseitig flach geschliffenen, polierten, durchsichtigen Stoff, so sieht man das Bild des Dahinterstehenden ebensowenig oder kaum verzerrt. Im letzten Falle sind die Bilder allerdings infolge der Lichtbrechung meist etwas verschoben, während man im ersten Falle die Bilder des Davorstehenden sogar hinter der Metalloberfläche suchen muß.

Eine sehr hervorstechende Eigenschaft der Metalle ist ihre Leitfähigkeit für Elektrizität; hierin sind sie allen anderen Stoffen überlegen. Die Stoffe also, die dem Licht stark wehren, gewähren der Elektrizität den freiesten Zutritt. Die durchsichtigen Kristalle hingegen sind schlechte Leiter. Es gibt die merkwürdige Regel: Durchsichtigkeit und Leitfähigkeit für Elektrizität gehen in festen Stoffen nie zusammen. Wo das Licht freies Spiel hat, wird Elektrizität also abgewehrt oder zurückgestoßen.

Hieraus ersieht man: Es herrscht nicht nur in den wichtigsten Punkten ein völliger Gegensatz zwischen Metallen und Kristallen, das Vorhergehende zeigt außerdem, daß es einen Gegensatz zwischen Licht und Elektrizität gibt.

In seinem Kurs, der unter dem Namen «Lichtkurs[1]» bekannt geworden ist,

[1] a. a. O.

und der in erster Linie für Lehrer der Freien Waldorfschule in Stuttgart gehalten wurde, betrachtet Rudolf Steiner die Naturkräfte von einer sehr überraschenden Seite. Er prüft sie auf die Rolle hin, die sie für unser Bewußtsein spielen und kommt dabei zu einer vielsagenden Anordnung.

Dem Lichte und den Schallerscheinungen gegenüber entwickelt der Mensch in der Wahrnehmung den höchsten Grad von Bewußtheit. Unser Vorstellungsvermögen ist sogar zu einem großen Teil auf Licht- und Schalleindrücken gegründet.

Die Tatsache, daß wir nicht imstande sind, Magnetismus und Elektrizität unmittelbar wahrzunehmen, kann man auch folgendermaßen umschreiben: Diese Naturkräfte entfalten ihre Wirkungen in einer Sphäre, in die wir mit unserem Bewußtsein nicht vordringen können. Der Teil unseres Wesens, welcher mit diesen Gebieten in Berührung kommt, befindet sich im Schlafzustand, denn er gehört zur Willenssphäre. Wärmeerscheinungen können wir wieder unmittelbar wahrnehmen, aber unser Unterscheidungsvermögen dafür ist auf keinen Fall so fein wie für Licht und Schall. Unser Bewußtsein ist auf diesem Gebiet, da es unserem Fühlen verwandt ist, nicht heller als im Traum.

Für die Naturkräfte erhalten wir auf diese Art folgende Übersicht:

Helles Bewußtsein	Licht Schall	unserem Vorstellungsleben verwandt.
Traum-Bewußtsein	Wärme	unserem Gefühlsleben verwandt.
Schlaf-Bewußtsein	Elektrizität Magnetismus Schwere	unserem Willen verwandt.

Es ist außerordentlich interessant, daß Wärme sowohl mit dem Lichte wie mit der Elektrizität mitmachen kann, und daß dies am deutlichsten aus der Wechselwirkung mit den Metallen hervorgeht. Insofern Wärme sich strahlend verbreitet, wird sie von der Metalloberfläche zurückgeworfen wie das Licht. Insofern Wärme durch Berührung übertragen wird, wird sie von den Metallen leicht aufgenommen und weitergeleitet. Es besteht eine weitgehende Parallele zwischen der Größe der Wärmeleitfähigkeit und der Elektrizitätsleitfähigkeit der verschiedenen Stoffe.

Ein Stück Metall ist ein Brocken Schwere; es läßt Elektrizität ein, während das Licht abgewehrt wird. Ein durchsichtiger Kristall wird in der Regel viel weniger schwer sein, er läßt aber das Licht durch, während Elektrizität abgewiesen wird. Der Kristall ist also auf eine uns am deutlichsten bewußte Naturkraft eingestellt, das Metall dagegen auf unbewußte Naturkräfte. Es gibt einen gewissen Zusammenhang zwischen dem Kristallzustand des Stoffes und unserem Gedankenleben und zwischen dem Metallzustand und unserem Willen. Kein

Wunder also, daß wir unter den Metallen das beste Material für unsere Werkzeuge finden.

Ein wichtiger Gegensatz zwischen Kristall und Metall zeigt sich auch, wenn man mit einem Hammer nacheinander auf ein Stück Metall und einen Kristall schlägt. Das Metall wird sich einer Verformung unterziehen, doch ein Ganzes bleiben. Der Kristall wird nicht die geringste Verformung annehmen, sondern in Stücke springen. Die meisten Metalle sind so plastisch-zäh, daß sie weitgehend gewalzt und sogar gedehnt werden können. Die Kristalle sind in der Regel spröde. Ein Stück Metall ist stets ein stark zusammenhängendes Ganzes, von dem jeder Teil schnell in den Zustand des andern einbezogen wird. (Das ist eine andere Ausdrucksform für gute Leitfähigkeit.) Beim Kristall liegt der Schwerpunkt nicht in einem Ganzen, das durch den Stoff erhalten wird, sondern in der Form, die eher ein Verhältnis zum Raum rund herum bedeutet. Kann es gegen mechanische Gewalt seine Form nicht als Ganzes behaupten, so fällt es in kleinere Stücke auseinander, die eine Wiederholung der ursprünglichen Form sind oder auf jeden Fall in Stücke, die unter sich in der Form übereinstimmen. In gewissem Sinne nimmt also das Übergewicht der Form noch zu.

Der Kristall ist in erster Linie *Form,* aber diese braucht natürlich Materie, um sich zu realisieren. Das Metall kann wohl manchmal eine kristallartige Struktur zeigen, dabei wird es aber doch meistens die typischen Metalleigenschaften wie Plastizität und Spiegelungsfähigkeit behalten. Das Metall ist also in erster Linie *Stoff,* der jedoch auch bis zu einem gewissen Grade Träger einer bestimmten Form sein kann.

Als abschließenden Vergleich können wir noch Metallpulver und Kristallpulver nebeneinander legen. Kristallpulver wird weiß sein oder auf jeden Fall heller als der Kristall; Metallpulver wird in der Regel dunkel sein. Auch hieraus spricht ihr entgegengesetztes Verhältnis zum Licht.

Den Übergang von Metall in Kristall kann man auf einfache Art zeigen, indem man Zinkkörner in ein Reagenzglas gibt und mit nicht zu stark verdünnter Schwefelsäure übergießt. Unter heftigem Brausen wird das Metall schnell verzehrt werden und bald ersetzt sein durch eine glasartige Kristallschicht.

Wenn man hingegen einen Kupfersulfatkristall in eine Gasflamme hält, wird man in der Flamme einen Augenblick das blanke Kupfer beobachten können. So läßt sich also der Übergang von Kristall zu Metall zeigen.

Das Rosten als Ausdruck der Natur der Metalle

Es ist gewiß kein Zufall, daß man gerade eine Säure verwendet, um dem Licht einen Weg quer durch das dunkle Metall hindurch zu bahnen. Wir haben früher besprochen, wie die typischen Säuren durch Verbrennung entstehen, durch einen Prozeß also, der durch Licht- und Wärmeentwicklung gekennzeichnet ist.

Diesem verdankt die Säure ihre Fähigkeit, als Vorkämpfer des Lichtes zu wirken[1]. Die Säuren haben in typischen Fällen die Fähigkeit, Metalle aufzulösen und sie somit aus ihrer dunklen Erdgebundenheit zu befreien. Beim Rosten hingegen nimmt das ohnehin stark erdgebundene Metall noch ein erdähnliches Aussehen an. Es zieht Feuchtigkeit, Sauerstoff und Kohlensäuregas an und verdichtet sie in seiner Rostschicht. Bis in die Chemie bringt das Metall seine Verwandtschaft mit der schweren verdichtenden Seite der Erde zum Ausdruck.

Die Metalle und die Planeten. – Tradition und moderne Forschung

Bis jetzt haben wir nur die Eigenschaften der Metalle behandelt, in denen sie untereinander übereinstimmen. In Wirklichkeit handelt es sich jedoch um sehr verschiedene Stoffe, die sich mehr oder weniger in die gleiche Uniform gesteckt haben. Wie finden wir nun den Weg zu einer tieferen Einsicht in ihr Wesen?

Wenn wir die Überlieferungen aus alten Zeiten ernst nehmen wollen, dann müssen wir auf den Zusammenhang zwischen den sieben von altersher bekannten Metallen und den sieben von altersher bekannten Planeten achten.

Saturn	—	Blei
Jupiter	—	Zinn
Mars	—	Eisen
Sonne	—	Gold
Venus	—	Kupfer
Merkur	—	Quecksilber
Mond	—	Silber

Dabei kommt man jedoch in Gefahr, sich dem Unwillen der modernen Naturforschung auszusetzen, denn die Richtung, die die naturwissenschaftliche Denkungsart eingeschlagen hat, beruht zu einem nicht geringen Teil auf dem Sich-Abwenden von den alten Traditionen. Wir müssen also sorgsam vorgehen, obwohl es nicht einmal besonders schwierig ist, bis in die Technik hinein die Spiegelung der Zusammenhänge mit den Planeten aufzuweisen. Die Tatsache, daß Rudolf Steiner die Tradition durch seine geisteswissenschaftliche Forschung bestätigt und dazu viel Neues über den Zusammenhang zwischen den Metallen und den Planeten gebracht hat, wird für viele nicht Grund genug sein, um aus diesem Zusammenhang heraus zu arbeiten. Doch seit Frau Dr. Kolisko die Versuche über «Sternenwirken in Erdenstoffen» gemacht hat, darf man den Zu-

[1] Vgl. Seite 29, Salze, Säuren und Basen.

sammenhang zwischen den Metallen und den Planeten als eine durch Experiment bewiesene naturwissenschaftliche Tatsache betrachten. Man kann darum ruhig im Unterricht beim Behandeln der Metalle auf diesen Zusammenhang hinweisen. Aber auch wenn man diesen Zusammenhang nicht besprechen will, kann man doch recht gut die Möglichkeiten, die eine mit der Ordnung der Planeten rechnende Behandlung bietet, benutzen. Man wird dann bald bemerken, daß man daraus eine überraschende didaktische Übersicht gewinnt.

Die Verwendung der Metalle in drei Gebieten

Sobald wir beginnen, die speziellen Eigenschaften der verschiedenen Metalle näher zu betrachten, wird es zur besseren Übersicht nötig, drei Hauptgebiete ihrer Verwendung zu unterscheiden.

1. Die technische Verwendung: Man sucht die Stellen auf, wo durch geologische Ursachen große Mengen Erz angesammelt sind. Man gewinnt dort das Metall und verwendet seine ponderabel-mechanischen Eigenschaften. Die Eigenschaften der Oberfläche, das Gewicht, die Plastizität usw.

2. Eine ganz andere Richtung muß man einschlagen, wenn man die Metalle als Heilmittel verwenden will. Da muß man aus dem Metall etwas freimachen, was durch die mehr oder weniger robusten Eigenschaften, die in der Technik verwendet werden, ziemlich verdeckt ist. Man nimmt eine kleine Menge des Metalles oder eine Verbindung desselben, am liebsten so, wie die Natur sie gebildet hat. In der weiteren Behandlung wird die ponderable Seite ausgeschaltet, während die eigentlichen spezifischen Qualitäten erhalten bleiben. Man erzielt das, indem man z. B. eine Salzlösung eines Metalles rhythmisch verdünnt. Man mischt und schüttelt zuerst 1 cm^3 der Lösung mit 9 cm^3 Wasser, dann wieder 1 cm^3 der Lösung mit 9 cm^3 Wasser usw.

So wie man das massive Metall als Werkzeug gebrauchen kann, um kräftige mechanische Wirkungen zu erzielen, so kann man durch rhythmisches Verdünnen das Metall so präparieren, daß es sozusagen zum Werkzeug wird, mit dem genau ausgerichtete spezifische Wirkungen im Gebiete des Lebens ausgeübt werden, oder das sogar in Schichten des Menschenwesens hineinwirkt, die noch tiefer liegen. Die Möglichkeit, solche Wirkungen zu erzielen, zeigt, daß es Prozesse im menschlichen Körper gibt, die den feineren Qualitäten der Metalle verwandt sind.

3. Wieder ein neues Gebiet betritt man, wenn man sich mit der Chemie der Metalle beschäftigt. Man kann jedes Metall durch vielfältige Umwandlungen hindurchführen. In der Praxis strebt man meistens gleich die Bereitung vieler

Verbindungen an, die technisch verwendet werden. Man kann aber auch gerade auf diesem Gebiet aufschlußreiche Erscheinungen zu sehen bekommen.

Beim näheren Besprechen der Metalle wollen wir uns erst den Metalleigenschaften im engeren Sinne und dann den dazugehörigen chemischen Erscheinungen zuwenden. Auf die medizinischen Wirkungen wollen wir hier nicht näher eingehen; wir können auch darauf verzichten, da Wilhelm Pelikan[1] von dieser Seite der Metalle ein so bewundernswertes Bild gegeben hat.

Jedes Metall hat außer den allgemeinen Eigenschaften noch ganz spezielle, nur ihm in solchem Grade eigene. Wenn man diese eingehend betrachtet, wird man entdecken, daß sie eine zusammenhängende Gruppe bilden, ein charakteristisches Ganzes. Diesen Gruppen von Eigenschaften wollen wir vor allem unsere Aufmerksamkeit zuwenden. Vergleicht man sie miteinander, so zeigen sie sich von Fall zu Fall so verschieden, daß man von Metallcharakteren oder sogar von Metallmotiven sprechen könnte. Nun ist es äußerst interessant festzustellen, daß die Technik diesen Charakteren in hohem Grade Rechnung tragen mußte. Jedes Metall bekommt dadurch seinen bestimmten Stil. Man könnte in der Technik von einem Bleistil, Eisenstil, Kupferstil usw. sprechen. In diesen Stilen, in diesen Metallmotiven, offenbaren sich die umfassenden Prinzipien, deren Repräsentanten die Metalle auf Erden und die Planeten am Himmel sind. Beim Quecksilber haben wir das bereits angedeutet. Bis zu einem gewissen Grade ist es sogar möglich, einen Zusammenhang zwischen der spezifischen Heilkraft eines Metalles und dem Stil, mit dem es in der Technik auftritt, zu sehen.

Wenn man die Metalle von der chemischen Seite aus betrachten will, muß man sich zuerst klarmachen, daß man ihr Wesen gerade auf diesem Gebiete oft in herrlichen Bildern aufleuchten lassen kann.

Die hier liegenden Möglichkeiten hat Frau Dr. Kolisko für ihre Forschungen genutzt. Sie ging davon aus, daß das Auflösen der Metalle in Salzform gleichzeitig ein In-Bewegung-Bringen und ein Aufheben des Erdenbannes ist. Wenn sie den Konstellationen bestimmter Planeten folgen wollte, ließ sie die dazugehörigen Metallsalze durch Filtrierpapier aufsaugen. Sie verwendete dazu entweder Salzmischungen oder ließ zuerst das eine und danach das andere Salz aufsteigen. Das Filtrierpapier zeigte dann überraschend starke und ausdrucksvolle Bilder. Das Aussehen dieser Bilder wechselt mit den Konstellationen der dazugehörigen Planeten. Sehr wichtig ist es bei dieser Methode, daß man die Prozesse sich in einer Fläche abspielen läßt, wodurch die Empfindlichkeit sehr gesteigert wird. Zudem zwingt man dadurch den Stoff, sozusagen sein Inneres völlig nach außen zu wenden und alles, was sich abspielt, dem Auge sichtbar zu machen.

Wir wollen nun die sieben Metalle besprechen, und zwar in einer Folge, die

[1] «Sieben Metalle» a. a. O.

möglichst der kosmischen Ordnung entspricht. Nach Rudolf Steiner sind die Planeten sich jeweils zu zweien entgegengesetzt.

Saturn	—	Mond
Jupiter	—	Merkur
Mars	—	Venus
	Sonne	

Dieser Gegensatz tritt bei den zugehörigen Metallen sehr deutlich hervor:

Blei	—	Silber
Zinn	—	Quecksilber
Eisen	—	Kupfer
	Gold	

Blei und Silber im Metallzustand

Bleierze enthalten oft so viel Silber, daß sich seine Gewinnung lohnt. Man stellt zuerst aus dem Erz das Metall her. Wenn man nun das geschmolzene Blei der Luft aussetzt, überzieht es sich sofort mit einer matten Oxydschicht. Streicht man diese Schicht fort, so glänzt das Blei darunter wie eine quecksilberartige Masse. Schon bald wird die Oberfläche wieder matt. Bläst man nun die matte Schicht immer wieder ab, so schwindet die Metallmasse allmählich, bis endlich ein Rest mit sehr schönem Glanz bleibt, der nicht mehr matt wird. Man hat nun reines Silber. Gleichzeitig hat man schon etwas vom Gegensatz zwischen Blei und Silber demonstriert. Blei hat die starke Tendenz, Sauerstoff aufzunehmen und sich durch den Sauerstoff in einen erdhaften Zustand zurückführen zu lassen. Silber dagegen ist auch in geschmolzenem Zustand gegen Sauerstoff beständig und wehrt sich gegen den Übergang in einen erdhaften Zustand. Mit Kraft wahrt es den Zustand, in dem es die größtmögliche Wechselwirkung mit dem Licht entwickeln kann.

Man kann zwei polierte Kugeln im Freien aufstellen, eine mit Silberoberfläche und eine mit Bleioberfläche. Im Silber würde man das außerordentlich klare, wenn auch verzerrte Bild der Umgebung sehen. Trägt man die Kugel herum, so sieht man immer neue Bilder auftauchen und wieder verschwinden. Mehr als irgendein anderer Stoff hat Silber die Tendenz, auf Lichterscheinungen der Umgebung zu reagieren und das, was sich in ihr abspielt, mit Bildern zu begleiten. Es hat eine bei fast allen Metallen auftretende Eigenschaft in beinahe idealer Weise.

Die Bleikugel wird anfänglich ähnliche Bilder zeigen, wenn auch etwas weniger klar und mit leicht gedämpften Farben, infolge der bläulichen Schattierung. Aber nach kurzer Zeit wird es scheinen, als ob ein feiner Schleier vor die Bühne der Bilder gezogen würde, der langsam zu einem dichten blaugrauen Vorhang wird. Würde man diese Kugel nun herumtragen, so würde sie eine gleichmäßig blaugraue Kugel bleiben. Die Bilder sind ausgewischt; die Reaktion auf Lichterscheinungen der Umgebung ist gedämpft.

So haben wir eine Haupteigenschaft des Silbers gefunden; es hat die Tendenz, sich selber zu verbergen, indem es die Bilder der Umgebung hervortreten läßt. Je reiner das Silber ist, je mehr es also es selbst ist, um so weniger kann man es sehen. Blei hingegen versteckt sich hinter einer grauen Kruste. Vielleicht könnte man noch besser sagen: Blei läßt seine spezifische Fähigkeit, eine graue Schicht bilden zu können, stark hervortreten und läßt dadurch seine Fähigkeit, auf die Umgebung reagieren zu können, verdrängen.

Wenn wir nun die Eigenschaften des Silbers als Metall näher untersuchen, so finden wir zunächst solche, die sozusagen darauf hinzielen, das Spiegelungsvermögen aufs äußerste zu steigern. Wir zählen auf:

1. Silber hat sehr wenig eigene Farbe.
2. Silber läßt sich besser als andere Stoffe polieren.
3. Die polierte Oberfläche reflektiert 95 % des Lichtes.
4. Silber wird von der Atmosphäre und den meisten Chemikalien nicht angegriffen.

Eine andere Gruppe von Eigenschaften scheint auf den ersten Blick nicht in direktem Zusammenhang mit den vorhergehenden zu stehen.

1. Silber hat von allen Stoffen die beste Leitfähigkeit für Elektrizität.
2. Silber hat die beste Wärmeleitfähigkeit.
3. Silber ist sehr schwer, schwerer als Kupfer oder Eisen.
   Spezifisches Gewicht 10,5.
4. Silber ist wie die anderen Metalle sehr undurchsichtig.
5. Silber ist der Stoff, der sich – Gold ausgenommen – am besten walzen und und hämmern läßt.

Wir können diese beiden Eigenschaftsgruppen nun aber doch in Zusammenhang bringen, indem wir uns vorstellen, was eine Silberkugel in einem erleuchteten Raum tut. Das Licht wird nicht nur ins Innere der Kugel nicht zugelassen, sondern sogar stärker als durch irgendeinen anderen Stoff zurückgeworfen, während das Metall dabei kaum erwärmt wird. Silber läßt so vollkommen als möglich ein Loch im Lichtraum entstehen. Und gerade in diesem Loch herrscht die Schwere, während die Elektrizität mehr als irgendwo sonst freien Zutritt hat.

Silber ist der beste Wärmeleiter, aber die Oberfläche spiegelt die Wärmestrahlen sehr stark zurück. Silber hat also wie andere Metalle, aber doch stärker als sie alle, ein doppeltes Verhältnis zur Wärme. Wärme, die wie das Licht den Raum durchstrahlt, wird stärker zurückgeworfen als durch irgendeinen anderen Stoff; Wärme, die an einem Körper fühlbar ist, wird schneller aufgenommen und verbreitet als durch irgendeinen anderen Stoff.

Hiermit steht in engem Zusammenhang, daß es kaum möglich ist, Silber Wärme und Licht ausstrahlen zu lassen. Man kann z. B. verschiedene Stoffe im Dunkeln erwärmen und beobachten, bei welcher Temperatur sie zu glühen beginnen. Kohlenstoff wird wegen seiner schwarzen Farbe zu den ersten gehören, die aufleuchten; Silber wird bis zuletzt dunkel bleiben. Wenn man die Hand in die Nähe einer sehr heißen Silberplatte hält, spürt man beinahe keine Wärme. Zeichnet man auf einer solchen Platte mit Graphit schwarze Buchstaben und erwärmt die Platte dann im Dunkeln, so leuchten die Buchstaben vor schwarzem Hintergrund immer stärker auf. In der Spiegelung und im Ausstrahlen von Licht und Wärme verhalten Silber und Kohlenstoff sich völlig entgegengesetzt[1].

Silber läßt sich in unerwärmtem Zustand schon außerordentlich gut schmieden und walzen. Man kann durch Hämmern sehr dünne, blau durchscheinende Blättchen herstellen (0,0027 mm stark). Aus einem Gramm Silber kann man einen Draht von 2 km Länge ziehen. Darin ist es allen anderen Stoffen außer dem Gold überlegen. Das Silber hat nicht nur die «Anlage», seine Oberfläche außerordentlich ausdehnen zu lassen, sondern auch die dazugehörige Fähigkeit, seinen Zusammenhang noch zu wahren, auch wenn es beinahe völlig Oberfläche geworden ist.

Wir sehen an den besprochenen Erscheinungen, daß Silber mit seinem ganzen Wesen in die große Polarität zwischen Licht und Schwere eingespannt ist, worüber schon öfters gesprochen wurde. Was für jedes Metall mehr oder weniger gilt, gilt für Silber im Besonderen. Es gibt Metalle, bei denen die Trennung zwischen Licht und Schwere schnell verwischt wird. Beim Silber sind diese Gebiete am reinsten geschieden. Bei all ihrer Zartheit und Schönheit hat die Silberoberfläche die Eigenschaft, für stoffliche Einwirkungen und vor allem für strahlende Naturkräfte undurchlässig zu sein, in hohem Grade entwickelt. In vieler Hinsicht ist Silber ein vollkommenes Metall; stärker als bei den anderen paßt sein Wesen, das Prinzip, dessen Träger es ist, zum Metallkleid[2].

Die wichtigsten Eigenschaften des Silbers wendet man natürlich praktisch an. Die Verwendung für Spiegel ist wohl die auffälligste. Wir brauchen Silber also in erster Linie, um unser eigenes Bild betrachten zu können oder auch, um einen Teil der Umgebung, die uns sonst unsichtbar bleiben würde, im Bild sehen zu können wie beim Autospiegel. Die größten und reinsten Spiegel sind die des

[1] Vgl. Seite 130, Kohlenstoff zwischen Sonne und Erde.
[2] Vgl. Seite 258, Charakteristik des Metallzustandes.

Spiegelteleskopes, bei denen eine dünne Silberschicht auf einem leicht hohlgeschliffenen Glaskörper aufliegt. Diese dienen natürlich noch in viel höherem Grade dazu, Teile der Welt im Bild sichtbar zu machen, die sonst verborgen bleiben würden.

Wenn man einen solchen Teleskopspiegel auf die Sonne richtet, erhält man im Brennpunkt ein reales Sonnenbild. Das Bild der Sonne schwebt dann über einer Silberschale! Bringt man einen Gegenstand in den Bereich dieses Bildes, so entwickeln sich heftige Wärmewirkungen, die zu außerordentlich hohen Temperaturen führen können. *Silber ist der geeignetste Stoff, um die Wirkung der Sonne aufzufangen und zu lenken.* Es ist wichtig festzustellen, daß man bei der Herstellung solcher Spiegel wirklich nur eine sehr dünne Silberschicht aufträgt. Es handelt sich um eine Wirkung, die von der äußersten Außenseite des Stoffes hervorgerufen wird. Deshalb kann man mit einer minimalen Silbermenge große Wirkungen im Lichtbereich erzielen. Richtet man den Teleskopspiegel auf den Nachthimmel, so entsteht in der Brennebene ein Bild der Sterne.

Beim Spiegelteleskop begegnet uns wieder einer dieser Höhepunkte der Technik, auf die wir immer wieder hinweisen können. Die Eigenschaften des Silbers werden hier bis in ihre äußersten Möglichkeiten verwendet. Und auf diesem Höhepunkt werden Bilder des Kosmos, von Sonne und Sternen aufgefangen und dirigiert!

Trotz seiner Leitfähigkeit für Elektrizität wird Silber nur bei sehr speziellen Gelegenheiten als Leiter verwendet, weil es zu teuer ist. Aber gerade auf diese bestimmten Verwendungen kommt es besonders an. In jedem Haus befindet sich in den Sicherungen ein kleines Stückchen Silberdraht, das in die Elektrizitätsleitung eingeschaltet ist. Wird die Stromstärke zu groß, so schmilzt dieses Stück Draht, so daß die Leitung unterbrochen wird.

Die Silberschmiedekunst verwendet die Schmiedbarkeit zusammen mit der schönen Oberfläche des Silbers. Die zierlichsten Gegenstände verdanken wir dieser Kunst.

Silber ist besonders geeignet für Eßgeräte wie Löffel und Gabeln, da seine Oberfläche nicht chemisch angegriffen wird.

Die silbernen Gegenstände sind zu einem großen Teil Varianten der Schalenform: Vasen, Becher, Kannen, Löffel usw. Was ist das Wesen der Schale? Sie wird getragen oder stützt sich auf die Erde und öffnet sich nach oben. Diese Gebärde entspricht dem Wesen des Silbers.

Silber behauptet seinen Glanz nicht nur mit großer Kraft, sondern besitzt etwas, was man aggressive Reinheit nennen möchte. Blumen bleiben in einer silbernen Vase länger frisch als in anderem Material. Mit einem silbernen Sieb kann man sogar Wasser desinfizieren. Deshalb ist Silber auch einer der geeignetsten Stoffe, um im Innern unseres Körpers Skeletteile zu ersetzen.

Blei ist alles andere als ein vollkommenes Metall. Alle die Eigenschaften, die das Silber auszeichnen, hat es nur in geringem Grade. Die polierte Oberfläche reflektiert nur etwa 61 % des Lichtes. Zudem geht der Glanz schnell verloren. Blei kann nur geringem Zug standhalten, ohne seinen Zusammenhang zu verlieren. Die Leitfähigkeit für Elektrizität ist die geringste unter den zu behandelnden Metallen, mit Ausnahme des Quecksilbers, das sich aber wegen seines flüssigen Zustands nicht mit ihnen vergleichen läßt. Die Leitfähigkeit des Bleies erreicht nur etwa $^1/_{12}$ derjenigen des Silbers.

Die Wärmeleitfähigkeit ist gleichfalls die geringste, Quecksilber ausgenommen. Sie erreicht $^1/_{13,5}$ derjenigen des Silbers. Daraus geht hervor, daß die Fähigkeit, sich als ein zusammenhängendes Ganzes zu behaupten – allgemein ein Kennzeichen der Metalle – beim Blei gleichfalls am wenigsten ausgeprägt ist.

Nur in einer Eigenschaft ist Blei dem Silber überlegen; es ist schwerer (S. G. 11.34).

Aber merkwürdigerweise haben gerade einige «Schwächen» des Bleies besonders große Bedeutung für die Technik. Das gilt besonders für die starke chemische Angreifbarkeit der Oberfläche, was an sich natürlich nichts Nützliches ist. Während jedoch das Blei selbst den Einflüssen unterliegt, entstehen Produkte, die weitere Einwirkungen abwehren. Blei bringt beinahe alle Einflüsse zur Erstarrung und hat daher auch auf die heftigsten Einwirkungen einen hemmenden, verzögernden Einfluß.

Blei rostet zum Beispiel sehr stark, aber die Rostschicht ist undurchdringlich und beschützt das Metall. Deshalb kann man Blei bei der Herstellung von Dächern verwenden.

Auch im Boden und im Meerwasser schließt das Blei sich mit einer undurchdringlichen Schicht ab. Wasserleitungsrohre aus Blei kann man ungeschützt im Boden lassen. Für Unterseekabel verwendet man Schutzmäntel aus Blei. Altbekannt ist die Verwendung von Blei für Särge, wenn eine gute Isolierung nötig ist. Sogar einige recht wirksame Chemikalien wie Schwefelsäure und Flußsäure kann man am besten in Bleigefäßen aufbewahren. Auch ihre Einwirkung wird durch das eigene Produkt gehemmt.

Blei ist so weich, daß man es mit dem Nagel ritzen kann. Früher wurde es deshalb gebraucht, um auf Papier und Schiefer zu schreiben. Elastizität fehlt ihm völlig. Schleudert man ein Stück Blei mit Gewalt gegen eine Wand, so fällt es mehr oder weniger flachgeschlagen herunter. Jedem Stich und Schlag, jedem Winden und Biegen gibt es nach. Eine Bleiplatte, die man als Verkleidung verwenden will, kann man denn auch ohne weiteres in die gewünschte Form biegen. Für den Transport werden Wasserleitungsröhren auf große Spulen gewunden und an Ort und Stelle wieder abgerollt. Senkt sich ein Haus, so geben Bleiröhren nach, während Eisen- oder Steinrohre brechen würden.

Eine spezielle Rolle hat das Blei bei der Untersuchung von Sprengstoffen. Man verwendet dazu einen Würfel aus Blei mit einer zylinderförmigen Höhlung, die ungefähr bis in die Mitte führt. Erfolgt darin nun die Explosion, so wird sich eine mehr oder weniger starke Formveränderung ergeben, doch wird weiter kein Schaden entstehen. Würde man den gleichen Versuch in einem Stahlwürfel durchführen, so erhielte man zerstörende Wirkungen. Daran sehen wir, daß Blei im Bereich der mechanischen wie in dem der chemischen Einflüsse die gleichen hemmenden Einflüsse hat. Auch die heftige Bewegung der Explosion verliert sich in die Formveränderung, die sie selber hervorgerufen hat. Man kann die Kraft der Explosion am Grad der Veränderungen ablesen.

Für Werkzeuge, mit denen man in der Umgebung etwas ergreifen oder umformen will, wird man in erster Linie Eisen verwenden. Blei ist dafür völlig ungeeignet. Es kann sich nur selber den Einflüssen unterziehen. *Jede Einwirkung auf Blei läßt etwas wie einen Abdruck zurück und wird bis zu einem gewissen Grade festgehalten. Blei registriert gewissermaßen die äußeren Einflüsse.*

Durch Erwärmung oder Druck kann man Blei ziemlich leicht flüssigmachen (Schmelzpunkt +324°) und es dann wieder in verschiedenen Formen gerinnen lassen. Der Bleimantel eines Elektrizitätskabels zum Beispiel wird mit Hilfe einer Presse angebracht. Wasserleitungsröhren aus Blei kann man herstellen, indem man Blei durch eine Art Trichter mit einem Kern in der Öffnung preßt.

Schrotgießereien lassen geschmolzene Bleilegierungen durch eine Art Sieb in Wasser tropfen. Wenn die Fallstrecke ziemlich groß ist, haben die Tropfen Zeit, runde Kügelchen zu bilden.

Daß die Buchdrucker für ihre Lettern Blei verwenden, geschieht auch deshalb, weil man Blei leicht schmelzen und leicht wieder in einer Form gerinnen lassen kann. Sowohl für Schrot wie für Druckbuchstaben werden Legierungen verwendet, die härter sind als reines Blei.

Das Schmelzen und Gerinnen des Bleies läßt sich leicht demonstrieren. Wenn man sehr vorsichtig vorgeht, kann man ein Stückchen Blei sogar in einem gewöhnlichen Reagenzglas schmelzen. Es ist ein schöner Anblick, aus der grauen Masse einen glänzenden quecksilbrigen Tropfen hervorquellen zu sehen. Besser verwendet man ein feuerfestes Reagenzglas. Man kann dann mehr Blei nehmen und es von einer gewissen Höhe auf einen steinernen Tisch oder auf eine Eisenplatte ausgießen. Es zerfällt dann in wunderlich geformte glänzende Flächen. Ein sehr dramatisches Geschehen entfaltet sich vor unseren Augen, wenn wir etwas mehr Blei in einem Eisenbecher schmelzen und es in ein hohes und weites Zylinderglas mit Wasser ausgießen. Tief beeindruckend wirkt das plötzliche Erstarren einer schnellen Bewegung. Meistens bleibt die Masse mehr oder weniger ein Ganzes, auch wenn sie in noch so wunderliche Formen zerrinnt

Blei, das ja zu den sehr schweren Metallen gehört, wird ferner wegen seiner Schwere oft verwendet. Man nimmt es als Ballast an Netzen, als Gewicht in Taucherschuhen usw.

Ein sehr schwerer Stoff ist in mechanischem Sinne auch immer träge. Man verwendet Blei also dort, wo ein Bewegungszustand nachdrücklich festgehalten werden soll, also als Gewehrschrot oder als Ballast für Kugeln. In merkwürdiger Weise tritt die Bleinatur bei den Dum-Dum-Kugeln hervor. Der an der Spitze beschädigte Stahlmantel öffnet sich, wenn ein Knochen getroffen wird. Durch die heftige Hemmung entsteht Wärme. Das Blei des Ballastes schmilzt, schlägt flach auseinander und verursacht große unheilbare Verwüstungen.

Etwas über die Silber- und Bleichemie

Silber ist in hohem Grade ein Edelmetall. Die Oberfläche wird nicht durch verdünnte Säuren und sogar bei Erwärmung nicht durch Sauerstoff angegriffen. Nur Salpetersäure bringt es schnell zu Auflösung. Wenn man seine Haut mit einem kleinen feuchten Silbernitratkristall berührt, zeigen sich langsam schwarze Flecken von fein verteiltem Silber. Im allgemeinen wird Silber wieder leicht frei aus seinen Verbindungen.

Ein Silbernitratkristall löst sich in destilliertem Wasser schnell und ohne jegliche Trübung. Bei Zugabe von etwas Natronlauge entsteht ein edel dunkelbraun gefärbter undurchsichtiger Niederschlag von Silberoxyd. Es lohnt sich, für dieses Experiment ein nicht zu kleines Glas zu verwenden, damit der Vorgang deutlich beobachtet werden kann. Das Entstehen dieser dichten, ziemlich dunklen Masse aus zwei völlig farblosen Flüssigkeiten wirkt überraschend. Gießt man in eine Silbernitratlösung etwas Leitungswasser, so entsteht ein bleicher Schleier von Silberchlorid. Verwendet man Meerwasser, das viel Chlorid enthält, so kann sich ein dichter milchweißer Niederschlag bilden.

Enthält das Leitungswasser nicht zuviel Chlorid, so kann man eine zarte Trübe entstehen lassen, die sich prächtig verwenden läßt, um das Entstehen der Farben im Sinne von Goethes Urphänomenen zu demonstrieren. Hält man das Glas gegen das Licht, so wird es gelblich oder rötlich sein, vor einem dunklen Hintergrund blau. Zu stark chloriertes oder chloridhaltiges Leitungswasser wird man vor dem Experiment vielleicht mit destilliertem Wasser verdünnen müssen.

Außerordentlich schöne Erscheinungen zeigen sich, wenn man den Silberchloridniederschlag in einem großen Zylinderglas oder einem großen Erlenmeyerkolben (z. B. 3 Liter) entstehen läßt. Man sollte diese dann in einem verdunkelten Raum auf den früher beschriebenen Beleuchtungsapparat stellen. Man füllt das Glas zuerst mit Leitungswasser und fügt später etwas Silbernitratlösung hinzu. Die ungewöhnliche Feinheit und Zierlichkeit der Niederschlagswolken zeigen sich besonders deutlich, wenn man die Flüssigkeit vorher vorsichtig in runddrehende Bewegung versetzt hat.

Läßt man bei derselben Anordnung einen kleinen Silbernitratkristall im Leitungswasser niedersinken, so hinterläßt er einen Niederschlag in Form einer zierlichen leuchtenden Wolkenbahn. Bringt man etwas größere Kristalle so vorsichtig wie möglich auf den Boden des Glases und versetzt man nun das Wasser in ziemlich schnelle Drehung, so zeigt der aufgewirbelte Niederschlag eine imposante Zyklonform. Eine besonders schöne Erscheinung erhält man, wenn man in eine klare Silbernitratlösung, die auf einem Beleuchtungsapparat steht, einige Kochsalzkristalle fallen läßt. Sie ziehen hellweiße Niederschlagslinien.

Da Bleichlorid auch sehr wenig löslich ist und zudem von weißer Farbe, kann man die gleichen Experimente auch mit Bleinitrat durchführen. Der Niederschlag wird jedoch viel weniger fein, vielmehr undurchsichtig, schwer und körnig sein. Er wird auch viel schneller sinken. Man kann an solchen Experimenten gut sehen, wie Blei dem Silber gleichzeitig verwandt und entgegengesetzt ist. Auch chemisch zeigt das Blei einen trägen schweren Charakter.

Man kann nun den Silberchloridniederschlag so im Wasser verrühren, daß man eine milchige Flüssigkeit erhält. Stellt man sie vors Fenster, so wird sie ziemlich schnell eine dunkle schwarz-violette Farbe annehmen. Unter Einfluß des Lichtes wird das Silberchlorid zerlegt. Schützt man das Glas mit undurchsichtigem Papier, so entsteht keine Verfärbung.

Es ist außerordentlich interessant, daß gerade Silberverbindungen eine solche Empfindlichkeit für Licht zeigen. Ferner fällt auf, daß auf Lichteinwirkungen mit Finsternis geantwortet wird. Wenn man bedenkt, daß Silber als Metall sich noch stärker als andere Metalle vom Licht abwendet, beginnt diese Erscheinung eine sehr deutliche Sprache zu sprechen. Man hat sie auch bei der ursprünglichen Form der Photographie verwendet. Heute gebraucht man im allgemeinen Silberjodid oder Silberbromid und erreicht das Ziel auf etwas anderem Wege. Auf jeden Fall tritt aber durch die Photographie, das heißt wieder durch eine technische Anwendung, etwas Wesensmäßiges sehr deutlich hervor.

Um diese Erscheinungen recht zu verstehen, muß man sich klarmachen, daß man es im Bereich des Lichtes stets mit Bildern zu tun hat. Man nimmt die Dinge seiner Umgebung schon in Form veränderlicher Bilder mit dem Auge wahr. Man kann von diesen Gegenständen an anderer Stelle wieder klar gezeichnete Bilder herstellen, zum Beispiel in einem Spiegel oder mit Hilfe von Linsen auf einem Projektionsschirm oder auch auf dem Film eines Photoapparates. Allerdings hat man nicht nur mit scharfen, sondern auch mit verschwommenen Bildern zu tun, die nur die Farbe mit der Lichtquelle gemein haben. Die gewöhnliche Beleuchtung durch die Sonne oder durch eine Lampe muß schon als Bildübertragung angesehen werden. So wird eine rote Lampe über alle Gegenstände der Umgebung einen roten Glanz ausbreiten. Eine weiße Lampe sendet ein weißes Bild aus. Verwendet man eine kleine Linse, so kann man an jeder beleuchteten Stelle ein scharf gezeichnetes Bild der beleuchtenden Lampe hervorrufen. So läßt sich zeigen, daß in Wirklichkeit auch ein Bild ist, was als verschwommener Glanz erscheint. Was man im allgemeinen als ein Lichtbündel, ja sogar als ein Bündel von Lichtstrahlen betrachtet, ist nichts als ein mit Myriaden Miniaturbildchen der Lichtquelle, die auf schwebende Teilchen projiziert werden – Rauch, Nebel, Staub – gefüllter Raum. Sobald dies deutlich geworden ist, erkennt man, daß sogar das gleichmäßige Dunkelgefärbtwerden von Silberchlorid auf Bildformung zurückzuführen ist. Wie das scharfe Bild auf der photographischen Platte eine Antwort ist auf das scharfe Bild, das darauf fällt, so ist die verschwommene dunkle Verfärbung eine Bildantwort auf ein verschwommenes Bild.

Bei der Photographie werden wie beim Spiegel Bilder mit Hilfe des Silbers wiedergegeben. Auch hier sieht man nicht die feinen Silberteilchen, sondern das Bild.

Mit einiger Geschicklichkeit kann man ein Filtrierpapier mit Silberchlorid durchtränken. Man feuchtet es z. B. zuerst in einer Kochsalzlösung an und nach dem Trocknen in einer Silbernitratlösung. Legt man es ans Licht, so wird es eine dunkelblaue Farbe annehmen. Legt man einen scharf geformten Gegenstand darauf, so wird man einen Abdruck in Form einer weißen Aussparung erhalten.

Wenn man mit viel Silberverbindungen arbeitet, zeigt sich, daß sehr oft Flecken entstehen, die durch ihre Farbennuancen und ihr kräftiges Formenspiel auffallen. Die «Anlage» zu einem Bilderspiel tritt sogar in einer solchen Erscheinung hervor.

Besonders wichtig, besonders begeisternd für die Kinder und zudem leicht ausführbar ist es, zu zeigen, wie ein Silberspiegel gemacht wird. Die Anleitung findet man in jedem guten Experimentierbuch. Ausgangspunkt ist eine Silbernitratlösung. Zuerst läßt man mit Natronlauge einen Silberoxydniederschlag entstehen. Diesen löst man unter Zufügung von Ammoniak wieder auf. Gibt man hierzu ein reduzierendes Mittel wie Milchzucker oder Traubenzucker, so wird die Lösung langsam undurchsichtig schwarzbraun. Wenn man nun vorsichtig mit der Gasflamme der Wand des Glasgefäßes nachfährt, so beschleunigt man an dieser Stelle den Vorgang. Man erhält eine prächtige gleichmäßige Silberschicht. Man kann beobachten, wie die Wand undurchsichtig wird und die Bilder der Umgebung aufleuchten. Verwendet man einen kleinen Kugelkolben, so kann jeder von unten hineinschauen und sein verzerrtes Bild betrachten. Dieses Experiment zeigt die Technik der Spiegelfabrikation und gibt, wie wir nun so oft sahen, gleichzeitig ein deutliches Bild der Silbernatur. Aus der Tatsache, daß das Experiment so leicht ausführbar und das Resultat so schön ist, geht hervor, daß die Silberchemie dazu neigt, sich so zu gestalten, daß Niederschläge in Spiegelform auftreten.

Recht dramatisch verläuft es, wenn man Schwefel, Schwefelwasserstoff oder Sulfide auf Silber oder Silberverbindungen einwirken läßt. Es entsteht ein dunkles Silbersulfid (Ag_2S). Silbergeschirr wird schwarzbraun vom Schwefelwasserstoff fauliger Kanäle. Silberlöffel bekommen braune Flecken von schwefelhaltigen Speisen wie Eigelb, Zwiebeln, Senf. Nimmt man ein Zylinderglas mit einer Lösung von Natriumsulfid (wegen des weniger widerlichen Geruchs geeigneter als Schwefelammonium oder Schwefelwasserstoff) und gießt etwas Silbernitratlösung hinzu, so erhält man einen schmutzigen schwarzbraunen Niederschlag. Wählt man die richtigen Mengen, so gleicht das Resultat einem Abwasser mit Exkrementen. Dieses Experiment zeigt man am besten vor einem hellen Hintergrund.

In einem kleinen Raum kann man auch etwas Schwefelwasserstoff z. B. aus Schwefeleisen und Salzsäure entwickeln und eine Silbermünze und ein Filtrierpapier mit Silbernitrat hineingeben. Man erhält dann ebenfalls Verfärbungen. Das Experiment mit dem Filtrierpapier kann man auch in größerem Ausmaß durchführen, um ein ausdrucksvolles Resultat zu erhalten.

Silber und Silberverbindungen machen meistens einen besonders reinen und edlen Eindruck und werden auch dementsprechend verwendet. Aber es ist ebenso überraschend wie charakteristisch für den Verlauf der Naturgeschehnisse, daß man auch gerade mit diesem Stoff die schlimmsten Bilder der Verschmutzung und Unsauberkeit hervorrufen kann. Auf jeden Fall deutet die Wechselwirkung von Schwefel und Silber auf die Tatsache, daß Silber in seiner physiologisch-therapeutischen Wirkung gleiche Gebiete ergreift wie der Schwefel, nämlich die Tiefen des Stoffwechsels[1].

Wir kommen nun zur Bleichemie. Daß Blei stark angreifbar ist, haben wir bereits festgestellt. Der Luft ausgesetzt, rostet es schnell. Da der entstandene Rost eine abschließende Schicht bildet, wird das darunter liegende Metall geschützt.

Es besteht eine auffallende Wechselwirkung zwischen Blei und Sauerstoff, die sich in erster Linie in der Tatsache äußert, daß es drei Oxyde gibt. Die gelborange Bleiglätte PbO, die hellrote Mennige Pb_3O_4, das dunkelbraune Bleidioxyd PbO_2. Auffallend ist dabei, daß die Farbe stets tiefer wird, je mehr der Sauerstoffgehalt ansteigt.

Bleiglätte erhält man, indem man Blei unter bestimmten Verhältnissen und kräftiger Luftzufuhr erhitzt. Sie wird vor allem als Grundstoff für andere Bleiverbindungen verwendet; manchmal dient sie unter dem Namen Massicot als Farbstoff. Man kann Bleiglätte sowohl in Essig wie in Salpetersäure auflösen.

An dieser Stelle können wir vielleicht am besten auf die wichtige Tatsache hinweisen, daß Blei in Form von Bleiglätte öfters in Glas (Kristallglas) oder glasartigen Stoffen verarbeitet wird. Das Blei verleiht dem Glas eine stärkere Lichtbrechung – auch hier wieder eine Wirkung, die der Spiegelungsfähigkeit des Silbers entgegengesetzt ist – und mildert die Härte.

Aus der Bleiglätte das Blei wieder auszuscheiden, ist nicht schwer. Man legt ein Häufchen Bleiglätte auf eine Unterlage. Dann stellt man eine leuchtende Gasflamme in die Nähe und richtet das Feuer mit Hilfe eines Blasrohres auf die Bleiglätte. (Man kann auch eine Pipette als Blasrohr verwenden.) Die Masse fängt an zu glühen, und bald werden sich quecksilbrige Tröpfchen zeigen. Ein schönes Experiment!

[1] Siehe Pelikan, Sieben Metalle a. a. O. Vgl. auch Seite 150, Beispiel für eine Besprechung des Schwefels.

Mennige wird hergestellt, indem man Blei unter etwas anderen Bedingungen und bei niedrigerer Temperatur erhitzt als bei der Herstellung von Bleiglätte. Man verwendet sie vor allem zusammen mit Leinöl als Rostschutz bei Eisenkonstruktionen. Sie wirkt so auf das Leinöl ein, daß dieses eine zähe, zusammenhängende Schicht bildet. Ferner macht sie das Eisen chemisch passiv. Man sieht, Mennige ist ein guter Vertreter des Bleies.

Bleidioxyd kann man herstellen, indem man Mennige mit Salpetersäure übergießt. Ein Teil löst sich als Bleinitrat, ein Teil bleibt zurück als Bleidioxyd. Dieses Experiment läßt sich leicht durchführen. Mennige verhält sich bei diesem Prozeß, als ob sie eine Mischung von 2 Oxyden sei: $2\,PbO - PbO_2$. Da Bleidioxyd entschieden saure Eigenschaften hat, kann man Mennige als Bleisalz einer Bleisäure betrachten. Bleidioxyd hat stark oxydierende Fähigkeiten.

Nur wenige Stoffe können Blei gut lösen. Am besten geht es mit verdünnter Salpetersäure und Essigsäure. Die wichtigsten löslichen Salze sind das Nitrat und das Azetat.

Das Bleiazetat nennt man wegen seines süßen Geschmacks und seiner weißen Farbe auch Bleizucker. Es ist oft mißbraucht worden, um schleichende Vergiftungen hervorzurufen – «Erbschaftspulver». Gibt man zu einer Bleinitratlösung (Plumbonitrat $-Pb(NO_3)_2$) etwas Natronlauge, so entsteht ein weißer geleeartiger Bleihydroxyd-Niederschlag. Gibt man noch mehr Natronlauge hinzu, so löst er sich wieder auf. Er verhält sich also wie ein amphoterer Stoff: Säuren gegenüber basisch und Basen gegenüber sauer[1]. Man kann Bleiglätte auch mit Natronlauge auflösen. In diesem Punkt sehen wir ebenfalls wieder, daß Blei sich stark von außen beeinflussen läßt. (Auch Bleidioxyd kann sich amphoter verhalten, obwohl es sich meistens als schwache Säure verhält.)

In der Bleichemie begegnen wir stets dichten, undurchsichtigen Niederschlägen von heller Farbe. Das Entstehen von Niederschlägen ist zu erwarten, da der Stoff dabei wieder die Richtung der Verdichtung und Erstarrung einschlägt. Überraschend wirken die starken Farben, die ein Widerspruch zur matten grauen Bleifarbe zu sein scheinen. Einen der schönsten Niederschläge erhält man, wenn man zu Bleinitrat Kaliumjodid gibt. Zwei farblose Flüssigkeiten lassen plötzlich eine warmgelbe Masse entstehen. Bei nicht zu stark konzentrierten Lösungen kann man die ganze Masse durch Erwärmen wieder in eine helle Flüssigkeit verwandeln. Beim Erkalten tritt das Bleijodid nochmals hervor, jetzt aber in Form von schön glitzernden Kriställchen. Wir haben hier ein sprechendes Bild für das Hin- und Herschwanken des Bleies zwischen Bewegung und Erstarrung durch die Wirkungen der Wärme. Auch einen Niederschlag von Bleichlorid kann man durch Erwärmen auflösen. Das ergibt aber ein weniger schönes Experiment. Einen sehr schönen Niederschlag erhält man ebenfalls, wenn man zu Bleinitrat Kaliumchromat gibt. Das dabei entstandene Bleichromat wird als

[1] Vgl. Seite 221, Aluminium.

Farbstoff verwendet und trägt den Namen Chromgelb. Gibt man Lösungen von Bleinitrat und Soda zusammen, so erhält man einen schönen weißen Niederschlag von Bleikarbonat. Der besonders wichtige Farbstoff Bleiweiß ist eine Zwischenform von Bleikarbonat und Bleihydroxyd, basisches Bleikarbonat.

Die drei Bleiverbindungen, die als Farbstoff verwendet werden: Mennige, Chromgelb und Bleiweiß, zeichnen sich durch Glanz und deckende, also abschließende, Wirkung aus, was mit dem Bleicharakter völlig übereinstimmt. Sie sind besonders für Ölfarbe geeignet.

Besonders interessant ist die alte holländische Bleiweißbereitung. Man stellte spiralförmig aufgerollte Bleiplatten über eine Essiglösung in locker zugedeckten irdenen Töpfen, die in einer Reihe in einen Haufen Pferdemist hineingesetzt waren. Nach etwa zwei Monaten war das Bleiweiß bereitet. Es handelt sich da vermutlich um einen alchimistischen Prozeß: das häßliche, allzu irdische Blei wird sozusagen begraben in einem Gebiet, in welchem es bestimmte Verwesungsprozesse durchmachen muß und kommt als veredelte, sehr helle weiße Masse wieder ans Licht. Die Alchimisten übten in ihrem Streben nach Höherem das «Stirb und werde», indem sie sich in bestimmte Prozesse einlebten, die sie vor sich hinstellten. So führten sie den alten Mysterienweg, das Erleben von Tod und Auferstehung, weiter[1].

Blei und Silber als Träger bestimmter Weltprinzipien

Am Quecksilber haben wir studieren können, wie eines der Hauptmetalle Eigenschaften besitzt, durch die es als der Vertreter und Träger eines die Welt konstituierenden Prinzips betrachtet werden kann. Wenn wir jetzt das Silber unter diesen Gesichtspunkten mit dem Quecksilber vergleichen, dem es einigermaßen ähnlich ist, fällt sofort die Fähigkeit, eine wunderbare Oberfläche zu bilden, auf. Diese Oberfläche bringt eine fast ideale Scheidung zwischen zwei Gebieten zustande, und dennoch ist sie an sich eigentlich nichts. Die Metallmasse setzt sich bis an die äußerste Grenze fort, zeigt ihre Oberfläche, und die Umgebung fängt an.

Für die Natur in ihrem heutigen Stadium ist das häufige Auftreten von scharfen Grenzflächen kennzeichnend. Man stelle sich einen Stein im Wasser vor: innerhalb der Grenze finden wir die starre halbkristallinische Materie des Steins und außerhalb unvermittelt das bewegliche Wasser. Oder man denke an die Wasseroberfläche. Man kann sich kaum etwas Zarteres und weniger Abschließen-

[1] Vgl. Seite 225, Alchimistische und mythologische Gesichtspunkte bei der Töpferei und bei der Porzellanherstellung.

des denken, und dennoch scheidet sie zwei ganz verschiedene Welten. Und gerade an Stellen, wo solche Grenzen auftreten, findet man oft Spiegelungserscheinungen. Wer kennt nicht den zauberhaften Anblick eines still spiegelnden Teiches im Walde? Betrachtet man eine Wasseroberfläche von unten, dann entdeckt man einen Spiegel, der sogar noch klarer ist als der schönste Silberspiegel. Eine ruhige Wasserfläche, von unten angeschaut, macht den Eindruck einer weit ausgedehnten, wunderbaren Silberschicht mit einer runden, farbig umsäumten durchsichtigen Öffnung in der Mitte.

Eine außerordentlich bedeutende Rolle spielen die Grenzflächen im Leben der Organismen. Ja, man kann sagen: das Leben ist zu einem großen Teil eine Grenzflächenerscheinung. Sogar das zarteste im Wasser herumschwebende Lebewesen wird immer deutliche Umrisse zeigen, womit es sich von der Umgebung abgrenzt. Auch hier findet man eine ganz andere Welt innerhalb der Grenze als außerhalb. Das ist sogar in einem viel tieferen Sinne so als vorher beim Stein im Wasser oder bei Wasser und Luft. Obgleich die Stoffe im lebenden Wesen nur teilweise andere sind als die der Umgebung, gibt es einen prinzipiellen Unterschied: Innerhalb der Grenze verlaufen die Prozesse so, daß sie dem Organismus dienen; außerhalb der Grenze folgen sie Gesetzen, die für die toten Stoffe im großen Erdenzusammenhang gelten.

Wir sehen jetzt, daß die Fähigkeit des Silbers, eine wunderbare Oberfläche zu bilden, darauf hindeutet, daß das Silber ein ganz einseitiger Träger des besprochenen Grenzbildungsprinzips in der Natur ist. Es ist verwandt mit Zuständen, die den Lebewesen vor allem in der Jugend entsprechen. Jedes keimende und wachsende Wesen füllt den Bezirk seines Leibes nicht nur bis zur äußersten Grenze mit seiner Lebensaktivität aus, sondern es drängt die Außenwelt sogar fortwährend weiter zurück. So wird es auch verständlich, daß ein Stück Silber durch seinen plastischen Zusammenhalt und die große Leitfähigkeit noch mehr als die meisten anderen Metalle ein zusammenhängendes Ganzes darstellt, wobei jeder Teil schnell einbezogen wird in den Zustand des anderen. Gerade beim jugendlichen Lebewesen liegt viel mehr noch als beim alten der Nachdruck auf dem Erhalten eines inneren Zusammenhanges der Teile untereinander und mit dem Ganzen, wenn auch auf höherem Niveau als beim Silber.

Vergleichen wir die Eigenschaften des Bleies noch einmal mit denen des Silbers, dann treten bestimmte Zusammenhänge deutlich hervor. Wir haben gesehen, wie ein Stück Silber, mehr als das bei den anderen Metallen der Fall ist, ein zusammenhängendes Ganzes bildet. Ein Stück Blei ist dagegen viel weniger ein zusammenhängendes Ganzes als ein Stück der andern Metalle. Wenn man Blei auseinanderzieht, bietet es wenig Widerstand und wird leicht zerreißen. Das Blei hat dazu eine nur relativ geringe Wärmeleitfähigkeit, so daß ein Stück Blei gleichzeitig auf der einen Seite ziemlich heiß und auf der anderen ziemlich kalt sein kann.

Das Blei ist viel weniger imstande, Einflüsse von außen zurückzustoßen als das Silber. Im Gegenteil, seine Oberfläche steht der Einwirkung vieler Stoffe offen. Es reagiert dann jedoch oft mit der Bildung einer festen Schicht, die die darunterliegende Bleimasse umhüllt und schützt. – Diese Eigenschaften weisen, wie wir leicht zeigen können, auf Verwandtschaft mit den Kräften in den Lebewesen hin, die das Altern verursachen. Wie wirkt sich das Altern eines Organismus aus? Vor allem sehen wir, daß der enge Zusammenhang der Teile sich im alternden Organismus allmählich lockert. In vielen Fällen werden tote Schichten gebildet. Solche Massen bleiben meistens im Dienste des Organismus, z. B. als Schutzschicht, obgleich sie dem Kräftespiel nach mehr oder weniger der Umgebung überlassen werden. Das heißt aber: die Einflüsse der Außenwelt werden allmählich innerhalb der Grenzen des Organismus zugelassen. Sehr deutliche Beispiele für solche Massen sind die Borke und das Holz der Bäume, die Hörner und das Geweih der Wiederkäuer, die Schalen der Muscheln.

Man kann die Verwandtschaft vom Blei mit den Kräften, die das Altern bewirken, auch noch auf folgende Art zeigen: Das Blei hat, wie wir früher gesehen haben, die spezielle Fähigkeit, Geschehnisse, die sich einmal abgespielt haben, in Abdrücken festzuhalten. Etwas Ähnliches finden wir nun beim alten Organismus. Die toten Massen, die die Pflanzen abscheiden, kann man oft wie ein Geschichtsbuch gebrauchen. An den Jahresringen der Bäume kann man nicht nur die Zahl der Sonnenläufe während der Entwicklung ablesen, sondern sogar vieles vom Klimaverlaufe. An der Gestalt der ausgewachsenen Pflanze kann man meistens den ganzen Verlauf ihrer Entwicklung ablesen, weil nebeneinander stehenbleibt, was nacheinander entstanden ist.

Bedeutende Zusammenhänge treten hervor, wenn wir die Entwicklung der Erdkruste ins Auge fassen. Man kann sogar einen sehr tiefen Eindruck vom Wesen des Bleies bekommen, wenn man es auf diesem Hintergrund betrachtet. Die Erde ist herausgeboren aus beweglichen, von Wärme und Licht durchglühten und durchglänzten Urzuständen. Nur langsam sind die festen Stoffe so dicht und starr geworden, so matt und von Licht und Wärme verlassen, wie wir sie kennen. Einst verhielten Wärme und Licht sich als allesbeherrschende Mächte, dann haben sie den Stoff sozusagen fallengelassen und zum großen Teil der Herrschaft ihrer Gegner, der Schwere und der Trägheit, überlassen. Wichtig ist nun auch, festzustellen, daß wir gerade in dem Teil der Natur, wo die ursprüngliche glühende Beweglichkeit am stärksten in Starrheit und Dumpfheit übergegangen ist, in der Erdkruste, das Gebiet finden, das die Vergangenheit am meisten festgehalten hat. Überall im Gestein findet man Spuren von Prozessen eingezeichnet, die in der Vergangenheit stattgefunden haben.

Jedesmal, wenn wir einen Stoff, der durch Erhitzen glühend-flüssig oder sogar dampfförmig gemacht war, durch Abkühlen gerinnen lassen, spielt sich etwas wie eine Wiederholung der Bildung der Erdkruste ab. Man kann nun gerade mit dem Blei sehr leicht ein fast übertriebenes einseitiges Bild von diesem Erstarren und Dumpfwerden bei dem Übergang von der Anfangsphase in die vorläufige Endphase der Erdentstehung darstellen. Leichter als die meisten anderen Metalle kann man es durch Erhitzen verflüssigen und sogar in Dampfform bringen. Beim Abkühlen wird es sich sofort mit einer festen Schicht bedecken, es wird dabei dumpfer und es verbindet sich tiefer mit der Schwere und der Trägheit als die meisten anderen Metalle. Und mehr als die anderen zeigt es auch die Eigenschaft, was einmal geschehen ist, als Abdruck festzuhalten.

Das Blei ist wirklich in jeder Hinsicht auf die Vergangenheit, auf das, was vorher geschehen ist, orientiert. Es wird z. B. ungewöhnlich stark vom Prinzip der Trägheit bestimmt. Die Trägheit im mechanischen Sinne ist etwas außerordentlich Interessantes. Jede Bewegung weist, insofern sie von der Trägheit bestimmt ist, auf ein Ereignis hin, das vorher stattgefunden hat. Trägesein heißt also, auf die Vergangenheit hinorientiert sein. Ein träger Körper versucht immer fortzusetzen oder festzuhalten, was er einmal als Impuls bekommen hat. Man möchte sogar das Verhalten vom Blei auf chemischem Gebiet in diesem Sinne eine Äußerung der Trägheit nennen. Auch dieses Verhalten weist auf die Neigung, die Vergangenheit festzuhalten, hin.

Zusammenfassend kann man sagen: Es gibt auf verschiedenem Niveau Kräfte in der Natur, die jede Entwicklung auf eine Endform hinlenken möchten, in der ein erstarrtes Bild von dem, was zuerst fließende Bewegung war, festgehalten wird. Es kann sich dabei ebensogut um die Lebewesen, vor allem um Pflanzen, handeln, wie um die Erde als Ganzes. Mit diesen Kräften ist das Blei verwandt.

Das Blei ist in seinen vornehmsten Äußerungen vollständig und einseitig bestimmt von einem Prinzip, das in den Lebewesen und in der Erde erst in den späteren Entwicklungsstadien deutlich hervortritt. Wir können also zusammenfassend sagen: die Eigenschaften des Silbers verhalten sich zu denen des Bleies wie die Eigenschaften des jugendlichen Organismus zu denen des alten.

Die Bedeutung von Blei und Silber für die Kultur

Zum Abschluß unserer Besprechung von Blei und Silber müssen wir darauf hinweisen, daß beide eine recht charakteristische und tief eingreifende Rolle in unserer Kultur spielen. Wir brauchen sie für die wichtigsten Techniken, die der Verbreitung unsrer Kulturinhalte zugrunde liegen. Für die Buchdruckkunst ist immer das Blei von der größten Bedeutung gewesen. Bei der Photographie hat man immer mit Silber gearbeitet.

Die Buchdruckkunst hat es ermöglicht, die Gedanken eines Menschen unbeschränkt übertragbar zu machen. Man kann seine Gedanken auf diesem Wege nicht nur Menschen mitteilen, die weit weg wohnen, sondern sogar solchen, die viel später leben. Den lebendigen Strom der Gedanken muß man aber vorher in Worten einfangen, die Worte müssen wieder in Buchstaben niedergeschrieben und nachher abgedruckt und vervielfältigt werden. Ein lebendiger Strom wird also zum Erstarren gebracht. Wenn man alles bedenkt, was sonst geschehen muß, bis ein Buch wirklich für jedermann erreichbar ist, wird man einsehen, daß es sich hier um einen weitgehenden Abstrahierungs- und Vertrocknungsprozeß handelt. Das richtige Lesen ist also ein Erwecken zu neuem Leben. Es ist höchst merkwürdig, daß man auf einem Bilde, das als eines der ältesten Wiedergaben einer Buchdruckerei gilt, einige Skelette sieht. Sie bedienen die Kunden und sie drehen die Presse. Man hat offenbar gewußt oder geahnt, daß man mit der Buchdruckkunst den Tod in die Kultur hereinholte.

Die Alchimisten nannten das Blei: Gevatter Tod; sie stellten es als ein Skelett mit Sense dar. Das ist schon ein sehr richtiges Bild, denn bis in die Giftwirkungen und die Heilwirkungen des Bleies kann man immer wieder die Kräfte, die das Altern und den Tod bewirken, erkennen. Ob man nun das Blei von der chemischen und mechanischen Seite betrachtet oder von der kulturellen Seite, immer handelt es sich um das Zuendeführen oder Erstarrenlassen einer Bewegung, um das Festhalten eines Früheren.

Dem Silber verdanken wir die Möglichkeit, in größtem Maßstabe und schnell Bilder von Gegenständen oder Vorgängen Menschen zu übermitteln, die sonst nicht in der Lage sind, sie wahrzunehmen. Die Ursache der Unwahrnehmbarkeit kann die räumliche oder die zeitliche Entfernung, es können aber auch die Augen unzureichend sein. Man benützt z. B. das Silber im Spiegelteleskop, um Bilder von Sternen oder Sternengruppen zu erhalten, die für das unbewaffnete Auge verborgen bleiben. Diese Bilder werden meistens photographiert, d. h. mit Hilfe von Silber fixiert. Die Photographien werden entweder wissenschaftlich bearbeitet oder sie werden in Büchern oder Zeitschriften veröffentlicht.

Selbstverständlich verdanken wir auch den Photographien von irdischen Gegenständen einen Schatz von Kenntnissen und einen wahren Reichtum an Eindrücken, die wegen der räumlichen Entfernungen ohne sie nie in diesem Maße direkt empfangen würden. Über den Film, in dem die Bilder wieder zu einem Scheinleben geweckt werden, kann man dieselbe Betrachtung anstellen. Das Silber ist die wahre Zaubersäule, in der man nicht nur die nächste Umgebung, sondern die ganze Welt erblicken kann. Wir stehen jedoch fortwährend vor der Gefahr, das Photographieren und vor allem den Film zu mißbrauchen, indem wir ganz leicht eine Welt von Wahn- und Scheinbildern entfalten können, die nichts Wirkliches wiedergeben und nur dazu dienen, mit unseren Leidenschaften und Emotionen zu spielen.

Das Gold im Metallzustand

Gold unterscheidet sich von den anderen Metallen, die wir hier behandeln wollen, schon rein dadurch, daß es selten als Erz vorkommt, sondern vor allem gediegen. Es wird jedoch als Begleiter von Erzen anderer Metalle gefunden. Gold ist also schon im Metallzustand völlig heimisch auf der Erde, so wie sie heutzutage beschaffen ist. Gold wiegt viel schwerer als die übrigen Planetenmetalle (S. G. 19); ja es gehört sogar zu den schwersten Stoffen, die es gibt. Nur von Platin und einigen Platinmetallen wird es übertroffen (höchstes S. G. 22,5 Osmium). Es ist $1^1/_2$mal schwerer als Blei.

Gold läßt sich so fein walzen und hämmern, daß es allen anderen Stoffen darin überlegen ist. (Goldblattdicke: 0,00014 mm.) Auch kann man Golddraht ziehen, bis er nur noch einen Durchmesser von $^1/_{500}$ mm hat. Mit bloßem Auge ist dieser Draht nicht mehr wahrzunehmen; nur unter bestimmten Umständen kann man ihn wie einen Lichtglanz im Sonnenlicht erkennen. Ein 2 km langer Golddraht wiegt noch kein Gramm. Daraus läßt sich errechnen, daß man 1 cm^3 Gold zu einem Draht von 40 km Länge ziehen kann.

Seine Oberfläche läßt sich ausgezeichnet polieren und zeigt eine starke Spiegelung (Lichtreflexion 85 %). Es übertrifft darin außer Silber alle übrigen Stoffe. *Gold kann durch nichts chemisch angegriffen werden, was frei in der Natur vorkommt;* auch nicht durch Schwefel. In seiner Fähigkeit, Wärme und Elektrizität zu leiten, ist es allen anderen Stoffen überlegen, Kupfer und Silber ausgenommen.

Wir haben Silber als ein beinahe vollkommenes Metall kennengelernt. Beim Gold finden wir einige Eigenschaften noch gesteigert, jedoch beginnt sich gleichzeitig ein Widerspruch zum Metallwesen zu zeigen, und zwar durch die Farbe. Reines Gold zeigt einen prächtigen warmgelben Glanz. Es spiegelt deshalb die Umgebung nicht völlig rein wie das Silber, sondern verleiht jedem Bild eine sonnenhafte Glut. Einerseits ist seine Oberfläche noch unzugänglicher als die des Silbers; andererseits strahlt es etwas von sich selbst durch seine Oberfläche aus. Dem Licht antwortet es mit einer Farbe, die selber dem Licht am nächsten steht. Dieser Stoff, der sich tiefer als andere mit den Erdenkräften verbindet, beantwortet die Beleuchtung durch das Sonnenlicht mit sonnigem Glanz. Gold kann man im Gegensatz zum Silber bei starker Erhitzung zum Glühen bringen. Flüssiges Gold leuchtet im Dunkeln zartgrün.

Was sagt es nun, daß man Goldblättchen von einer Dicke von 0,00014 mm hämmern kann? Es bedeutet, daß man diesen Stoff, der ohnehin nie die Verbindung mit dem Licht verliert, durch rein mechanische Bearbeitung mehr als alle anderen Stoffe schwerelos machen und ihn somit dem Licht näherbringen kann. Zu diesem Zwecke fängt man an, das Gold zu einem dünnen Plättchen zu walzen. Dann schneidet man es in kleine Vierecke von z. B. 1 cm^2. Diese legt man in viereckige Schalen mit Pergamentblättern oder Papier dazwischen aufeinander. Dann werden sie vorsichtig geklopft, bis jedes sich zu einem quadratischen Blatt ausgedehnt hat. Nun wird jedes Blatt wieder in kleine Vierecke geteilt und wieder geklopft. Das wird sooft wie notwendig wiederholt. Für die letzte Bearbeitung verwendet man eine sehr zarte tierische Haut. Auf diese Weise kann man einen Goldklumpen endlos ausdehnen, bis er nahezu nichts mehr ist als zwei gewaltige glänzende Oberflächen. Es ist keine geringe Sache, wenn wir bedenken, daß man von 1 cm^3 Gold ein Blatt von beinahe 100 000 cm^2 oder nahezu 10 m^2 schmieden kann. Hebt man ein Stückchen Goldblatt in die Höhe, so kann man es sozusagen auf die Luft legen, so langsam sinkt es nieder. Hält man eine Gasflamme darunter, so schießt es wieder in die Höhe. Liegt es auf dem Tisch, so flattert es heftig beim geringsten Atemzug.

An diesen Tatsachen erkennt man, worauf es dem Gold ankommt. Es bekleidet sich mit dem Metallgewand, das sich grundsätzlich vom Licht abwendet und verliert doch nie die Verbindung zum Licht. Es dringt tiefer in die Sphäre der Schwere vor als die meisten anderen Stoffe, und dennoch kann man es besser schwerelos machen und es wieder dem Licht entgegenbringen als irgendeinen anderen Stoff. Für das Licht ist kennzeichnend, daß es sich in einer unbeschränkten Ausbreitung auslebt. Wenn nun das Gold alle anderen Stoffe in der Fähigkeit, sich ausdehnen zu lassen, übertrifft, so zeigt es auch in dieser Hinsicht seine darin alle anderen Stoffe übertreffende Verwandtschaft mit dem Licht.

Gold trägt in seinem Wesen eine tiefe Verbindung zum Lichtbereich wie auch zum Bereich der Schwere; es ist derart umfassend, daß es die größte Polarität der Natur umspannen kann. Es braucht nicht zwischen Licht und Schwere zu wählen wie die meisten anderen Stoffe.

Hiermit haben wir zugleich das wunderbare Verhalten des Goldes auf mechanischem Gebiet charakterisiert. Sowohl seinem Wesen nach als auch rein räumlich ist Gold imstande, das Weitliegendste zu verbinden und die breitesten und tiefsten Klüfte zu überbrücken. Ist es doch so, daß Gold seinen inneren Zusammenhang unter Umständen wahren kann, in denen jedes andere Metall längst zerrissen wäre. Das Kultivieren des inneren Zusammenhanges gehört zum Metallwesen im allgemeinen. Das Gold hat es darin am weitesten gebracht.

Vergleich des Silbers mit dem Gold

Indem die Eigenschaften des Goldes auf diese Weise betrachtet werden, wird auf das Wesen des Silbers noch ein Licht geworfen. Es ist, als sei das Silber auf gutem Wege, das Gold zu begleiten, bleibe aber auf halbem Wege stehen. Silber gehört z. B. zu den schweren Stoffen, doch ist sein spezifisches Gewicht nur wenig mehr als die Hälfte des spezifischen Gewichtes von Gold. Es läßt sich außerordentlich flach hämmern, doch bleibt das dünnste Silberblatt fast 20mal so dick wie ein entsprechendes Goldblatt. Obwohl die Oberfläche sehr edel ist, kann sie doch durch einige in der Natur vorkommende Stoffe chemisch angegriffen werden. Und was die Farbe betrifft: Silber ist sehr blank und bleibt also ganz in den Grenzen des Metallwesens.

Für das Hämmern des Silbers gilt zum Teil dasselbe, wie es beim Hämmern des Goldes beschrieben wurde. Auch hier findet eine außergewöhnliche Ausdehnung statt. Dabei wird die Schwere wieder weitgehend überwunden, so daß auch das Silber durch das Hämmern dem Licht entgegengebracht wird. Es bleibt jedoch bei einer stets zunehmenden Möglichkeit der Spiegelung und Bildformung. Silber steht also dem Licht vorher wie nachher abweisend gegenüber; es hat sich wohl verbunden mit der großen Polarität Licht und Schwere, aber es hält sie strenge geschieden.

Gold überbrückt, was Silber geschieden hält.

Die Chemie des Goldes

Wir haben festgestellt, daß in der Natur keine Stoffe vorkommen, die Gold chemisch angreifen können. Wenn man Gold auflösen will, kann man am besten Königswasser verwenden, eine Mischung von Salzsäure und Salpetersäure. Die Wirkung des Königswassers läßt sich auf billige und deutliche Weise zeigen, indem man ein Goldblättchen auf die Flüssigkeit legt. Erfolgt die Auflösung zu langsam, hilft leichtes Erwärmen. Man kann dann beobachten, wie das Goldblättchen stets dünner und durchsichtiger wird, bis es zuletzt ganz verzehrt ist. Die Flüssigkeit hat dann eine gelbliche Farbe erhalten. Im Grunde geht es um die Einwirkung des Chlors, das von der Salpetersäure aus der Salzsäure freigemacht wird. Bringt man ein Goldblättchen in eine Chloratmosphäre, so wird es ebenfalls recht schnell angegriffen, vor allem, wenn es auf feuchtem Filtrierpapier liegt. Auch das ist auf einfache Weise zu zeigen.

Selbstverständlich kann man Gold leicht aus seinen Verbindungen freimachen. Verwendet man eine Lösung von Goldchlorid und beachtet genau die Rezepte der Lehr- und Handbücher, so kann man durch Reduktion eine tief purpurne, weinfarbige Flüssigkeit erhalten. Mit nur ganz wenig Goldchlorid erhält man schon eine kräftige Farbe. Man hat dann eine kolloidale Goldlösung. Unter dem Ultramikroskop kann man unzählige Goldteilchen als tanzende Flitterchen vor schwarzem Hintergrund erkennen. Durch bestimmte Kunstgriffe kann man auch Gold von Glas in kolloidalem Zustand aufnehmen lassen. Ein Teil Gold zu 100 000 Teilen Glas kann noch eine kräftige, leuchtende rosa Farbe geben.

Auch hier zeigt das Gold wieder seine Fähigkeit, sich besonders fein verteilen zu lassen. Und auch hier wieder das großartige Wechselspiel mit dem Licht[1].

[1] Vgl. Seite 170, Kieseltechnik.

Chlor gehört zu den Halogenen. Auch die anderen Halogene können das Gold chemisch angreifen. Die Halogene haben wir kennengelernt als diejenigen Stoffe, die sich gegen den Sauerstoff wehren und sich dadurch der Form der Chemie entgegenstellen, die auf die Sonne hinorientiert ist[1]. Das Gold als Sonnenmetall wird offenbar speziell durch diejenigen Stoffe chemisch angegriffen, die sich der Sonnenwirkung entgegenstellen.

Das Prinzip, dessen Träger das Gold ist

Wir haben das Gold als einen Stoff kennengelernt, der durch die Schwere mehr als die meisten anderen an die Erde gebunden ist, und der zu gleicher Zeit dazu veranlagt ist, ungewöhnlich stark dem Lichte entgegenzukommen.

Beim Silber tritt das Wesen des Metallischen insoweit am ausgesprochensten hervor, als es die Scheidung zwischen Licht und Materie an seiner Oberfläche fast vollkommen durchführt[2]. Das Gold steht in der Fähigkeit der Lichtreflexion nur relativ wenig hinter dem Silber zurück, und dennoch antwortet es von innen heraus auf die Bestrahlung durch das Licht der Sonne. Es widersetzt sich der vollkommenen Scheidung von Licht und Materie, indem es dem Lichte die ihm am meisten verwandte Farbe entgegenstrahlt.

Wenn man das Gold stark erhitzt, fängt es grün zu leuchten an. Es kann also Licht ausstrahlen, wozu das Silber fast gar nicht und die anderen Metalle nur wenig imstande sind. Das Gold wird nur vom Kupfer hinsichtlich der Farbigkeit als auch der Fähigkeit, Licht auszustrahlen, übertroffen.

Man kann das Gold durch bestimmte Bearbeitungen viel weiter ausdehnen und verfeinern, ohne daß es aufhört ein fester Stoff zu sein, als irgendeinen anderen Stoff. Das heißt nichts anderes, als daß man das Gold leichter als andere Stoffe in einen Zustand zu bringen vermag, in den das Licht den Stoff immer bringt, wenn es ungestört wirken kann. Das Licht bewirkt immer eine Verfeinerung und eine Ausbreitung der Materie. Die schönsten Beispiele finden wir u. a. bei den Fruchtfasern[3].

Wo finden wir im großen Ganzen der Natur die Stelle, wo die starke Wechselwirkung zwischen Licht und Materie stattfindet? An der Erdoberfläche. Ohne die Sonne wäre die Erdoberfläche vollkommen starr, öde und farblos, wie das im Norden während der Polarnacht tatsächlich der Fall ist. Durch die Sonne fängt sofort die Farbe an zu glänzen, die Erde antwortet dann mit zirkulierender Bewegung ihrer verschiedenen Prozesse und mit der Entfaltung von Leben. Durch

[1] Vgl. Seite 238, Fluor, Chlor, Brom, Jod.
[2] Vgl. Seite 258, Metallzustand des Stoffes.
[3] Vgl. Seite 198, Magnesiumverbindungen in der Erde und in den Lebewesen.

die Pflanzen vor allem wird der Stoff der Sonne entgegengetragen und mit dem Lichte zu etwas Neuem verwoben. In dieser Begegnung benimmt die Erde sich, als ob sie die Sonne soviel wie möglich nachahmen wollte. Bis in die Materie hinein fängt sie ein wenig zu strahlen an.

Das Gold ist der Stoff, der in überragendem Maße die Anlage hat, auf diese Weise die Sonnenwirkung nachzuahmen und dem Lichte entgegenzustrahlen.

Das erste Auftreten von Kupfer und Eisen als Werkzeugmetall

Bei der Besprechung von Kupfer und Eisen betreten wir das Gebiet der Werkzeugtechnik im engeren Sinne. Wir werden also damit beginnen, kurz die Geschichte von der Gewinnung und der Verwendung dieser Metalle sowie der Entwickelung der Werkzeuge zu skizzieren. Die Geschichte der Werkzeuge ist auch die Geschichte vom Gebrauche des Feuers. Während der Steinzeit wußte man das Feuer für die Bearbeitung des Materials erst wenig zu benutzen. Man mußte sich also auf den Gebrauch von Holz, Bein, Stein u. dgl. beschränken. Von den Metallen konnte man nur das Gold verarbeiten, weil man weder bei der Gewinnung noch bei der Bearbeitung Feuer brauchte. Man könnte also vom technischen Gesichtspunkte aus die Steinzeit auch das goldene Zeitalter oder das Goldzeitalter nennen. Man verwendete aber das Gold nur zu Schmuck und kultischen Gegenständen, kaum jedoch für Werkzeuge.

Das erste Metall, das man für Waffen und Werkzeuge gebrauchen lernte, war das Kupfer. Man kann das Kupfer ohne allzugroße Hitze aus den Erzen erhalten. Das gewonnene Metall konnte man kalt schmieden wie das Gold.

Später fing man an Bronze herzustellen. Bronze ist eine Legierung von Kupfer und Zinn. Das Zinn kann man auch verhältnismäßig leicht aus den Erzen herausschmelzen. Man kann es auch wieder leicht mit Kupfer legieren. Man kann bronzene Gegenstände durch Gießen herstellen, ein Verfahren, das man beim Kupfer nicht anwenden kann. Außerdem konnte man die Bronze in der alten Zusammenstellung schmieden. Auf jeden Fall spielt das Feuer bei der Herstellung und beim Bearbeiten der Bronze wieder eine größere Rolle als im Falle des Kupfers.

Später lernte man dann auch das Eisen aus den Erzen gewinnen. Man brauchte dazu mit Holzkohle als Brennstoff geheizte, kompliziertere und heftiger brennende Öfen. Auch bei der Bearbeitung des Metalls brauchte man Feuer, da man das Eisen besser warm als kalt schmieden kann. In der späteren Zeit entwickelten sich dann allmählich die riesigen Hochöfen, die wir kennen.

Das Eisen als Metall
Das wahre Verhältnis zwischen dem menschlichen Organismus und der Technik

Das reine Eisen zeigt einen schönen Glanz, wenn man es poliert hat. Seine Fähigkeit, Licht zu reflektieren, ist aber etwas geringer als die des Bleies und folglich viel geringer als die von Silber. Das Eisen ist also verhältnismäßig wenig auf das Licht abgestimmt. Die Leitfähigkeit für Elektrizität und Wärme ist viel geringer als die von Gold, von Silber und von Kupfer. Die magnetischen Eigenschaften hingegen sind groß. Das Eisen übertrifft darin alle anderen Stoffe bei weitem.

Das Eisen kann durch Beimischung von anderen Stoffen und durch mancherlei Bearbeitungen die verschiedensten mechanischen Eigenschaften annehmen. Man kann es in einen solchen Zustand bringen, daß es sehr hart wird oder sehr zäh, sehr elastisch oder widerstandsfähig gegen Biegung usw. Man kann es also den verschiedensten Anforderungen, die von den Werkzeugen an ihr Material gestellt werden, geeignet machen. Man kann diese Eigenschaft, die selbstverständlich für die Technik von der größten Bedeutung ist, vielleicht am besten so charakterisieren: Das Eisen hat die spezielle Fähigkeit, sich so bearbeiten zu lassen, daß es seinen inneren Zusammenhang oder seine Form beim Gebrauch als Werkzeug gegen die Umgebung mit größter Gewalt behaupten kann. Die Umgebung muß entweder ausweichen, oder sie muß sich fügen und sich umbilden lassen.

Auch beim Golde haben wir eine alles überragende Fähigkeit, seinen inneren Zusammenhang zu bewahren, gefunden. Diese Fähigkeit beruhte aber nicht auf Abwehr; das Gold fügt sich ganz leicht und gibt den mechanischen Einflüssen von außen nach. Beim Eisen beruht alles auf Kraft und Abwehr.

Eine große Schwierigkeit beim Gebrauch des Eisens ist die außerordentliche Angreifbarkeit für atmosphärische Einflüsse. Es übertrifft alle anderen Schwermetalle in der Schnelligkeit und Gründlichkeit des Rostprozesses. Kaum hat man das Metall mit einiger Mühe freigemacht aus dem erdenartigen Zustande des Erzes, so stürzt es sich von neuem ohne Hemmung in den erdenartigen Zustand des Rostes. Ein glänzender, stark zusammenhängender Stoff wird in eine braungefärbte, verbildete und verkrustete Masse verwandelt.

Diese Erscheinung veranlaßt uns zu einem Vergleich zwischen dem Eisen und dem Blei. Das Blei weicht, wie wir gesehen haben, vor jeder mechanischen Einwirkung zurück, es schließt sich beim Rosten und bei sonstigen chemischen Einwirkungen aber mit einer undurchdringlichen Schicht gegen weitere Einwirkungen ab. Das Eisen ist beim Rosten und bei vielen chemischen Einflüssen der Einwirkung der Umgebung ohne Abwehr ausgesetzt; den mechanischen Einwirkungen hingegen kann es großen Widerstand entgegenstellen.

Das Eisen ist in vieler Hinsicht eng verwandt mit der Erde als solcher. Man findet es in der Erdkruste in außerordentlich großen Mengen. Wenn man ein Stück Eisen magnetisiert, wird es insoweit zum Abbild der ganzen Erde, als es zwei magnetische Pole entwickelt. Beim Rosten taucht es so schnell wie möglich in die Erde unter. Und gerade dieses Metall kann vor allen anderen zum Träger solcher Eigenschaften werden, die wir in unseren Werkzeugen brauchen, um die Stoffe der Erde zu bearbeiten und die Erdenkräfte in Dienst zu nehmen und zu beherrschen.

Wir wollen jetzt kurz einen Blick auf die Vielfältigkeit der Eisentechnik werfen mit dem Ziele, einige Richtlinien für das Ergründen der Technik als historischer Erscheinung zu geben. Es herrschen große Mißverständnisse im Hinblick auf das Wesen der Technik, und zwar ganz speziell über das Verhältnis zwischen dem menschlichen Körper und der Technik. Die Menschheit ist so beeindruckt von ihren eigenen Leistungen auf dem Gebiete von Werkzeugen und Maschinen, daß sie die allüberragende Größe der schaffenden Weisheit im Menschenkörper mehr und mehr unterschätzt. Es gibt ja sehr viele Leute, die glauben, der menschliche Körper sei nichts weiter als eine komplizierte Maschine. Als man die Konstruktionsmethoden für den Bau von starken und dennoch leichten Brükken gefunden hatte, entdeckte man erst, daß unser Körper an stark beanspruchten Stellen unseres Skelettes genau dieselben Prinzipien anwendet. Man konnte den eigenen Organismus also besser begreifen mit Hilfe von Erfahrungen und Einsichten, die man sich beim Bau der technischen Werke erobert hatte. Etwas Ähnliches ist immer wieder der Fall. Studieren wir die Sache genauer, dann finden wir, daß die Technik die Prinzipien zwar in viel größerem Stile anwendet, unser Körper hingegen meistens eine viel weitergehende Vollkommenheit erreicht. Der einzig richtige Schluß wäre gewesen: Wir können in der Technik immer nur einen Teil der Prinzipien, die in unserem Körper seit Urzeiten umfassend und vollkommen verwirklicht sind, anwenden.

Schon vor längerer Zeit wurde dieser Schluß gezogen und eine Reihe Folgerungen daraus richtig ausgearbeitet. 1877 erschien ein Buch «Grundlinien der Philosophie der Technik» von Professor Dr. Ernst Kapp. Man findet bei ihm den Satz: «So ist der Mechanismus die Fackel zur Erleuchtung des Organismus.» Von der größten Bedeutung ist außerdem der von ihm eingeführte Begriff der «Organprojektion». Alle unsere Werkzeuge seien dem Bau oder der Funktion nach Abbilder von Teilen unseres Körpers. Wer ein Werkzeug erfindet oder konstruiert, wird in den meisten Fällen von diesem Zusammenhang nichts oder wenig wissen. Der Technik liegt also eine unbewußte Projektion von Körperteilen oder Körperprozessen nach außen zugrunde. Meistens sind die Werkzeuge stark vereinfacht im Vergleich zu ihrem Vorbild, zugleich aber vereinseitigt und spezialisiert, so daß man für begrenzte Zwecke viel mehr damit leisten kann als mit irgendeinem Körperteil.

Beispiele von Werkzeugen, die mit der Hand zusammenhängen und die also dazu dienen, irgendeine Tätigkeit der Hand einseitig zu verstärken: Gabel, Spaten, Rechen, Meißel, Bohrer, Hammer usw. Aus solchen Werkzeugen sind später oft Werkzeugmaschinen entstanden. Sie funktionieren dann mehr oder weniger unabhängig von der Hand, während sie ursprünglich nur die Aufgabe hatten, die Hand in ihrer Tätigkeit zu unterstützen. Es handelt sich bei den Organprojektionen, die mit der Hand zusammenhängen, oft um solche Werkzeuge, die bei der Umformung der Umgebung helfen. Es handelt sich hier um «eingreifende» Tätigkeiten. Auch Maschinenteile können eine Nachbildung von Arm und Hand sein, wie z. B. die Triebstange einer Dampfmaschine.

Auch solche Apparate, die die Funktionen der Beine verstärken und vergrößern, spielen eine sehr große Rolle in unserem Leben. Und gerade diese wachsen oft zu riesigem Ausmaß an. Wir haben z. B. eine ganze Reihe Apparate und Maschinen, die das Laufen verstärken: Fahrräder, Motorräder, Wagen, Schlitten, Schiffe usw. Dann gibt es die Apparate, die das Stehen verstärken und unterstützen: Brücken, Aussichtstürme usw. Auch zahllose Eisenkonstruktionen wie Straßenlaternen, Radiomaste, die tragenden Teile einer Bahnhofshalle könnte man Stehapparate nennen. In einem Gebilde wie dem Eiffelturm ist die Fähigkeit zu stehen hinausprojiziert und ins Riesige vergrößert. Die bisher erwähnten Beispiele bedeuten nur eine beschränkte Auswahl. Jeder Teil des Menschenkörpers wird nachgeahmt, z. B. die bewegliche Verbindung des Kopfes mit dem Nacken. Die Welt der Technik als ein auseinandergelegter oder sogar zersplitterter Menschenkörper ist ein Gegenstand, der einmal systematisch bearbeitet werden sollte.

Schon seit längerer Zeit wird das Eisen in Funktionen gebraucht, die denen unseres Skelettes ähnlich sind. Bevor man vom Eisen Gebrauch machte, verwendete man meistens Holz. Bei dieser Art «Organprojektion» benutzte man also ein ganz anderes Material als der Körper. Heutzutage hat sich das geändert. Immer mehr wird Eisenbeton verwendet an der Stelle des Eisens. Man hat also einen kalkartigen Stoff eingeschaltet. Die Organprojektion wurde also auf diesem Gebiet so konsequent durchgeführt, daß man nicht nur die Aufbauprinzipien, sondern sogar die Substanz des Körpers nachahmt[1].

Zum Schluß noch das Folgende: Mehr als andere Metalle bietet das Eisen uns die Möglichkeit, gewaltige räumliche Abstände zu überwinden oder sogar zu überspannen. Man kann dabei sowohl an die Verkehrsmittel denken als an die Eisenkonstruktionen wie Brücken, Überdachungen usw. Wir haben hier eine Eigenschaft des Eisens vor uns, die in der Natur wohl nur bei den gewaltigen Bahnen der Meteore deutlich als Erscheinung hervortritt und die dennoch zu dem Wesentlichsten des Eisens gehört. Wie sooft wird eine solche Eigenschaft durch die Technik erst richtig hervorgeholt. Es gehört die Neigung, sich mit dem Größten zu messen, etwas Welteroberndes, zum Wesen des Eisens. Wer sich

[1] Vgl. Seite 188, Etwas über die technische Verwendung kalkhaltiger Stoffe.

vom Eisen inspirieren läßt, wird niemals zugeben, daß etwas Gewolltes unmöglich sei, weil es sich um zu Großes handele. Das Eisen hat etwas Allumfassendes, sich mit allen Gebieten Verbindendes.

Wenn man die Bewegung des Planeten Mars und die Bahn, die er am Himmel beschreibt, vergleicht mit den Bewegungen und den Bahnen von den anderen Planeten, so wird man schon entdecken, daß es sich hier um eine ganz klare Projektion von Himmelsverhältnissen handelt[1].

Das Kupfer als Metall. – Kupfer und Eisen

Das Kupfer wird in der Natur oft mit Eisen zusammen gefunden. In der Technik wird es sogar sehr oft gemeinsam mit dem Eisen verwendet. In vieler Hinsicht ergänzen sich Kupfer und Eisen.

Die auffallendste Eigenschaft des reinen Kupfers ist seine ungemein kräftige Farbe. Wir haben gesehen, daß das Gold mit seiner Farbe die Schranken des Metallzustandes eigentlich durchbricht. Die Fähigkeit, stark zu spiegeln und somit das Licht abzuwehren und die Eigenschaft, bei Beleuchtung mit gelbem Glanz zu reagieren, stehen im Widerspruch zueinander. Das Gold ist mit dem Lichte verwandt trotz seiner außerordentlichen Schwere und obwohl es als Metall das Licht abwehrt. Die Oberfläche des Kupfers ist viel weniger edel als die des Goldes, und die Spiegelungsfähigkeit ist bedeutend geringer (73 %), der Intensität der Farbe nach jedoch wird das Gold vom Kupfer weit übertroffen. Die Farbe des Kupfers spricht nicht nur von Verwandtschaft mit dem Lichte. Bei bestimmter Beleuchtung antwortet es mit feurigem gelbrotem Glanze. Man findet hier nicht eine bescheidene Harmonie infolge eines bewundernswerten Gleichgewichtes, sondern ein stürmisches Sich-Vordrängen. Es ist eigentlich ein Glück für die Zuschauer, daß kupferne Kuppeln und Dächer ihren Glanz ziemlich schnell verlieren und grün werden, denn die flammende Kupferfarbe entfaltet auf dem Hintergrunde des blauen Himmels eine solche gewalttätige Schönheit, daß das Auge sie kaum erträgt. Auch der Farbübergang vom rötlichen Metall zur grünen Patina hat etwas Heftiges, Gewalttätiges.

Wenn man das Kupfer mit dem Silber vergleicht, wird es deutlich, daß es recht wenig Neigung hat, sich hinter den Spiegelbildern zu verbergen. Im Gegenteil, die Bilder treten gar nicht sehr deutlich hervor, weil sie fast überdeckt werden von der Farbe des Kupfers.

Auch bei der Erhitzung benimmt sich das Kupfer recht wenig zurückhaltend.

[1] Siehe Hermann von Baravalle, Die Erscheinungen am Sternhimmel, 4. Aufl. Stuttgart 1962.

Wenn die Temperatur genügend hoch gestiegen ist, fängt es an, mit einer grünen Glut zu leuchten, die viel intensiver ist als die des Goldes. Ein zauberhaftes Bild zeigt sich, wenn das Metall geschmolzen ist und die grüne Flüssigkeit von gelbglühenden, herumwirbelnden Oxydscheibchen durchsetzt ist.

Das Kupfer wird oft in verhältnismäßig reiner Form verwendet. Es ist außerordentlich plastisch, wenn auch viel weniger als Gold oder Silber, und also kalt schmiedbar. Der Kupferschmied kann die verschiedensten Gegenstände aus einer Platte hämmern. Man treibt auf diese Weise große Kessel ebenso wie kleine Gebrauchsgegenstände, wie Vasen mit engem Hals, oder sogar Schmuckstücke.

In der Leitfähigkeit für Wärme und Elektrizität steht das Kupfer nicht weit nach dem Silber. Ein sehr großer Anteil des Kupfers wird zu Leitungsdrähten für Elektrizität verwendet. Man macht aus dem Kupfer also weitausgedehnte Netze. Es handelt sich dabei um eine ununterbrochen in sich zusammenhängende Welt von leitendem Material. Fortwährend werden von außen elektrische Spannungen erregt und ebenso andauernd läßt das Kupfer die Spannungen sich wieder ausgleichen. Die große Leitfähigkeit des Kupfers beruht tatsächlich auf seiner Neigung, Spannungen auszugleichen. In dieser Hinsicht wird das Kupfer nur vom Silber übertroffen.

Und auf dem Gebiete der Wärme finden wir dasselbe. Das Kupfer ist recht brauchbar für Heizröhren und für Kühlröhren, für Siedekessel in Brauereien und Marmeladefabriken. Auch bei solchen Einrichtungen hat das Kupfer eine ausgleichende Aufgabe. Fortwährend werden Temperaturdifferenzen erregt, die vom Kupfer wieder ebenso stetig ausgeglichen werden.

Die Plastizität und die Leitfähigkeit für Elektrizität und Wärme sind Eigenschaften, die bei den Metallen im allgemeinen auf der Neigung beruhen, ein einheitliches Ganzes mit einem inneren Zusammenhang zu bilden. Beim Golde, dem Silber und dem Kupfer erreicht diese Neigung auf verschiedene Art ihren Gipfel.

Man könnte an dieser Stelle noch manche von den Kupferlegierungen besprechen, wir müssen uns aber auf wenige Tatsachen beschränken, weil das für das Weitere genügt. Es gibt eine ganze Reihe von Metallen, mit denen Kupfer legiert wird, mit Zinn zu Bronze, mit Zink zu Messing, mit Gold, mit Silber, mit Aluminium usw. Mit Eisen jedoch wird es verhältnismäßig selten legiert.

Man findet in der Technik hingegen sehr oft eine andere Art des Zusammenspiels von Kupfer und Eisen, indem sie das Material für verschiedene Teile einer Apparatur hergeben oder für verschiedene Apparate, die zusammengehören. Die eisernen Maschinen werden oft mit Hilfe von kleineren kupfernen Teilen vervollständigt. Die starken Schienen der Eisenbahn werden oft von den kupfernen Telegraphendrähten begleitet oder von den kupfernen Zuführdrähten der elektrischen Leitung. «Wegen seiner Zähfestigkeit eignet sich das Kupfer wie kein anderes Metall zu Dichtungen unter hohem Druck, wie zu Verschlüssen von

Autoklaven oder zu Führungsringen an Geschossen»[1]. Das Kupfer hat also eine große Bedeutung für die Maschinen- und Waffentechnik.

Sehr interessant sind in diesem Zusammenhang der Bau und die Wirkung des Elektromagneten. Im Prinzip besteht dieser aus einem mit isoliertem Kupferdraht umwickelten Eisenkern. Sobald man einen elektrischen Strom durch das Kupfer sendet, wird das Eisen magnetisch und wirkt also mit starker Kraft auf die Umgebung ein. Anders gesagt: Sobald man dem Kupfer die Gelegenheit gibt, seine ausgleichende entspannende Tätigkeit auszuüben, wird das Eisen gerade in einen Spannungszustand versetzt. Wird der Magnetismus im Eisen von außen erregt, so tritt im Kupferdraht eine elektrische Spannung auf, die zum Strom werden kann.

Warum gehört der Elektromagnet zu unsern brauchbarsten und mächtigsten Kraftquellen? Weil in diesem Apparat das Wesensverhältnis zwischen Kupfer und Eisen am folgerichtigsten angewendet und genutzt wird. Der Eisenstab und der Kupferdraht stehen an jeder Stelle quer zueinander und dennoch bleiben sie schon rein räumlich im innigsten Zusammenhang. Die Fähigkeit des Spannungsausgleichs und diejenige der Krafterregung zeigen sich hier als Gegensätze, die immer wieder in Zusammenhang miteinander auftreten.

Wir haben hier eines der großartigsten Beispiele einer Regel, die wir schon oft formuliert haben, vor uns: *Wo die Technik Höhepunkte erreicht, werden immer bestimmte Naturprinzipien ganz deutlich demonstriert.* Nur wenn man in vollkommener Übereinstimmung mit den tiefsten Naturgesetzen arbeitet, kann man auf technischem Gebiet etwas erreichen. Es handelt sich dabei oft um solche Gesetze und Prinzipien, die dem Techniker vollkommen unbewußt bleiben und die man auch sonst kaum ausgesprochen findet.

Das Eisen im menschlichen Körper und im Naturganzen
Chemische Eigenschaften

Unser ganzer Körper ist vom Eisen durchzogen. Es bildet die Grundlage für den roten Blutfarbstoff. Es spielt auch eine bedeutende Rolle bei der Pigmentbildung in der Haut und in den Haaren. Es wirkt also in zwei Richtungen mit bei der Farbbildung. Obgleich die Menge des Eisens in unserem Körper nicht groß ist, liefert es einen bedeutsamen Beitrag zu dessen Aussehen.

Das Eisen im Blut ist in starker Bewegung begriffen. Es durcheilt unaufhörlich den Kreislauf und erreicht dabei die fernsten Stellen. Einmal verbreitet es sich mit dem Blute zusammen, um in der Riesenoberfläche der Lungen die Luft zu

[1] Hoffmann: Anorganische Chemie, a. a. O.

berühren, dann wieder zieht es sich zusammen, während es dem Herzen zufließt. Bald stürmt es mit hellroter Farbe hinunter in die Verborgenheit des Körpers, um ziemlich träge und dunkelrot gefärbt wieder zum Herzen zurückzukehren. Beim Untertauchen nimmt es den Sauerstoff mit, und so trägt das Eisen dazu bei, daß das Leben immer wieder geweckt und erhalten wird. Während das Blut in der Tiefe den Sauerstoff abgibt, nimmt es die Kohlensäure auf, um diese in der Lungenoberfläche verschwinden zu lassen.

Das Eisen spielt noch ein zweites Mal die Rolle als Vermittler zwischen dem Sauerstoff und den Körperprozessen. Es ist bei den feineren Prozessen der Gewebe-Atmung eingeschaltet.

Wir haben früher festgestellt, daß man die Eigenschaften der Stoffe, die zum Elementenkreis gehören, in Zusammenhang mit den wichtigsten Aufgaben, die sie in der Natur erfüllen, sehen muß. Wenn man das wichtigste Gebiet kennt, in dem sie auftreten, kann man ihre Eigenschaften geradezu davon ableiten. Diese Regel hat für die Schwermetalle im allgemeinen keine Bedeutung, wohl aber für das Eisen. Wie das Magnesium als Zentrum für das Chlorophyll auftritt, ist der rote Blutfarbstoff bei Mensch und Tier auf das Eisen aufgebaut. Wie man die Eigenschaften des Magnesiums in Zusammenhang mit der Rolle des Pflanzengrüns sehen muß, so ist für das Eisen der Menschenkörper und vor allem das Blut jenes Stück Natur, aus dem man seine Eigenschaften ableiten sollte. Bei allem Auftreten des Eisens in der Natur und in seinen chemischen Eigenschaften wird man fortwährend an seine Aufgabe bei der menschlichen und tierischen Atmung erinnert. In der Natur sind z. B. die Eisenverbindungen genauso allgemein verbreitet wie das Blut im Körper. Wir finden es überall in der Erdkruste, im Wasser und sogar in der Atmosphäre als Meteorstaub. Die Meteore, die von außerhalb in die Atmosphäre untertauchen, nehmen, in soweit sie aus Eisen bestehen, Sauerstoff auf und fallen größtenteils als ein feiner Rostregen herunter[1].

Eine höchst merkwürdige Eisenzirkulation, die wieder weitgehend den Prozessen im menschlichen Körper ähnlich ist, findet man im Wasser und vor allem im Meer. Das Eisen sinkt als unlösliches Ferrihydroxyd nieder, das sauerstoffreich und kohlensäurearm ist, und es steigt wieder auf als gelöstes Ferribicarbonat, das kohlensäurereich und verhältnismäßig sauerstoffarm ist[2].

Ein Stück Eisen, das man dem Wetter aussetzt, fängt sofort an, Sauerstoff unter Mithilfe von Wasser und Kohlensäuregas aufzunehmen. Dieser Prozeß wird nicht gehemmt, sondern vielmehr gefördert von der einmal gebildeten Rostschicht. Er geht immer weiter, bis jeder Metallteil, und liege er noch so tief

[1] Wie das Eisen in bestimmter Hinsicht Eigenschaften hat, die man sonst bei den zwölf Stoffen findet, hat das Aluminium Eigenschaften, durch die man es technisch wie die Schwermetalle verwenden kann.

[2] Siehe Pelikan, Sieben Metalle. Zum Charakterbilde des Eisens: der Atmer unter den Metallen.

unter der Oberfläche, braun und erdig geworden ist. Die Tatsache, daß der Sauerstoff auch hier bis in die tiefsten Schichten eindringt, ist um so merkwürdiger, als die sechs anderen Planetenmetalle ohne Ausnahme auf irgendeine Art dem Rostprozeß Widerstand leisten. Sogar das Kupfer, bei dem der Rostprozeß dem des Eisens am ähnlichsten ist, schützt sich selbst durch die Undurchlässigkeit des einmal gebildeten Rostes. Sogar dieses Hereinholen des Sauerstoffs in die dichte Materie kann man in Zusammenhang mit der Aufgabe des Eisens in unserem Blute sehen.

Der Eisenrost besteht hauptsächlich aus Eisenhydroxyd.

Wenn man Eisen erhitzt, entsteht ein Oxyd, der Hammerschlag (Fe_3O_4). Zuerst sieht man verschiedene Färbungen sich rasch hintereinander wie Schleier über das Metall hinziehen, und bald wird die Oberfläche trüb und sehr dunkel. Man spricht von Anlauffarben. Man kann diese Erscheinungen am leichtesten mit einer Rasierklinge in einer Gasflamme demonstrieren. Die Stelle, die man erhitzt, wird schnell dunkel gefärbt, indem auf der Grenze zwischen dem hellen und dem dunklen Teil ein Saum auftritt mit einer Farbenfolge wie im umgekehrten Spektrum[1]. Ein höchst überraschendes Phänomen! Bei einem chemischen Prozeß treten Farben auf, die den Spektralgesetzen gehorchen.

Jedermann weiß, daß man beim Scherenschleifen oder beim Aneinanderschweißen von Eisenteilen einen Funkenregen zu sehen bekommt. Das Eisen überragt die anderen Metalle in seiner Fähigkeit, Funken zu produzieren. Wenn es als Meteor auftritt, verursacht es sogar funkenartige Lichterscheinungen von kosmischer Größenordnung.

Man kann diese Eigenschaft in den Versuchen zu wunderbaren Erscheinungen steigern. Man braucht nur etwas Eisenpulver im verdunkelten Raum in eine blaubrennende Gasflamme zu blasen oder zu streuen. Man bekommt dann ein zierliches Spiel von kurz aufblitzenden Lichtlinien zu sehen. Hat man ein etwas gröberes Pulver, dann werden die Linien sich sogar wunderbar verästeln. Bei solchen Versuchen sollte man sich etwas Zeit gönnen, und man sollte die Handgriffe etwas variieren. Man wird dann sehen, daß alles immer schöner wird.

Das Eisen ist das einzige von den sieben Metallen, das man leicht in verschiedenen verdünnten Säuren lösen kann. Bei den andern begegnet man verschiedenen Widerständen: sie sind zu edel, oder die entstehenden Salze sind nicht löslich usw. Auch in dieser Hinsicht zeigt das Eisen die geringste Zurückhaltung. Wenn man Eisenpulver in verdünnte Schwefelsäure streut, wird die Flüssigkeit heftig aufbrausen, weil Wasserstoffgas entwickelt wird. Es entsteht eine grüne Lösung von Ferrosulfat ($FeSO_4$). (Wenn das Eisen zweiwertig auftritt, spricht man von Ferroverbindungen.)

Löst man das Eisen in verdünnter Salpetersäure, die stark oxydierende Eigen-

[1] Siehe Goethe, Zur Farbenlehre. Erster Band, Chemische Farben 471–476 und 511 (in Kürschners Nationalliteratur a. a. O. 116).

schaften hat, dann bekommt man eine braunrote Lösung von Ferrinitrat $Fe(NO_3)_3$. (Wenn das Eisen dreiwertig auftritt, spricht man von Ferriverbindungen.) Die meisten Metalle können in zwei oder sogar mehr Wertigkeiten auftreten. Beim Eisen ist diese Eigenschaft von besonderer Wichtigkeit, weil es in der Natur sowohl als in der Chemie fortwährend zwischen den beiden Wertigkeiten oder besser: zwischen einer höheren Oxydationsstufe und einer weniger hohen hin und her schwankt. Vielleicht ist es nützlich, diese Tatsache noch einmal anders und weniger abstrakt auszudrücken. Wenn man von dem Gewichtsverhältnis zwischen dem Eisen und den Stoffen, mit denen es sich verbindet, ausgeht, sieht die Sache so aus: in die Ferroverbindungen tritt das Eisen in verhältnismäßig größeren Mengen und in die Ferriverbindungen in kleineren Mengen ein. Dieses Hin- und Herschwanken des Eisens steht offenbar wieder in engstem Zusammenhang mit seiner Aufgabe bei der Atmung. Man kann wohl sagen, daß das Eisen nahe der Erdoberfläche im allgemeinen zum dreiwertigen rötlichen Zustand hinneigt.

Man kann das Hin- und Herschwanken leicht und schön mit Hilfe des Farbumschlags demonstrieren. Man stelle zuerst eine Lösung von einem Ferrosalz her. Man kann z. B. etwas kristallisiertes Ferrosulfat oder besser Ferroammoniumsulfat in ausgekochtem und schwach sauer reagierendem Wasser lösen. Noch sicherer wird das Resultat, wenn man Eisenpulver in verdünnter Schwefelsäure löst, denn nach der ersten Methode könnte man durch Sauerstoffeinwirkung eine Beimischung von Spuren von Ferrisulfat bekommen. Dann gibt man etwas aufgekochte und wieder gekühlte Natronlauge zu der Lösung hinzu. Wenn alles ganz sorgfältig gemacht wird, bekommt man einen weißen Niederschlag von Ferrohydroxyd. Man wird aber meistens einen grünlichen oder sogar schwarzen Niederschlag bekommen, weil die Anwesenheit geringster Spuren von Sauerstoff schon eine Farbänderung verursacht. Wenn man die Masse jetzt filtriert, wird das Papier mit einem grünen Gelee bedeckt. Wird dieses auseinandergefaltet und während einiger Zeit der Luft ausgesetzt, dann wird die Farbe sich allmählich in ein helles Orangerot verwandeln. Das Ferrohydroxyd wird oxydiert zu Ferrihydroxyd. Etwas viel Schöneres bekommt man, wenn man den grünen Niederschlag in einem Becherglas entstehen und das Ganze durch Tage hindurch ruhig stehen läßt. Man wird dann sehen, wie die braune Verfärbung sich ganz langsam in die Tiefe fortsetzt. Man bekommt Eindrücke, die an einen schönen Sonnenuntergang erinnern.

Da die Schüler meistens zu ungeduldig sind, um einen solchen langsamen Prozeß in Ruhe zu verfolgen, kann man daneben auf ein recht schnelles, wenn auch weniger schönes Resultat hinarbeiten. Man erzeugt einen Ferrohydroxyd-Niederschlag in einem Reagenzglas und läßt es nachher kräftig schütteln.

Man kann ein gelöstes Ferrosalz mit Hilfe von Salpetersäure ganz schnell in ein Ferrisalz verwandeln. Mit einem nicht zu kleinen Becherglas oder einem Erlenmeyerkolben kann man ein recht eindrucksvolles Versuchsbild bekommen.

Innerhalb der leicht grün gefärbten Lösung tritt, sobald man etwas Salpetersäure eingeschenkt hat, eine ganz dunkle Verfärbung, wie eine drohende Gewitterwolke, auf. Kurz nachher wird die Flüssigkeit aufbrausen und braune nitrose Dämpfe ausstoßen. Die Wolke wird schnell verschwinden, und die Farbe wird dann zu einem durchsichtigen Braunrot.

Man geht den umgekehrten Weg, wenn man zu einer braunen Ferrisulfatlösung etwas feines Eisenpulver und etwas Schwefelsäure gibt. Nachdem die Masse tüchtig gebraust hat und wieder ruhiger geworden ist, wird die Flüssigkeit abfiltriert. Man hat dann die grüne Ferrofarbe bekommen. Der entstehende (nascierende) Wasserstoff hat eine Reduktion zu Ferrosulfat zustande gebracht.

Wenn man sich Rechenschaft gibt über die Art, wie das Eisen in unserem Organismus bei der Aufnahme des Sauerstoffs mithilft und wie es ihn bis in die Tiefen des Körpers hinunterführt, so wird man einsehen, daß es sich nicht nur um eine kraftspendende und lebenweckende, sondern auch um eine heilende Wirkung handelt. Man kann tatsächlich mit dem Eisen starke Heilwirkungen ausüben. Wie finden wir solche Wirkungen in der Chemie auf? Als erstes kann man feststellen: es gehen niemals Giftwirkungen vom Eisen aus wie von manchen anderen Schwermetallen. Dann hat es eine auffallende Fähigkeit, schwere Gifte unwirksam zu machen. Das Leuchtgas wird z. B. in der Gasfabrik entgiftet, indem man es durch Eisenerde hindurchleitet. Es entstehen dabei Berliner Blau und Eisensulfid. Im Berliner Blau ist das furchtbar giftige Blausäuregas durch Eisen festgehalten und unschädlich gemacht. Auch die problematische Seite vom Schwefel, die vor allem im Schwefelwasserstoff hervortritt, kann durch Eisen bezwungen werden. Es gibt Prozesse, in denen der Schwefel und das Eisen einander sozusagen herunterziehen, aber auch solche, bei denen sie einander veredeln. Ein furchtbares Bild bekommt man z. B. wenn man eine Lösung von Natriumsulfid und eine Ferrosalzlösung zusammengibt. Wenn man den Versuch in größerem Maßstab macht und auf hellem Hintergrund, wird der Niederschlag sich wie eine finstere drohende Wolke ausbreiten. Pyrit hingegen, natürliches Schwefeleisen, ist sozusagen auf dem Wege Goldqualitäten zu entwickeln.

Chemische Eigenschaften des Kupfers. – Kupfer und Eisen

Das Kupfer wird, der Atmosphäre ausgesetzt, sich mit einer mattgrünen Rostschicht bedecken. Es benimmt sich insoweit ähnlich dem Eisen, als es einen kräftig gefärbten Rost bildet. Die Farbe des Kupferrostes ist jedoch der des Eisenrostes mehr oder weniger entgegengesetzt. Es ist für den Gebrauch des Kupfers von der größten Bedeutung, daß sein Rost undurchlässig ist und also eine schützende Schicht bildet. Während man Eisenkonstruktionen anstreichen muß, entwickelt das Kupfer sozusagen seinen eigenen Anstrich.

Wenn man das rötlich glänzende Kupfer erhitzt, wird es schwarz, weil es sich mit einer Oxydschicht bedeckt. Berührt man diese Schicht mit der Gasflamme, dann tritt die rote Metallfarbe wieder hervor. Das Oxyd wird zu Kupfer reduziert. Man kann diese Erscheinung wieder zu einem großartigen Versuch steigern. Man stelle eine Platte von Rotkupfer (etwa 1 dm lang und breit) so auf, daß die Zuschauer die Fläche gut sehen können. Dann erhitzt man die Platte von hinten, bis sie ganz schwarz geworden ist. Danach berührt man die Platte von vorne mit der Flamme und wartet, bis die rote Metallfarbe innerhalb der Flamme erscheint. Wenn man jetzt die Flamme plötzlich wegnimmt, wird das Metall wieder schwarz werden, nachdem es schnell hintereinander einige herrliche Farben gezeigt hat. Bewegt man die Flamme langsam hin und her, dann nimmt sie sozusagen die Metallfarbe mit, während ihr ein Saum aus recht gesättigten Farben folgt. Je länger man den Versuch fortsetzt und je öfter man die Flamme hin und her bewegt, um so zauberhafter wird das Farbenspiel. Dieser Versuch stimmt mit dem überein, als ein Rasiermesserchen in der Flamme erhitzt wurde. Hier sind die Farben aber viel beweglicher und in jeder Hinsicht großartiger. Es handelt sich wie beim Eisen hier um das umgekehrte Spektrum.

Das Kupfer wird nur von Salpetersäure gelöst, nicht von den anderen Säuren (außer von Schwefelsäure, wenn sie konzentriert und heiß ist). Wir können z. B. Kupferspäne in eine nicht zu kleine Retorte geben. Fügt man jetzt etwas mäßig verdünnte Salpetersäure hinzu, dann wird der Raum sich mit wild herauswirbelnden braunen Dämpfen füllen, während die Flüssigkeit eine tief blaue Farbe annimmt. So erleben wir von neuem einen solchen mächtigen Farbumschwung vom rötlichen Metall zur blauen Flüssigkeit.

Ergreifend schön ist die Bildung des durchscheinend zartblauen Niederschlags von Kupferhydroxyd. Es entsteht, wenn man Natronlauge zu einer Kupfersalzlösung gibt. Man kann diese Erscheinung zu einem ganz großartigen Versuch ausarbeiten[1]. Man kann den Versuch auch umkehren, indem man eine Kupfersalzlösung zu Natronlauge gibt. Die Farbe des Niederschlags tritt dann deutlicher hervor in der farblosen Flüssigkeit. Ganz überraschende Erscheinungen bekommt man, wenn man einen Kupfersulfatkristall in Natronlauge hängt. Ist die Konzentration der Lösung richtig gewählt, so werden Säulen von Kupferhydroxyd entstehen.

Wenn man einen schönen Niederschlag von Kupferhydroxyd erhitzt, wird er ganz häßlich. Die schwarze Farbe von Kupferoxyd tritt hervor. Man kann das auf diese Art frisch gebildete Kupferoxyd gut gebrauchen, um die aufhellende finsternisüberwindende Natur der Säuren zu demonstrieren. Mit etwas Salzsäure oder Schwefelsäure kann man es ganz leicht wieder lösen und in eine durchsichtig blaue Flüssigkeit verwandeln[2].

[1] Wurde unter den Versuchsbeispielen im II. Kapitel, Seite 26, schon beschrieben.
[2] Vgl. Seite 36, Salzbildung aus Säure und Base.

Das Experimentieren mit Kupfer und Eisen wird besonders interessant, wenn man vom Farbenspektrum ausgeht. Mit Eisenverbindungen kann man ganz leicht die Hauptfarben des Spektrums darstellen. Man fängt z. B. mit einer orangeroten Eisenchloridlösung ($FeCl_3$) an. Man verdünnt einen Teil dieser Lösung, um eine gelbe Farbe zu bekommen. Man nimmt wieder einen Teil von der verdünnten Lösung und fügt ein paar Tropfen Säure und etwas Rhodankalilösung (KCNS) hinzu, um eine rote Farbe zu bekommen. Um eine grüne Farbe zu bekommen, stellen wir Ferrohydroxyd her. Ein paar Tropfen Ferrichloridlösung in eine Lösung von gelbem Blutlaugensalz verursachen eine starke blaue Farbe (Berliner Blau). Eine violette Farbe bekommt man, wenn man etwas Eisenchlorid mit einer Gerbsäurelösung (Tannin) zusammengibt (frühere Tintenherstellung). Wenn man zum Abschluß die Resultate dieser Versuche in eine Reihe hinstellt, bekommt man ein Bild zu sehen, dessen Reichtum uns schon überraschen kann.

Sehr eindrucksvolle Versuche kann man machen, indem man mit Kupfer- und Eisenverbindungen sozusagen symmetrisch arbeitet. Man nimmt zwei Beleuchtungsapparate und stellt zwei Bechergläser (oder zwei Erlenmeyerkolben von nicht weniger als 3 Litern Inhalt) oben drauf. Man füllt beide Gläser mit Leitungswasser. In das eine gibt man etwas konzentrierte Kupfersulfatlösung. Wenn die Lösung sich ausgebreitet hat, wird das Wasser schwachblau und durchsichtig sein. Es bildet sich aber ziemlich langsam eine blauleuchtende Trübe. Mit ein wenig Säure kann man die Trübe wieder verschwinden lassen. Man wird beim Auflösen der Trübe ein überraschendes Formenspiel sehen, das man noch fördern kann, indem man die Flüssigkeit mit einem Glasstab in leicht drehende Bewegung versetzt. Es ergibt sich ein Bild, das dem Auflösen der Zirruswolken am Himmel auffallend ähnlich ist.

In das zweite Glas bringt man etwas Eisenchloridlösung. Die Farbe wird anfangs schwach orangebraun sein. Auch hier wird eine Trübe entstehen, die braun leuchtet. Man kann die Trübe mit etwas Säure wieder verschwinden lassen. Das Formenspiel wird viel weniger schön sein als das beim Kupfer, vor allem viel weniger schön gezeichnet. Nun gießt man in beide Gläser etwas Natronlauge. Im ersten Glas wird man zartblaue Kupferhydroxydflocken bekommen, im zweiten braune Eisenhydroxydflocken. Die beiden Versuche stimmen den Prozessen nach bis in die Einzelheiten überein; der Farbe nach bewegen sie sich in den entgegengesetzten Enden des Spektrums hin und her. Das Aussehen der Kupferverbindungen könnte man ästhetisch verfeinert nennen. Die Eisenverbindungen schauen etwas gröber aus.

Wir lösen die beiden Niederschläge mit etwas Säure wieder auf. Dann geben wir zum Eisensalz ein paar Tropfen Rhodankalilösung, wobei tiefrote Farbströmungen auftreten. Zum Kupfersalz wird etwas Ammoniaklösung gegeben, wodurch eine tief ultramarinblaue Flüssigkeit entsteht. Wenn man jetzt ein Spektrum projiziert und die blaue Lösung in die Lichtbahn stellt, dann wird die ganze rot bis gelbe Hälfte ausgelöscht. Die rote Lösung dagegen wird fast das ganze Spektrum auslöschen und nur ein rotes Band übrig lassen.

Nun füllt man zwei große Erlenmeyerkolben fast bis oben mit Leitungswasser und stellt eine neue schwachsäure Kupfersulfatlösung und eine Eisenchloridlösung her. Dann nimmt man einen gelben Blutlaugensalzkristall und taucht ihn vorsichtig in die Eisensalzlösung. Es bildet sich ein Niederschlag, der als Masse dunkelblau gefärbter Flocken niedersinkt. Für diesen Versuch braucht man einen hellen Hintergrund (also eine Mattglasfensterscheibe oder eine beleuchtete weiße Fläche). Dann spült man den Kristall ab und taucht ihn in die Kupfersalzlösung. Man bekommt einen ähnlichen, jetzt aber rötlich gefärbten Niederschlag, der schön leuchten wird, wenn man den Kolben auf einen Beleuchtungsapparat gestellt hat. Bei all diesen Versuchen treten Farben auf, die beim Kupfer und Eisen entgegengesetzt oder wenigstens symmetrisch sind, wenn man das gewöhnliche Spektrum als Maßstab gebraucht. Das gilt sogar, wenn andere Farben als die zu erwartenden auftreten, wie wir zuletzt besprochen haben.

Man kann aus diesen Versuchen ablesen, daß Eisen und Kupfer auch auf chemischem Gebiet genau aufeinander abgestimmt sind. Ihr Gegensatz, der das Verhältnis zwischen den Planeten Mars und Venus spiegelt, tritt auch auf dem Gebiete der Farbe sehr stark hervor.

Mit der Gasflamme kann man Erscheinungen hervorrufen, die auf eine ganz spezielle Verwandtschaft zwischen dem Kupfer und der Welt der Farben hinweisen. Bläst man etwas Kupferpulver in die Gasflamme, wird man keine Funken sehen wie beim Eisenpulver, sondern grünleuchtende Wolken.

Etwas ganz Großartiges entfaltet sich, wenn man ein Häufchen Kupferchlorid auf einem Stein mit einer stark brennenden Gasflamme berührt und erhitzt. Zuerst wird die Flamme grün gefärbt, aber schon bald erscheint ein helleuchtendes Blau von einem dunkelroten Saum umhüllt. Das Ganze wird durchstrahlt von orange Funken. Wenn man sich etwas Mühe gibt, wird man alle Farben entdecken. Es gibt kein anderes Metall, dessen Flamme der Kupferflamme im Farbenreichtum nahekommt.

Macht man denselben Versuch mit Eisenchlorid, so wird man helleuchtende gelbe Streifen sehen, die mit der Flamme mitströmen. Man bekommt einen Eindruck von schlichter Kraft. Von einem Farbenspiel ist eigentlich gar keine Rede.

Über die Prinzipien, deren Träger Kupfer und Eisen sind

Mehr noch als das Gold steht das Kupfer im Widerspruch zu dem Metallwesen. Wir haben gesehen, wie das Silber eine bestimmte Seite vom Metallwesen, die klare Trennung von innen und außen, zum Gipfel führt. Das Kupfer versucht sozusagen die Schönheit der Metalloberfläche noch weiter zu erhöhen, indem es nicht nur die Umgebung spiegelt, sondern soviel wie möglich von seiner eigenen glühenden Farbe hineinmischt. Es sieht fast aus wie ein flammender Protest gegen das zarte keusche Sichselberzurückziehen des Silbers.

Jede Oberfläche in der Natur ist eine Stelle, wo eine Abgrenzung stattfindet. Die reine Scheidung von zwei Gebieten ist wohl meistens die Hauptfunktion einer solchen Grenze. Fast immer treten jedoch zum Beispiel bei den Lebewesen Farben und Zeichnungen auf, durch die vieles von der Natur des Wesens bildhaft zum Ausdruck kommt. In vielen Fällen findet man während der Entwicklung eines solchen Lebewesens sogar eine Steigerung dieser Erscheinung. Die wachsende Pflanze zeigt meistens eine Entwicklungsbewegung im Sinne eines Aufleuchtens zu höchstem Glanz und Schönheit, dem ein Rückfall in ein Wachstumsstadium folgt, das dem Auge wenig zu zeigen hat. Man vergleiche die schön blühende Pflanze mit dem unscheinbaren Samen, mit einem Baumast im Winter, mit einem Wurzelstock. Bei den Tieren begegnet man etwas Ähnlichem. Man denke z. B. an einen Stichling, der während eines Teils des Jahreslaufes ganz bescheiden aussieht, der in der Fortpflanzungszeit aber ausschaut, als ob er in Farben aufflammen möchte. Auch der Mensch und speziell die Frau durchläuft meistens ein Stadium, in dem über die ganze äußere Erscheinung ein Glanz von Schönheit ausgegossen ist. Bei den Lebewesen findet man im allgemeinen dieses Aufglänzen in Schönheit, wenn die gesunde Entwicklung ein Ende oder wenigstens einen Gipfel erreicht. Alles, was zuerst zum Teil als Möglichkeit im Hintergrund stand, ist nun weitgehend zur Verwirklichung gekommen.

Auch das verschiedenartige Aussehen einer Landschaft gehört wohl hierher. Auch sie kann aufglänzen in herrlichster Pracht und dann wieder ganz gewöhnlich aussehen.

Was man sonst nur in bestimmten Lebensstadien oder als vorübergehenden Zustand findet, tritt beim Kupfer ganz einseitig in den Vordergrund. Man könnte vom Kupfer sagen: es ist mehr als die anderen Metalle der Träger des Dranges, sich so schön und so nachdrücklich als nur möglich in der Sphäre der Sinne darzustellen.

Das Eisen hat, wenn es im Metallkleid auftritt, verhältnismäßig wenig zu zeigen. Der Eindruck, den die Oberfläche auf uns macht, ist wie eine Abschwächung desjenigen des Silbers. Die Fähigkeit, Einflüsse abzuwehren und also eine Trennung von innen und außen aufrechtzuerhalten, ist schwach. Am reinen Eisen treten sogar die mechanischen Eigenschaften wenig hervor. Es ist verhältnismäßig weich und nachgiebig. Sobald man es aber mit etwas Kohle mischt oder sogar mit anderen Metallen, bekommt es bedeutende Eigenschaften. Ein Stück Metall wird im allgemeinen nachgeben und seine Form ändern, wenn man es mit einem Hammer schlägt. Ein Stück gehärteter Stahl sieht kaum anders aus als ein Stück weiches Eisen; sobald man es aber mit einem Hammer schwer trifft, steht man vor einer Überraschung. Es antwortet mit hellem Klang und der Hammer wird elastisch zurückgestoßen, ohne daß eine Formänderung auftritt. Ein Draht aus anderem Metall wird, wenn man stark zieht, sich stark dehnen und bald auseinandergerissen werden. Ein Stahldraht wird sich unter größtem Widerstand ein wenig dehnen und nachher elastisch zurückspringen.

Das gut aufbereitete Eisen ist zu den größten Kraftleistungen fähig, die jedoch erst auftreten, wenn ein Angriff von außen kommt. Auch hier handelt es sich also um Eigenschaften, die sich den Sinnen meistens wenig aufdrängen.

Allen möglichen Prozessen, die sich in der Welt abspielen – seien sie in der Erde, im Wasser, in der Luft; seien sie in den Bäumen, die dem Sturme trotzen oder im Skelett von Mensch und Tier, wenn sie sich bewegen –, liegen starke Kraftwirkungen zugrunde. So groß auch die Bedeutung dieses Kräftespiels ist, so wenig achtet man meistens darauf, weil es so wenig wahrgenommen wird. Auch in diesen Kraftwirkungen äußert sich ein starker Drang zur Verwirklichung, zum Dasein. Es handelt sich jedoch nicht an erster Stelle um das Zum-Ausdruck-Bringen des inneren Wesens in die äußere Erscheinung wie beim Kupfer, sondern um Selbstbehauptung gegenüber den mechanischen Einwirkungen der Umgebung und um Kräfte, die es ermöglichen, in die Umgebung einzugreifen, die Bewegung und Umformung verursachen. Jeder Stoff hat selbstverständlich mehr oder weniger teil an solchen verborgenen Kraftwirkungen. Das Eisen jedoch ist der Stoff, in dem das Prinzip dieser Kraftwirkungen am stärksten und einseitigsten seinen Ausdruck findet.

Das Eisen ist mit Recht dem Planeten Mars zugeordnet. Es hat prinzipiell mit Kampf und Krieg zu tun. Kampf ist nur möglich, wenn zwei Mächte oder zwei Wesenheiten einander scharf gegenüberstehen. Und das ist nun gerade ein Hauptmerkmal des heutigen Stadiums der Erdenentwicklung, daß alle Wesen auf Erden, die eigentlich geistiger Natur sind, sich verdichten zu Gegenständen. Denn auch die Lebewesen sind Gegenstände. Die Kräfte, worüber wir vorher sprachen und deren spezieller Vertreter das Eisen ist, sind auch die Kräfte, die dieses Einandergegenüberstehen der Gegenstände aufrechterhalten.

Man könnte leicht dazu kommen, einen Widerspruch zwischen dem früher Gesagten und dem hier Besprochenen zu finden. Wir haben früher gesehen, daß das Eisen sich in gewissem Sinne sehr vordrängt in die Sinnessphäre, indem es viel beiträgt zu der Farbigkeit der Erde und der Lebewesen. Jetzt wird hingegen darauf hingewiesen, daß das Eisen Eigenschaften hat, die wenig für die Sinne hervortreten. Man muß da zwei Seiten des Eisens genau unterscheiden. Einerseits ist es stofflich-quantitativ ziemlich stark beteiligt am Aufbau der Erdkruste. Es gehört sogar bis zu einem gewissen Grade zum Elementenkreis. Insoweit trägt gerade das Eisen in seinen Verbindungen viel zum Aussehen der Natur bei. Bei dem hier Besprochenen hingegen handelt es sich um das Eisen in seiner Verwandtschaft mit den Schwermetallen. Das Eisen im Metallkleid bringt ebenso wie die anderen Metalle ein bestimmtes Naturprinzip rein und einseitig zum Ausdruck, ohne stofflich-quantitativ bei der Wirkung dieses Prinzips an anderer Stelle auch nur die geringste Rolle zu spielen[1].

Es ist sehr lohnend zu bedenken, daß in der Technik, anders als in der Natur, in den meisten Fällen das Metall wohl stofflich angewendet wird, wenn das Prinzip, dessen Träger es ist, zur Geltung gebracht werden soll. Man sollte einmal versuchen, sich einzufühlen in das hin- und herschießende Kräftespiel in einer Brücke oder in einem Werkzeug.

Das Kupfer und das Eisen zeigen insofern eine tiefgehende Übereinstimmung, als beide von einem mächtigen Drang zur Verwirklichung erfüllt zu sein scheinen. Immer wieder findet man bei diesen Metallen fast übertriebene, gewalttätige Erscheinungen. Man kann sie dann auch zu Leistungen, bei denen das Äußerste gefordert wird, gebrauchen. Dieser Drang ist jedoch auf verschiedene Gebiete gerichtet; der vom Kupfer an erster Stelle auf Entfaltung von Schönheit, der vom Eisen auf Kraftäußerungen. Das Kupfer begibt sich insofern ein wenig auf das Gebiet des Eisens, als man auch sehr zähe Materialien daraus herstellen kann. Das Eisen begibt sich auf das Gebiet des Kupfers, insofern es starke Farberscheinungen entfalten kann.

Quecksilber und Zinn im Metallzustande

Das Quecksilber haben wir schon früher als Träger des merkurialen Prinzips besprochen. Dabei wurde die Eigenschaft des Flüssigseins besonders betont[2]. An dieser Stelle müssen wir seine stofflichen Eigenschaften etwas genauer betrachten, vor allem im Vergleich mit denen des Silbers. Auch das Quecksilber ist wenig angreifbar, farblos und klar wie das Silber. Obgleich es immer so glatt ist, als sei es poliert, ist seine Spiegelungsfähigkeit viel geringer als die des Silbers. (Reflektion 73 %) Eine auffallende Eigenschaft des Quecksilbers ist die Neigung, sich in sich selbst abzurunden, die Neigung zur Tropfenbildung. Wenn man eine Menge Quecksilber von einer gewissen Höhe herunterfallen läßt, springt es beim Aufprallen auf dem Boden in zahllosen Tröpfchen auseinander. Die Tatsache, daß es nicht nur sehr beweglich, sondern auch außergewöhnlich schwer ist (S. G. 13,6), trägt viel zu dieser Erscheinung bei. Wenn es gelingt, die Tröpfchen zusammenzubringen, können sie alle wieder zu einem großen Ganzen ineinanderfließen.

[1] Vgl. Seite 257, Vergleich von Quecksilber und Natrium.
[2] Vgl. Seite 256.

Auf einer reinen Metalloberfläche wie z. B. Gold wird das Quecksilber zu einer flachen Schicht auseinanderfließen und keine Tropfen bilden.

Das Auseinandergetriebenwerden und wieder Zusammenfließen kann man nur dann gut sichtbar machen, wenn man gewisse Kunstgriffe anwendet. Sonst wird man leicht gestört durch die Tatsache, daß das Quecksilber an seiner Oberfläche sofort Staub und Schmutz ansammelt. Wir nehmen also einen Erlenmeyerkolben von 150 oder 250 cm^3 und bringen so viel Quecksilber hinein, daß der Boden zu einem Viertel bedeckt ist. Dann wird das Quecksilber mit einer Schicht von destilliertem Wasser bedeckt. Zum Schlusse werden ein paar Tropfen Salpetersäure hineingegeben. Das Quecksilber wird jetzt noch beweglicher sein als vorher und einen sehr schönen Glanz zeigen. Wenn wir den Kolben tüchtig schütteln, wird die Metallmasse immer feiner verteilt werden, bis wir zuletzt einen gleichmäßig grauen Eindruck bekommen. Sobald wir den Kolben wieder in Ruhe lassen, werden die Tröpfchen ruckweise zusammenfließen, bis bald wieder eine einzige Flüssigkeitsmasse entstanden ist. Dieser Versuch wird besonders schön, wenn man ihn von der Sonne bescheinen läßt, oder wenn man in einem Zimmer mit verschlossenen Läden mit einer einzigen starken Lampe arbeitet. Man sieht dann anfangs ein einziges Sonnenbild, das bald in Tausende von immer kleineren Bildchen verteilt und am Schluß wieder hergestellt wird.

Das Quecksilber lädt uns immer zum Spielen ein. Wenn man Druck darauf auszuüben versucht, weicht es aus und fließt unter dem Finger weg. Zieht man den Finger zurück, kommt das Quecksilber auch wieder zurück. Wenn man es leicht schlägt, wird die Oberfläche mit wilden Wellenschlägen reagieren, die allmählich wieder zur Ruhe kommen. Das Quecksilber reagiert auf alles, auch auf die feinsten Einwirkungen. Es gibt immer nach, wird ganz leicht auseinandergetrieben, es kann keine Form oder Stellung festhalten, und dennoch behauptet es sich nachdrücklich.

Vergleicht man diese Eigenschaften nun mit denen der andern Metalle, so bekommt man einen deutlichen Eindruck von der Quecksilbernatur.

Wenn man das Quecksilber in einem offenen Raum stehenläßt, wird es ganz langsam verschwinden, ohne daß man sehen kann, wohin. Erhöht man die Temperatur ein wenig, so wird es schneller verschwinden. Die meisten Metalle sind Stoffe, die durch ihr Gewicht stark an die Erde gebunden sind. Manche von ihnen bestätigen diese Bindung dadurch, daß sie Stoffe aus der Atmosphäre aufnehmen und in den erdenartigen Rostzustand herunterziehen. Das Quecksilber hingegen geht leicht den umgekehrten Weg. Es ist schon bei gewöhnlicher Temperatur imstande, sich aus der Bindung an die Erde zu lösen und sich in die Atmosphäre auszubreiten.

Wir haben bisher schon eine Reihe merkwürdiger Eigenschaften von Metalloberflächen kennengelernt. Das Quecksilber fügt noch eine ganz neue und überraschende Eigenschaft hinzu. Weil es silberähnlich ist, müßte man erwarten, daß es eine scharfe Trennung zwischen innen und außen macht. Und gerade dieses

Metall fliegt selber ganz leicht über seine eigene Oberfläche hinaus in die Umgebung.

Wenn man das Quecksilber in einem geschlossenen Raum erhitzt (z. B. in einer Retorte oder einem Reagenzglas), dann wird es auch von seinem Platz verschwinden, es wird jedoch an kühlen Stellen in Tropfenform oder als Spiegel wieder erscheinen. In diesem Falle fliegt es also wieder durch seine eigene Oberfläche hindurch, jetzt aber in der umgekehrten Richtung.

Man sage nicht, das Quecksilber unterscheide sich in dieser Hinsicht nicht von anderen Metallen, wenn man sie nur genügend erhitzt. Es ist eben typisch für das Quecksilber, daß es solche Erscheinungen bei niederen Temperaturen zeigt, im Gegensatz zu den anderen Metallen.

Die meisten Metalle kann man leicht in Quecksilber lösen. Ausnahmen sind Eisen und einige verwandte Metalle. Wenn man ein Metall mit Quecksilber in Berührung bringt, verliert es also seine Abgeschlossenheit. Es wird vom Quecksilber langsam aufgenommen und verliert dabei seine Eigenform. Das Quecksilber hat im allgemeinen eine große Fähigkeit, sich nicht an Grenzen und starre Formen zu kehren. Wenn man einen goldenen Ring in Quecksilber wirft, wird er nicht nur wegsinken, sondern er wird vollständig verschwinden. Wenn man das Quecksilber vorsichtig wegdampft, kann man schöne, gelbglänzende Goldkristalle bekommen. Legt man ein Stück Silber in Quecksilber, so wird es schwimmen, indem es sich nur wenig über die Oberfläche erhebt, und langsam auseinanderfließen. Man benützt die Fähigkeit des Quecksilbers, Metalle zu lösen, tatsächlich beim Gewinnen von Gold und Silber aus Gesteinen.

Legt man hingegen einen eisernen Ring auf das Quecksilber, dann wird er nur etwa zur Hälfte untertauchen. Man benützt das zum Beispiel, um das Linsen- und Prismasystem eines Leuchtturms schwimmen zu lassen, wobei man Beweglichkeit bei minimalem Widerstand erreicht.

Die Tatsache, daß das Quecksilber zugleich flüssig und schwer ist, war für das Quecksilberbarometer von großer Bedeutung. Torricelli hat das erste Vakuum mit einer Quecksilbersäule herstellen können. Auch heutzutage wird bei der Hochvakuumpumpe noch von Quecksilber Gebrauch gemacht.

Das Quecksilber in der pneumatischen Wanne hat die größte Bedeutung für die Untersuchung von Gasen.

Eine recht große Rolle spielt das Quecksilber auch als Thermometerflüssigkeit.

Man sieht: man braucht das Quecksilber vor allem, wenn man mit Gasen und Wärme arbeiten will, also wenn man mit den beiden obersten Elementen zu tun hat.

Die elektrische Leitfähigkeit des Quecksilbers ist im Vergleich zu der der anderen Metalle gering. Sie hat aber technische Bedeutung bekommen, weil sie im Vergleich zu derjenigen anderer Flüssigkeiten sehr groß ist. Man benutzt das Quecksilber für sehr bewegliche elektrische Kontakte, z. B. im Alarmthermometer und beim Sekundenpendel.

Ebenso wie die Quecksilberoberfläche der des Silbers ähnlich ist, ist es die Zinnoberfläche der des Bleies. Die Spiegelungsfähigkeit des polierten Zinns ist allerdings verhältnismäßig groß (Reflexion 76 %), etwas größer als die des Quecksilbers und viel größer als die des Bleies. Es kann also eine Zeitlang ähnlich wie Silber aussehen. Es behält seinen Glanz auch länger als das Blei. Es wird aber doch langsam matt und grau, vor allem, wenn es den Witterungseinflüssen ausgesetzt ist. Es bietet, ähnlich wie das Blei, tiefergehenden chemischen Einwirkungen einen ziemlich starken Widerstand, obgleich es im eigentlichen Sinne nicht zu den edleren Metallen gehört.

Das Zinn ist ziemlich weich, aber etwas weniger weich als das Blei. Man kann einen Zinnstab nicht brechen, weil er sich lange hin und her biegen und sich sogar wie Ton dehnen und auseinanderziehen läßt. Es sieht also so aus, als ob das Zinn sich wie das Blei Einwirkungen weitgehend fügen würde; wenn man genau acht gibt, spürt man jedoch etwas wie einen leisen Protest. Wenn man ein Stück Zinn biegt, hört man ein zartes Krachen oder Knistern. Man spricht im Scherz vom «Zinngeschrei». Man hat es hier mit der Äußerung eines merkwürdigen Widerspruches zu tun: das Zinn ist zu gleicher Zeit biegsam und zäh und durch und durch kristallinisch. Wenn man die glatte Oberflächenschicht wegnimmt, indem man sie mit Königswasser einreibt, fängt das Zinn zu glitzern an. Etwas außerordentlich Schönes kann man zu sehen bekommen, wenn man Weißblech, verzinntes Eisen, vorsichtig mit Königswasser behandelt. Die Zinnschicht ist so dünn, daß alle Kristalle nur parallel zur Oberfläche liegen können. Nach dem Wegätzen der Oberfläche zeigen sie ein Bild wie von Eisblumen auf der Fensterscheibe, nur zarter: herrlich fächerartig ausstrahlende und dennoch ineinandergefügte zartglitzernde Kristallfiguren. Beim heutigen Blech ist die Erscheinung weniger schön als beim früheren, weil die Zinnschicht allzu dünn ist. Vielleicht sollte man selber versuchen, eine Metallplatte zu verzinnen oder das Zinn dünn auszugießen.

Auf jeden Fall kann man durch das Ätzen einen sehr deutlichen Eindruck von der Zinnatur bekommen. Wenn man dahinterkommt, was die wenig versprechende Außenseite verbirgt, begegnet man einer wunderbar strukturierten Innenwelt, die ganz auf ein fein glitzerndes Spiel mit dem Licht abgestimmt zu sein scheint. Trotz der feinen Struktur wird man jedoch keine Farben sehen.

Das Zinn schmilzt noch leichter als das Blei (Schmelzpunkt 232°). Man kann es also sehr leicht gießen. Man hat früher tatsächlich alle möglichen Gebrauchsgegenstände aus Zinn gegossen. Es hatte sogar eine spezielle Bedeutung für Eß- und Trinkgeräte, weil es kaum angegriffen wird von feuchten oder flüssigen Nahrungsmitteln, und weil es nicht giftig ist. Für Kochtöpfe ist es dagegen vollständig unbrauchbar, weil es im Feuer sofort zu schmelzen beginnt. Zinnlöten ist daher auch sehr schwer. Man hat heutzutage kaum rein zinnerne Gegenstände, weil man sie zu ungeschickt für den Gebrauch findet und vor allem, weil das Zinn zu teuer ist.

Weil für uns vorwiegend die Eigenschaften der Oberfläche von Bedeutung sind, kann man das Zinn recht gut in dünnen Schichten, die von anderen Metallen getragen werden, anwenden. Es hat dazu noch die charakteristische und für uns wichtige Eigenschaft, daß es bei Erhitzung ganz leicht auf anderen Metallen zu einer dünnen Schicht auseinanderfließt, die beim Abkühlen haften bleibt. Man benützt z. B. kupferne Kochkessel und bleierne Wasserleitungsrohre, die innen verzinnt sind, und vor allem ungeheure Mengen verzinnten Eisens. Der größte Teil der Zinnproduktion wird heutzutage zu Weißblech verarbeitet. Früher tauchte man gut gereinigtes Eisenblech kurz in geschmolzenes Zinn. Heutzutage verfährt man auf elektrolytischem Wege. Auf jeden Fall gebraucht man die Hauptmenge des Zinns noch immer für denselben Zweck wie früher, für das Umgehen mit und Aufbewahren von flüssigen oder feuchten Nahrungsmitteln.

Wenn man ein Bild von der Zinnatur gewinnen will, so kann man aus der technischen Anwendung eigentlich alles ablesen, trotzdem diese recht einfach, einförmig und auf den ersten Blick nicht vielsagend ist. Das Zinn wird vor allem da gebraucht, wo man Metalle gegen die Einwirkung von Flüssigkeiten schützen will. Das meiste Zinn findet man also in dünnen Schichten an Stellen, wo fester Stoff und Flüssigkeit voneinander abgegrenzt werden sollen. Man gebraucht das Zinn für eine Aufgabe, die der des Quecksilbers genau entgegengesetzt ist. Wir haben gesehen, wie dieses vor allem die Fähigkeit hat, Grenzen zu verwischen.

Eine Büchse aus Weißblech ist darum so brauchbar, weil das Eisen die Kraft hergibt, mit der sie ihre Form bewahren kann, während die dünne Zinnschicht genügt, um die Flüssigkeit genau an ihrem Ort zu halten. Wäre das Zinn nicht da, so würde die Grenze zwischen Metall und Flüssigkeit bald undeutlich werden. Das Eisen würde angegriffen werden, der Inhalt der Büchse würde einen Eisengeschmack bekommen.

Kennzeichnend für das Quecksilber ist seine ungeheure Beweglichkeit und Verwandelbarkeit; kennzeichnend für das Zinn ist die Fähigkeit, durch das Aufrechterhalten von Abgrenzungen eine ganz bestimmte Ordnung zu hüten.

Ein solch tiefbegründeter Gegensatz wie der zwischen Quecksilber und Zinn äußert sich oft in einer erstaunlich einfachen Weise. Während man das Quecksilber nur handhaben kann, indem man es mit einem Gefäß umschließt, ist das Zinn gerade da brauchbar, wo es gilt, eine Flüssigkeit zu umschließen und an einer bestimmten Stelle festzuhalten.

Es ist wohl erlaubt, den Gebrauch von Zinnlegierungen als Lagermetall vom selben Gesichtspunkte aus zu betrachten. Zwischen den beweglichen Teilen und dem Lager, von dem sie getragen werden, muß eine dünne Ölschicht aufrechterhalten werden. Auch hier muß also für deutliche Abgrenzungen, für schichtweise Anordnung gesorgt werden.

Betrachten wir zum Schluß noch einmal ein Stück Zinn, wie es beim Guß entsteht. Ein Stück Metall, das durch eine zähe, glatte, gewissermaßen abwehrende Haut eine fein differenzierte Innenwelt schützt und verbirgt. Jetzt ist es wohl vollständig klar geworden, daß auch hier alles auf eine Ordnung durch Abgrenzung und Differenzierung hinweist. An erster Stelle werden Außenwelt und Innenwelt sorgfältig geschieden gehalten. Dann sehen wir, wie das Zinn unter der Oberfläche kristallinisch gebildet ist. Das heißt, wir finden zahllose zarte Abgrenzungen, wodurch die Kristalle ihre streng gesetzmäßigen Formen entfalten können. Beim Blei treten die typischen Materie-Eigenschaften Schwere und Trägheit überall in den Vordergrund, die Eigenform hat recht wenig Bedeutung. Beim Zinn handelt es sich gerade um Ordnung und Form.

Vor Jahrzehnten verwendete man dünn ausgewalztes Zinn, Stanniol, für Umhüllung von Schokolade u. dgl. (heutzutage gebraucht man wohl immer Aluminiumfolie). Auf ein bißchen humorvolle Art kam dabei wieder das Wesen des Zinns zum Ausdruck. Etwas ganz Feines, Vielversprechendes, wurde von einer Zinnschicht geschützt und verborgen gehalten.

Für eine tiefere Charakteristik des Zinns kann man von den chemischen Eigenschaften nur wenig Hilfe erwarten. Wenn man das Zinn stark erhitzt, wird es mit einer weißen Flamme verbrennen. Die negative Tatsache, daß auch sonst in der Zinnchemie kaum Farben auftreten, ist wohl kennzeichnend.

Etwas über die Quecksilberchemie

Das Quecksilber hat ein merkwürdiges Verhältnis zum Sauerstoff. Es zeigt darin eine gewisse Flüchtigkeit, die mit seinem sonstigen beweglichen Wesen ganz übereinstimmt. Wenn man es einfach stehenläßt, wird die Oberfläche nicht von der Atmosphäre oder von Sauerstoff in größerer Konzentration angegriffen. Nur vom Ozon wird es bei gewöhnlicher Temperatur oxydiert. Wenn man es jedoch über 300° an der Luft erhitzt, wird es von einer pulvrigen roten Schicht bedeckt. Es entsteht das Oxyd HgO (Merkurioxyd). Das Metall kocht bei 357 °. Bei 400° wird das eben gebildete Oxyd schon wieder in Quecksilberdampf und Sauerstoff zersetzt.

Man kann diese Zersetzung ganz leicht in einem feuerfesten Reagenzrohr zustande bringen. Wenn man es mit der Bunsenflamme erhitzt, wird die Farbe zuerst ganz dunkel werden – und beim Abkühlen dann wieder heller. Dann wird die Masse sehr beweglich; beim geringsten Stoß wird sie hin und her schaukeln, weil sie von der sich bildenden Gas- und Dampfmasse schwebend getragen wird. Über der erhitzten Zone wird sich jetzt ein ringförmiger Quecksilberspiegel bilden. Ein glühender Holzspan, den man ins Rohr hält, wird heftig aufflammen, weil Sauerstoff entweicht. Man muß selbstverständlich sehr achtgeben, daß der giftige Dampf sich nicht im Raum verbreiten kann.

Man kann das metallische Quecksilber leicht in verdünnter Salpetersäure lösen; das Oxyd auch in verdünnter Schwefelsäure. Will man eine verdünnte

Lösung von den Salzen machen, dann muß man dem Wasser immer zuvor ein paar Tropfen Säure zufügen, weil sonst eine Trübe von basischem Salz entsteht.

Gibt man Natronlauge zu einer Quecksilbernitratlösung ($Hg(NO_3)_2$, dann bekommt man einen gelben oder manchmal auch anders gefärbten Niederschlag von Quecksilberoxyd (HgO).

Das Sublimat oder Merkurichlorid ($HgCl_2$), ein Salz, das stark desinfizierende Eigenschaften hat, verdankt seinen Namen der Tatsache, daß es sich leicht verflüchtigt. Bei Erhitzung wird es verdampfen, ohne zu schmelzen, und sich an kühleren Stellen wieder in festem Zustand absetzen. Die Metallchloride zeigen im allgemeinen einen gewissen Grad von Flüchtigkeit; es wird niemand wundern, daß das Quecksilberchlorid noch flüchtiger ist als die andern.

Einer der schönsten Niederschläge, die man überhaupt bekommen kann, kann entstehen, wenn man Quecksilbernitrat und Kaliumjodid zusammengibt. Es bildet sich Quecksilberjodid (HgI_2). Man nehme einen großen Erlenmeyerkolben mit Leitungswasser – ein zu großer Chloridgehalt kann dabei störend wirken – und stelle diesen im verdunkelten Raum auf einen Beleuchtungsapparat. Dann bringt man etwas Quecksilbernitratlösung mit etwas Salpetersäure gemischt in das Wasser. Nun sollte man eine klare Lösung bekommen. Wenn man jetzt tropfenweise etwas Kaliumjodidlösung hineingibt, erhält man einen prächtigen gelben Niederschlag, der allmählich eine lachsrote Verfärbung zeigt und sich endlich als ganz hellrote Schicht am Boden absetzt. Fügt man, bevor es soweit ist, etwas mehr Kaliumjodid zu, dann löst sich der gelbe Niederschlag wieder. Läßt man in eine auf diese Weise präparierte Lösung einen nicht zu kleinen Quecksilbernitratkristall fallen, so daß er auf dem Boden liegenbleibt, und versetzt die Flüssigkeit in eine drehende Bewegung, dann bekommt man einen wunderbaren Wirbeltanz von auf- und absteigenden farbigen Schleiern. Diese Schleier sind ungewöhnlich zierlich und zart. Das Ganze beruht darauf, daß die Prozesse sich über eine Art Grenze hin und her bewegen. An Stellen, wo ein Übermaß an Quecksilbernitrat ist, wird der Niederschlag gebildet; an anderen Stellen, wo ein Übermaß an Kaliumjodid ist, wird er wieder gelöst.

Man bekommt auch sonst meistens recht überraschende Versuchsbilder, wenn man mit solchen Grenzsituationen arbeitet.

In diesem Falle wird uns die rhythmisch-bewegliche Natur des Quecksilbers in einem herrlichen farbigen Bild vor Augen gezaubert.

Die Prinzipien, deren Träger das Quecksilber und das Zinn sind

Wir haben das Quecksilber schon wiederholt als den Träger eines bestimmten Naturprinzips charakterisiert. Wenn man weiß, daß eines der Hauptmetalle Träger eines solchen Prinzips ist, wird es sofort wahrscheinlich, daß auch für die anderen Hauptmetalle etwas Ähnliches gilt. Wir haben diese Prinzipien gesucht und sie tatsächlich gefunden. Man kann leicht zeigen, daß diese Prinzipien einer gewissen Ordnung unterworfen sind, indem sie in polaren Verhältnissen zueinanderstehen. Das hat sich zweimal für je zwei Metallpaare bestätigt; das Gold stand allein an zentraler Stelle. So können wir das Prinzip, dessen Träger das Zinn ist, leichter auffinden, da wir ein polares Verhältnis zu demjenigen des Quecksilbers erwarten dürfen.

Beim Merkurprinzip handelt es sich um ein Durchbrechen von Grenzen, um ein Zur-Wechselwirkung-Bringen von Geschiedenem, um ein Mischen, ein Zirkulieren. Im großen Ganzen der Natur trägt vor allem das Wasser dieses Prinzip. Die Prozesse, die im Sinne dieses Prinzips verlaufen, würden eine allgemeine Verflachung und Formlosigkeit zur Folge haben, wenn es nicht ein entgegengesetzt wirkendes Prinzip gäbe. Es muß sich dabei also um Differenzierungen handeln, die auf klarer Trennung beruhen. Es ist nun höchst lichtbringend, zu bedenken, daß die ganze Natur von einer auf Schichtung beruhenden strengen Ordnung durchzogen ist. Erde, Wasser, Luft und sogar Wärme findet man in Zonen übereinander. Wenn man sich die Wolken anschaut, kann man leicht sehen, daß es auch in der Atmosphäre eine Neigung zu Schichtenbildung gibt. Auch die Erdkruste zeigt schichtweisen Aufbau. Vielleicht darf man bei diesem Prinzip sogar an die Naturreiche denken, die ihren inneren Verhältnissen nach auch übereinandergeschichtet sind. Das Zinn muß mit diesem Naturaufbau, der immer einen sehr weisheitsvollen Eindruck macht, verbunden sein. Ordnung durch Unterscheidung und Überordnung, so könnte man vielleicht kurz zusammenfassend dieses Prinzip nennen. Wie beim Gebrauch des Zinns in der Technik, wird alles an seinem richtigen Platz gehalten.

Es ist ohne weiteres klar, daß dieses «Zinnprinzip», allein wirkend, die Natur zur Erstarrung bringen würde. Das Merkurprinzip bringt immer wieder Beweglichkeit in die starre Ordnung, indem es die Trennungen aufhebt und lebendige Wechselwirkung zustande bringt.

Gipfel im Stoffesbereich – Quarz und Gold

Es besteht ein gewisser Zusammenhang zwischen dem Golde und der Kieselsäure. Das zeigt sich schon auf rein quantitativem Gebiet, denn je kieselhaltiger eine Gesteinsart ist, um so größer ist auch ihr Goldgehalt.

Wir haben gesehen, daß die Kieselsäure der am meisten hervorragende gesteinsbildende und erdkrustebildende Stoff ist. Dem Gewicht nach besteht mehr als die Hälfte der Erdkruste aus Kieselsäure. Das Gold hingegen findet man in der Erdkruste nur in verhältnismäßig geringen Mengen, obgleich man seine Anwesenheit wohl überall feststellen kann. Das Gold zeigt dennoch nicht weniger als die Kieselsäure eine hervorragende Verwandtschaft mit der Erde. In zusammengeballtem Zustande gehört es ja zu den schwersten Stoffen.

Man findet die Kieselsäure zum großen Teil in mehr oder weniger undurchsichtigen Massen. An vielen Stellen zeigt sie jedoch ihre Neigung zur Kristallbildung. Man könnte eine ganze Reihe von gestuften Übergängen aufstellen, beginnend mit noch halb unbestimmt geformten, undurchsichtig weißen und endend mit wasserklaren, sehr scharf profilierten Kristallen. Wenn man letztere aus der Dunkelheit der Erde befreit und in die Sonne stellt, machen sie auf uns den Eindruck, als ob sie geschaffen seien, um Licht zu empfangen. Es entfaltet sich ein zauberhaftes Spiel von Licht und Farben.

Wir haben bei der Besprechung vom Golde gesehen, wie es auch gewissermaßen vorbestimmt ist, dem Licht entgegengetragen zu werden, nur auf ganz andere Art und Weise.

Sowohl die Art, wie die Kieselsäure sich inmitten der dumpfen Gesteinsmassen zu den herrlichsten Quarzkristallen steigert, als auch, wie das Gold sich über die anderen Metalle erhebt, könnte man vergleichen mit dem Auftreten wahrer Ideale, höchster Gedanken inmitten unserer alltäglichen Gedanken. Rudolf Steiner weist in solcher Richtung auf das Gold hin.

Quarz ist Erde, die sich so weit erhebt, daß sie das Sonnenlicht aufnehmen kann. Gold ist Erde, die in der Sonne selber sonnig glänzt. Die Goldsubstanz kann auch fast endlos ausgebreitet werden, ohne den Glanz zu verlieren. Sie verhält sich dabei, als ob sie dem Lichte nacheifern wolle.

Im Quarz und im Gold findet man die höchsten Repräsentanten für den Kristall- und den Metallzustand des Stoffes. Beide zeigen uns auf entgegengesetzte Weise eine grandiose Überbrückung des Gegensatzes zwischen Schwere und Licht, zwischen Erde und Sonne. Diese Stoffe sprechen zu uns von einer Urverwandtschaft zwischen Sonne und Erde. Sie lehren uns, daß alles Irdische, wenn es wahrhaft edel ist, sich auf die Sonne richtet und abstimmt[1].

[1] Vgl. Seite 168, Kieselsäure als Oxyd; Seite 170, Kieseltechnik; Seite 172, Der Quarz und die Sonne.

Abrundung des Ganzen

Der Unterricht in der 12. Klasse

Die Chemie und die menschliche Organisation

In der Einleitung zum ersten Band dieses Buches wurde darauf hingewiesen, daß es nicht möglich ist, eine Wissenschaft auszubilden, die in eine gewisse Tiefe reicht, ohne bewußt vom Menschenwesen auszugehen und wieder zum Menschenwesen zurückzukehren. Wir können nicht anders als vom Menschenwesen ausgehen – wenn das auch oft unbewußt bleibt –, weil wir Menschen selbst die Fragen stellen, deren Beantwortung wir erstreben. Die Form der ausgearbeiteten Wissenschaft wird also in erster Linie durch uns Menschen bestimmt.

Auch das Umgekehrte ist wahr; es gehört zu den wichtigsten Kennzeichen des Menschen, daß er Wissenschaft betreibt. Sein Wohlergehen und seine Entwickelung hängen zum großen Teil von der Wissenschaft und von der Art und Weise ab, wie sie sich entfaltet. Der Mensch verdankt also einen großen Teil seiner Bildung der Tatsache, daß er Wissenschaft betreibt.

Die Wissenschaften übrigens verdanken ihre Form nicht nur dem Menschen, sondern ebensosehr ihrem Gegenstand. Das Gebiet, womit der Forscher sich beschäftigt, hat natürlich einen entscheidenden Einfluß auf die Form.

Wenn man in der angedeuteten Art tiefer auf die Forschungsweise und vor allem auch auf die Erscheinungen eingeht, zeigt es sich, daß das Menschenwesen immer und überall der Mittelpunkt ist, um welchen sich die Welt herumgruppiert. Nun kann man in der Natur verschiedene Schichten unterscheiden und dementsprechend sind die verschiedenen Wissenschaften entstanden, deren jede einer bestimmten Schicht der menschlichen Organisation entspricht, oder jedenfalls entsprechen sollte.

Bei der Physik im engeren Sinn müssen wir uns nicht nur unserer Sinnesorgane bedienen, das Fach als solches ist zum großen Teil ein Studium von Sinnesqualitäten. Die Wechselwirkung zwischen Mensch und Welt über die Sinnesorgane ist eines der hauptsächlichen Forschungsgebiete der Physik, während man, um den Ausgangspunkt für eine gut fundierte Mechanik zu finden, vom Bewegungssystem des Menschen ausgehen müßte.

Die gegenwärtig übliche Chemie gleicht der Physik zu sehr, während man bei ihr von einer ganz anderen Schicht des Menschenwesens ausgehen sollte. In der Einleitung zum ersten Teil dieses Buches wurde schon angedeutet, um was es sich hier in erster Linie handelt. Wir nehmen natürlich viele Erscheinungen, die durch chemische Einwirkung verschiedener Stoffe aufeinander verursacht werden, auch durch die Sinne wahr. Um die wirkliche Wechselwirkung des Stoffes mit unserem Organismus zu finden, müssen wir jedoch tiefer in dessen unbewußte

Regionen hinuntersteigen. In diesen Bereichen steht das Menschenwesen fortwährend vor der Frage: Wie können die Stoffe in die Sphäre der Lebenskräfte aufgenommen und so umgeformt werden, daß sie in den Dienst des Organismus treten? Der Organismus muß hier Kräfte wirken lassen, die ganz speziell auf bestimmte Stoffe abgestimmt sind. Dieses Abgestimmtsein ist jedoch nur dadurch möglich, daß die Stoffe Eigenschaften haben, die sie speziell tauglich machen, in den menschlichen Körper aufgenommen zu werden.

In diesem Buch wurde viel Material verarbeitet, aus welchem diese Anlage bestimmter Stoffe, zum Diener des menschlichen Organismus zu werden, hervorgeht. Wir haben eine Chemie zu entwickeln versucht, aus welcher fortwährend der Zusammenhang mit dem Leben spricht, eine Chemie also, die in ihren inneren Verhältnissen ein Ausdruck des Lebenskräftekomplexes in unserem Körper ist[1].

Eine gut ausgearbeitete Physik sollte in demselben Sinn auf den physischen Leib des Menschen abgestimmt sein.

Die Chemie als Zwischenform zwischen einer organischen und anorganischen Wissenschaft

Wenn wir nun die Wege, die wir beschritten haben, an der Goetheschen Methode prüfen, wie R. Steiner sie in seiner «Erkenntnistheorie der Goetheschen Weltanschauung» dargestellt hat, dann kommen wir zu merkwürdigen Schlußfolgerungen. Behandeln wir die Chemie rein als zum anorganischen Gebiet gehörend, so ist das Resultat unbefriedigend. Es ist nur sehr begrenzt möglich, die Erscheinungen in dem Sinne zu entwirren und zu ordnen, daß wir sie alle auf Urphänomene zurückführen können. Es ist jedoch auch nicht ohne weiteres möglich, die chemischen Elemente so zu behandeln, als wären sie Typen, die sich in immer neuen Formen ausleben, wie wir diese in den Reichen der lebendigen Natur finden können. Es handelt sich hier darum, eine Zwischenform zwischen einer anorganischen und einer organischen Wissenschaft zu entwickeln. Einmal muß man mehr auf bestimmte Urphänomene zusteuern, dann wieder verlaufen die Geschehnisse, als würden sie gelenkt durch etwas, das einem Typus in der Pflanzenwelt vergleichbar ist. In den Kapiteln «Richtlinien zur Didaktik der chemischen Formelsprache» und «Die Gewichtsverhältnisse in der Chemie» kam eine wichtige Regel zum Ausdruck. Dort mußte das Hauptgewicht auf die Tat-

[1] Siehe die Anregung hierzu in dem Kursus von Rudolf Steiner: Der Entstehungsmoment der Naturwissenschaft in der Weltgeschichte, Dornach 24. 12. 1922 – 6. 1. 1923, 7. bis 9. Vortrag.

sache gelegt werden, daß die Eigenschaften sich verbindender Stoffe verschwinden, was bedeutet, daß diese Stoffe, indem sie ineinander übergehen, aufhören zu existieren und ein neuer Stoff oder mehrere neue Stoffe mit ganz neuen Eigenschaften entstehen. Dies muß wohl als eines der charakteristischsten Urphänomene der Chemie angesehen werden.

In den Kapiteln, die den Eigenschaften und Umformungen bestimmter Stoffe gewidmet sind, kamen dagegen Erscheinungen und daran anknüpfende Gedankengänge zum Ausdruck, die mit dem Vorhergehenden im Widerspruch zu stehen scheinen. Wir können z. B. bei den Wasserstoffverbindungen in der Regel die Neigung zur Flüchtigkeit und zu großer Beweglichkeit wiederfinden. Bei den Natriumverbindungen haben wir oft Eigenschaften, die das Lösen in Wasser oder das Sich-Verflüssigen fördern, wiedergefunden. Erfährt ein chemisches Element in seinen Verbindungen auch noch so tiefgreifende Veränderungen, sein Charakter – oder wir dürfen vielleicht sogar sagen seine Idee – bleibt als Modus des Auftretens und Wirksamseins bis in seine Verbindungen hinein bemerkbar. Das Verhalten der Stoffe erinnert, so betrachtet, also doch an die Typen in der Pflanzenwelt. Jede Pflanzenfamilie wird durch solch einen Typus bestimmt. Man hat also einen Lilientypus, einen Rosentypus, einen Grastypus. Jede Art einer solchen Familie unterscheidet sich von allen anderen und doch erkennt man den Typus deutlich in ihr wieder, nicht nur im Stand der Blätter, den Zahlenverhältnissen der Blüte usw., sondern auch in weniger deutlich zu charakterisierenden Eigenschaften, wie Lebensstil, Beziehung zur Umgebung usw. Der Familientypus (oder das Familienurbild, wenn man das deutlicher findet) durchläuft also alle möglichen Formen, die als Arten erscheinen. Man kann den Zusammenhang zwischen den Arten nur finden, wenn man den Typus innerhalb ihrer verschiedenen Metamorphosen verfolgt. In diesem Sinne könnte man auch bei den Stoffen von Metamorphosen sprechen. Hier stoßen wir auf eine Schwierigkeit in der Namengebung. Sagen wir: ein chemisches Element kann in einer Reihe von Metamorphosen auftreten, so ist dies nicht richtig. Das Element selbst ist nur eine Metamorphose des Stofftypus. Man müßte also unterscheiden zwischen dem Schwefel, den man als ein Stück Materie in der Hand halten kann, und dem Schwefelprinzip, das darin verborgen liegt. Man darf vielleicht vom Urschwefel sprechen. Der Urschwefel weist hin auf eine Dynamik, die im Stoff verborgen liegt und die sowohl in den Eigenschaften des Schwefels in Form eines Elementes, als der Schwefelverbindungen zum Ausdruck kommt. Die Stoffeswelt ist vergleichbar einem Flechtwerk, aus den Stofftypen, dem Urschwefel, dem Ursauerstoff usw. gewoben. Die Eigenschaften einer Verbindung werden bestimmt durch die Art, wie die an ihr teilnehmenden Stoffe ineinander geflochten sind und dadurch zusammenwirken. Bei den chemischen Elementen werden die Eigenschaften durch einen einzigen Typus bestimmt. Daher nehmen sie gewöhnlich eine einseitige, starre Form an.

Es ist also nicht der Stoff selbst mit seinen physikalischen und chemischen

Eigenschaften, der unter den verschiedensten Umständen erhalten bleibt, sondern dasjenige im Stoffe, dessen Ausdruck die Eigenschaften ja nur sind. Beinahe könnte man es wagen, von einer Erhaltung des Stoffstiles oder Stoffcharakters in Analogie zum Gesetz von der Erhaltung der Materie zu sprechen. Aber wie man die Dinge auch formuliert, man sollte tatsächlich damit rechnen, daß die Chemie bestimmt ist durch zwei fundamentale Regeln, die scheinbar im Widerspruch zueinander stehen. Für die mehr äußerlichen Eigenschaften der Stoffe, also speziell für diejenigen, die sich unmittelbar den Sinnen kundtun, gilt die Regel vom Verschwinden und Erscheinen der Eigenschaften bei der chemischen Verbindung oder Analyse.

Die andere Regel gilt speziell für die Seite des Stoffes, durch die er im Zusammenhang mit dem großen Weltganzen steht. Es handelt sich hierbei um die ganz spezielle Aufgabe, um den besonderen Platz, den jedes Element als Träger dieses oder jenes Weltprinzipes hat. Es handelt sich um die innere Dynamik des Stoffes, die den Stil seines Auftretens bestimmt und zu der man weniger durch die Sinne als durch die zusammenfassende Gedankenaktivität vordringt.

Stoff und Leben

Wenn man nun auf die Bedeutung der verschiedenen Stoffe und speziell der chemischen Elemente für das Leben achtet, könnte es scheinen, als könne der Stoff die Eigenschaften, die er draußen hat, auch im Innern der Lebewesen entfalten. Die Organismen gebrauchen da Natriumverbindungen, wo Flüssigkeiten zirkulieren müssen oder wo etwas sich verflüssigen soll, und Calciumverbindungen da, wo fester Halt oder Umhüllung nötig ist, also überall, wo die Erdenkräfte in Anspruch genommen werden müssen. Studiert man die Tatsachen genauer, so ergibt sich jedoch etwas anderes. Insofern ein Stoff der Träger eines bestimmten Weltprinzipes ist, wird er dieses in der Tat im Lebewesen zur Wirkung bringen. Das Lebewesen muß sich sogar gewisser Stoffe bedienen, um an den Prinzipien teilzuhaben[1].

Bevor es jedoch soweit ist, muß ein Stoff aufgenommen werden, und zwar in einem Zustand, der dem Organismus ganz fremd ist. Die Pflanzen nehmen die Stoffe unmittelbar aus der anorganischen Natur auf. Sobald dies geschehen ist, setzen die Umwandlungen ein, die nur dann begreiflich sind, wenn man annimmt, die gewöhnlichen anorganischen Eigenschaften der Stoffe seien aufgehoben oder sogar in ihr Gegenteil verkehrt. Was für Eigenschaften sind das? Chemische Affinität, Farbe, Schmelzbarkeit, Flüchtigkeit usw., es sind Eigenschaften, durch welche die Wechselwirkungen innerhalb der anorganischen Natur zustande kom-

[1] Siehe z. B. Das Kapitel über den Kalk, Seite 173.

men. In den Lebewesen dagegen besteht eine ganz andere Wechselwirkung. Schon beim ersten Eintreten in das Lebewesen geht dieses mit den Stoffen um, als bestehe die gewöhnliche Affinität nicht. Auf großzügigste Art und Weise werden vom Leben ja Umsetzungen vorgenommen, die außerhalb des Lebewesens kaum möglich erscheinen. Eines der großartigsten Beispiele ist die Umwandlung von Kohlensäure und Wasser in Stärke und Sauerstoff bei der Kohlensäureassimilation.

R. Steiner spricht in der Tat von einem Freimachen der Stoffe aus den anorganischen Kräften und Einschalten in diejenigen Kräfte, die das Leben erhalten. Er beschreibt diese Kräfte exakt. Eine ihrer Haupteigenschaften ist die, daß sie in jeder Hinsicht den anorganischen Kräften entgegengesetzt sind. Während diese von einem Mittelpunkt aus wirken, wirken jene aus dem Weltenumkreis herein, also nicht jedesmal von einem andern Punkte des Weltenumkreises aus, sondern immer vom ganzen Umkreis zugleich[1]. Er nennt diese Kräfte die ätherischen Bildekräfte.

Eigentlich hat man es beim Lebensprozeß mit zwei Hauptbewegungen zu tun. Erst werden die Stoffe aufgenommen, aus dem anorganischen Kräftespiel befreit und den ätherischen Bildekräften übergeben. Dann lassen diese sie allmählich wieder los, und sie werden den anorganischen Kräften von neuem überlassen. Inzwischen haben sie jedoch solche Strukturen und solche Eigenschaften erhalten, wie sie dem bestimmten Lebewesen, das sie aufgenommen hatte, artgemäß zu eigen sind. Sie kommen also nicht ganz von diesem Wesen los, sondern bleiben in seinem Dienst und bringen eine Verbindung mit den Kräften der anorganischen Umgebung zustande, die zu diesem Wesen stimmt. Sie sind gleichermaßen von ihm geprägt. Ein deutliches Beispiel solch eines Stoffes, der auf dem Rückweg ist und doch den Dienst nicht aufgibt, ist die Rindensubstanz des Baumes. Entsprechendes gilt auch für das Holz.

Stoff und Bewußtsein

Rudolf Steiner zeigt in dem Werk über die Heilkunst, daß der Verlauf der Dinge bei Mensch und Tier komplizierter ist, als bisher beschrieben wurde. Ebensoviel Spannung und sogar Gegensätzlichkeit besteht zwischen dem Tierischen und dem Pflanzlichen wie zwischen dem Pflanzlichen und dem Mineralischen. Das Tierreich kann nur auf Kosten des Pflanzenreiches leben. Jedes Tier muß außerdem imstande sein, das Pflanzliche in sich, d. h. das reine Leben, zu überwinden und in den Dienst eines Kräftespieles zu stellen, das wieder um eine Stufe höher

[1] Siehe die ersten Kapitel des Buches «Grundlegendes für eine Erweiterung der Heilkunst nach geisteswissenschaftlichen Erkenntnissen», a. a. O.

steht. Alle Prozesse verlaufen im Tier wieder auf ganz andere Weise und nach ganz anderen Gesetzen als im Pflanzenreich. Die aufgenommenen Stoffe müssen sich nicht nur den Kräften fügen, die dem Leben Form geben, sondern außerdem noch den eigentlich tierischen Kräften.

Im Menschenreich verlaufen die Prozesse so, daß auch noch das Tierische überwunden wird und die aufgenommenen Stoffe sich Kräftewirkungen hingeben müssen, die noch um eine Stufe höher stehen.

Bei den Pflanzen äußert das Leben sich hauptsächlich im Anlegen und Entfalten stets neuer Formen. Bei den Tieren ist das Wachstum im allgemeinen auf eine scharf umrissene Endform hinorientiert. Um diese zu ermöglichen, muß natürlich die pflanzenhafte Neigung, immer neue Formen zu bilden, zurückgedrängt werden. Die tierische Gestalt ist so aufgebaut, daß im Zusammenhang mit den Sinneswahrnehmungen ein gewisses Bewußtsein aufleuchten kann. Das Tier erlebt Emotionen, die wieder zu bestimmtem Verhalten Anlaß geben. Das Tierische lebt sich weniger im Aufbauen von Formen als in geformten Bewegungen aus. Das Bewußtsein ist bei den Tieren ganz an die Wahrnehmung der Umgebung, an das Gewahrwerden der Prozesse innerhalb der Organe und an die körperliche Aktivität gebunden.

Was das menschliche Bewußtsein auszeichnet, ist, daß es sich ganz von den körperlichen Prozessen befreien kann. Wenn das Gedankenleben ungestört verläuft, hat es einen Inhalt und eine Form, die nicht vom Körper her bestimmt werden, sondern vom Gegenstand, dem es sich zuwendet. Das Denken wird durch den Körper ermöglicht, es wird von ihm getragen und zugleich kann es unabhängig von ihm sein. Dies müßte man eigentlich als ein Wunder betrachten. Um es möglich zu machen, braucht der Mensch nicht nur seine wohlausgewogene aufrechte Menschengestalt, sondern es müssen außerdem in seinem Körper die typisch tierischen Prozesse überwunden und auf eine höhere Stufe gehoben werden. Das Verarbeiten des aufgenommenen Stoffes verläuft so, daß nicht nur das Pflanzliche gedämpft, wodurch ein an den Körper gebundenes Bewußtsein entsteht, sondern außerdem das Tierische so zurückgedrängt wird, daß das Bewußtsein sich im Denken vom Körper befreien kann.

Chemie auf vier Ebenen

Will man jemals bis ins letzte begreifen, wie es möglich ist, daß der Menschengeist sich durch einen stofflich-körperlichen Träger offenbart, ohne in seiner Wirkung von den Stoffesprozessen bestimmt zu werden, so muß man das soeben Angedeutete als ein Arbeitsprogramm betrachten. Nicht nur den Körper als Träger des Menschengeistes wird man auf diesem Wege begreifen, man wird auch den Stoff nur auf diesem Wege bis in seine Tiefen hinein ergründen. Der

Stoff hat nicht nur anorganische Eigenschaften, hat nicht nur die Anlage, von den Pflanzen aufgenommen und verarbeitet zu werden, sondern er hat auch noch die Anlage, zum Aufbau des tierischen und schließlich des menschlichen Leibes dienen zu können. Erst wenn dies ganz deutlich ins Tageslicht gerückt ist, wird die Chemie eine Form bekommen, durch die sie ein Teil des allumfassenden Weltbildes sein kann, in dem der Mensch in der Mitte der Welt steht und die Welt sich um ihn als ihre Zusammenfassung und ihren Mittelpunkt hinorientiert. Die Chemie sollte also nicht nur biozentrisch sein, wie Henderson es verlangte[1], sondern vielmehr *homozentrisch.* Sobald man erst im Menschen selbst die Wirkungen des Stoffes in vier Ebenen wird unterscheiden können, wird man auch imstande sein, für die Naturreiche eine Chemie zu entwickeln, die in bezug auf ihre Gesichtspunkte vollständig ist. Dann erst würden sich die Stoffe in ihrem wahren Wesen enthüllen.

Es gibt Andeutungen von R. Steiner, wonach er die Behandlung der *Vierheit der Ebenen* sogar als eine Notwendigkeit für den Unterricht in der 12.Klasse betrachtet, sei es auch auf einfache Weise.

Die wirkliche Überwindung des Materialismus
Die Aufgabe des Chemieunterrichts in der 12. Klasse

Warum ist das eigentlich so notwendig? Weil nur auf diesem Wege der Schüler ein fundiertes einheitliches Weltbild mitbekommen kann, wie wir bereits gesehen haben, und weil es schwierig oder sogar unmöglich ist, ohne diese Einsichten den Materialismus im einzelnen Menschen und in der Kultur zu überwinden.

Was ist der wichtigste Punkt, um den es dem Materialismus eigentlich geht? Die Überzeugung, daß das Denken ganz abhängig von den körperlichen Prozessen und also eine Art Fortsetzung dieser Prozesse ist. Ernst Haeckel, der später einer der größten Propagandisten des Materialismus geworden ist, war in seiner Jugend ein tief gläubiger Mensch. Während seines Studiums hörte er die Vorlesungen Virchows, der mit allen ihm verfügbaren Mitteln nachzuweisen trachtete, daß ein ursächlicher Zusammenhang bestehe zwischen der Gehirnstruktur und dem Denken. Er zeigte z. B., daß durch das Entfernen bestimmter Gehirnteile gewisse geistige Funktionen ausfielen. Das war entscheidend für Haeckel. Für unsere ehemaligen Schüler sollte es das nicht sein.

Die Überwindung des Materialismus ist schon lange nicht mehr eine Frage der Weltanschauung und der Überzeugung allein. Die Heilkunde z. B. hat immer mehr Formen angenommen, die sich auf den Gedanken stützen: Wir können,

[1] The fitness of the environment, a. a. O. Vgl. auch Seite 11, Einseitigkeiten im gegenwärtigen Chemieunterricht und ihre Überwindung.

dürfen und müssen sogar den Menschen als eine Maschine behandeln. Man bringt z. B. bestimmte Stoffe in den Körper, die man Heilmittel nennt, und versucht damit gewisse Effekte hervorzurufen, jedoch ohne mit den feineren Prozessen der vier Ebenen zu rechnen. Fortwährend wird so die menschliche Ordnung gestört, und das bedeutet eine fortwährende Gefahr, den Geist zu beeinflussen und sogar an die stofflichen Prozesse zu binden. Jedoch kann der Geist nur bei einer bestimmten Ordnung der Prozeßstruktur frei vom Stoffe wirken.

Und nicht anders ist es mit der Ernährung. Man fügt den Nahrungsmitteln chemische Stoffe bei, ja, man probiert sogar, Nahrungsmittel auf chemischem Wege herzustellen. Man greift auf alle mögliche Art und Weise mit chemischen Düngemitteln und Giftstoffen in die Entwickelung der Kulturpflanzen ein. Auch auf diesem Wege werden Stoffe und Prozesse in den menschlichen Körper versetzt, die gewaltsam das feine Spiel der Stoffe und Kräfte beeinflussen.

Das erste, was daher nötig ist, ist die Einsicht, daß die Prozesse im Menschen ganz anders verlaufen als draußen. Das zweite ist eigentlich eine Fortsetzung des ersten. Man muß eine Chemie entwickeln, die der Existenz der vier Naturreiche Rechnung trägt und die vier Ebenen in der menschlichen Organisation berücksichtigt. Diese zwei Forderungen sind die Hauptgesichtspunkte für den Chemieunterricht in der 12. Klasse.

In diesem Buch ist nur ein erster Anfang mit der Ausarbeitung dessen gemacht, was eigentlich ausgearbeitet werden sollte. Es findet sich darin zwar einiges Material, das für eine Chemie auf vier Ebenen brauchbar ist, das eigentliche Problem jedoch ist noch nicht bearbeitet. Ich glaube auch, daß es richtig ist, erst die fundamentalen Erscheinungen so klar und durchsichtig wie möglich in ihrem kosmischen und menschlichen Zusammenhang herauszuarbeiten und dann erst weiter zu bauen. Aber dieses Weiterbauen um den Menschen herum muß auch geschehen. Wer wird es tun? Eigentlich bekommen nur diejenigen, die sich auf den Arztberuf vorbereiten, genügend brauchbares Material dazu in die Hände. Die Biologen und Geologen kommen zwar mit einer Menge Erscheinungen, die sich auf die Erde und auf das Leben der Natur beziehen, in Berührung, lernen jedoch gewöhnlich nichts über den Menschen. Die Chemiker haben das schwerste Los; sie müssen ihren Weg zum Menschen und zum Leben noch ausschließlicher als die anderen auf eigene Faust suchen, denn meist haben sie während ihres Studiums hierzu ganz und gar kein Material bekommen.

Aber selbst der Arzt wird die größte Mühe haben, diesen Weg zu Ende zu gehen, weil seine einstudierten Denkgewohnheiten ihn behindern.

Wenn wir also jemals eine Kultur aufbauen wollen, in welcher der Materialismus bis in die Heilkunde und in die Ernährung hinein überwunden wird und in welcher der Mensch als Geistwesen wieder vollauf zu seinem Rechte kommt, so werden vor allem diejenigen sich ans Werk machen müssen, denen die neuen Wege, sei es auch nur andeutungsweise, in ihrer Jugend schon gewiesen worden sind.

«Menschenkunde und Erziehung»

Schriften der Pädagogischen Forschungsstelle beim Bund der Freien Waldorfschulen

3 GERBERT GROHMANN
Zur ersten Tier- und Pflanzenkunde in der Pädagogik Rudolf Steiners
2. Auflage, 148 Seiten, kartoniert

7 ERNST BINDEL
Logarithmen für jedermann
Elementare Einführungen mit Hinweisen auf höhere Gesetzmäßigkeiten.
2. Auflage, 98 Seiten, kartoniert

8 WILLI AEPPLI
Sinnesorganismus – Sinnesverlust – Sinnespflege
Die Sinneslehre Rudolf Steiners in ihrer Bedeutung für die Erziehung.
4. Auflage, 113 Seiten, kartoniert

12 FRITS H. JULIUS
Stoffeswelt und Menschenbildung
Teil 1: Chemie an einfachen Phänomenen dargestellt.
2. Auflage, 86 Seiten, kartoniert

20 FRITS H. JULIUS
Grundlagen einer phänomenologischen Chemie
Teil 2: Stoffeswelt und Menschenbildung.
2. Auflage, 320 Seiten, kartoniert

23 FRITS H. JULIUS
Das Tier zwischen Mensch und Kosmos
Neue Wege zu einer Charakteristik der Tiere.
2. Auflage, 324 Seiten, kartoniert

25 **Erziehung zur Freiheit**
Die Pädagogik Rudolf Steiners. Bilder und Berichte aus der Internationalen Waldorfschulbewegung.
Text: FRANS CARLGREN, Bildredaktion: ARNE KLINGBORG.
5. Auflage, 208 Seiten mit 250 meist farbigen Abbildungen, Leinen mit Schuber

31 FRITS H. JULIUS
Entwurf einer Optik
Zur Phänomenologie des Lichts.
Hrsg. v. J. Kühl.
264 Seiten mit 40 schwarzweißen und 2 farbigen Abbildungen, gebunden

33 ERNST MICHAEL KRANICH
Die Formensprache der Pflanze
Grundlinien einer kosmologischen Botanik.
2. bearbeitete und erweiterte Auflage,
203 Seiten mit 64 Zeichnungen, kartoniert

40 REX RAAB und ARNE KLINGBORG
Die Waldorfschule baut
Die Architektur der Waldorfschulen 1920–1980.
288 Seiten mit 440 schwarzw. und 24 farb. Abbildungen, gebunden, mit Schuber

44 JULIUS HEBING
Welt, Farbe und Mensch
Studien und Übungen zur Farbenlehre und Einführung in das Malen.
Hrsg. von Hilde Berthold-Andrae.
237 Seiten, mit zahlreichen schwarzw. und farb. Abbildungen in einer Mappe, Leinen

45 ARNOLD BERNHARD
Projektive Geometrie
Aus der Raumanschauung zeichnend entwickelt.
221 Seiten, über 200 Abbildungen, gebunden.

47 **Formenzeichnen**
Die Entwicklung des Formensinns in der Erziehung. Mit Beiträgen von E. M. Kranich, M. Jünemann, H. Berthold-Andrae, E. Bühler und E. Schuberth.
2. Auflage, 200 Seiten mit 380 farbigen und schwarzweißen Abbildungen, gebunden

48 BENGT ULIN
Der Lösung auf der Spur
Ziele und Methoden des Mathematikunterrichts.
328 Seiten mit 233 Abbildungen, gebunden

VERLAG FREIES GEISTESLEBEN